認知文法研究
主観性の言語学

中村芳久
Yoshihisa Nakamura

くろしお出版

まえがき

　ケンプソン (Ruth Kempson) の *Semantic Theory* のページを，読書灯の下，めくっていて妻に怪訝な顔をされたのは，新婚の旅の飛行機のなか，アンカレッジ経由でヨーロッパに入っていた大昔のことである．この書で一つ忘れられないのがその謝辞である．ケンプソンの師はライオンズ (John Lyons) で，ケンブリッジ版テキストブックシリーズのこの書の著者に，優秀な彼女が抜擢されたのだろう．謝辞には「夫にも子どもたちにも感謝しなければならない…子どもたちは，私が24時間意味論のことばかり考えないようにしてくれて，生き続けさせてくれた」とある．女性研究者の大変さを思うと同時に，手のかかる子ども達への謝辞のためにひねり出した表現とその「捉え方」の妙に感じ入った．

　この書を手にしたのはその出版 (1977年) から数年後だったが，このような「捉え方」をしてみせる彼女の書にしても，40年前という時代のせいでもあろうか，認知主体の側の「捉え方」(construal) から意味を見ようという視点はない．当時意味といえば言語表現の叙述内容 (content) であったし，注目を集め始めていたグライス (P. Grice) の会話の含意も伝達内容とみなされていた．その後プロトタイプ意味論も登場するが，少なくともその登場の段階では，それが言語と認知の全体的関係性の中のどこにどう位置づけられるかは，不明だった．

　個人的には，九州大学の院生時代 (1975～80年) から島根大学勤務時代 (1980～8年) は，研究の中心はもっぱら語用論であったが，文の中核要素である主語や目的語を，そして主要な文法現象を，意味面から捉えたいという気持ちが強く，それに応えない当時の意味論や語用論には不満が残った．プロトタイプ意味論に対しても，その良さはわかるものの，主語などをスキーマ的に捉えてみたいという気持ちは変わらなかった．これだと思ったのが，セントラル・ワシントン大学に客員教授として出向いたころ (1985～6年) の，アメリカ言語学会シアトル大会でのタルミー (L. Talmy) の発表であっ

た．主節と従属節が認知的な「図と地」の反映だと主張するその発表は，主語・目的語も図と地の反映であることを示唆していた．その後すぐに，主語・目的語をトラジェクター・ランドマークとして規定するラネカー (R. Langacker) の論に出会った．カギは，認知する側の捉え方・認知プロセス (construal) にあったわけである。たしかに私たちに見える外界や内面は，私たちの捉え得るかぎりのものだから，私たちがどう認知し捉えているかということをはずすわけにはいかないのである．ただ，この点が，実質的な第1回国際認知言語学会 (1989 年，Duisburg) などで研究者間の確かな共通認識になったわけではなく，筆者自身も先のアメリカ言語学会の翌年 (1987年) に出版されたラネカーの *Cognitive Grammar* 第1巻等を読んで，すぐに具体的な研究方針が定まったわけでない．

　金沢大学に移って (1988〜2017 年勤務)，語用論の研究や講義を隠れ蓑にしながら，徐々に認知文法研究・認知言語学研究に転換していった．視野の中のある部分を注目することで私たちの捉え方は始まるので，「認知ベース上のプロファイル」という意味表示を徹底させ，常に認知主体とその捉え方を強く意識するという研究方針も定まっていった．その頃の学生に，堀田優子や轟里香，その1年下に谷口一美がいて，大阪大学大学院へ送り出した．関西や東京で認知言語学研究の気運が高まっていったのもその頃である．その後，金沢大学の英語学研究室も体制が整い，金沢で認知文法・認知言語学の研究をし，博士号をとる学生も多く生まれた．地方からでも学者が出るべきだという思いでとどまったが，そのかいがあったように思う．

　さて本書は，認知文法理論の本格的な誕生とほぼ同時期に始まった筆者の理論理解と研究の成果，そしてその展開の軌跡である．認知文法のエッセンスは「捉え方」にあり，として文法現象・言語現象の背後にある捉え方や認知プロセスを追うなかで，2タイプの認知モードが必要となり，それが認知的な言語進化と言語類型の議論を可能にしていく．

本書第1部「認知と文法・構文」は，ラネカー流の「認知ベース上のプロファイル」で表現の認知構造を与えるという方針の下，その研究成果と新たな提案である．まず一定の認知ベース上のプロファイル・シフトとして提示したのが，構文の認知構造ネットワークであり（第1章），捉え方によって語や構文のスキーマ規定が可能となり，語や構文の交替現象も基本的に同一の認知ベース上のプロファイル・シフト（能動・受動の場合はトラジェクター・シフト）として提示できる（第3章）．構文構築の際に働く認知が構文レヴェルに定着している場合は構文主導で構文構築が行われ，認知が構文レヴェルからさらに語彙レヴェルに定着していると語彙主導の認知が優先されるが，その際の概念が「構文主導の認知」「語彙主導の認知」である．構文構築が，語彙主導の認知でも構文主導でもないと，それはまさに「認知そのものの主導」による新たな構文誕生のはじまりである（第2章）．構文内・構文間のネットワークにも注目しながら，二重目的語構文と再帰中間構文の用法拡張を「認知ベース上のプロファイル」で追っていくと，いずれの場合も用法の拡張は常識的な放射状ではなく，線状的であることが見えてくる（第4章，第5章）．

　認知主体の捉え方を厳密に押えていこうとすると，認知文法自体の問題点が見えてくる．一つは再帰中間構文の受身用法の拡張に関わる問題である（第5章）．再帰中間構文の自発用法から受身用法への拡張（つまり受身の文法化）では，自発用法にはない動作主の存在とその働きかけが意味量として増加し，文法化に伴う叙述内容の希薄化（attenuation）に逆行する．さらに，自発用法の受身用法への文法化には，自発用法の捉え方とは無関係の「動作主が背景化し被動作主が前景化する」というような捉え方が関与するが，これは文法化に伴う主体化（認知文法の主体化，第3章）では説明のつかない現象である．（「意味あり形式を求む」というよりは）「捉え方あり，既存形式をリクルート（し新たな形式を構築）する」というようなことが文法化の原理として見えてくる．

　もう一つの問題は，認知文法の主客対峙の認知モデル（に基づく「認知ベース上のプロファイル」）では捉えられない現象があるということである．

それがIモード提案の契機である．二重目的語構文とリンクする心的与格（第4章，第9章）の認知構造や子どもの英語母語話者の用いる難易中間構文の認知構造（第6章）は，「認知ベース上のプロファイル」では提示できない．叙述される事態を客観的に眺めて叙述するのではないために，主格対峙の認知モデルに基づく（「認知ベース上のプロファイル」）では表示できず，事態とインタラクトする認知主体の認知モード（Iモード）を導入することになる．Iモード認知の場から出て（displace），事態を客観的に眺める認知モード（Dモード）を提案するが，このDモードによって受け手与格や成人英語母語話者の難易中間構文の認知構造が与えられる（第6章，第9章）．したがって（第2部の議論にもなるが）与格の用法全体を捉えるには，IモードからDモードへの認知的展開を考慮することになる．また，英語の難易中間構文に対応する日本語表現がIモード認知を反映するため，2つの認知モードによる，認知的な日英語対象や言語類型論が可能になる．第7章は大きな議論ではないが，その副題「進化経路（evolutionary path）の提案」が示すように，言語の通時的変化，子どもの言語発達，言語進化等が，認知進化論的な，IモードからDモードへの認知的展開で捉えられることが背後にあり，その議論は第2部で展開される．

　第2部「認知モードと言語類型・言語進化」において，まず認知モードの根本的な点は次の点である．バルーンの上昇というような外界の一つの事象をとっても，そこにはバルーンの上昇運動と視線の上昇という私たちの捉え方とのインタラクションがあるが，バルーンの上昇運動から捉え方としての視線の上昇が剥がれ自律する，というのが外置（displacement）である．その外置された捉え方である視線の上昇が，動きのない丘の形状を（丘の麓から）捉え，また太陽を（自転する地球上から）捉えると The hill rises gently. とか The sun rises. というような表現となる．（捉え方が外置されるという点に，言語記号の多義性の認知的原理もみてとれよう．何かの上昇を捉える視線の上昇が，その何かの上昇から外置され，別の丘の形状を捉え，rise で表現されると，その rise は「何かが上昇する」だけでなく「何かの傾斜」

をも表すことになり，多義性を帯びる．また認知ベースの一定の部分をプロファイルする捉え方が，外置されて，別の部分をプロファイルのが，プロファイル・シフトであるから，外置は，構文の用法拡張による多義性を生むプロファイル・シフトの認知的原理でもある．多義性はヒトの言語記号の特性でもあるが，実のところ，捉え方の外置（Dモード認知の進化）こそが言語進化の認知的原理だとするのが，本書の認知的言語進化論の核心である．このように言語はDモード認知の進化が言語進化を引き起こすという議論の上に，認知的言語類型論が成立するのだが，日本語をIモード型言語と呼ぶことがあるのは便宜上のことで，Iモード認知を反映する言語要素を多く残しているということに他ならない．)

上記のようなレヴェルのインタラクションと外置をミクロレヴェルのインタラクションと外置とするなら，一般に言う，例えば西田幾多郎における主客合一のようなインタラクションは，一個の人間としての認知主体と何らかの対象（認知対象）との主客未分のインタラクションであるから，マクロレヴェルのインタラクションであり，そこからの認知主体の外置はマクロレヴェルの外置ということができる．一個の人間としての認知主体はミクロレヴェルの認知の総体であるから，マクロレヴェルのIモード認知とDモード認知においても，ミクロレヴェルのインタラクション（Iモード認知）と外置（Dモード認知）を看過できない．それを看過すると，認知モードによる厳密な考察は成立しない．

以上を前提とすることによって，第2部において，認知モードの観点からの認知的な言語類型論と言語進化論の，概略的な議論（第8章「言語における主観性・客観性の認知メカニズム」）が，また詳細な議論（第11章「認知モードの射程」）が展開される．認知モードから言語類型と文法化・言語進化の両方を捉えられるのも大きな特長であり，「虫の視点」「神の視点」というような用語もいいが，印象的なままでの概念では厳密な考察はできないし，認知的な文法化・言語進化も論じられない．「再帰性」(recursion)「再帰的併合」(recursive Merge)もこのままでは言語対照，言語類型の具体的現象に対処できないし，「再帰性」そのものが認知的にどういうものかも見え

てこない.

　第1部で認知文法の問題として触れた，「心的与格」から「受け手与格」への文法化と「題目」(参照点反映) から「主語」(トラジェクター反映) への文法化も認知モードを導入する意味地図でとらえられるし (第9章)，否定の認知分析からわかるように，認知モードの認知主体は間主観的であり，必要な場合には話し手と聞き手の2つの認知主体を置く必要があり，語用論の問題とも関連する (第10章).

　目下「概念」「脳内の知識表示」を中心に認知科学の諸領域での究明が進んでいるが (*Psychonomic Bulletin and Review*, vol. 24(4), *Cognitive Neuropsychology*, vol. 33(3-4) の特集参照)，とりわけ私たちの認知がどれくらい身体化され (embodied cognition)，どのような部分が脱身体化されているのか (disenbodied cognition)，というような点については，おそらく言語との関わりからIモードとDモードは一定の判断基準を与えるだろう．もちろん，脱身体化認知の特定化は言語進化解明に深く関連する．

　第3部「認知と語用論」は，語用論の諸問題，とりわけ言語の経済性，含意，丁寧さ，レトリック，表現効果等の現象を，そこでどのような捉え方がなされているか，という観点から再考するための端緒として置かれている．「勝ちは勝ち」「負けは負け」のようなトートロジー表現は異なる2つのカテゴリー観 (真理条件意味論とプロトタイプ意味論に基づく2つのカテゴリー観) の応酬として捉えられるし (第12章)，メタ認知的 if 節のさまざまな論理的，語用論的用法も認知的分析の格好の対象になるように思われる (第13章)．最後は，グライス語用論から認知語用論 (関連性理論) までの代表的な現象を認知的に説明する試みである (第14章).

　本書の内容をこうして手短にまとめてみても，本書で扱った現象は多岐にわたり，認知文法の観点を基に様々な発想が生まれ，多方面への展開を見せる．認知文法理論の豊かさの証だろう．

　認知文法に出会えたことの幸運とともに，院生時代，島根時代，金沢時代

を通して意見を交わしてくださった国内外の師，先輩，学生を含めた友人，同僚の方々に深く感謝したい．遠慮なく声をかける男に優しく応対してくださった．佐賀大学の学部時代についてはあまり触れる機会がないが，Chaucer, Shakespeare, Milton, Dickens, Jespersen, Sapir, Hornby, T.S. Eliot, W. Empson 等々の英語や書に触れさせていただいた師と教室の先輩友人に感謝したい．本書にいい部分があるとすれば，そこには以上の方々との出会いと語らいが何らかの形で寄与していると思う．また定年退職後の大阪学院大学のゆったりとした研究環境がなければここまで辿り着けなかったかもしれない．感謝したい．

　本書は，河上誓作先生が再就職された神戸女子大学を退職される前年に学位を受けた論文が基になっている．（書籍化にあたり，内容の基本的な部分はそのままに，用語の見直しと表現の明晰化を大幅に行った。第2章については研究の進展を鑑み内容を大きく改変している。参考文献は一部アップデートしたものである。）　河上先生には，九州大学の院生時代から公私にわたりお世話になっているが，筆者は先生の最初の指導学生であり，最後の学位審査論文執筆者ということになる．いつも温かく見守っていただいており感謝の念にたえない．

　くろしお出版の池上達昭さんには，この膨大な量のものの出版を快諾していただき，辛抱強く待っていただき，遅筆きわまる著者を適切なコメントとともに上手に最終段階まで導いていただいた．心より感謝申し上げたい．こうして実現した本書が，読者諸氏の研究の上で，何らかの刺激となればと願うばかりである．

　謝辞の締めは，冒頭に紹介したケンプソンの謝辞を真似て気の利いたものに，と常々思っていたが，あの頃からあまりに年月が経ち，孫のことを引き合いにださなければならい年頃になってしまった．ただ，不規則な生活をする筆者の健康をはじめ，家族の健康を長い間気遣ってくれた妻に深く感謝したい．

最後の最後に引用を2つ．

現実とは一般に考えられているより，はるかに主観的なものなのだ．現実は脳によって受動的に記録されるのではなく，脳によって能動的に構築される．　　　（デイヴィッド・イーグルマン『あなたの知らない脳』）

津軽人とは，どんなものであったか，それを見極めたくて旅にでたのだ．…そうして私は…随所においてそれを発見した．…私はまさか個人々々の言動，または私に対するもてなしの中に，それを発見したのではない．そんな探偵みたいな油断のならぬ眼つきをして私は旅をしていなかったつもりだ．私はたいていうなだれて，自分の足もとばかり見て歩いていた．けれども自分の耳にはひそひそと宿命とでもいうべきものを囁かれる事が実にしばしばあったのである．私はそれを信じた．私の発見というのは，そのように…ひどく主観的なものなのである．…「信じるところに現実はあるのであって，現実は決して人を信じさせる事ができない」という妙な言葉を，私は旅の手帖に，二度も繰り返し書いていた．　　　　　　　　　　　　　　　　　　　　（太宰 治『津軽』）

2019年秋・『津軽』を携え津軽を少々旅した後に

中村 芳久

目　次

まえがき iii

序　章　主観性の言語学―文法構造・構文と主観性― 1
1. はじめに 1
2. 認知文法における文法構造と構文構築 4
   2.1 動詞主導と認知主導の構文構築　4
   2.2 動詞 *drive* の主語　8
   2.3 結果構文の直接目的語　12
   2.4 カテゴリーを超える拡張―所格交替から名詞転換動詞へ―　16
3. 認知文法と他の理論 22
   3.1 ラネカーとトローゴットの主観性・主体化
       (subjectivity・subjectification)　22
   3.2 認知文法とクロフトの構文根本主義 (Croft 2001)
       ―品詞と構文―　28
   3.3 認知文法と構文文法 (Construction Grammar)　32
4. インタラクションに関わる認知モードと構文 36
   4.1 2つの認知モード　36
   4.2 2つの認知モードと構文の対応　45
5. 結び 55

第1部　認知と文法・構文

第1章　構文の認知構造ネットワーク―全域的言語理論を求めて― 59
1. はじめに 59

2. 事態の認知パターンと構文 62
　2.1　基本認知パターンと基本構文　62
　2.2　語彙上の理由による構文の拡張　65
3. 認知構造の拡張と≪使役≫をベースとする認知構造ネットワーク 69
　3.1　≪使役≫構造とその拡張としての have a kick, kick at　69
　3.2　結果構文の拡張　74
　3.3　中間構文と make 使役　79
　3.4　≪使役≫をベースとする認知構造ネットワーク　82
4. 結び 85

第2章　認知構文論―語彙主導・構文主導・認知主導の構文構築―........87
1. はじめに 87
2. 認知的際立ちと言語構造・構文 88
3. SVO 構文の認知分析と構文ネットワークの全体像 90
4. 認知から構文，構文から語彙へ (1) ―項の交替現象と際立ち― 96
5. 認知から構文，構文から語彙へ (2) ―結果構文の認知分析― 99
6. SVO 構文から結果構文への拡張 102
7. 結び―語彙と構文の連続性― 108

第3章　認知文法から見た語彙と文法構文
　　　　　―自他交替現象と受身構文の文法化― 111
1. はじめに 111
2. 意味の主体的側面（認知主体の捉え方，認知プロセス）の意義 113
　2.1　動詞 rise の場合　114
　2.2　be surrounded の場合　116
　2.3　一般動詞 have から文法的要素 have (-en) へ　118
　2.4　Langacker (1990b) と Langacker (1998) の主体化

　　　　―文法化との関連で― 123
　3. 語彙 vs. 文法構文における認知プロセス 126
　　3.1　自他交替と認知プロセス　127
　　3.1.1　語彙レヴェルの自他交替　127
　　3.1.2　構文レヴェルの自他交替　132
　　3.1.3　非能格自動詞の他動詞用法―行為動詞の自他交替―　138
　　3.1.4　使役構造を認知ベースとしない自他交替
　　　　　―自他交替のスキーマ化―　140
　　3.2　受身文の文法化と認知プロセス　146
　4. 結び 152

第4章　二重目的語構文の認知構造
　　　　―構文内ネットワークと構文間ネットワークの症例― 155
　1. はじめに 155
　2. 語彙と構文の意味と意味表示 155
　　2.1　語彙と構文ネットワークの差異　156
　　2.2　構文文法と認知文法のアプローチの差異　159
　　2.3　意味表示のための複合マトリクス　161
　3. 二重目的語構文の意味の抽象化 166
　4. 構文間ネットワーク 178
　　4.1　使役移動構文・to 与格構文・二重目的語構文　178
　　4.2　二重目的語構文・for 与格構文・
　　　　＜他動詞文＋for 前置詞句＞構文　179
　　4.3　have 受益文から have 受益使役文へ　189
　　4.4　受益と被害の鏡像関係による構文ネットワーク　193
　　4.5　have 構文と参照点構造　198
　5. 結び 201

第 5 章　再帰中間構文の認知構造 203
1. はじめに 203
2. 構文の用法拡張は放射状か，線状的か 204
   2.1 再帰中間構文の線状的意味拡張　208
   2.2 再帰構文から再帰中間構文の認知構造Ⅰへ　210
   2.3 再帰中間構文の認知構造Ⅱから認知構造Ⅴへ　211
   2.4 Kemmerの分析の問題点と解法　213
3. ネットワークか，意味地図か 217
4. 構文の連続性の質―意味量か，認知プロセス自体の捉え直しか― .. 221
   4.1 受身用法への拡張の度合　221
   4.2 受身用法の拡張と意味増加　223
   4.3 確立した受身用法の特性　225
   4.4 受身化に関する他理論との比較　228
5. 意味地図と対応する表現形式 230
6. 結び 235

第 6 章　消えたエージェント 237
1. はじめに 237
2. 自動詞文，受身文，再帰中間構文の認知構造 238
   2.1 自他交替の自動詞文の認知構造　238
   2.2 受身文の認知構造　241
   2.3 再帰中間構文の認知プロセス　242
   2.4 三者の関係　246
3. 難易中間構文の認知構造 250
4. 結び 256

第7章　構文のネットワーク表示と意味地図表示
―Evolutionary path の提案― 259
1. はじめに 259
2. 結果構文の捉え方と種類 261
3. 結果構文のネットワーク表示と意味地図表示 263
4. 結果構文の進化経路（evolutionary path）......265
5. 結び 268

第2部　認知モードと言語類型・言語進化

第8章　言語における主観性・客観性の認知メカニズム 271
1. すべては主観 271
2. 主観・客観と2つの認知モード 272
3. ラネカーと茂木の認知モデル 274
4. 認知モードと言語の主観性・客観性 275
5. 結び―主観性から言語起源へ― 278

第9章　与格の意味地図―外置と主体化を座標軸として― 281
1. はじめに 281
2. 外置と2つの認知モード 282
3. 外置と与格の用法 285
4. 主体化と与格の用法，与格の意味地図 295
5. 与格と題目と主語 299
6. 結び 301

第 10 章　否定と（間）主観性―認知文法における否定― 303
1. はじめに 303
2. 認知文法における否定 304
3. 認知的否定分析の展開―間主観性と連動する否定― 310
4. トートロジー構文の間主観性 318
5. 結び 321

第 11 章　認知モードの射程 323
1. はじめに 323
2. 視点構図と認知モード 324
    2.1　視点構図　324
    2.2　認知モード―I モードと D モード―　328
        2.2.1　I モード　328
        2.2.2　D モード　333
3. 視点と認知モード 336
4. 認知モードと日英語対照，および言語の客観性・主観性 342
    4.1　I モード型言語としての日本語・
         D モード型言語としての英語　342
    4.2　言語の主観性・客観性　352
5. 文法化と言語の進化 353
    5.1　文法化と認知モード　353
    5.2　言語進化と認知モード　359
6. 結び 361

第3部　認知と語用論

第12章　「勝ちは勝ち」「負けは負け」
　　　　　―トートロジーに潜む認知的否定―..................367
1. はじめに 367
2. 勝ち負け三題 367
3. 連続的カテゴリー観と非連続的カテゴリー観 368
4. アリスとモモのトートロジー「私は私」............370
5. 認知的アプローチ vs. 語用論的・意味論的アプローチ 372
6. 結び 374

第13章　メタ言語的 if 節―メタ認知・間主観性の語用論的表出―........375
1. メタ言語的ということ 375
2. 論理的 if 節と日常言語（発話）の if 節 376
3. メタ言語的 if 節 378
   - 3.1　文レヴェル　379
   - 3.2　発話行為レヴェル　380
   - 3.3　会話レヴェル　382
4. 論理的 if 節とメタ言語的 if 節のレトリック 387
   - 4.1　論理的 if 節のレトリック　387
   - 4.2　メタ言語的 if 節のレトリック　389
5. その他のメタ言語現象 396
6. 結び 398

第14章　認知言語学と認知語用論　..........................401
1. はじめに 401
2. RT と CL の「認知」..401

3. RTの問題点とCLによる解法 405
　3.1　LFと明意の問題点
　　　―「認知ベース上のプロファイル」による解法―　405
　3.2　尺度含意 (scalar implicature) の扱いの問題点
　　　―例示 (instantiation) による解法―　410
　3.3　暗意の推論メカニズムの問題点
　　　―認知ドメイン（スクリプト）による解法―　415
　3.4　法助動詞分析の問題点―外置による解法―　418
4. 結び 422

初出一覧 424
参考文献 425
索　引 448

序　章

主観性の言語学
―文法構造・構文と主観性―

1. はじめに

　認知言語学によってようやく，言語が深く主観に根ざす存在であることが共通理解となった，と言ってよい．例えばレイコフやジョンソンの経験主義的な認知意味論は，世界観やカテゴリー化が，私たちの身体性や私たちと環境との直接的なインタラクションに根ざしていることに注目する (Lakoff 1987, Johnson 1987). またラネカーやディーンの認知文法・認知統語論は，言語構造や文法構造が，私たちのもつ一般的な認知能力や認知プロセス，とりわけ際立ちや注目のあり方の反映であるとする (Langacker 1987, 1991, Deane 1992). さらにトローゴットが意味変化や主体化における主観性に言及するとき，その主観性は，テキストに加える解釈が主観的ということであり，したがって解釈が定着していく際に見られる意味の展開も主観的ということになる (Traugott 1989, 1995).

　単純化して言えば，身体を有する「私」が対象と直接インタラクトしながら，「私」に備わっている認知能力によって，「私」なりの解釈や認知像を作り上げるということである．それが客観として映るのは，共同体を成す「私たち」が同じような姿形をし，同じような認知能力をもつために，基本的な解釈や認知像が共通することになり，それを客観と見なしているということである．

冒頭に挙げた諸研究は一見恣意的に，主観性のそれぞれの側面に注目しているようであるが，これら3つの側面は実は，主観性の主要な3側面なのであり，統合して1つの十全な認知モデルを形成する．すなわち私たちは，①私たちの身体を使って対象と直接インタラクトしながら，②私たちのもっている一般的な認知能力や認知プロセスを通して，③さまざまな認知像を形成し経験している，ということであるが，3者のうち，どの側面を欠いても，十全な認知モデルは成立しない．

例えば「太陽は東から昇る」というような現象は，他の現象同様，客観的な事態と錯覚しがちだが，実のところは上の主観性の3側面から成る認知モデルを通して得られる認知像に他ならない．不動の太陽と自転する地球上の私たちとの間の相対的な位置変化（対象との位置的インタラクション）がまずあって，私たちの視覚や視線の上昇などの認知能力・認知プロセスを通して，「太陽が昇っている」という認知像が得られるわけである．このような3つの主観性の側面から成る認知モデルは次のように図示されよう．

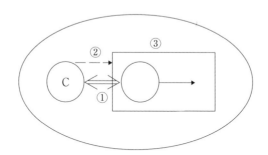

図1　主観性に根ざす認知モデル

この図で，まず外側の楕円は認知の生じる場，すなわち認知の場である．Cを含む円（Cは Conceptualizer，認知主体）と右の円の間にある両向きの二重線矢印①は私たち認知主体と対象（例えば太陽）との直接的なインタラクションを表している．自転する地球上の認知主体と不動の太陽との相対的な位置的インタラクションもこの両向きの矢印で示される．Cの円から右の四角

に向かう破線矢印②は，対象を捉えようとする認知主体の視覚や視線上昇のような認知能力・認知プロセスである．そしてその認知プロセスの先にある四角形③が，インタラクションや認知能力・認知プロセスを通して得られる認知像である．認知像はこのように，対象とのインタラクションによって得られるのだが，対象のほうからすると，認知像は対象が私たちに見せてくれるもの，対象が私たちに与えてくれる像や性質ということにもなる．私たちは，私たちの経験する外界の事物を客観的存在と見なしがちであるけれども，実のところは，見え（認知像）でしかないということである．

このような認知モデルを基にすると，認知言語学の作業としては，上記の3種類の研究がそうであるように，(i) 私たちの身体性や私たちと環境とのインタラクションが，どう言語に反映しているのか，(ii) 私たちの一般的な認知能力が表現形式や言語構造にどのように反映しているのか，さらには (iii) 私たちの得る解釈や認知像が意味構造や意味変化・言語変化にどう関与しているのか，というようなことが中心的な課題となろう．いずれも主観性の諸側面が，どのように言語に反映しているかという問題である．もちろん，言語分析のほうから経験のあり方や認知プロセスのあり方，さらには解釈のあり方を明らかにするという方向性も十分考えられる．レイコフらによる，メタファー表現の研究からのメタファー能力の解明 (Lakoff and Johnson 1980, 1999) などは，その代表例である．またターナーは認知言語学の観点からテキスト分析を通して，より根本的な認知能力として物語構成能力が私たちに備わっていることを論じている (Turner 1996)．この能力は未知の世界を予測し行動をシミュレートする基盤にもなるし，また会話の含意の推論においても重要な機能を果たしていると思われる．

上の認知モデルのように，私たちの認識がインタラクションを前提としているのであれば，子どもの文法や構文の獲得・発達についても，これまでとは様相を異にし，インタラクションや認知プロセス重視の仮説がいくつか考えられる．他動詞表現の場合を例にとると，手にとって操作するような直接的な経験に基づく，より認知しやすい行為を表す他動詞表現から，徐々に他動詞表現全体が構築されていくだろうと考えられるし (Slobin 1985, 1997)，

また，接している母語が主格/対格型言語であれば，能格型言語の場合とは違って，他動詞文である種の参与体に主格が付与され重視されるというように，経験や認知と言語の型とが相互に影響しあう言語構築のパターンも考えられる (Bowerman 1985, 1997). さらに，認知と言語の発達が平行的であり，一つひとつの動詞の意味理解から始まって，より分析的で，より抽象的なスキーマ構造がその後に構築されていくだろうことも十分理解される (Tomasello 1992, 2000, 2003).

　本章は，上の認知モデルで示されるような主観性の観点から見た構文についての考察である．構文あるいは construction と言うとき，音韻構造から，語や句，節や文の構造までが含まれるが，文レヴェルの構文が対象である．構文と主観性の関わりについては，私たちのもつ一般的な認知プロセスがどのように構文構築に関与しているかという点と，認識の前提としての私たちと対象や環境とのインタラクションがどのように構文構築に関与しているかという点の 2 点が考察の中心である．第 2 節では，認知文法に基づいて動詞主導と認知主導の構文構築について考察し，第 3 節では，認知文法とクロフトの構文主義，また構文文法とを対照する．第 4 節では，上の認知モデルを基に 2 つの認知モード（I モードと D モード）を措定し，それらが日英語の構文傾向と対応していることを示し，認知的言語類型論の可能性を探る．第 5 節は結びである．

2. 認知文法における文法構造と構文構築

2.1 動詞主導と認知主導の構文構築

　認知文法では，言語知識は「慣習化した言語ユニットの全目録」(an inventory of conventional linguistic units) と見なされる．つまり形態素，語，句，節・文などのどのレヴェルであれ，言語形式と意味とのペアリング（これは構文 construction でもある）が慣習化し定着していれば，それらすべてがユニットとして，言語知識の全体を構成する (Langacker 1987: 57). このように節や文のレヴェルまで具体的な個々の表現ユニットが言語知識に含まれる

のだから，いわゆる語を結合させ具体的な文を構築する文法は，言語知識として必要がないように思われる．しかしそうではなく，認知文法では文法は，規則としてではなく，構文スキーマとして存在する (Langacker 2003)．

　つまり個々の具体的な構文例に共通する構造 (例えば SVO や SVOO などの文型や there 構文，結果構文など) が構文スキーマであり，これらの抽象度の高い構文スキーマが文法を構成する．構文スキーマの構造と一致するかどうかで，具体的な構文例の容認度が判断され，構文スキーマの構造をいわば鋳型として具体的な文が構築される[1]．

　このような構文スキーマで重要な点は，構文スキーマに基づいて構文例が構築される際に，「動詞主導の構文構築」と「認知主導の構文構築」と呼べるような 2 種類の構文構築過程が存在するということである．動詞 *break* をとる 2 つの構文例を見てみよう．いずれもいわゆる SVO 構文であるが，主語と直接目的語の選択過程が構文構築の焦点であり，その過程が異なっている．

（1）a.　John broke the vase.（ジョンが花瓶を割った）
　　　b.　My guitar broke a string.（私のギターは弦が切れた）

直観的に，(1a) では，動詞に内在する意味構造から自然に主語と直接目的語の選択が行われていると言えるが，(1b) の主語と直接目的語は，動詞の意味構造から自然に選択されているとは思われない．(1b) では，主語と目的語は全体・部分の関係にあり，壊れた物の全体 (ギター) が主語で，壊れた具体的な部分 (弦) が直接目的語で表現されている．

　(1b) の類例として以下のような例があるが，

（2）a.　The stove has blown a fuse.（このレンジはヒューズが飛んだ）
　　　b.　My car burst a tire.（私の車はタイヤがバーストした）

1　認知文法では，抽象度の高い構文スキーマも具体的な構文の例も構文 (construction) と見なされる (Langacker 2003)．必要な場合，構文スキーマと構文例という用語を用いて区別する．

(例文のみ，(1b)(2a) は Taylor 1995: 214–5, (2b) は Taylor 2002: 576 より)

いずれも主語と目的語は全体・部分関係を成している．一般的には，部分が状態変化することによって全体も状態変化していることが必要で，*The window broke a pane.(その窓はガラスが一枚割れた)が成立しないのは，窓ガラスが一枚割れたくらいでは窓(全体)の機能が失われるというような状態変化が生じないためである．

(1a) は動詞主導，(1b) は認知主導の構文構築と言うことができるが，それぞれの構築過程を認知文法に沿って見てみよう．認知文法では，文法構造や構文の重要な要素である主語や直接目的語は「際立ち」や「注目」のような認知的要因の反映とされる．事態に関与するどれか 1 つあるいは 2 つの参与体に注目して，当該事態の認識は行われるのだが，際立ちが高く第 1 に注目される参与体をトラジェクター(trajector)と呼び，その次に際立ちの高い第 2 に注目される参与体をランドマーク(landmark)と呼ぶ．そして，文レヴェルでは，トラジェクターが主語で，ランドマークが直接目的語で表される．

(1a) *John broke the vase.* では，動詞の意味構造によって主語と直接目的語が決まると言ってよい．この場合の *break* の意味構造を仮に，「x が y に働きかけて，y を割れていない状態から割れた状態へ状態変化させる」とすると，この意味構造にはすでに 2 つの参与体(意味役割としての動作主と対象)が特定されている．通常は動作主の際立ちが高く，動作主 x に対応する参与体(ジョン)がトラジェクターとして主語で表現され，次に際立ちの高い対象 y に対応する参与体(花瓶)がランドマークとして直接目的語で表現されている．

しかし (1b) *My guitar broke a string.* の場合，*break* の用法の意味構造自体が明確ではなく，したがって 2 つの参与体の位置づけも不明で，動詞の意味構造から主語と直接目的語が決定するとは言いがたい．この用法では動詞 *break* は「ギターが弦を切った」のような他動詞的な用法ではありえず，したがって「切れる」のような自動詞的意味であろうと思われる．自動詞的意味だとすると，自動詞は参与体を 1 つしかとらないから，この場合の

break の意味構造からは，主語と直接目的語の2つの参与体をとることは説明できない．意味構造とは別のレヴェルで，2つの参与体が注目されているということになる．意味的には「壊れる」というある1つの参与体の状態変化であっても，状態変化に2つの参与体が注目される場合がある．つまり状態変化する参与体の全体と部分が注目される場合である．部分が状態変化する（弦が切れる）ことがすなわち全体の状態変化（ギターが壊れる）であるような1種類の状態変化に2つの参与体の関わりが注目されると，(1b)のような SVO 構文で表現される可能性が生じる．つまり，全体と部分では，全体のほうが一般に際立ちが高く，トラジェクターとして主語で表現され，際立ちの低い部分のほうがランドマークとして直接目的語で表現されるというわけである．このように認知主導の構文構築は，動詞の表す意味構造から離れて，いわば自由に新たな参与体に注目しそれらを主語や目的語で表現するというわけである（少なくとも，(1b)のような構文が創発する段階ではそうである）．

　動詞の意味構造から独立して主語・目的語が決定されるというのは，ことさら奇異というわけではない．次の例では，動詞の表す事態の性質上，関与する2つの参与体がシンメトリーの関係にあるため，いずれをトラジェクター，ランドマークとして捉えるかは，コンテクストや認知主体 (conceptualizer) に任されていて，認知主導である．

　　（3）a.　X equals Y.　vs.　Y equals X.
　　　　b.　Mary resembles Nancy.　vs.　Nancy resembles Mary.
　　　　c.　Line A intersects Line B.　vs.　Line B intersects Line A.

例えば (3a) で，X と Y は「同じ」と言うのだから，X, Y という参与体自体に主語や目的語で表現される特性が備わっているのではなく，どちらを主語・目的語で表現するかは，当該コンテクストにおいて認知主体が決定するということである．

　動詞の意味構造から予測される主語・目的語選択にいわば逆らって，新た

に認知主導で，主語・目的語が決定可能であるということは，動詞の意味構造から独立して構文構築が可能ということであるが，当然その度合には言語差が予想される．単純な比較ではあるが，(1b)(2a, b) に対応するような日本語やドイツ語の表現は成立しない．特に日本語では，動詞を他動詞にしても自動詞にしても，成立しない．

(4) a. *私のギターは弦を {切った／切れた}．
b. *レンジがヒューズを {飛ばした／飛んだ}．
c. *私の車がタイヤを {バーストさせた／バーストした}．
(5) a. *Meine Gitarre brach eine Seite.
b. *Der Herd hat eine Sicherung durchgebrochen.
c. *Mein Auto platzte einen Reifen.

1つの現象のみの比較であるが，英語は，動詞の意味から離れて認知主導による構文構築の傾向が強いという感触はもってよいと思われる．

また (1b) のような表現が慣習化し定着しているのであれば，その意味構造を概略「xとyは全体・部分関係にあり，部分 y の状態変化が即全体 x の状態変化である」とするような言語ユニットが，SVO 構文のサブ構文スキーマとして，言語知識に含まれることになる．そうであれば，認知主導の構文構築が慣習化していることになり，さらに個々の語彙（ここでは動詞）がその構文構築を担うことになれば，それは語彙（動詞）主導の構文構築ということになる．

動詞主導と構文構築のメカニズム，そして認知主導と語彙主導の相互関係についてさらに追ってみよう．

2.2　動詞 *drive* の主語

SV 構文（「主語 – 述語」構文）の構文構築について見てみよう．動詞 *drive* をとる SV 構文の主語には，次のように運転者ではなく，運転の依頼者（使役者）や同乗者がくる場合がある．

(6) a. Amy drove to the station with her mother.

(J. Cheever, "Sorrows of gin")

(エイミィは母親に頼んで駅まで車に乗せていってもらった)

b. My dog drives with me whenever I come and go between Tokyo and my other house-studio in Kamakura.

(*Asahi Evening News*, Feb. 9, 2001)

(私の犬は私が東京の家と鎌倉のアトリエを車で行き来するときいつもついて来る)

　動詞 drive の本来の意味構造に従うならば，主語は運転者のはずだが，(6a)と(6b)の主語は運転者から離れて，それぞれ母親に運転を頼んだ娘のエイミィと同乗者としての犬が主語として選択されている．運転者は車を「直接コントロールする」が，依頼者の車のコントロールの仕方は「間接的」である．その間接的なコントロールがなくなると単なる同乗者である．このように動詞本来の意味構造(「車を自分で運転して移動する」)に組み込まれているトラジェクター(運転者)から徐々に距離をとるような別の参与体が新たなトラジェクターとして捉えられ，主語で表現されるのだから，この場合も認知主導の構文構築である．そしてこの場合も，認知主導の構文構築によって，動詞の意味が拡張している．「車を自分で運転して移動する」から「車を他者に運転させて移動する」へ拡張し，さらに単に「(同乗者として)車で移動する」というような意味用法へ拡張している．認知主導ということは，構文や動詞の意味拡張を引き起こす重要な要因である．ここでももちろん，認知主導の構文構築が慣習化し，その構文構築が個々の動詞に定着すれば，動詞主導の構文構築が始動することになる．

　また動詞に組み込まれたトラジェクターとは異なる参与体が，認知主導によって新たなトラジェクターとして注目されるとき，2つの参与体には一定の連続性があって，新たなトラジェクターとしてどの参与体でもよいというわけではない．動詞 drive で叙述される次のような状況がある．

（ 7 ） They got into a car and drove off.
　　　（彼等は車に乗り込んで去っていった）

この状況で「彼等」は，運転者と運転の依頼者でもよいし，運転者と同乗者でもよい．さらに運転者と依頼者と同乗者であってもよい．このような状況を仲介として，運転者から依頼者へ，あるいは同乗者へ注目が移行することになる．つまり，（ 7 ）のように運転者以外の参与体を含む複数の参与体を *drive* の主語として表現しなければならない状況があり，これを介して，依頼者だけ(あるいは同乗者だけ)への注目が可能になるというわけである．このような橋渡し的な状況が，認知主導の構文構築に大きく関与している．

　言語発達においても同様のようである．例えば「状態受身」から「行為受身」へと子どもの言語習得が進むとき，2つの受身を含む状況が必要である．*The spinach needs to be cooked.* は本来「そのほうれん草は煮られている必要がある」という状態受身であるが，この状況は「煮られる（必要がある）」という行為受身を前提にするので，この状況には2種類の受身が含まれることになる．このような橋渡しの状況(bridging context)を通して，一方の構文用法からもう一方の用法への習得が進むとされる (Israel *et al.* 2000)．認知主導の構文構築と同様で，このような橋渡し的状況によって，元の用法からもう1つの用法への移行が容易になり，言語習得が進行するということであろう．

　橋渡しの状況を介しながら，新たなトラジェクターに注目していく認知主導の主語選択の過程は，主語用法のネットワークとして，次のように示される．

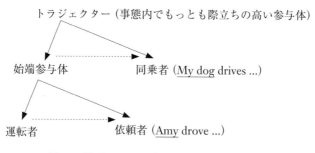

図2　動詞 *drive* の主語用法ネットワーク

概略的ではあるが，主語は一般に，より具体的な下位の参与体(運転者)から徐々により抽象的・一般的な上位の参与体(始端参与体)を表し，最終的には認知的に規定されるスーパー・スキーマとしてのトラジェクターが主語ということになる．*drive* の主語の場合まずは，動詞の意味構造に基づいて運転者が主語で表現される(動詞主導)．

次に，車を間接的にコントロールする依頼者が主語で表されるが，この用法の創発段階は認知主導であり，定着後は動詞主導ということになる．トラジェクターが，運転者から依頼者へ移行するが，この移行は行為連鎖(action chain)に基づいている．(6a) *Amy drove to the station with her mother.* (エイミィは母親に頼んで駅まで車に乗せていってもらった) の事態を行為連鎖として次のように図示してみよう．

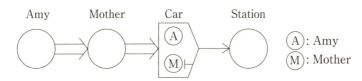

図3　*Amy drove to the station with her mother.* に関与する行為連鎖

左から，まずエイミィが母親に頼むという行為があり，それが母親の車の運転という行為を引き起こし，最終的には二人の乗った車が駅まで移動するという事象が発生するというわけである．この行為連鎖で，円(と五角形)は参与体を表し，二重線矢印は，娘から母親への働きかけ(依頼)，また母親の車への働きかけ(運転)を表している．最後の単線矢印とその矢印の先端の円はそれぞれ，車の移動と着点である．

この行為連鎖のうち，運転者である母親から右の部分が，動詞 *drive* が本来表す行為連鎖であり，動作主(運転者)の際立ちが高く主語で表現される．運転者がその行為連鎖の始端参与体(head of the action chain)であり，そのために際立ちが高く主語で表現される．依頼者をも含めたより大きな行為連鎖(図3の行為連鎖の全体)では，依頼者が始端参与体であり，その際立ち

は高く主語で表現されるというわけである．「大阪城を建てたのは誰だ」「秀吉だ」「いや大工だ」という言葉遊びにも行為連鎖の幅が関与していて，動作主（建築者）から建築依頼者への注目の移行は一般化していると言ってよい．重要な点は，行為連鎖をベースにその始端参与体として運転者や依頼者が注目されるということである．

次はコントロールや行為連鎖が問題にされず，上の行為連鎖の右端から3番目の，車（五角形で表示）に乗って移動する参与体ならば誰でも（つまり運転者でも依頼者でも単なる同乗者でも）トラジェクターとして主語で表現されるようになる．このように，認知主導の構文構築であっても，はじめからどの参与体でも自由にトラジェクターとして選択されるというのではなく，そこには一定の段階性と連続性がある．次に典型的な構文についてその動詞主導と認知主導について見てみよう．

2.3 結果構文の直接目的語

（8）のような結果構文の代表例では，その直接目的語は動詞のそれではなく，認知主導による直接目的語の選択ということである．

（8）a. John cooked the stove black.
　　　　（ジョンは料理をしてレンジを真っ黒にした）
　　　b. John cooked the pan black.
　　　　（ジョンは料理をして鍋を真っ黒にした）

この直接目的語は，次のような例で動詞 *cook* のとる直接目的語とは異なる．

（9）a. John cooked the potatoes.（ジョンはジャガイモを煮た）
　　　b. John cooked ham and eggs.（ジョンはハムエッグを作った）
　　　c. John cooked her supper.（ジョンが彼女の夕食を作った）

(9a) の直接目的語は，煮焼する対象としての食材であり，(9b) では，煮焼

によってできる完成した料理である．(9c) の目的語は，ある完成した料理をメインとする食事 (meals) である．これらの目的語も，特に (9b) (9c) の場合その用法の創発段階では，認知主導による目的語選択であったと思われるが，現時点ではこのような直接目的語は動詞の意味構造に組み込まれていて，動詞主導による目的語選択である．

このような目的語とは異なり，結果構文 (8a) の直接目的語 *the stove* (レンジ) は，おそらくジョンの料理の場面で，煮られる食材・完成した料理・食事などよりも何より真っ黒になったレンジが目立ち，それがランドマーク (主語参与体の次に際立つ参与体) として直接目的語で表現されているのであり，認知主導による直接目的語選択である．この直接目的語が動詞の目的語として定着していないために，どのように目立つかを結果述詞 *black* によって示すことにより，いわば「構文」の直接目的語として選択することが可能になっている．

しかしこの場合も，このような認知主導の目的語選択が突然可能になるというわけではなく，連続性と段階性が認められる．次のような結果構文では，その直接目的語選択が動詞主導から徐々に認知主導へ移行する過程を見ることができる．

(10) a. John broke the vase into pieces.
　　　　 (ジョンが花瓶をこなごなに割った)
　　 b. John kicked the door down.（ジョンはドアを蹴り倒した）
　　 c. John cooked the stove black. (=8a)
　　 d. John sneezed the napkin off.
　　　　 (ジョンがくしゃみをしてナプキンをとばした)

(10a) は結果構文ではあっても，その直接目的語は動詞主導の選択であり，結果述詞 *into pieces* も動詞 *break* の意味構造に含まれる結果状態 (割れた状態) をより具体的に叙述しているにすぎない．それに対して (10b) は，動詞主導から認知主導への橋渡し的状況である．つまり目的語 *the door* は，動詞

kick の目的語であると同時に，構文の目的語でもある．したがって次の認知構造図で示されるように，目的語 the door の実働部（当該事態で実際に関与する部分，active zone）は 2 種類あることになる．

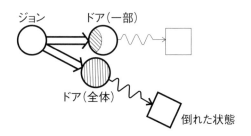

図 4　John kicked the door down. の認知構造

蹴られるのはドアの一部だから，動詞 kick の目的語としての実働部は，ドアの一部であるが，構文全体（「倒す」）の目的語としての実働部は（倒れるのはドア全体だから），ドアの全体である．上の図では，動詞の意味構造を表す水平の行為連鎖と，構文の表す右下への行為連鎖と 2 本の行為連鎖が示されているが，the door の実働部の違いは，2 本の行為連鎖内のドアを表す円の斜線部の大きさを変えることによって示されている．

　(10c) では直接目的語 the stove は完全に認知主導の構文構築による目的語であるから，次の認知構造に見るように，水平の行為連鎖（ジョンが食材に働きかけて完成した料理に状態変化させる行為連鎖）の中の目的語を表す円はプロファイルされない（細線で示される）．

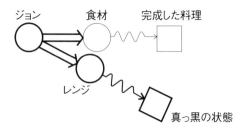

図 5　John cooked the stove black. の認知構造

このように動詞の意味構造から完全に独立して，認知主導で直接目的語が選択されるとすると，さらに (11a) のように本来目的語をとらない自動詞も目的語を伴って結果構文に現れることは十分予測される．

　結果構文の表す2つの事態 (動詞のみの表す事態と「目的語＋結果述語」の表す事態) は本来不可分で同時進行的であるが，叙述の中心は目的語と結果述詞の表す事態へと移行する．そのため，結果構文の表す2つの事態の間に時間差が生じる場合がある．

(11) a.　John sneezed the napkin off.　　　　　　　　　　　(=10d)
　　 b.　Queen Mum sneezes off visit.
　　　　　　　　　　　　　　　　　(*Asahi Evening News*, Jan. 28, 2000)
　　　　(エリザベス女王，風邪でスコットランド訪問を取り止める)

(11b) で，風邪をひくのと訪問取り止めの決定との間には時間差があるが，動詞の表す事態の背景化によって，2つの事態の同等の重要性そして同時性が失われ，時間差のある場合も表現可能となっていく．

　次のような例では，動詞の表す行為はそのような仕草がされるだけで，実際にその行為が行われるわけではない．

(12) a.　He threw the bag open. (バッグを投げるような仕草で開けた)
　　 b.　He threw the window open. (上げ窓を投げ上げるように開けた)
　　 c.　He kicked his shoes off. (蹴るような仕草で靴を脱いだ)

このような例も，結果構文では徐々に，動詞の表す行為を背景化し，直接目的語の関与する事態を中心に叙述する方向へ移行していることを示唆している．このように創発期の構文の使用条件が緩和される現象は，使用頻度 (frequency) と関係があり，その頻度が高まるほど，使用条件は緩まる (Dahl 2001 など参照)．

　認知主導と構文主導の関係では，一般に，認知主導の構文構築に固定的に

現れる動詞は，その構文の意味を動詞の意味として定着させる．*She shut him out of the room.* の動詞 *shut* が良い例で，「締め出す」という意味がこの用法の意味として動詞に組み込まれる．意味の定着を見るには受身の可能性を見るとよい．受身構文は，動詞に組み込まれたトラジェクターとランドマークの関係を，認知主導でいわば逆転させる構文だからである．*shut him out of the room* は *He was shut out of the room.* と受身が可能であるが，*cook the stove black* の受身 **The stove was cooked black.* は不可である．*shut him out of the room* の *him* は動詞 *shut* の直接目的語として定着しているが，*cook the stove black* の *the stove* はそうではないということになる．

また一定の認知主導の構文構築が慣習化し定着すれば，（結果構文のような場合）新たな構文（スキーマ）が創発したということができる．その場合，個々の構文例は，構文主導による構文構築ということになる．したがって，認知主導の構文構築は，新たな動詞用法だけでなく，新たな構文スキーマをも誘発するということである（第3節参照）．構文主導の定着度は言語によって異なっていることがあり，イタリア語などでは，kick 系動詞の結果構文は存在しても，自動詞の結果構文は存在しない（Napoli 1992）．この言語では，英語のように自由な，認知主導による直接目的語の選択を許さないということである．

2.4　カテゴリーを超える拡張—所格交替から名詞転換動詞へ—

結果構文では，動詞の意味構造に組み込まれたランドマークはいわば無視されて，当該状況で認知主体にとって特別に際立ちのある参与体が新たなランドマークとして直接目的語で表現されるが，その特別の際立ちは参与体の注目すべき位置変化や状態変化に由来する．いわゆる所格交替による構文交替も位置変化する参与体と状態変化する参与体のいずれが直接目的語として選択されるかによる．

　　(13) a.　John sprayed paint onto the wall.
　　　　 b.　John sprayed the wall with paint.

「ジョンがペンキを壁に吹きつけた」という状況を表す (13) の 2 文は典型的な所格交替のペアであるが，(13a) では位置変化するペンキが，(13b) では状態変化する壁が直接目的語で表現されている (cf. Pinker 1989). 移動体(ペンキ) が直接目的語で表現される場合 (13a) は，壁にペンキが吹きつけられるのが「部分的」で，着点(壁)が目的語(13b)のとき，壁にはペンキが「全面的」に吹きつけられているという説がかつてあったが (Anderson 1971)，次の例が強力な反例である (Pinker 1989).

(14) A vandal sprayed the sculpture with paint.
(心なき輩が彫像にペンキを吹きかけた)

つまり (13b) と同じく着点(彫像) が目的語であるのに，彫像には部分的にペンキが吹きかけられているという解釈がふつうだからである．部分的・全面的という説に代わって，先の変化(位置変化・状態変化)という概念による説明であれば (Pinker 1989)，(14) の例で，ペンキがかけられたのは部分的だがそれによって芸術作品としては著しい価値の低下(＝状態変化)を被っており，その状態変化をした参与体(着点としての彫像)が目的語で表現されるという説明になる．ペンキが壁に全面的にかけられた場合 (13b) も，壁の状態変化と捉えられるために，その壁が直接目的語で表現されるわけである．ペンキが壁に部分的にしか吹きかけられていない場合 (13a)，壁は状態変化したとは言いがたく，それゆえ位置変化したペンキが直接目的語で表現されるという説明になる (Gropen *et al.* 1992: 162).

したがって所格交替をする動詞の意味構造は，次のように位置変化を表す水平の行為連鎖と状態変化を表す右下への行為連鎖との 2 本の行為連鎖から成り，認知主体が当該状況で位置変化と行為連鎖のいずれに着目するかによって (つまり認知主導によって)，直接目的語が選択されることになる．

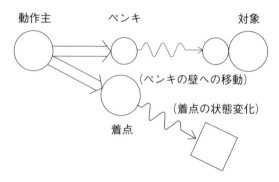

図 6　動詞 *spray* の意味構造

この図で，水平の行為連鎖には，動作主が移動体(ペンキなど)に働きかけて着点(壁など)へ移動させる事態が示され，右下への行為連鎖には，動作主が着点に働きかけてその着点を(色の変わった)状態へ変化させる事態が示されている．状況としての段階では，いずれの行為連鎖が注目されるか（プロファイルされるか）は決まっていないので，すべてが細線で表示されている．

　さて名詞転換動詞は，名詞から動詞用法へのカテゴリーを超える拡張であるが，この拡張も，位置変化・状態変化と際立ちの点から，認知主導の構文構築による拡張として説明可能である．例えば，名詞 *saddle*（鞍）を用いて「鞍を付ける」という事態を表現すると，(15a) のように動詞 *put* を用いるが，この表現は厳密には鞍の移動しか表さない．鞍を付けて馬が乗れない状態から乗れる状態へ状態変化することを示すには，*a horse* を直接目的語で表現する必要があるが，動詞 *put* は移動の意味が強くそれを許さない (15b)．

(15) a.　John put a saddle on the horse.
　　 b.　*John put the horse with a saddle.
　　 c.　John saddled the horse.

(15c) のように名詞 *saddle* を動詞として用いる表現は，それを可能にしている．すなわち，馬を状態変化させるのに中心的な役割をする *saddle* を動詞と

して用い，馬を直接目的語で表している．馬が直接目的語で表されるから，馬の状態変化が予測されるが，実際もそうであることは次の例によって示される．

(16) You didn't saddle the horse — you just put a saddle on the horse.
(君は鞍を馬に付けたんじゃなくて，ただ鞍を乗せただけだ)

saddle を動詞とする前文は，否定文であるが，後続の文が示すように，鞍を馬にうまく装着していない(馬が乗れる状態へと状態変化していない)ことを表している．

馬に鞍を付けるという事態は，概念構造で示すと，鞍の移動と馬の状態変化が同時進行的であり，次のように，動作主(例えばジョン)を始端参与体とする2本の行為連鎖で示される．これは所格交替する動詞の意味構造とほぼ同じである．

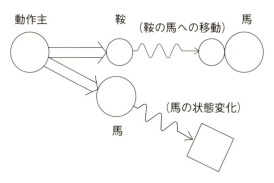

図7 「馬に鞍を付ける」という事態の概念構造

水平の行為連鎖は，ジョンが鞍を馬に移動させる行為連鎖であり，右下への行為連鎖は，ジョンが馬を乗れる状態にする行為連鎖である．*John put a saddle on the horse.* の認知構造は，水平の移動を表す行為連鎖を際立てるのに対して，*John saddled the horse.* の認知構造は，右下への状態変化を表す行

為連鎖を際立てると言える．状態変化する参与体をランドマークとして捉え直接目的語で表現しようとする認知主導の構文構築が，名詞 saddle の動詞としての用法拡張を引き起こしていると言うことができる[2]．

動詞 put の交替について少し議論をしておこう．実はこの動詞も所格交替する場合がある．移動体が着衣で着点が人であるような「人に着物を置く」という状況，つまり「人に着物を着せる」という状況を表す用法では，一種の所格交替を認めることができる．(17a) では着物が，(17b) では人が直接目的語で表現されている．

(17) a. Fetch a robe, the best we have, and put it on him.
(*The Revised English Bible*, Ruke xv. 22)
b. The wife had washed him up and put him on a clean jacket.
(*OED*, *put* 47c, 1883)

「着物を人に着せる」という事態では，「どこかにものを置く」という用法とは違って，着物の移動（位置変化）だけでなく，着点（人）の状態変化（着物を着ていない状態から着た状態への状態変化）も生起するために，「着物を人に着せる」という事態の概念構造には移動を表す行為連鎖と状態変化を表す行為連鎖の2本が，図7と同じように，含まれることになる．そしていずれの行為連鎖が注目されるか(プロファイルされるか)によって，直接目的語が選択されることになる．このように動詞の表す状況(動詞ではなく)によって状態変化が生起していれば，*put* のような動詞でも所格交替と同等の現象が見られるというわけである[3]．

2　図7の概念構造を用いると，名詞 saddle の意味構造では，この概念構造の移動体である鞍だけがプロファイルされ，動詞 saddle の意味構造では事態としての部分（働きかけと変化）がプロファイルされる．

3　「鞍を付けて馬を乗れる状態にする」という事態は，(17b) のように *put* を用いて表現できないが，これは，「着物を着せる」とは違って，馬を移動体と見なせないためかもしれない．ローブやジャケットなどいろいろな着物を用いて，「人を着衣の状態にする」という場合であれば，着点と見なされる人を移動体として，着物（着点）に移動させている

次のような名詞転換動詞の表現でも，単にワインをビンに入れるのではなく，瓶詰ワイン独特の状態変化が主眼であり，単に塩を対象にまぶす（移動させる）のではなく，塩漬け特有の状態変化が主眼であるから，このような表現の場合でも，名詞転換動詞が用いられ右下への行為連鎖が際立つことになる．

(18) a. John bottled the wine.（ワインを瓶詰めにした）
　　 b. John salted the fish.（魚を塩漬けにした）

動詞 saddle の場合，次のように with a blanket と共起するが，動詞 saddle は，鞍の移動ではなく，毛布の移動によって，馬を乗れる状態にする場合を表している．

(19)　John saddled the horse with a blanket.
　　　（馬に毛布を付け（て乗れる状態にし）た）

動詞 saddle はこの用法では，馬に付けるもの（移動体）は鞍でなくてもよく，馬の状態変化のみをさらに強く表すようになっているということができる．

saddle に見られる用法の展開は，その語自体の意味変容であるように思われるが，このように見ると，ランドマークとして何に注目するかという認知のあり方にその変容が動機づけられているということになる．そしてその動機づけられた方向へ突き進んで，元の「鞍」という意味すら表さなくなるということである．このことは，語彙の意味から完全に独立して，認知主導の構築原理が存在することを示唆している．

認知文法では，いわゆる規則に代わって，構文スキーマが文法を構成し，構文構築に携わるが，その構文構築には，動詞（より一般的には語彙）に固定した意味構造に忠実に従って構文構築が行われる場合と，動詞（より一般的

という概念形成があるのかもしれない（赤ちゃんに着物を着せる場合などは，赤ちゃんをシャツの上に置いて，シャツを着せるようなことがある）．つまり，「put 人 on 着物」の場合，「人の移動」が概念化されているのかもしれない．

には語彙)の意味構造から離れて認知主導で構文構築が行われる場合がある．語や構文そして言語全体が決して一定の安定した状態にはなく，常に不安定でどこかの方向へ動いているというのであれば，それは一因として，動詞(より一般的には語彙)主導と認知主導の構築原理の相互作用によると言えよう．

3. 認知文法と他の理論

3.1 ラネカーとトローゴットの主観性・主体化 (subjectivity・subjectification)

本章の冒頭でも触れたように，ラネカーの主観性は，言語構造を客観的な構造とはせずに，私たちのもつ一般的な認知能力・認知プロセスの反映とする点にある．第2節で見たように，主語や直接目的語は客観的に規定されるのではなく，叙述される事態内で際立ちが高く一番目や二番目に注目される参与体(トラジェクター・ランドマーク)を表す文法形式である．動詞や名詞も，客観的存在ではなく，私たちのもつ順次スキャニング(sequential scanning)のような認知プロセスによって捉えられる過程(process)を表すために動詞が存在し，私たちのもつグループ化や一括スキャニング(summary scanning)のような認知プロセスによって捉えられるモノ(物)を表すために名詞が存在する(Langacker 1999b: 40–2)．このように主語・目的語，名詞・動詞のような存在は，際立ちや注目，見方・捉え方という私たちの認知の仕組みを反映する主観的存在だというわけである．したがって，ラネカーの主体化(subjectification)という過程は，豊かな意味内容をもつ語彙が，徐々にその意味内容を希薄化させそれを表さなくなり，そこに反映していた認知プロセス(主観的・主体的要素)のみと対応するようになる過程である．

例えば動詞 *have* の次のような用法を見てみよう．

(20) a. John had the baton. (ジョンはバトンを受け取った)
b. Watch out — he has a gun! (気をつけろ，やつは銃を持っている)
c. I have an electric drill, though I never use it.

(私は電気ドリルを持っているが，使わない)
- d. They have a good income from judicious investments.
(彼らは賢く投資していい収入を得ている)
- e. She often has migraine headaches. (彼女はよく偏頭痛がする)
- f. We have a lot of skunks around here.
(このあたりにはスカンクが多い)

これらの例で，下の例にいくにしたがい，直接手に取る行為や物理的な所有から抽象的な所有へ，あるいはコントロールの効く所有から効かない抽象的所有へ，そして存在の位置関係のみを表すという具合に，具体的な叙述内容が徐々に希薄化している．動詞 *have* は，認知能力としては，参照点能力を反映するとされるが (Langacker 1993)，参照点 (reference-point) が主語で，認知の標的 (target) が直接目的語で表現される．一番下の (20f) は，「自分たちのいるところ，と言えば，スカンク」というように，主語の「自分たち」と直接目的語の「スカンク」との間の参照点・標的関係のみを表しており，主体化が相当に進んでいる．

　完了形 (*have* + *p.p.*) の文法要素としての *have* は，(21a) のように「書かれた手紙を持っている」を表す所有の *have* からの拡張とされる．

(21) a. John has a letter written.
　　 b. John has written a letter.

(21a) の *have* には，ジョンと手紙との間の参照点関係の他に，ジョンがエネルギーを行使して所持していること，あるいは手紙がジョンのコントロールの範囲内にあるというような具体的な叙述内容をもつが，(21b) の完了形の *have* にはそのような具体的内容はなく，ただ，ジョンあるいはジョンが手紙を現在もっているという事態 (present relevance) を参照点として，ジョンが手紙を書いたという事態を認知の標的とするという参照点・標的関係のみを強く表していると言うことができる．

(20a) から (20f) の用法へ，さらに (21b) の完了形の用法に向かうにしたがい，動詞 *have* は，具体的な叙述内容を希薄化させ，参照点能力のみと対応するようになっているが，これが主体化である．本来一般動詞であった *have* は最終的に文法要素へと拡張しているが，このように一般的な語彙が文法要素へと拡張する過程は文法化と呼ばれ，文法化には意味的な拡張としての主体化が伴っているということができる（Langacker 1998）．

　このように「認知主体の認知プロセス」に関わるラネカーの主体化に対して，トローゴットの主体化は，言語表現に対する認知主体の読み込みや解釈による意味変化の過程である（Traugott 1992, Hopper and Traugott 1993: 87–93）．その基本的な変化のパターンは，単純な意味の希薄化や漂白化ではなく，「増えて減る」というパターンである．つまり，意味 A に B という読みや解釈が加えられ，次に最初の意味 A が消えて意味 B が定着するというパターン（A＞A＋B＞B）である．

　例えば Since S_1, S_2（since 節＋主節）に現れる接続詞 *since* には，「S_1 以後，S_2」というような「以後」読みと，「S_1 のせいで，S_2」という「理由」読みとがある．トローゴット説では，「理由」読みの拡張は，主体化を含む以下のような段階をたどる．

(22)　*since* の「理由」読み用法の拡張

第 1 段階	⟶	第 2 段階	⟶	第 3 段階
「以後」読み		「以後」読み		φ　（漂白化）
		＋		
		「理由」読み		「理由」読み
		（語用論的富化）		（新しい意味として定着）

　第 1 段階では，「以後」読みだけであったところに，第 2 段階として，語用論的富化（pragmatic enrichment）によって「理由」読みが推論される．次の第 3 段階で，元の「以後」読みが漂白化（bleach）し，「理由」読みが残り，意味として確立すると，「理由」読み用法の拡張の完了である．この拡張過

程の第2段階で,「以後」読みに基づいて「理由」読みを新たに追加推論するが,この際の語用論的な追加推論が,認知主体の行う読み込み・解釈であるため,この部分を特に主体化 (subjectification) と言う.要するに,「S_1 以後に S_2 ならば,S_1 が理由で S_2 なのかもしれない」という話し手(認知主体)の読み込みが,意味変化を決定づけているために,そのような意味変化が「主体化」と見なされるというわけである.

since の意味変化における第1段階から第2段階への拡張過程は,次のように図示することもできる.

(23) since の意味拡張(トローゴットの主体化による)

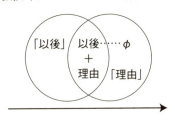

この図で,左の円が since の「以後」読み(第1段階)を表し,中間の重なりの部分で「理由」読みが追加推論される(第2段階).右の円は(「以後」読みが漂白化し)「理由」読みが定着する拡張の最終段階(第3段階)を表している.次の例は,実際に各段階の読みをもつ用法である.

(24) a. I have done quite a lot of writing *since* we last met.
     (この前会ってから,たくさん書いた)　　　　　(「以後」読み)
   b. *Since* Susan left him, John has been very miserable.
     (スーザンが去ってから／去ったので,ジョンはずっと惨めだ)
     　　　　　　　　　　　　　　　　　(「以後」読み+「理由」読み)
   c. *Since* you are not coming with me, I will have to go alone.
     (君が一緒に来ないので,ボクは一人で行かなければならない)
     　　　　　　　　　　　　　　　　　　　　　　(「理由」読み)

トローゴットの主体化をこのように捉えると，その主体化に基づく文法化は，次のような文法化連鎖を成すということになる．

(25) 文法化連鎖 (grammaticalization chain, cf. Heine 1992)

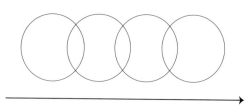

文法化の場合も，ある意味から含意が読み取られそれが意味として定着する．そしてまたその意味から含意が読み取られ，その含意が新たな意味として定着するという具合に主体化の過程が繰り返される．そしてこの場合も，主体化と呼ばれるのは，話し手（認知主体）が含意を読み込むためであり，そのような読み込みの後で元の意味が漂白化 (bleaching) する．文法化連鎖は，主体化と漂白化が繰り返し生起して進行する過程である．そして，文法化が連鎖する場合，一定の連鎖パターンが見られ，例えば英語の *while* は，本来「ときおり」を表していたが，「〜の間」という 2 つの節を結ぶテキスト機能を帯び，最後は「けれども」という話し手の心的態度を意味として表すという具合に，「命題的意味」＞「テキスト機能的意味」＞「心的態度」のように連鎖する (Traugott 1982)．

　最後に，ラネカーとトローゴットの両方ともが扱っている現象 *be going to* で両者の主体化の異同を示すと次のようになる．例えば *Sam is going to mail the letter.*（サムは手紙を出しに出ている）という空間移動の表現から，トローゴットの主体化では，「サムが手紙を出しに出ている」ならば「サムは手紙を出すつもりだろう」（意図）あるいは「サムはやがて手紙を出すだろう」（近接未来）という意図や近接未来が読み込まれ，その主体的な語用論的推論が *be going to* の意味として定着する[4]．

4　「手紙を出しに出ている」のなら，「手紙を出すつもり（意図）だろう」というような推

一方，ラネカーの主体化では，例えば近接未来が読み込まれる際の認知プロセス（時間的スキャニング）に注目する．つまり *be going to do x*（x をしに出ている）は本来，主語参与体の移動を捉える空間的スキャニングと，移動の後に見越される事態を捉える時間的スキャニングとを反映しているのだが，空間的スキャニングで捉えられる移動（具体的意味内容）が希薄化すると，時間的スキャニングのみが残り（主体化），いわゆる「見越し」を表すようになる．「いまサムが手紙を出しに出ている」ならば「やがてサムは手紙を出すだろうということ」が見越されるわけであり，その時間的な将来の見越し（近接未来）を表すようになるというわけである．

It's going to rain. は，雨が降りそうな雲行きのときに使われると言われるが，この用法には，ある種の雲模様の後に見越される事態（降雨）を捉える時間的スキャニングのみが関与している．さらに例えば，「自転車がパンクしたんだけど」と言う娘に対する父親の返事としては，*will* を用いる *I'll repair it tomorrow.*（[今日はダメだけど] 明日直してあげるよ）が適切であるが，その後「娘の自転車，パンクしたみたいよ」という妻に対しては，*be going to* を用いての *I'm going to repair it.*（修理してやることになっている）のほうが適切である．これもすでに娘との約束があり，将来の自転車の修理が見越されているためだと言える．

be going to の場合は，いずれのアプローチであっても同じような読みが得られるが，*since* のように元の用法になかった読み（理由）へ展開・拡張する場合は，トローゴットの主体化が適合し，一般動詞 *have* が拡張して完了形の要素へ文法化するような場合は *have* の具体的意味内容がゼロ化するので（認知能力や認知プロセスに注目する必要があり）ラネカーの主体化が適合する．

ラネカーの主体化では，元の具体的な意味内容は徐々に希薄化するので，元の意味内容になかった意味へ拡張するはずはないのであり，トローゴット

論や読み込みは，論理的な帰納 (induction) でも演繹 (deduction) でもない．むしろパース (Peirce) のアブダクション (abduction) に近い．その点でも，トローゴットの言う「解釈・読み込み」は主観的・主体的である．ギボン (Givón 1999) は，文法化がアブダクションに基づくとして言語が再構築される体系的なメカニズムを追究している．

の主体化では，元の意味内容は基本的に「増えては減り」のサイクルだから，意味内容がゼロになることはない．

3.2 認知文法とクロフトの構文根本主義 (Croft 2001) ―品詞と構文―

ゴールドバーグの『構文文法論』(Goldberg 1995) が徹底した構文主義でないとして，クロフトは，品詞や文法関係など構文以前の要素を前提としていることを指摘したが (Croft 1998)，クロフトの徹底した構文主義では，品詞が先か構文が先かということなら，構文が先で，構文から名詞，動詞，形容詞などの品詞が派生する (Croft 2001: ch. 2)．

命題表現を構成する句レヴェルの構文に，指示構文，修飾構文，叙述構文などがあるが，これらの構文に，無標の形式で現れる要素が，それぞれ名詞，形容詞，動詞に対応するというわけである．the ring のような指示構文に ring は無標の形式（そのままの形）で現れるが，そのような要素が名詞だというわけである．これに対して，形容詞や動詞は指示構文には，次のように -ness, -tion, -ing あるいは that を伴い有標の形式で現れ，それゆえ名詞とは異なる品詞だということになる．

(26) a. We talked about his good**ness**/happi**ness**.
　　 b. We talked about the destruc**tion**/produc**tion**.
　　 c. Runn**ing** is bad for your knee.
　　 d. She realized **that** he was not going to leave her.

また形容詞は，big dog のような修飾構文の big のように無標の形式で現れるが，名詞や動詞は，修飾構文に現れる際には，次の (27) (28) のように，所有格であったり，前置詞を伴ったり，あるいは -ing 形であったり関係代名詞を伴ったりするように有標の形式であり，形容詞とはカテゴリーを異にする．

(27) a. Bill**'s** book
　　 b. the book **on** the dresser

(28) a.　the woman run**ning** down the road
　　 b.　the tree **which** fell on my house

また *I ate it* の *ate it* は叙述構文であり，動詞は *ate* のように他に何も伴わずに現れるが，名詞や形容詞は，叙述構文に現れるには *be* 動詞（＋ *a/an*）を伴う必要があり，動詞とは区別される．

(29) a.　That **is a** cypress.
　　 b.　That cypress **is big**.

このように指示構文，修飾構文，叙述構文に無標の形で現れる要素が，それぞれ名詞，形容詞，動詞であるというように，構文が品詞などの下位の要素を規定する．

　これに対して認知文法での品詞はどうであろうか．冒頭の認知モデルが示すように，モノや事態が客観的に存在するのではないから，モノを表すために名詞があり，動きや変化・状態を表すために動詞があるというのは，もちろん適切ではない．われわれに対象をモノとして認識する能力（モノ化能力，reification）があるために，モノが見え，それが名詞で表される．また，われわれに，対象を動きや変化・状態として認識する能力があるために，動きや変化・状態が見え，それが動詞で表される．したがって，名詞や動詞は，われわれの認知能力と対応している，というわけである．*kick* は，「蹴る」であっても「蹴り」であっても行為であることにかわりはない．両者の違いは，その行為が，順次スキャニング（sequential scanning）で捉えられているか，モノ化能力で捉えられているかなのであり，前者であれば動詞，後者であれば名詞というわけである．したがって品詞の違いも，どのような認知プロセスで捉えられるかであり，捉え方（construal）の問題ということになる．このような観点からすると，品詞は，構文レヴェルでの規定は必ずしも必要ないかのような印象を与える．

　しかし，品詞に認知プロセスを対応させると，それぞれの認知プロセスは

それぞれ独特であり非連続的であるので，品詞の連続性が捉えにくい．構文に注目すると，言語によっては対立的な2つの品詞の中間に別種の品詞が存在することが見えてくる場合がある．日本語のいわゆる形容動詞がそうである．以下のように構文を考慮した明確な座標軸をもつ意味地図を用いると，中間的な品詞としての形容動詞が際立ってくる．

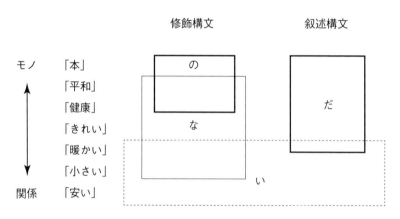

図10　日本語の形容詞，形容動詞，名詞の意味地図（Croft 2001: 95）

縦軸はモノか関係（形容詞の表す特性など）かの度合であり，横軸が構文である．認知プロセスを非連続とするのであれば，モノか関係かの2種類であるはずであるが，構文に現れる形式を見ると，修飾構文には「の」「な」をとる2種類の有標の形式があり，「の」と「な」，それに「な」と無標の「い」との間に重なりがあることから，モノと関係が連続的であり，「な」のみをとる中間的なカテゴリーの存在を知ることができる．叙述構文でも，「だ」と「い」の重なりは連続性を示唆している（これはまた，2種類の認知プロセスを同時に反映するようなカテゴリーの存在も示唆していることになる）．このように，いわゆる原初的なカテゴリーを前提とせず，原初的なカテゴリーを構文からの派生として捉え，構文こそが真に原初的とするのが構文根本主義の要点である．

文レヴェルの構文については，第 2 節で動詞主導や認知主導の構文構築について考察したが，構文根本主義は，まさに構文主導による構文構築と言ってよいだろう．つまり構文主義では，個々の構文に対して，どのような意味構造が与えられるかということよりも，私たちが共通してもつと思われる概念世界(概念空間や意味空間)にどのような構文群が対応し，それぞれの構文が概念世界のどの部分と対応しているか(ペアリングを成しているか)が重視される．構文の種類や構文の構成要素・構成構造は基本的に言語によって異なるので，概念空間と構文群の対応表(つまり意味地図)を言語ごとに作成し，それを比較対照して一般化をするしかないというわけである[5]．

ただし，同一言語内での同一構文の意味的根拠は，認知プロセスに頼らざるをえない．例えば上で見たように，形容詞が *the goodness/happiness* のような指示構文に現れるとき，*-ness* を伴うのは，形容詞の表す関係がモノ化能力によって捉え直されるということであり，これによって名詞と同等に位置づけられ指示構文に使用されるというわけである．文レヴェルの構文でも，次の 3 例に共通する意味的根拠は何かということになると，

(30) a. John broke the vase. （ジョンが花瓶を割った）
　　 b. John broke a finger.
　　　　（ジョンが意図的に指を折った／ジョンは指が折れた）
　　 c. My guitar broke a string. （私のギターは弦が切れた）

それは，行為連鎖でもなければ，主語と直接目的語の意味役割でもなく，主語参与体と目的語参与体がそれぞれ認知的なトラジェクターとランドマークであるということである．すでに見たように，(30a) の動作主と対象では前者がトラジェクターとして後者がランドマークとして捉えられる．(30c) では，主語と目的語はそれぞれ全体と部分であり，全体がトラジェクターとし

---

[5] 構文ネットワーク表示では，ノード群が繋がっているというだけで，(スキーマ・例示関係や拡張関係は見えるが) 2 つのノード間の連続性の詳細は見えにくい．その点，意味地図はそれが見えやすくなる．

て，部分がランドマークとして捉えられている．(30b) は (30a) と (30c) の意味内容を併せ持つが，(30b) は，(30a) から (30c) への用法拡張に対し，橋渡しの役割をしている．

　おそらくより妥当な構文分析には，クロフトも示唆しているように，認知文法的な認知主義とクロフトの構文主義をとる必要があろうと思われる（Langacker 2003 も参照）．そこでは，われわれが共通にもっている認知プロセスを(あるいは認知モードを)それぞれの言語のどのような構文が反映しているかを対照することによって，意味地図を基にした言語対照から，さらに認知プロセスや認知モードを基にした言語対照や言語類型が可能になる．

3.3　認知文法と構文文法（Construction Grammar）

　通常から少しずれた表現，あるいは部分の総和が単純に全体とはならないような構文を分析することによって，表現が構築される上で何が生起しているのかがよく見えることがある．フィルモア（Charles Fillmore）を中心とする構文文法家達（Construction Grammarians）が，次のような特殊な句レヴェル・文レヴェルの構文に分析を集中させたのもこの理由による．

(31) a. Why paint your house purple?　　　(Gordon and Lakoff 1971)
　　　(家を紫色に塗るのはやめたら？)

b. He wouldn't give a nickel to his mother, let alone ten dollars to a complete stranger.　　　(Fillmore, Kay, and O'Connor 1988)
　　　(彼は母親に 5 セントだってあげないのに，まして赤の他人に 10 ドルなんて)

c. Frank sneezed the tissue off the table.　　　(Goldberg 1995)
　　　(フランクはくしゃみをしてティッシュをテーブルから飛ばした)

d. It's AMAZING the people you see here.
　　　　　　　　　　　(Michaelis and Lambrecht 1996)
　　　(ここで君が会う人はいろいろな人がいて驚くよ)

e. What do you think your name is doing in my book?

(Kay and Fillmore 1999)
(どうしてぼくの本に君の名前が書いてあるんだ)

(31a) のように疑問文の形式でありながら要請という発話の力をもつ構文がかつて生成意味論で議論されたが，このような構文も今日の構文文法の対象とする現象に等しい．(31b) のように *let alone* の現れる節は，統語的，意味論的，語用論的に特殊な強い制約が課されることが構文文法の先駆的論文で明らかにされた．(31c) のように自動詞 *sneeze* が目的語をとるような結果構文の分析では，結果構文が(ひいては構文一般が)抽象的な結合規則によって生成されるのではなく，他に還元不可能な構文として独自の存在であることが示された．(31d) の名詞句外置 (nominal extraposition) と呼ばれるような構文の分析では，情報構造の語用論的側面との関連が明らかになった．(31e) の生産性をもつ特殊構文については，疑問文でありながら状況に対する不平の表現であることが明らかにされた．

後にテイラーによって構文イディオム (Construction idioms) と呼ばれるこの種の特異な構文 (Taylor 2002: ch. 28) は，部分の総和とは異なる意味，あるいはそれ以上の意味をもつ表現であり，このような表現を徹底して分析すれば，表現が構築していく際に何が起きているかがわかるというわけである．ジョンソンは「特異な言語現象を調べると，標準的な言語現象のみを扱う研究では見過ごされるような言語の重要な特性が明らかになるという思いが，構文文法家達にあった」(Johnson 1999: 13) と述べている．要するに，部分の総和が全体と等しくなるような表現が少数派なのであり，われわれの言語知識は，全体が部分の総和を越えるような構文群の総体だということであり，単純に要素とその組み合わせ規則には還元できないということがわかってきたのである．しかも，サイズもスキーマ性も定着度もさまざまに異なる構文群の総体だというわけである．

おそらく，このような研究の方向性は，精密科学の分野における複雑系の研究と並行性をもつであろうことは想像に難くない．周知の通り，20世紀の物理学は，世界を構成する究極の物質はなにか，モノの性質はそれを構成す

る究極の要素によって明らかになるという要素還元論に則って，クォークの存在を認めるまでに至った．ところが，「その究極の物質から逆にたどっていく，つまり，素粒子→原子核→原子→分子→高分子→生きた細胞→臓器→生物個体へと階層をあげていくと，下の階層にはなかった性質が上の階層には見られる，ということがある．例えば，素粒子や原子という無機的な要素にはなかった生命が，生きた細胞には宿っており，さらに，生きた細胞には見られなかった知能が，生物個体には存在するという具合である．このように，階層が上がることによって出現する性質を説明するために，既存の科学とは異なる新しい科学が必要で，それが複雑系の科学へと繋がる」(米沢 2003: 155–6) というわけである．このような複雑系科学の思想と平行して，語より階層の上にある構文でなにが起きているかということの研究が構文文法において進められていると言ってよい．

　構文文法によって，構文が形式と意味のペアリングであり，単なる構成要素の結合ではなくそれ以上の独自の存在であること，さらに意味としては意味論的・語用論的意味・一般的知識とも対応し，構文が語彙と連続的であることが確証されたと言ってよい．認知文法もこれらの点を共有するが，認知文法は言語構造と私たちの一般的な認知能力・認知プロセスとの対応を考慮するために，開かれた系としての言語の展開や進展を説明する仕組みを組み込んでいる点で特徴的である．つまり構文創発のメカニズムを説明する可能性をもっているということである．

　例えば，次の (32) の 2 例の *wash* の用法は，ラネカーでは，動詞 *wash* のプロファイル部を異にする，2 つの異なる意味用法である (Langacker 1995)．ゴールドバーグでは，(32b) は結果構文か使役移動構文として分析されるであろう．

(32) a.　I washed the car. (私は車を洗った)
　　 b.　I washed the mud off the car. (私は車の汚れを洗い流した)
(33) a.　She frightened an admission out of him.
　　　　(彼女は彼を脅して事実を認めさせた)

b. She kissed the anxiety away from him.
　　（彼女は彼にキスをして不安を取り除いてやった）

　しかし (33) の例を動詞 *frighten* や *kiss* の用法の一つとすることはできない．つまり (33) の 2 つの表現を，動詞主導による構築とすることはできない．だからゴールドバーグの構文文法も構文という概念を導入することになるが，結果構文や使役移動構文を既存の存在としてそれらの構造と対応させるだけで，そもそもそのような構文がどのようにして存在するようになったのかを考察する方向へは進まない．あるいはそのような考察を可能にする余地がない．*make* 使役構文との融合や継承関係も考えられるが，*make* 構文の直接目的語選択は動詞主導であり，結果構文や使役移動構文の直接目的語がなぜ動詞の意味構造に依存しないかは，融合に言及したり，あるいは継承関係に言及するだけでは不明のままである．

　直接目的語が 2 番目に際立ちの高い参与体，つまり 2 番目に注目される参与体（ランドマーク）を表すというような認知的捉え方をすると，動詞と直接目的語の意味的な関係が希薄化しあるいは透明化するにしたがい，当該状況で 2 番目に際立ちのある参与体が，動詞の意味とは独立に選択され，それが直接目的語で表現されることも考えられる．(33a, b) で，*frighten* や *kiss* の対象とはなりえない *admission* や *anxiety* が直接目的語（ランドマーク）として選択されるのは，このメカニズムによる．このような認知的観点の妥当性は，第 2 節の認知主導の構文構築として検討した通りである．認知主導のランドマーク選択が固定化すると，それは動詞の意味用法として組み込まれることになり，以後そのランドマークは動詞主導によって直接目的語で表現されることになる．

　この場合，結果構文の直接目的語のように，動詞の単純な直接目的語として扱えない場合は，構文という概念が有効であり，動詞主導に替わって，構文（スキーマ）主導による構文例の構築が行われることになる．ただし，構文から別の構文が創発・拡張するメカニズムを考察し説明する概念として構文文法の構文という概念だけでは，十分ではない．元の構文と新たな構文との

関係(包摂関係，継承関係，例示関係など)を記述するところまでは可能であるが，構文創発のメカニズムを探るには，構文とは別レヴェルの道具立て，例えば第2節で見たような，認知的道具立てが必要であろうと思われる．構文創発のメカニズムを十分明らかにするには，私たちの一般的な認知能力・認知プロセスを組織立てて導入する必要があるということである．動詞主導と構文主導の構文構築が，体系内に収まる，いわば静的な構文構築であるのに対して，認知主導の構文構築は主に，既成の体系からはみ出していく動的な構文構築に関与していると言えよう．

4. インタラクションに関わる認知モードと構文

　第2節では，言語構造が一般的な認知能力や認知プロセスを反映するという主観性の側面に注目しながら，動詞主導の構文構築と認知主導の構文構築との相互関係について議論をし，第3節では，私たちの解釈や読み込みが主観的であるという点に注目するトローゴットと，主観的な認知プロセスに注目するラネカーの主体化・文法化とを比較検討した．さらに，語用論的意味を含めて意味一般が多かれ少なかれ主観的であるのであれば，そのような意味と形式とのペアリングである構文の知識が文法を構成するという構文主義や構文文法は主観性を内包していると言える．本節では，主観性のもう1つの重要な側面，すなわち私たちの認識が本来，状況と不可分であり，対象との直接的なインタラクションを通して得られているという意味での主観性に注目し，この側面の主観性と構文との関係を検討する．とりわけ，状況と不可分の認知モードと，仮想としての状況外からの認知モードを措定し，構文が，2つの認知モードのうちの一方をより強く反映することが示される．これは，一方の認知モードを反映する構文を多くもつ言語とそうでない言語との間に，認知的言語類型論の可能性を開くことになる．

4.1　2つの認知モード

　本節では，冒頭で示した認知モデルを基に，2つの認知モードの存在を措

定し，それが日英語のような言語に対照的に反映していることを示す[6]．この2つの認知モードの存在は，日本語論や日英語対照などにおいて繰り返し指摘される1つのテーマのようなもので，次のような逸話で示されるように，日本語は，状況内に視点を置く状況密着型であるが，西洋の言語では視点は状況の外にあるというわけである[7]．

(34) 先に触れたドイツ人が理屈っぽいことは，「ぼくは昨夜実験室に行ったが誰もいなかった」と言うと，「お前がいたじゃないか」と言うそうだ．ドイツ人はその場合「ぼくは昨夜実験室に行ったが，そこにはぼく以外には誰もいなかった」と言うのだそうだ．

(金田一 2000: 172)

この逸話は少し戯画化されているが，日本人は状況内からものを観るので「誰もいなかった」となるが，ドイツ人は状況の外から，いわば客観的にものを観るために「ぼく以外には誰もいなかった」となるというわけである．

このような認知モードの対立は，国外の言語研究においても，その強調する側面を変えながら，(35)に見られるようにさまざまな用語で，指摘されてきたようである．

(35) a. 印象的 vs. 分析的
(impressionistic vs. analytic, Bally 1920)
b. 非報告的 vs. 報告的
(non-reportive vs. reportive, Kuroda 1973)
c. 経験的 vs. 説明的
(experiential vs. historical mode, Lyons 1982)
d. オンステージ vs. オフステージ

---

6 本節の議論については中村 (2002, 2003b, 2009, 2016) も参照．
7 状況密着・状況外視点はそれぞれIモード，Dモードの表面的な特性で，主客未分・主客対峙がそれぞれのより本質的な対比である（中村 2015 も参照）．

　　　　　（on-stage vs. off-stage, Langacker 1985）
　　e.　状況中心 vs. 人物中心
　　　　　（situation vs. person focus, Hinds 1986）
　　f.　経験的 vs. 外部的
　　　　　（experiential vs. external, Wierzbicka 1988）
　　g.　S-パースペクティブ vs. O-パースペクティブ
　　　　　（S-perspective vs. O-perspective, Iwasaki 1993）
　　h.　直接的 vs. 外置的
　　　　　（immediate vs. displaced mode, Chafe 1996）
　　i.　全体的 vs. 分析的
　　　　　（holistic vs. analytic understanding, Marmaridou 2000）

　状況密着型の認知モードでは，文字通り視点は「オンステージ」にあって，「状況中心」の見方がされ，話し手が事態の参与体であること（「S-パースペクティブ」であること）が多い．また視点が状況内にあるから，「直接的な経験」（immediate, experiential）で，その表現は体験調で報告調にはならない（「非報告的」）．そして対象は「印象的」で「全体的」な捉え方になるだろう．これに対して状況の外から眺める認知モードでは，視点は文字通り「外置されていて」（displaced），「外部的」で「オフステージ」であり，事態内の各参与体が注目されることになる（「人物中心」「O-パースペクティブ」）．そして対象は「分析的」な捉え方がされ，叙述の仕方は「報告的」で「説明的」となる．
　おそらく基本的な認知モードは 2 タイプであろうが，このようにさまざまに捉えられる認知の，根本にある認知とはどのようなものであろうか．ヒトの認知の根本に迫るような認知様式を措定する必要がある．これらの認知モードのより根本的な側面を抽出する必要がある．
　ここでは，2 つの認知モードを少し厳密に，次のような 3 つの側面から捉えてみようと思う．本章の冒頭の認知モデルの導入でも触れたが，つまり，①認知主体と何らかの対象との不可分のインタラクションということ，②認

知主体に生じる認知プロセス，③その認知プロセスによって捉えられる認知像，の3側面である．これらはいずれも主観性・主体性(subjectivity)ということと関連する．①〜③を再度確認しておこう．

　第1の側面①は，認知主体が対象の事物と不可分に融合してインタラクトしているということである．対象とインタラクトしながらの認識ということは，状況と一体となった認識であり，(話し手という用語を用いるなら) 話し手・経験者と対象とが同化する認識，つまり主観的な認識ということである．これには西田幾多郎の主体的な (すなわち主客未分の) 純粋経験という概念が特に有用である (西田の「主体的」は，認知主体と対象が融合している状態であり，「君の行動は主体的ではないね」のような「主体的」とは異なる)．

　第2の側面②は，上のようなインタラクションの中で，対象としての事物がどのような認知能力や認知プロセスで捉えられるか，ということである．これらは認知文法で言う主観的な要素に他ならない (Langacker 1990, 1998, 1999)．一括スキャニングや順次スキャニング，参照点能力，トラジェクター/ランドマークの認識などが代表的であるが，これらは認知主体の持つ認知能力であり，また認知主体内に生じる認知プロセスであるから主観的な要素である (ここでは，次に見るDモードの認知能力・認知プロセスと同じものも想定しているが，厳密には，主客未分の認知に生じる (言葉にならない) 感覚や情動も想定している)．

　第3の側面③は，②の認知プロセスによって捉えられる現象である．これは，われわれの認知能力と認知プロセスによって構築される認知像と，トローゴット (1995, 1999) が主観的と呼ぶものが含まれる．彼女が「主観的・主体的」(subjective) とするものは，厳密にはテキストに対して「主体が読み込む内容」であるが，私たちの認知も，何らかの外界をいわばテキストとして認知主体が読み込むものであるから，同じように主観的・主体的である (ここでも，認知像は，W. ジェイムズの言う「感覚の初源的カオス」(『純粋経験の哲学』p. 151) のようなものから立ち現れる像と言ってよい．中村 (2013) 参照))．

　この主客未分の認知形態は冒頭の認知モデルと同じであるが，以上のよう

な 3 つの側面を統合した認知モードを認知のインタラクション・モード (Interactional mode of cognition, 以後 I モード) と呼び, 以下のような図で示しておこう.

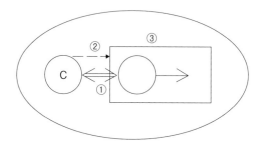

外側の楕円：認知の場（field of cognition）
C：認知主体（Conceptualizer）
①両向きの二重線矢印：インタラクション（例えば地球上の C と太陽の位置的インタラクション，四角の中の小円は対象としての太陽）
②破線矢印：認知プロセス（例えば視線の上昇）
③四角：認知プロセスによって捉えられる認知像（例えば太陽の上昇）

図 11　認知のインタラクション・モード

イギリスの哲学者ロックは，水の「冷たさ」「暖かさ」が認知主体との相関であることを興味深い思考実験で示しているが (Locke, J. 1690. *An Essay Concerning Human Understanding*, Ⅲ．viii. 21)，物の特性は一般に I モードで捉えられる認識であり，人としての「冷たさ」「温かさ」も同じである．相手との何らかのインタラクション①に基づいて，認知主体の有する前提や認知能力②によって，相手に対して例えば「冷たい」という印象③をもつ．冷たい人が別の人には温かいこともあり，冷たさや温かさは固有の性質ではない．そしてこのことは認識一般に適合することである．

I モードを単純にオンステージモード (on-stage mode) と呼ばないのは，オンステージは主（認知主体）と客（対象）が同一プレーン上にあることは示すが主客未分のインタラクションを示さないためである．また主客のインタ

ラクションを通しての認識と言うとギブソンの生態学的認識やアフォーダンス (Gibson 1979: 137) を想起させるが，これらの概念は，間主観的なインタラクション，つまり相手の意図を直感するというような認識までは含まない．この側面をも含めてIモードという名称を用いたいと思う．この側面は特に，子どもが言語形式の意味を習得する際，とりわけその初期の段階で，共同注意 (joint attention) を通して親や大人の意図していることを直感的に捉え，当該言語共同体で通用している意味を習得していく場合のプロセスとも深く関連している．

　ところでわれわれには，このように自分と何らかの対象とのインタラクションを前提として対象の諸側面を捉えていることを忘れて，その主観的な認知像や印象をあたかも客観であるかのように思い込む性向がある．事実太陽の上昇などはそう思い込んでいる．「陽はまた昇る」という小説のタイトルにもなっているこのフレーズは直接的には『欽定訳聖書』(Ecclesiastes 1: 5) のものであるが，地動説以前も以後もどの聖書でも「陽は昇る」という数あるフレーズに変更はない．このように思い込む認知モードを外置の認知モード (Displaced mode of Cognition，以後 D モード) と呼び，下の図12のように表してみよう．

　Dモードの特徴は，認知主体がIモード認知の場から外に出て，あたかも外から客観的に眺めるような視点をとる過程にある．この過程は外置 (displacement) と呼ぶことができる．要するに，Iモード (つまり本論冒頭で示した認知モデル) が本来の認識のあり方なのであるが，その認知モードから認知主体が外に出る，つまり自らを外に置くことによって得られる認知モードがDモードである．

　後に量子力学との関連でも見るように，認知は，対象とのインタラクションなしには成立するものではなく，したがって客観世界を観ているような気持ちにさせてくれるDモード認知はいわば幻想の認知モードである．私たちが客観と思っている事物は，この認知モードで捉えられるのだから，そのように客観的と思われる存在も，幻想ということになる．

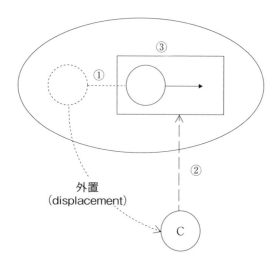

図12　Dモード（外置の認知モード）

　この図で，認知主体Cが外置（displacement）によって認知の場の外に出るため，①の認知主体と対象の直接的なインタラクションは存在しないかのようである．また②の認知プロセスはあたかも客観的に眺める目のようである．③の見え（認知像）としての事態は，認知主体から独立して存在する客観のように見えることになる（「太陽の上昇」がそうであるように）．なぜこのような幻想の認知プロセスを人間がとるのか，ということになれば，それが人間特有のものであるとすると，おそらく，環境によりよく適応するために，さらに転じて環境をよりよく支配するために，人間という種はこのような認知操作を進化させたのではないか，ということである．人間も計算機も 2 + 2 を計算するが，人間は「自分は 2 + 2 の計算をしている」という視点をとれるが，おそらく計算機はそのような視点をとれない．計算機や動物が程度の問題ではなく質的にこの視点がとれないということであれば，Dモードというのは（その幻想性にもかかわらず）人間を特徴づける認知モードということになる．

　ここで上の2つの認知モードの学的根拠を少し見ておこう．IモードとD

モードという2つの認知モードの対立は，意義深く，学的な根拠も得ることができる．ピアジェは，その発達心理学において，子どもの発達のある段階で，場面の外に仮想の視点を置いて眺めるようになる過程を「脱中心化」（decentration）と呼んだが，「外置」も同じようなプロセスと見なすことができる（e.g. Piaget 1970）．

また図11のようなインタラクションに基づく認知モードで表すことのできる「主客未分の認識のあり様」を，西田はデカルトの観点に対するものとして提示しており，デカルトに対する西田の立場は以下のようにまとめられる．

(36)　西田哲学の要点（西田 vs. デカルト）：
　　　デカルトが，観られる客体に対峙して観る主体を立て，いわば主客対峙を前提として認識があるとしたのに対して，西田は，主客の区別のない，主客未分の上に真の認識が成立するとした．

そうであれば，Iモードに対するDモードは，デカルト的な世界観や認識論を代表する認知モードと考えてよいということになる．

量子力学が到達した世界認識も，次のハイゼンベルグからの引用にあるように，われわれが客観と思っていたものが，われわれ認知主体が捉えうるかぎりの世界であり，もはや客観的なものではありえないということ，そしてさらに，われわれ認知主体から切り離された客観世界を知ることなど不可能であるという認識に到達したのである（cf. 不確定性原理）．

(37)　量子力学の観測問題
　　　「現代の精密自然科学の自然像…それは実はもはや自然の像ではなく，自然とわれわれとの関係の像である．一方に時空間内の客観的経過，他方に客観的経過を写し取る精神，この対立的二項に分ける旧来の分割，…デカルト的区別はもはや…適切ではない…．自然科学はもはや観察者として自然に対向しているのではなく，人間と自然との相互作用の一部である…」

「ニールス・ボーアが述べたように，われわれは単なる観察者ではなく，[対事的自然との]共演者である，ということに気づかなければならない.」　　　　　　　　　　　　　（ハイゼンベルグ 1957: 9, 23）[8]

この引用の中で，自然界や客観世界が「自然とわれわれの関係の像である」という部分や「人間と自然との相互作用の一部である」という部分は示唆的であり，われわれが客観的に見ていると思っている世界が，何らかの対象世界とわれわれ認知主体とのインタラクションによっていることを理解させる.

また，原子以下の存在ですら，それらが客観的存在ではないということはなかなか信じがたいが，次の引用はそのことをわかりやすく示している.

(38)　ハイゼンベルグによると，この不確定性が生じるのは，原子以下の領域では，物体を観測する行為自体がその位置と速度を変化させるからである．言い換えると，原子系を測定する過程に撹乱されてその系の状態が変わり，測定以前の状態とは質的に異なったものとなってしまうのだ．例えば，原子内での電子の位置を測定するには光子を電子にぶつけなければならない．しかし電子は非常に小さいので，光の方が強力すぎて電子を原子から弾き出し，その所在を変えてしまうのである．　　　　　　　　（カク・トンプソン 1995: 74）

こうして，デカルト的な D モードは幻想だということになるのだが，これまでの常識的な世界観はデカルト的であったし，科学もデカルト的な認識で進展してきたと言える.

(39)　古来，西洋の科学はものを客観的に見ることを金科玉条としてきた．「理論」(theory) の語の語源はギリシャ語の「見ること」theoria である．西洋では，見ることがそのまま捉えること，理解すること

8　廣松渉. 1997.「現代物理学の自然観と認識論」『廣松渉著作集第 3 巻』（『科学哲学Ⅰ. 科学の危機と認識論』第 7 章，岩波書店）にも明解な議論がある.

を意味する．そしてこれが，単に客観的観察を本領とする自然科学だけでなく，哲学をも含めた学一般の基本姿勢なのである．

(木村 1982: 6)

(ただし木村の基本主張は次の点にある．「日本人の感性は，古来これとは非常に違った動き方を示してきたように思う」(Ibid.: 6))

そして，二十世紀も半ばになってやっと，図 12 の D モードのような認識がありえない認識の形態なのであり，図 11 の I モードこそが真実に近い認識の形態だろうということが一般にも意識されるようになってきたということである．

認識の I モードと D モードとを，発達心理学，科学哲学，自然科学それぞれの領域でのあり方を表にして整理しておくと次の (40) のようになる．

(40)

	I モード	D モード
発達心理学	脱中心化以前の認知	脱中心化以後の認知
科学哲学	西田（あるいは現象学）の認識論	デカルトの認識論
自然科学	量子力学の到達した世界観	近代科学の世界観

I モードは，ピアジェの発達心理学では，脱中心化以前の形態であり，科学哲学的には，西田哲学や現象学の認識論に対応し，自然科学では量子力学が到達した世界観である．一方 D モードのほうは，発達心理学的には脱中心化が生じた後の認識形態であり，科学哲学的にはデカルトの認識論に対応し，近代科学の常識的世界観に対応している．少々図式的に過ぎるけれども，2 つの認知モードを以上のように位置づけておこう．

4.2　2 つの認知モードと構文の対応

上の 2 つの認知モードは，さまざまな言語現象に反映している．個々の現象についての詳細な議論は割愛しなければならないが，まずは反映関係の

みをまとめると (41) の表のようになる．このようにして見ると，日本語に特徴的な言語現象には I モードが反映している場合が多く，英語に特徴的な言語現象には D モードが反映している場合が多い．

(41) I モードと D モードの言語現象の現れ

	I モード	D モード
a. 1 人称代名詞	多様	一定
b. 主観述語	あり	なし
c. 擬声語・擬態語	多い	少ない
d. 直接，間接話法	ほぼ直接話法のみ	間接話法も発達
e. 主体移動表現	通行可能経路のみ	通行不可能経路も可
f. 過去時物語中の現在時制	多い (e.g.「る」形)	まれ
g. 間接受身	あり	なし
h. 与格か間接目的語か	与格 (利害の与格)	間接目的語(受け手)
i. 題目か主語か	題目優先	主語優先
j. R/T か tr/lm か	R/T 現象多い	tr/lm が基本
k. 主語なし非人称構文	あり	なし
l. 代名詞省略	多い	まれ
m. 終わり志向性	なし	あり
n. アスペクト（進行形・「ている」)	始まり志向	終わり志向
o. 動詞 vs. 衛星枠付け	動詞枠付け	衛星枠付け
p. (e.g. 日英語の)中間構文	直接経験表現	特性記述表現

(41a) のいわゆる一人称代名詞は次に見るように日本語で豊富である．

(42) 君子ヒョウ変
　　　「ワシの眼鏡知らんか」(私に)
　　　「オレやオレや」(友人に)
　　　「ボクがやります」(義兄に)
　　　「ワタクシの方からお伺いします」(上司に)
　　　これ，ぜーんぶ，一人の男のせりふ．よくまあ，器用に変えられますこと．
　　　(大阪府枚方市・ワシとオレとボクとワタクシの妻・51 歳)
　　　　　　　　　　　　　　　　　(『朝日新聞』1994 年 7 月 3 日)

これはまさに認知主体が聞き手や第三者と直接インタラクトしながら相対的に自己を捉えるためと言えよう．(42)では一人称代名詞に応じて待遇表現も変化しているが，待遇表現もIモードの反映と見てよい．

(41b)の「寒い」「暑い」などの主観述語については，ベルクの『空間の日本文化』『風土の日本』(ちくま学芸文庫)に的確な分析があるように，「寒い！」は認知主体と状況との不可分の状態での発話である．自分が寒いのかその場所が寒いのか区別のないIモードの表現である．主語を明示する *I'm cold.* や *It's cold.* は，外の視点から分析的に見たリポートでありDモードの表現である (Kuroda 1973 の「報告調」を参照)．「寒い！」は状況の中からの叫び (表出，expressive) でもあるから，「*彼は寒い！」のように三人称主語をとることはない (ベルク 1994: 35-6)．

(41c)のオノマトペが状況に密着した表現形式であるとする研究は多く (ベルク 1994: 29, Kita 1997, Occhi 1999)，Iモードを反映する形式と言えよう．

(41d)の話法について，直接話法のほうが，ナマの発話に近く，Iモードの反映と言える (cf. Harder 1996: 434–40)．次のように話法の対立でない場合でも，直接話法的な訳文 (43c) にしたほうが日本語らしい．

(43) a.　Everybody talked about <u>her goodness</u>.
　　 b.　誰もが，<u>この子のよさについて</u>話しました．
　　 c.　誰もが，<u>あの子はほんとうにいい子だと</u>噂しました．

(安西 1983: 126–34)

また，ヴィアズビカは，英語の *She wants to go.* を以下のように分析している．

(44)　She wants to go. ⇒　She thinks this, 'I want this, I will go.'

(Wierzbicka 1988: 164)

She wants to go. はあたかも，直接話法を用いた日本語の「彼女は「行きたい」と思っている」を間接話法で言うような形式である．そうすると，一人

称主語の *I want to go.* も「私は「行きたい」と思っている」に対応することになる. *I want to go.* であれ *She wants to go.* であれ，このような表現はいわば間接話法なのだから，認知モードはDモードであり，認知主体は（自分の場合であっても）状況の外から眺めてリポートしているということである. これに対して日本語の「〜したい！」は，状況内での認知主体の心理的吐露しか表さない. それゆえ，「*彼女は行きたい！」とは言えないというわけである.「寒い」と *be cold* についても同様のことが言える.

(41e)の主体移動表現は，物語の視点の問題の1つであるが，日本語の物語について状況と不可分の視点であることの指摘は多く，Iモードの反映と見なせる. 次の引用には主体移動表現が多用されており，それによって読者は状況内に誘い込まれる.

(45)　北陸高速道路入口の標識を無視して，都築が国道41号線を真直ぐに南下しはじめた時だった.
「金沢を通るんじゃないの」
　えり子は重ねて聞いた.
「いや」
　都築もそう答えただけだった. しばらく走ると，神通川が右側から寄って来て，橋で川を越える. 道端に古びた石の道標があって，渡った橋のたもとから川ぞいに下るのが八尾に出る道だと刻んであった. えり子は振り返って見た.
　十キロほど南下すると，三六〇号線との分岐点に出る. 神通川が高原川と宮川とにわかれる. 都築は宮川ぞいの三六〇号線に入った. 三十分ほど道は曲がりくねって進む. 高架と隧道をつないだ高山本線と，眼の下に深く落ち込んだ宮川の谷と，二人が進む道とが縄をなうように位置をかえながら，山が深まっていく. しかし，宮川が道の右側だけを流れ始めるあたりから，道は高地なりに平らに走る. 川は時に岩を噛む瀬の烈しさを見せ，時に水量を増して澱んでいた. 澱みの上を，霞のようにたちこめた水蒸気が静かに滑って

いた．対岸の崖にはどんな種類なのか，早くも色づき始めた葉に包まれている木がある．霞はその紅葉に染められたように，そこだけ紅ににじんでいた．
　宮川村という標識が出て，間もなく右，天生峠と書かれた木造の道標があった．
「天生峠…あの，鏡花の『高野聖』の道ね」

(高橋治『風の盆恋歌』)

この文章には次のような主体移動表現がある．

(46) a. 神通川が…寄って来る
　　 b. (道が) 川ぞいに下る
　　 c. 神通川が (高原川と宮川とに) わかれる
　　 d. 三十分ほど道は曲がりくねって進む
　　 e. 谷と…道が (縄をなうように) 位置をかえる
　　 f. 山が深まっていく
　　 g. 道は高地なりに平らに走る

「神通川が右側から寄って来る」はずはなく，また「三十分ほど道が曲がりくねって進む」はずもない．認知主体が川のほうへ寄っていくから，川が寄って来るように感じられるのであり，三十分ほど進むのも認知主体である．また上の文章の最後のほうで，「標識が出る」とあるがこれも認知主体が移動しているためにそのように見えるのである．最後の「道標があった」も，過去のある時期道標が存在していたが，今は存在しないというようなことではなく，認知主体が移動しているために「出くわした」という程度の意味である．このような表現は，移動する認知主体と対象や環境とのインタラクションによって生じる現象である．日本語がIモード志向であれば日本語にこのような表現が多いことは十分理解される．
　1つだけこの傾向に逆行する現象がある．描写されている場所 (経路) が人

間の通行可能性に関わる場合である．松本（Matsumoto 1996b）によれば，(47a)(48a)のハイウェイのように通行可能な経路の場合は，英語も日本語も主体移動表現が可能であるが，(47b)(48b)の電線のように経路が通行不可能の場合は，英語の主体移動表現は可能だが，日本語の場合それが基本的に不可能である．

(47) a. The highway {goes/runs/meanders/zigzags/proceeds} through the desert.
b. The wire {goes/runs/meanders/zigzags/?proceeds} through the desert.
(48) a. そのハイウェイは平野の真ん中を{走っている/行く/通って行く}．
b. その電線は平野の真ん中を{通る/*行く/??通って行く}．

(Matsumoto 1996b)

これにはおそらく次のような説明が可能だろう．つまり，英語の場合Dモードだとすると，視点は外にあるため視線が経路を走れればよいから，通行不可能な経路でも主体移動表現が可能になる．日本語の場合，Iモードの反映だとすると，認知主体は仮想上でも状況と身体的にインタラクトするため，通行が不可能な経路については，主体移動表現が困難になる，というわけである．このような現象は，日本語が単に「内」の視点を反映するのではなく，身体的インタラクションに基づくIモード認知を反映することを示唆している．

(41f) は「る」形・「た」形，現在形・過去形の対比であるが，(45)の文章でもそうであるように，日本語では過去時についての物語でも，その中に「る」形で終わる文が多く見られる．これも結論的には，認知主体がいわば状況とインタラクトするようにして描写するためと言ってよい．

(41a)〜(41f) の現象は，認知主体が状況内にいるかいないかという側面が注目されたが，次の(41g)〜(41l)では，叙述される事態と認知主体（の迷惑感や利害感）とが未分の形で表現されているかどうかの問題になる．

(41g) の間接受身（例えば「私は/太郎はスリに財布を盗まれた」）は日本

語に特徴的であるが，事態と認知主体の迷惑感を未分の形で表現しており，Iモード認知の反映を見ることができる．対して，事態のみを描く直接受身（例えば「私の財布がスリに盗まれた」）はDモードである．間接受身から直接受身への表現転換は，外置 (displacement) により，認知主体あるいは視点が認知の場の外に出て，外から眺めるようになる過程だと言ってよい．そうすると通常の受身文と同じで，能動文のランドマーク（私の財布）がトラジェクターとして捉えられ，(「を」格に替わって)「が」格で標示されるというわけである．これは，「ガが客観的に捉えられる事態を叙述するため」という指摘（益岡 1991）とも合致する．「は」の代わりに「が」をとる「*太郎がスリに財布を盗まれた」がおかしいのは（益岡 1991），間接受身が本来，客観性の低いIモードによる表現であり，「が」の客観性と衝突するためである．これを「こと」節にして「太郎がスリに財布を盗まれたこと」とするとよくなるのは，「こと」節が外から眺めるより客観的なDモードを反映するため，ということになる．

　(41h) の与格と間接目的語に関して，与格名詞句の現れる構文では，その構文の表す事態が与格参与体（とりわけ認知主体）に何らかの影響を与えるのであり，その影響と事態が未分の形で認識・叙述されているので，一般に与格の現れる構文は，Iモードの反映である．特に (49) のような「心的与格」の現れる構文は，認知主体と感情的な絡みで事態が捉えられ叙述されている（与格表現の主客未分性について詳しくは第9章参照）．

(49) ...as I was smoking a musty room, comes me the Prince and Claudio, hand in hand in sad conference.
　　　　　　　　　(Shakespeare, *Much Ado about Nothing*, I. iii. 58–60)
（かび臭い部屋を私が薫きしめておりますと，御領主様とクローディオ様が，手に手を取って深刻そうに話し合いながらやってくるんですよ）

(50) Repariert mir das Auto!
'Repair　me the car'（私のために車を修理して）

また (50) のドイツ語の例では，*mir* (=me) は利害の与格であり，事態が認知主体の利害(ここでは利)と絡めて述べられている．このように与格名詞句の現れる構文は基本的にインタラクティブなIモードの反映である．ドイツ語や古英語の与格を取る構文と日本語の間接受身構文は近い関係にあることになる．これに対して，間接目的語の現れる現代英語の二重目的語構文などでは，間接目的語は受け手を表し，受け手は完全に叙述される事態の参与体だから，間接目的語の現れる表現はDモードの反映だと見なすことができる(この点についても第9章参照).

これらの点を (41i) の「題目か主語か」に関連づけると，「は」のマークする題目は，Iモードの参照点(認知主体や視点参与体)を表す文法要素であり，「が」のマークする主語は，Dモードのトラジェクターを表す文法要素ということになる．そしてさらに，レーマンや柴谷が論じるように「題目から主語へ文法化する」のであれば (Lehman 1976, Shibatani 1991)，この文法化はIモードからDモードへの移行，すなわち外置を反映していることになる．

以上の議論から明らかなように(41j)に関して，Iモードでは事態は参照点(R) / 標的 (T) の認知様式で捉えられ，Dモードでは事態は *tr/lm* (トラジェクター・ランドマーク)の認知様式で捉えられる．「は」と「が」両方をもつ日本語は，基本はDモードであるが，Iモード認知を残している度合いが高く，題目標識をもたない英語は，外置がより徹底していてIモードを反映する度合いが低いと言える．

(41l) の代名詞の省略については，日本語の場合，＜参与体＋行為・動作＞から成る事態の参与体は参照点Rとして，行為動作は標的Tとして捉えられ，既出の参照点(代名詞参与体)は表現されない可能性が高い，ということにつきる．Dモードでは参与体はトラジェクターやランドマーク等であり，参照点ではないので，代名詞参与体であっても表現され，したがって代名詞の省略は少ない．英語でも *(I) Gotta go.* (行かなくては) のように *I* が省略される場合があるが，補文内 (that 節内) では通常省略不可である (*He know that *(I) gotta go.*)．補文の表す事態がDモードで捉えられているとすると，Dモードでの省略は難しいということである．(41k) の非人称構文は，

例えば *methinks* などで，認知主体が参照点であり，したがって参照点の生じる I モードの反映ということになる．英語では歴史的に非人称構文(*methinks* など)から人称構文(*I think*)への移行があるが，これは I モード認知から D モード認知への移行を示唆している．

(41m)～(41o) は，非有界 (unbounded) や有界 (bounded) と関連する現象である．「燃やしたけど燃えなかった」と言えるが，英語で **I burned it, but it didn't burn.* とは言えないことから，よく英語は「終わり志向」の言語だと言われる．ここでは，文法的アスペクトと絡めてこの点を確認しよう．英語の進行形は，(51) の 2 用法が示すように，「最中」と「始まりの前」の用法をもつ．

(51) a. We are eating now. 　　　　(食べている最中)
　　　b. We are eating out tonight. 　(食べる前)
(52) a. (いま夕食を) 食べている．　(食べている最中)
　　　b. (もう夕食を) 食べている．　(食べてしまった後)

日本語の「ている」は (52) の用法が示すように，「最中」と「終わりの後」の用法をもつ．英語の 2 用法は，進行形の意味を「終わり」を基準に「終わりの前」と規定すれば，「最中」も「始まりの前」も「終わりの前」だから，両用法がこの規定に収容されることになる (対して「ている」のほうは，「始まりの後」と規定すれば，これに 2 つの意味用法が収容される)．この点でも英語にとって「終わり」は鍵となる概念なのであるが，なぜ終わりが鍵概念なのだろうか．それはやはり，英語が基本的に D モードであり，事態の始まりから終わりまでを見渡し，見極める言語であるということであろう．*I burned it.* と言えば対象に火がついて燃えたところ(事態の終わり)までを捉えているということになる．池上 (2000) では，英語の終わり志向性と事態をモノ的 (名詞的) に捉える傾向とが有界性 (boundedness) としてまとめられているが，事態を有界的に捉えるには，対象に密着するのではなく，距離をとる必要がある (D モード)．(ライオンズ (Lyons 1982) は英語の

進行形を，直接，経験しているように述べる経験の認知モードと見なしているが，そうすると英語のアスペクトは，事態の捉え方に関して，Dモードから，状況に密着したIモードへと切り換える表現手段ということになる．日本語でも「外に出ると，雪が降っていた」などでは，「ている」は発見的な表現で，よりふつうにIモード的であり，そのため「事態の始まりの後」や「事態の終わりの後」の「発見」を表すと言えよう．）

(41o) について，Dモードが全体を視野に収め，したがって終わりや結果を重視するのであれば，この認知モードは，タルミー (Talmy 2000: ch. 3) の言う衛星枠付け言語 (satellite-framed languages) に対応しているし，Iモードが，対象とのインタラクティブなプロセスを注目することになるのであれば，その認知モードは，タルミーの動詞枠付け言語 (verb-framed languages) に対応していることになる．例えば「戻ってくる」というような事態が，「戻る」という「過程」と「くる」という「結果」から成るとすると，英語は，*be back* のように，衛星 (*back*) のみでこの事態を表現するが，日本語では「戻って」という動詞を用いて，過程を明示的に表現しなければならないというのは，より事態に密着したIモードによる捉え方なのではないか，ということである．このように (41m) 〜 (41o) は有界性に関連した現象である．

最後の (41p) で，英語の中間構文については，新たな言語事実が関与している．次の子どもの用いる中間構文を見てみよう．

(53) a. This flower cuts.
（庭の花を見て2歳8ヶ月の子どもが「この花は切れるよ」）
b. This can't squeeze.
（硬いゴム製の小さなおもちゃを握りながら「これは握りつぶせない」）　　　　　　　　　　　　　　　(Clark 2001: 396–7)

つまり，子どもの用いる中間構文は，英語の成人話者の用いる総称的意味の中間構文とは違って，対象との直接的なインタラクションによって得られるその場での対象の印象を表す（第6章参照）．例えば2歳4ヶ月の子どもが実

際に言った (53b) は，対象を握りつぶそうとしてできなかったときの印象を表現する中間構文であって，対象の一般的特性を表してはいない．

　子どもから成人への中間構文のこの用法の変化は，IモードからDモードへの外置による移行によって説明できる．子どもの認知モードがIモードだとすると，子どもは対象との直接的なインタラクションによって得られるその場限りの対象の印象をそのまま口にしていることになる．そこから外置によって生じるDモードでその印象が捉え直されると，その印象があたかも一般的特性であるかのように提示されるというわけである．したがって，子どもと成人の中間構文の用法の差異は，子どもから成人への成長過程での，IモードからDモードへの認知モードの転換によるということである (4.1 節のピアジェの脱中心化も参照).

　ちなみに，対応する日本語の中間構文「このバーベルは持ち上がらない」などは，上げようとしてダメだったときの，その場での印象としても，そのバーベルの一般的特性としても言えるから，日本語の中間構文はIモードとDモードとを反映しており，後者のみを反映する (成人) 英語の中間構文はよりDモードへ傾斜しているということである．

　擬声語・擬態語から中間構文まで，一見無関係と思われる 16 あまりの言語現象と 2 つの認知モードとの相関を見たわけであるが，一般的に日本語にはIモードのほうが，英語にはDモードのほうがより強く反映していると言えよう．より正確には，言語は基本的にDモードを反映しているから，日本語は英語より強くIモードを反映している，ということになる．これは英語のほうが外置 (displacement) がより徹底していることを示唆している．

5. 結び

　本章では，主観性の 3 側面として，認知主体と対象 (つまり主体と客体) のインタラクション，認知主体側の認知能力・認知プロセス・感覚・情動，そして認知の場に創発する認知像に注目し，これら 3 側面から成る主観的な認知モデルを本来的な認知モデルとして提案した．主観性と文法との関わりでは，まず，認知能力・認知プロセスとの観点から文法構造・構文構築を見ることがで

きる．＜どの参与体にどの順序で注目するか＞に関わる認知主導の構文構築は，動詞の新たな用法を拡張させ，新たな構文を創発させると言うことができる．新たな用法や構文が定着すると，動詞主導あるいは構文主導によって個々の構文例の構築が行われる．認知主導を許容する度合は，言語によって異なっており，認知的言語類型論を論じる際の1つの要因とすることができる．

また，インタラクションに基づく本来的な認知モード（I モード）か，それともあたかもインタラクションの外に出るように（displace）して眺める，仮想の認知モード（D モード）か，ということも構文と深く関わっている．16 あまりの言語現象を見たが，I モード寄りの構文を多くもつ言語と D モード寄りの構文を多くもつ言語とがあるのであれば，認知モードも認知的言語類型を論じる際の重要な要因である．この点では，例えば日本語は I モードの反映をより多く残す言語，英語はきわめて D モード寄りの言語ということができる．印欧語祖語からゲルマン語を経て，古英語，現代英語へ至る流れを見ても，I モードから D モードへの認知モードのシフトを見ることができ，子どもの言語発達にも，おそらく同じようなシフトが関与していると考えられる．

言語の主観性・主体性については実にさまざまな議論がなされてきたが，認知ということを基にいくつかの妥当な側面に収斂させることによって，明晰でそして豊かな本質的な言語の議論が可能になると思われる．

第 1 部
認知と文法・構文

第1章

構文の認知構造ネットワーク
―全域的言語理論を求めて―

1. はじめに

　言語を人間の認知機構の中に位置づけて捉えようとするとき，形式（音韻論・統語論），意味（意味論），含意（語用論）という3領域は，必ずしも独立して自律的なモジュールをなしているわけではない．それらは相互に連関して，連続体を成している．いま，その連続体の1つのイメージを下図のように表してみよう．そうすると，形式と意味，意味と含意が直接繋がって連続している．言語を相対的に捉え，全域的な言語理論を構築しようとする際には，このような連続する部分を十分精確に解明しておく必要がある．まず，意味と含意の連続性については，それぞれの周縁部が重なりあい，両者の性質を有する意味タイプがあるというところにその連続性を見ることができる．形式と意味の連続性については，両者の不可分の関係を，形式が意味に動機づけられているという認知文法や認知意味論の見解に見ることができる（意味と不可分の文法化はそのよい例である）．また，形式（統語論）と含意（語用論）の関係は一般に，いわば意味をインターフェイスとした関係であるということができる．

本章では，形式と意味の連続性に関して，その新しい側面に光をあててみようと思う．すなわち，個々の構文の意味構造がネットワークを成しており，それに基づいて諸構文もまたネットワークを成しているということである．認知的意味観に基づくこれまでの研究では，個々の言語形式の意味構造解明に集中する傾向が強く，諸構文の意味構造を関連づけるということ，特に，構文間の意味ネットワークを構築するということはあまり意識されていなかったように思われる．語の各語義がネットワークを成し，さらに語群がネットワークを成すというのであれば，構文やその意味構造も当然ネットワークを成すであろうということが予想される．

　構文のネットワークの場合も，語のネットワークの場合と同様に，プロトタイプ（基本構文）とそれからの拡張（extensions）から成る．まず，事態認識に基本的なパターン（例えば，事態を≪状態≫や≪変化≫，あるいは≪使役≫的な行為として認識する場合など）があり，その基本的なパターンに基本構文が対応する．そして，基本的認知パターンと一部異なる認知パターンが拡張し，それが構文の拡張を引き起こす．さらにそこから別の拡張構文が生じて，全体として豊かなネットワークを成していくという構想である．ここでは，≪使役≫の意味構造をベースとする意味ネットワークとその意味構造ネットワークの関係を検証していく．

　認知文法に基づく構文の意味ネットワークの記述上の特性を見るには，他の枠組みに基づく分析と比較するほうが有効かもしれない．例えば，概念意味論では，結果構文（resultative constructions）の分析をする場合，以下の諸点について説明しなければならないとしている．

(i)　What is its conceptual structure?

(ii)　What is the rule that licenses the construction, is it a lexical rule or an extralexical rule?

(iii)　What is the relation between the resultative construction and various verbs and idioms that apparently have the same basic conceptual structure?

(iv) How can various constraints on the construction be incorporated naturally into the analysis? (Jackendoff 1990: 223)

どのような枠組みに基づく分析であっても,またどのような構文の分析であっても,同様の問いに答えなければならないだろう.まず,(i) について,概念意味論では,形式の意味を概念構造で表示するが,認知意味論 (特に,ラネカーの認知文法の意味論) では,認知的際立ちなど認知プロセスの表示しやすい図を用いた意味構造 (認知構造) を用いる.(ii) と (iii) に関してはさまざまな問題が絡んでいるが,構文ネットワークが最大の効力を発揮する側面であると言ってよい.まずいずれの枠組みであっても,語彙に還元できない構文的意味をどのように捉えるか,大きな問題となる.認知文法では,語彙と文法はそれぞれモジュールとしてではなく,連続体と見るので,語彙的意味と構文的意味の相違と融合が自然に捉えられる.構文的意味の慣習化や定着度の問題もあるが,構文と構文的意味の定着過程は,常に変容していると見なされる動的な構文ネットワークの中で捉えられる[1].また類似性,連続性など構文間リンクの実相究明は,構文ネットワークアプローチ本来の目標である.(iv) に関して,文法的振舞いを認知構造にのみ基づいて説明するというのは認知文法の魅力でもあるが,問題を残す部分である.ただし,その問題についてはいろいろな考え方ができるところなので,認知文法の枠組みは妥当性のある有望な分析法だと言える.特に,図と地の構図 (figure-ground perspective),認知スコープ (semantic scope,認知ベースなど),プロファイル,特定化 (specification) などの概念は,構文の認知構造間の拡張関係を示すのに不可欠の道具立てである.

---

[1] 結果構文については,本章でも取り上げるが,認知的アプローチは次の通りである.「x がドアを壊すと,ドアが開いた」という因果関係にある 2 つの事態を,≪使役≫的な 1 つの事態として捉え,表現したものが,結果構文の中でも特殊な x broke the door open であるとする.事態をそのように捉える認知構造の記述が第 1 の目的であるが,より厳密な記述を目指すのであれば,その認知構造の拡張過程を同定し,構文の認知構造ネットワークの中に正しく位置づける必要がある (序章 2.2 節参照).

2. 事態の認知パターンと構文

2.1 基本認知パターンと基本構文

　外界にはさまざまな事態が存在するが，基本的には，≪状態≫として認知される場合，≪変化≫として認知される場合，そして力を加えて変化を生じさせる≪使役≫的な事態として認知される場合の3つの認知パターンが想定される[2]．≪状態≫は，具体的には，モノとモノの位置関係 (e.g. *The ball is under the table*.)，モノの時間的・無時間的なあり様 (e.g. *The door is open*.) などがあるが，そのスキーマ的なイメージ (すなわち認知構造) を，次のように四辺で囲まれた四角で表すことにする．

　　(1)　≪状態≫ (破線の四角は認知スコープ)

　≪変化≫には，モノの移動 (e.g. *The ball rolled under the table*. (ボールがテーブルの下へ転がっていった)) や状態の変化 (e.g. *The door opened*.) などがあるが，基本的には，ある状態 (時間 t_1) から別の状態 (時間 t_2) への変化として捉えられる．そこで，そのスキーマ的な認知構造は，以下のように，あるモノの初期状態を円，変化の過程を波線の矢印，変化後の状態を四角で表すことにする．

---

[2] ≪状態≫，≪変化≫，≪使役≫という用語は，それぞれ，出来事の構造 (event structure) の分析や概念意味論で広く用いられている用語，stative, inchoative, causative に対応する (cf. Croft 1990, Jackendoff 1990)．また，次の引用を見てみよう．
　What we found is that various aspects of event structures, including notions like states, changes, actions, causes, purposes, and means, are understood metaphorically in terms of space, motion, and force.　　　　　　　　　　(Lakoff 1990: 57)
≪状態≫，≪変化≫，≪使役≫のイメージスキーマは，それぞれ, space, motion, force に (比喩的に) 対応していると言うこともできる．

（2） ≪変化≫

≪使役≫とは，一般に，*John rolled the ball under the table.*（ジョンはボールをテーブルの下へ転がした）や *John opened the door.* のように，あるモノが他のモノに力を加え，変化を生じさせるような事態である．したがって，その認知構造は，≪変化≫の認知構造に，使役者（causer）と力の移動（2重線の矢印）をプラスしたものである[3]．

（3） ≪使役≫

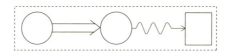

以上の基本的な認知パターンは，*The ball is under the table/The door is open. The ball rolled under the table/The door opened. John rolled the ball under the table/John opened the door.* を典型例とするような，3種類の基本構文によって表現されるということができる[4]．

(4) a. ≪状態≫ Subj. {be PP/AP}
　　b. ≪変化≫ Subj. {verb PP/verb}
　　c. ≪使役≫ Subj. {verb Obj. PP/verb Obj.}
　　　PP：prepositional phrase

3　この表示は，Croft (1990) をも援用しているので，ラネカーの表示法とは異なっている（Langacker 1991: 238–6）．すなわち，左から2つ目の円の変化の過程を円の外（つまり右側）に示している点と，また変化後の結果状態を示している点で，異なっている．

4　基本構文とは言っても，暫定的なものである．≪状態≫をベースとする構文ネットワークの構築は試みないが，何が基本構文かはそのような試みの中で確定されるものと思われる．

AP：adjectival phrase

　ここで，上のような認知構造の利点を一点だけ見ておくことにする．格理論において，深層の道具格が主語で表されるか否かが問題になることがある．次の例で，(5a) の道具 *this key* は (5b) のように主語で表現されるが，(6b) の道具 *this fork* は主語にはなれない．

(5) a.　John opened the door with this key.
　　b.　This key opened the door.
(6) a.　John ate the meat with this fork.
　　b.　*This fork ate the meat.　　　　(cf. Levin and Rappaport 1988)

　これら2つの道具に関する認識は次の通りである．すなわち，キーは，その力(機能)をドアに作用させて，ドアを閉じている状態から開いた状態へと変化させうるが，フォークは，そのいかなる機能をもってしても，肉が食べられる(つまり「肉が口に入れられ，噛まれ体内に入れられる」までの)過程を引き起こすことはない．これを(3)のような認知構造で表してみると，キーは，その認知構造の左端の円を占め，その右側の≪変化≫を引き起こすことができる．しかし，フォークは，その認知構造の左端の円を占めて≪変化≫(ものが食べられる)を引き起こすことはない．それゆえ，キーは主語で表されるが，フォークは表されない．つまり，道具が主語で表されるか否かは，≪使役≫の認知構造の左端の円をその道具が占めうるか否かで説明することができるわけである[5]．

5　Schlesinger (1989) は，同様の興味深い現象を基に，重要な指摘を行っているが，本章における説明のほうが直接的であるように思われる．次のような2文についても，同じように説明することができる．
　a.　The pen makes lines on the paper.
　b.*The pen writes a letter.
ペンは，その力(機能)によって直線や曲線を存在せしむることはあっても，その機能だけでは文字や手紙を存在せしむることはない．したがって，(b)文の意味は≪使役≫の認知構造(3)で表せない．

この問題に関して，認知スコープと図と地の構図についても触れておくことにする．認知構造では，認知スコープは点線の四角で示され，図と地は太線と細線で区別される．(5a)は，まずジョンの力がキーに伝わり，次にキーがドアに作用してドアが開くと捉えられるから，その認知構造は(7)のように示される．その認知構造のうち，(8)のようにキーとそれが引き起こす≪変化≫だけが認知スコープに収められると，その表現は(5b)となる．また，(7)の認知構造のキーの部分が特定されないと（地となり），細線で示されるから，その認知構造は(9)のようになる．これは(3)と同化して，*John opened the door.* で表される[6]．

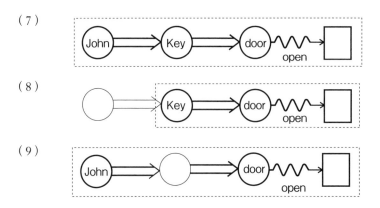

2.2 語彙上の理由による構文の拡張

open という語は特殊な語彙で，*The door is open/The door opened/John opened the door.* という具合に，≪状態≫，≪変化≫，≪使役≫のすべての事態を基本構文で表すことができる．しかし，ほとんどの形容詞，動詞はそうではない．そのため，ある形容詞が基本構文によって≪変化≫や≪使役≫が表現で

---
6 スコープのとり方は，通言語的ではなく個別言語的であって，英語は使役的スコープを取ろうとする言語であり，日本語などは≪変化≫をスコープとするところがある．この問題と認知構造ネットワークとの関連については，本章第3節の結語を参照．

きなければ，それらを表すために，基本構文とは異なる表現手段が用いられることになる．

　形容詞 sick の場合を考えてみよう．「病気である」という≪状態≫,「病気になる」という≪変化≫,また，「何かが原因で病気になる」というような≪使役≫的事態は，認知的に存在するのだから，何らかの形式で表現されてよい．しかし，sick という形容詞は，基本構文によって≪変化≫と≪使役≫は表せない．

(10) a.　≪状態≫　John is sick.
　　 b.　≪変化≫　*John sicked.　　　　（cf. The door opened.）
　　 c.　≪使役≫　*The food sicked John.（cf. John opened the door.）

このような場合，≪変化≫と≪使役≫を表現する手段として，*get/become* や *make* が用いられ，その表現が構文として拡張していると言うことができる．

(11) a.　John got sick.
　　 b.　The food made John sick.

起動詞 *get*,使役の *make* は，一般動詞 *get, make* がそれぞれ，起動詞，使役動詞として文法化 (grammaticalize) したものである (cf. Heine, Claude and Hünnemeyer 1991)．

　一方，*break* 類の動詞は，基本構文によって≪状態≫を表すことができない．

(12) a.　*The vase is break.
　　 b.　The vase broke.
　　 c.　John broke the vase.

この場合も，「（花瓶が）割れている」というような≪状態≫は存在するので，これを表現する形式が必要になる．そこで，形容詞的過去分詞を用いた be *broken* つまり，be + past-participle がその≪状態≫を表現するというわけである[7]．

 (13) The vase is broken.

しかし，過去分詞が形容詞的であるとはいっても，この場合，割れていない状態から割れた状態への≪変化≫，あるいはその変化を引き起こす≪使役≫的過程までが意識されているとすれば，この表現の意味構造を単純に (1) で表すのは不十分である．認知スコープ（あるいは認知ベース）には≪使役≫構造全体が収められ，その≪状態≫の部分だけがプロファイルされ，言語化されていると見なすべきである．

 (14) x is broken

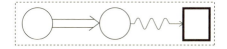

また，*dance* のような自動詞は，≪変化≫（この場合は行為，2.2 節参照）は表すが，変化後の≪状態≫をその認知スコープに収めていない．つまり，ダンスをした後の決まって生じる結果状態というものはない．したがって，結果述語（resultative predicate）などを付加して，結果≪状態≫を特定することはできない (15a)．一方，*open* や *break*, *burn* のような動詞は，結果≪状態≫をスコープに収めている（例えば，何かを割れば，その当然の結果として割れた状態が生じる）ので，このような動詞の場合，結果述語を付加して結果状態をさらに具体的に記述することができる．例えば，(15c) は，割れた後の状態をより具体的に描写している．このような表現形式は構文として定着しているものと思われる．

---

7 このような結果状態を表すのに過去分詞が用いられることについては，認知上の十分な根拠がある．詳しくは，Langacker (1991: ch. 5), Bybee and Dahl (1989) など参照．

(15) a. *John danced tired.
　　 b. The door opened wide.
　　 c. The vase broke into pieces.
　　 d. The toast burned black.

さて，*dance* で≪状態≫を表す場合，*break* の場合と同様に，Subj. be past-participle 構文の使用が考えられるが，*dance* の認知スコープに≪状態≫が入っていないために，*be danced* で≪状態≫を表すことはできない (16a)．しかし，基本的に≪状態≫を表すのに適した Subj. be past-participle 構文を用い，さらに，補助的手段 (*all*, *out*) を追加することによって，≪状態≫を表現することが可能になる (16b)．

(16) a. *John is danced.
　　 b. John is all danced out. 　　　　　　　　　　(Croft 1990)

(16b) は，特殊な状況，つまり，踊り終わって体力を使い果たした≪状態≫を，いわば強引に，補助的手段を追加し，なんとか単文で表現したものである．この表現形式自体は構文としての定着度は低いが，このような「強引」な方法 (coercion) が，語彙の限界を超えて構文の拡張を引き起こすものと思われる．
　一般に，形容詞や動詞が (4) の基本構文によって，≪状態≫，≪変化≫，≪使役≫のいずれかが表現できないとき，何らかの補助的手段が用いられ，それが (17) のような構文として拡張していくと言える．

(17) a. ≪状態≫　Subj. be past-participle
　　 b. ≪変化≫　Subj. {get/become} adj.
　　　　　　　　　Subj. verb {AP/PP} (resultatives)
　　 c. ≪使役≫　Subj. make Obj. {adj./verb}

ところで，構文が拡張すると，1 つの事態に対して，基本構文と拡張構文

の2つの表現が可能になる場合が生じる．例えば，「開ける」という状況は，(4c) と (17c) の構文を用いて二通りに表現することができる．

(18) a. John opened the door.
　　 b. John made the door open.

これは，これまで，形式と語用論とが交錯する領域の問題とされたものである．この問題は，主に語用論の問題として，労力配分の原則によって説明される．つまり，「有標の形式(拡張構文)は有標の意味内容を，無標の形式(基本構文)は無標の意味内容を表す」というわけである (cf. Horn 1984)．したがって，無標の表現 (18a) は，自らの手でドアを開けたというような無標の状況を，有標の表現 (18b) は，例えば，ジョンが何かをドアにぶつけてドアを開けたというような有標の状況を表す．類同性 (iconicity) の原理による説明も可能であるが (Haiman 1983, 1985)，この原則が認知構造レヴェルでの意味表示に導入されるのであれば，(18) の2つの表現の意味の差は，ある程度は認知構造で表示されなければならない (3.3 節参照)．

　本節では，語彙上の理由で構文が拡張する場合を見たが，次に，認知構造と構文の拡張の関係について検討し，最終的には認知構造ネットワークを提示する．

3. 認知構造の拡張と≪使役≫をベースとする認知構造ネットワーク

3.1 ≪使役≫構造とその拡張としての have a kick, kick at

　kill と *kick* の比較から始めよう．x kill y の表す事態は，「x が何らかの力を y に加え，y を死に至らしめる」という典型的な≪使役≫であり，それゆえ，(19a) のように，結果≪状態≫を取り消そうとすると (canceling)，矛盾が生じる．しかし，x kick y の場合，結果≪状態≫を特定しないから，そのような矛盾は生じない．

(19) a. *John killed the dog, but it didn't die.
    b. John kicked the dog, but it didn't die.
    c. John killed the dog by kicking it.

また，(19c) に見られるように，死に至らしめる手段が by 句 (*by*-phrase) によって特定できるということは，kill 類の使役型動詞 (*open* や *break* を含む) は，その手段を特定しないということである[8]．

　要するに，x kill y 型の構文は，y の≪変化≫とその結果≪状態≫を特定するが，x から y へどのような方法で力が加えられるかは特定しない．これとは対照的に，x kick y 型の構文は，≪変化≫や結果≪状態≫は特定しないが，x から y への力がどのように加えられるかを特定するということである．これら 2 種類の構文の認知構造を≪使役≫の認知構造をベースにして表示してみよう．特定されている部分は，図 (figure) であるから，これを太線で示し，特定されていない部分を細線で示すと，それぞれ次のようになる．

(20)　x kill/open/break y

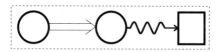

(21)　x kick/hit y

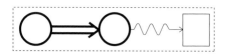

8　*smash* などは，*break* と比較すると，目的語である対象を粉々にする手段や方法が相当に具体的であるような印象を与えるが，実際は，対象の割れる・壊れる様態を表しているために，次のような自動詞用法があると言えよう．
　　The dishes fell and smashed on the floor.

このように，≪使役≫の認知構造をベースにして，2つの認知構造を提示すると，どの部分を特定化するかという点で対照を成していることがわかる．

さて，x kick y 構文と x have a V 構文（e.g. *have a kick of y*）は，認知スコープに関して1つの対象を成す．まず，have a V 構文には，kill/break 類の他動詞が生じないということがある．

(22) a. *have a kill (of the chickens) /*have a break (of the vase)
b. have a kick (of the football)

kill/break は力を加えることによって対象に≪変化≫を引き起こす典型的な使役型動詞であるが，そのような動詞が have a V 構文に現れないことは，この構文の認知構造が≪変化≫を含まないことを示唆している（これは，*have a walk* に目的地を明示した **have a walk to the station* が容認されないことと並行的である）．一方，have a V 構文に *kick* が生じるとはいっても，*have a kick of the ball* というような表現は，特定の目的や意図をもってボールを蹴るという状況には用いられない（Dixon 1991: 323）．用いられるのは，ボールを蹴ること自体をひたすら楽しむという状況である．したがって，have a V 構文が現れるのは次のような文脈である．

(23) Jimmy was bored, and as he had nothing to do, he went outside and had a kick of his football. (Dixon 1991)

have a V 構文は，対象に力を伝えてはいるが，それによって対象に≪変化≫を引き起こそうという意図は表さない．したがって，kick 類の他動詞をとる have a V 構文の認知構造は，≪使役≫の認知構造のうち，力の伝達の部分だけをスコープに収めたものである．

(24)　x have a kick of y (e.g. have a kick of a ball)

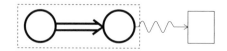

　(24) の認知構造のスコープは，x kick y の認知構造 (21) のスコープを限定したものであるから，(24) は (21) の一種の拡張である．

　また，ボールを蹴る場合，足がボールにあたらなかった，つまり，力がうまくボールに伝わらなかったという代表的な状況がある．その認知構造は，次のように，力の移動を現す二重線の矢印が対象に届いていないという形で表せる．

(25)

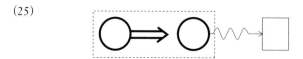

(26)　John kicked at the ball.

　(25) では，対象に力が伝わっている必要がないから，その対象が≪変化≫を被っている必要もない．したがって，そのスコープは，(24) 同様≪変化≫を含まない．この認知構造を表す表現は，前置詞を挿入した (26) の x kick at y 構文である[9]．

　前置詞を挿入することによって，力が伝わっている必要がない，あるいは，影響を及ぼしている必要がないことを示す表現はある程度構文化していると考えられる．以下は，*Longman Lexicon* (McArthur 1981: 191) の用例である．

9　kill/break 類の使役動詞は，≪変化≫や≪状態≫を特定しているから，それらを認知スコープの外に出すことはできないし，主語の力が対象に及ばないということもないので，これらの動詞と目的語の間に前置詞が挿入されることもなく，have a V 構文も成立しない．
　　a.　*He broke at the vase/*He killed at the dog.
　　b.　*He had a break of the vase/*He had a kill of the dog.

前置詞を含む文はいずれも，対象に手が届かなかったことを示している．

(27) a.　He eagerly grabbed the chance to go to Paris.
　　 b.　He grabbed at (=tried to grab) the chance of going.
(28)　　He snatched at the book but I did not let him get it.
(29)　　He clutched at the branch but he could not reach it.

「見る/聞く」を意味する，前置詞付きの *look at/listen to* と，前置詞なしの *see/hear* の対比もこの構文との関連で捉えることができる．次の例文は，*look* が必ずしも対象を見極めるところまでを表す動詞ではないことを示している．

(30)　　I looked and looked, but I couldn't see anything.

そのために，*look* には前置詞 *at* が伴うというわけである．SEEING IS TOUCHING という比喩があるが，*touch at* が成立しないのと同様に *see at* も成立しない．*touch, see* ともに，対象へ向かう行為を必ずしも必要としないために，「対象に向かったが，接触は成立しなかった」ということが常には成り立たないので，*touch at, *see at* が容認されない，というわけである．もちろん，have a V 構文も成立しない．

(31) a.　*have a touch
　　 b.　*have a see/hear

さて次の例は，前置詞を伴う *kick at* タイプの構文に，結果述語 (resultative predicates) を付加したものである．もはや，この種の文が非文である認知上の理由は明らかだろう．

(32) * John kicked at the ball off the field.

理由は 2 つある．第 1 の理由は，前置詞付きの kick at タイプの認知スコープには，≪変化≫や≪状態≫が含まれていないのに，結果述語がその部分の具体記述を行っていること．第 2 の理由は，認知上の整合性の問題である．例えば，(32) は，ボールに足が当たらなかったかもしれないのに，その結果としてボールがフィールドの外に出たことを表しており，整合性に欠ける．このスコープの問題と認知上の不整合性は，(32) の仮の認知構造 (33) によく現れている．

(33)

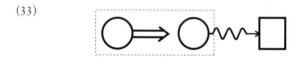

(33) のような認知構造は存在しえないから，それを表現する文構造 (32) も存在しないというわけである．

3.2　結果構文の拡張

(33) に対応する整合的な認知構造は，力の移動を表す二重線の矢印が対象まで達し，結果≪状態≫がスコープに収められていなければならない．そして，その≪状態≫は結果述語によって特定されるので，(34) のようになる．そのような認知構造を表現する言語形式は，前置詞を伴わない (35) である．

(34)

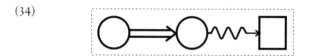

(35)　John kicked the ball off the field.

(34) は，x kick y の認知構造 (21) の≪状態≫部分を特定したものであるから，(21) の拡張であると言える．

さて，*laugh* も，(35) の x kick y XP タイプの結果構文に現れる (36a)．し

かし，x laugh y は成立しない (36b) ので，その点で *kick* と異なる．

(36) a. They laughed him out of the stage.
　　 b. *They laughed him.
　　 c. *They laughed at him out of the stage.

(36c) のような前置詞を伴う結果構文は不可であるから，*laugh at* の認知構造は，*kick at* の認知構造と同じように，x の影響力は必ずしも y に届かないということである．しかも，(36b) のように x laugh y が不可であるから，結果述語 (*out of the stage*) が付加されて，結果構文が成立することはないはずである．実際，イタリア語などでは，kick 系の動詞の結果構文は存在しても，*laugh* の結果構文は存在しない (Napoli 1992)．それが英語で (36a) のような結果構文がどうして存在するのだろうか．この場合も，認知論的には，(16) の **be danced* vs. *be all danced out* の場合と同じ説明が可能である (coercion)．通常笑いは，誰かに影響を与えて≪変化≫を引き起こすものではない．しかし，「A が B のことを嗤うと B がステージからおりた」というような，因果関係のはっきりした状況がないわけではない．この状況は，A の嗤いが B に影響し，その結果 B がステージからおりたと認識されるので，その認識は (34) の認知構造と合致し，結果構文で表現されるというわけである．言い換えれば，結果述語が付加されることによって，主語から対象への影響が認知的に際立ち，「主語 – 述語 – 目的語 – 結果述語」という構文に適した認知構造が成立するということである．少なくとも，英語はそのような認知的捉え直しを許す，柔軟性の高い言語だということであろう．

　この点について，さらに確認しておくために，次の (37) と関連する 2 つの結果構文 (38a) (38b) を比較してみよう．

(37)　John cooked the meat on the stove.
(38) a.　John cooked the meat well-done.
　　 b.　John cooked the stove black.　　　　(b は Jackenndoff 1990: 227)

(38a) は x kick y XP と同じタイプの結果構文であり問題はない．ところが，(38b) の動詞の目的語は，通常のものではないから，*laugh* の結果構文の場合と同じように，それが容認される理由は説明を要する．(37) の状況で，主語からの力の流れに注目してみよう．熱を加えて料理することによって影響されるもの（≪変化≫するもの）に，肉ともう一つレンジがある（レンジも長く使っているうちに消耗する）．つまり，料理が及ぼす力（影響力）は，肉とレンジの 2 方向に向かうわけである．力の流れに基づいて主語と目的語が決定されるとする認知文法にしたがえば，力の起点が主語となり，力の着点が目的語となる．目的語に関して，料理によって直接の影響を受ける肉は目的語で表されるが (39a)，間接的な影響しか受けないモノは，(30c) のように前置詞句で表されるのがふつうである．

(39) a. John cooked the meat.
b. *John cooked the stove.
c. John cooked on the stove.

ところが，この場合も結果状態に着目することによって，認知的捉え直しが生じる．つまり，レンジが黒くなったという結果状態に注目することによって，間接的な影響が直接的な影響より認知的に際立つというわけである．そうすると，(37) の事態は，ジョンが料理によってレンジに影響を与え，その結果レンジが黒くなったという側面が強く認識されると，ジョンが主語，レンジが目的語として選択される．結局，その認知構造は，(34) の認知構造と合致し，「主語−動詞−目的語−結果述語」の結果構文で表すのに適したものになるというわけである．

この点を要約すると次の通りである．x laugh at y/x cook on y のように前置詞の介在する構文の認知構造は (25) と同じであり，その認知構造に示されているように，x に向かう力は y に達していなかったり，間接的であったりする．しかし，その力が，y に達する十分大きな力として認識され，(結果述語を伴いながら) y が目的語として表現されることがあるが，その際の表

現形式が結果構文である．

　laugh him out of the stage や *cook the stove black* などの結果構文で，動詞の後の名詞句は，結果述語がある場合のみ生じるので，この事実が，名詞句と結果述語を小節 (small clause) として分析するための根拠とされることがある．しかし，このような結果構文における主語から目的語への力の流れと，通常の SVO 構文の主語から目的語への力の流れは，認知上は同じ性質のものであり，いずれの場合も，主語の力は認知的には目的語に達している．したがって，*laugh* や *cook* の結果構文に限って言えば，その目的語と結果述語がまとまって小節を成すと見なすのは適切ではない．また，このような名詞句と結果述語が，動詞の程度修飾 (degree modifier) と解されることもあるが (Napoli 1992)，これは語用論的な再解釈と見なすことができる．つまり，「煮炊きをしたらレンジが真っ黒になった」という結果的な読みを第 1 の読みとして，そこから「レンジが真っ黒になるほど煮炊きした」という「程度」読みが再解釈されるというわけである．いずれにしても，このような結果構文の意味解釈が語用論的側面と関わっていることは確かである．

　次に，もう一種の結果構文について検討しておこう．(40) のような自動詞の結果構文の認知構造はどのように位置づけることができるのであろうか．

　　(40) a.　I danced myself tired.
　　　　b.　I cried myself to sleep.
　　　　c.　I laughed myself sick.　　　　　　　　　　(Simpson 1983)

　まず，dance 系の非能格自動詞による自動詞構文と，open 系の動詞による非対格自動詞による自動詞構文とを区別しておく必要がある．*dance* の場合，その行為 (dancing) は主語によってコントロールされるので，主語が自らの力を加え≪変化≫(すなわち行為としての変化)を引き起こしていると見なすことができる．したがって，dance/walk 系動詞の認知構造は，≪使役≫の認知構造をベースとし，力の起点と着点が同一であり，結果≪状態≫がスコープに入っていない (41) で示される．自動詞構文と言えども，力の移動を含

む点で≪使役≫的である．能格(自動詞)構文は，単に，≪変化≫を表すだけだから，その認知構造は≪変化≫と結果≪状態≫の部分だけをスコープに収めておけばよい (42)．

(41) x dance

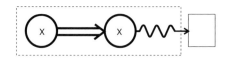

(42) y open

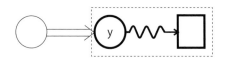

非能格自動詞構文と非対格自動詞構文の認知構造を上記のように捉えることによって，以下の現象が説明可能となる．

(43) a. He danced.
b. *He danced tired. (≒15a)
c. He danced himself tired. (cf. 40)
(44) a. The door opened.
b. The door opened wide.
c. *The door opened itself wide.

(43b) が容認されないのは，すでに見たように，*dance* の認知構造のスコープに結果≪状態≫が含まれていないため，その部分を特定することができないからである．(44c) が容認不可であるのは，非対格自動詞構文に使役性がないために，再帰代名詞が生じることがないためである．逆に，(43c) では，使役性のために，再帰代名詞が不可欠というわけである．また，次の例のように，再帰代名詞に代えて，身体の一部を用いることができるが，これは再帰代名

詞の部分をより具体的に表現する特定化として分析することができる．

(45) a. He danced his legs sore.
b. He cried his eyes out.

break/open も，次のように結果を表す構文に現れることがあるが，これまでの結果構文とは区別される．

(46) a. He broke the vase into pieces.
b. He opened the door wide.

というのは，ここに現れる結果述語は，すでに特定されている結果≪状態≫を，さらに具体的に記述したものだからである．この結果述語による結果≪状態≫の具体記述を斜線で表すと，(46) の認知構造は次のようになる．

(47)

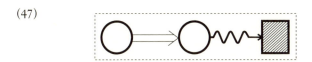

3.3　中間構文と make 使役

cut は非対格自動詞構文に現れない点で，*open* と異なる．

(48) a. The door opened.
b. *The meat cut.

また，*cut* は難易中間構文に現れる点で，*kick* と異なる．

(49) a. The meat cuts easily.

b. *The door kicks easily.

cut が非対格自動詞構文に現れないということは，*cut* の認知構造には常に使役的な力の移動あるいは働きかけが含まれており，その働きかけから《変化》のみを独立に認知しがたいということである．そして，そのような *cut* が難易中間構文に現れるということは，難易中間構文の認知構造に，使役的な力の移動が含まれているということを示唆している．しかも，難易中間構文に対象の《変化》や結果《状態》を特定しない *kick* が現れず，それらを特定する *cut* が現れるということは，難易中間構文の認知構造には《状態》や《変化》が特定されているということである．つまり，難易中間構文の認知構造では，使役的な力の移動が認知スコープに収められ，《変化》や《状態》が特定されていなければならないということである．実際，(49b) の *kick* に結果述語 *down* を付して結果を特定すると容認される (cf. *The door kicks down easily.*)．典型的な難易中間構文の認知構造は概略 (50) のような構造であろうと思われる．

(50) y cut easily.

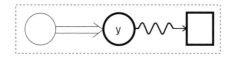

このように，中間構文の認知構造には特定されない使役者 (causer) が含まれるから，*The meat cuts easily.* という文の意味は，「その肉は人が力を加えて切ろうとすると抵抗感なく切れる」のようになる (Langacker 1991: 334)．主語が道具であれば (e.g. *The knife cuts well.*)，その意味は「そのナイフは人がそれを用いて何か切ろうとすると容易に切ることができる」となり，その認知構造は次のように示される．

(51)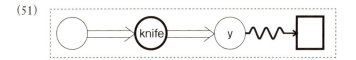

中間構文の認知構造をこのように捉えると，被動作主 (patient) や道具だけでなく，動作主を主語とする中間構文もあってよいことが自然に理解される (Massam 1992)．しかし，その構文が *can* の意味をもつとする Massam の分析は表面的であり，使役者 (causer) の存在を考慮すべきである．次の (52) の難易中間構文としての意味は，「選手の中には，いとも簡単にホームランを打てる選手がいる」ではなく，「ホームランを打つようにさせることが容易な選手がいる」のように，使役的意味が含まれていなくてはならない．

(52) Some players hit home runs easily. (Massam 1992)

中間構文の意味は，「誰かが，あるモノ（人）に力を加えてあることをしよう（させよう）とするとき，その対象が容易に力に従うか，抗するかに関する話者の判断」であり，その認知構造の左端の細線の円で示される使役者が重要である．この不特定の使役者のために，この構文に *can* の意味があるような印象が生じると思われる．

さて，≪作成≫の意味の x make y (e.g. x make a box) は x break y 同様，≪使役≫の認知構造をベースにしているが，同じではない．*break* の場合，あるモノが別のモノに力を加えて，後者を≪変化≫させるということであり，力の移動はモノに向けられている．これに対して，x make y の場合，x が直接 y に力を加えて，それを変容させるのではなく，x の何らかの行為・作用が「y の存在しない状態から y の存在する状態への変化」を引き起こしている．認知構造では，その変化を四角で囲みコトとして表し，x に発する力がその四角に向かうように表示する．それは，x の作用によって「無から有への変化」が生じたことを表している．換言すれば，主語の力は，モノではなく，コトに向けられている．

(53)　x make y

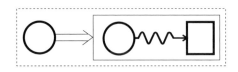

　この認知構造から，*make* の使役動詞としての意味への拡張（文法化）は，容易に推測されよう．

　また，同族目的語構文（e.g. *laugh a merry laugh*）にも見られる，結果を目的語とする表現 *kick a hole in the fence/grope one's way/laugh a reply* の認知構造は，作成動詞 *make* と同等の認知構造（*make {a merry laugh/a hole in the fence/one's way/a reply}* の認知構造）を含む．その際，*laugh, kick, grope* などの動詞は，*a merry laugh/a hole/one's way/a reply* を作成するための手段を明示・特定化している．この点を認知構造で表示するには，作成動詞 *make* の認知構造（53）で力の移動を表す二重線の矢印を細線から太線にする方法が考えられる．

　先に，作成動詞 *make* から使役動詞 *make* への意味拡張を推測するのは容易と述べたが，x make y XP（e.g. *The food made John sick.* (=11b)）の認知構造も，基本的には（53）で表せる．この場合，主語の何らかの作用が「ジョンの病気でない状態から病気の状態への変化」を引き起こしており，この≪変化≫は，x make y の場合の「無の状態から有の状態への変化」の1つのヴァリエーション（つまり拡張さらには文法化）と見なすことができる．ここに，「yを創る」という≪作成≫の *make* と「xがyを〜にする」「xがyに〜させる」という≪使役≫の *make* の連続性を見て取ることができる[10]．

3.4　≪使役≫をベースとする認知構造ネットワーク

　これまでの議論を踏まえて，以下の例を典型とする構文の認知構造ネットワークを提示する．

10　make 使役の認知構造に基づいて，cause/get/have/let 使役の認知構造についても同様に認知構造を用いて分析可能と思われるが，別に論じてみたい．Ikegami (1990) など参照．

3. 認知構造の拡張と≪使役≫をベースとする認知構造ネットワーク | 83

(54) a. x break y
   b. x break y XP (e.g. into pieces)
(55) a. x kick y
   b. x have a kick of y
   c. x kick at y
   d. x kick y XP (e.g. off the field)
   e. x laugh/cook y XP
(56) a. x dance
   b. x dance himself XP
(57) a. x make y
   b. x laugh a merry laugh
   c. x make y XP
(58) a. y cut easily
   b. y open

　次ページのネットワーク (59) では，その中心付近に≪使役≫の認知構造のスキーマを据え，右下方へは，kick 系の構文 (55) の認知構造を，左下方へは break 系 (54) の認知構造を展開させる．また，左上方には，make 系の構文 (57) が，さらに，右上方から右辺にかけて，自動詞系構文 (56)，中間構文 (58b) の認知構造が示されている．拡張関係を示す矢印のうち，実線矢印は，スコープの範囲の変化と特定部の変化を表し，破線の矢印は，プロトタイプから非プロトタイプへの拡張を表している．本来，この種のネットワークは，ここで示されているよりもはるかに複雑で，立体的である．
　＜所有の変化＞を表す give 構文の認知構造を加える必要があるし, x break y に関わる認知構造は，≪変化≫として＜位置の変化＞を表す場合と，＜状態の変化＞を表す場合に分けなければならない．また，展開した認知構造は再度相互接触している．例えば，x kick/break y と make 使役は，*kick the door open/break the door open* のような結果構文で関連している．さらに，give 構文と x kick y は, give y a kick のような表現で繋がっている．そうすると，こ

のネットワークは全体として，いわば球状を成しており，ここで示している部分は，球状のネットワークのこちら側だけであり，その裏側ではこちら側の末端の認知構造が別種の拡張構文を接点として再度繋がっていると見ることもできる．いずれにしても，次のネットワークは，複雑で立体的な認知構造ネットワークの特徴的な一面を暫定的に示したものである．

(59)

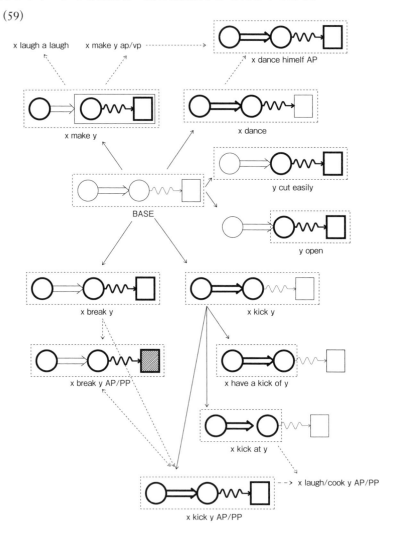

4. 結び

　個々の構文の認知構造あるいは意味構造は，どのようなアプローチであれ，統語面の制約も含めさまざまな制約を十分説明するように記述されていなければならない．しかし，各意味構造を適切なネットワークの中に位置づけると，それ以上のことが見えてくる．

　語彙ネットワークの各ノードは，スキーマ関係と拡張によって結ばれており，意味内容の量と質に関する関係であるが，構文の認知構造ネットワークの場合，ベースとなる構造は同じであるので，基本的にノード間で意味の量が大きく変わることはない．変わるのは認知スコープの範囲と特定化の場所である．例えば，x break y と x kick y は，特定されている部分が違うだけであるし，x kick y で特定されない結果《状態》を特定する構文が結果構文の x kick y XP である．

　このネットワークには，前述の通りプロトタイプ構文から非プロトタイプ構文への拡張も見られる．例えば，x {laugh at/cook on} y や x dance が，x {laugh/cook y} XP や x dance x-self XP へ拡張する場合である．x laugh at y から x laugh y XP が拡張する際に，x kick y XP 構文の存在がその展開を助長し，動機づけているが，ネットワークには，このような動機づけも，拡張という形で表示されている．x laugh y XP は，x kick y XP タイプの構文の拡張でもあるからである．個々の構造の意味記述のみに集中すると，例えば，*laugh* のこのような現象を，単なる語義拡張として記述することになる (e.g. lexical subordination, Levin and Rapoport 1988)．しかし，そのような方法ではその語義拡張がなぜ生じるのかということや，拡張のダイナミズムが捉えられない．

　ここに示したネットワークが妥当なものであれば，次のことが予測される．つまり，各基本構文は，その基本的な認知構造から出発して，ベースとなる使役構造の許容するあらゆるスコープのとり方，特定化の仕方を言語化しようとする方向に向かうということである．逆の言い方をすると，ベースとなる使役構造の許容しないスコープのとり方，特定化をするような表現は

展開しないということである．

　この点に関連して，イタリア語で laugh y XP の結果構文が成立しないことについて触れたが，その理由は次のように推論される．イタリア語の構文ネットワークのベースとなる認知構造が，英語の使役構造とは違って，多彩なスコープと特定化を許す構造ではないということ，そして，そのために，いわゆる有標の結果構文が成立しないのではないかということである．特に，そのベースとなる認知構造には結果≪状態≫が含まれていないように思われる．また，日本語は「なる」的性格の強い言語だと言われるが，構文ネットワークの観点からすると，ベースとなる構造が≪変化≫だからであろうと思われる．それゆえ，≪変化≫の枠を超える使役的表現（例えば，モノ主語の使役構文）が展開しにくいのであろう（cf. Ikegami 1985）．2 つの言語の一定の語彙のネットワークを構築すると異なりがあるように，構文の認知構造ネットワークも個別言語的で，それぞれの言語に特有のベースとネットワークをもつようである．構文の認知構造ネットワークは類型論のための枠組みをも提供しうるということである．

第2章

認知構文論
―語彙主導・構文主導・認知主導の構文構築―

1. はじめに

　言語を認知的に分析するとは，さまざまな文法現象，構文現象を何らかの認知的要因の反映として分析することに他ならない．何かを認識しあるいは理解する際，何らかの認知能力が働いており，さまざまな認知プロセスが存在する．認知的要因としての認知能力，認知プロセスについては種々指摘されているが(e.g. Fauconnier 1999[1])，最も基本的な認知的要因に，「認知的際

1　例えば Fauconnier (1999) は次の①から⑥のような認知能力・認知プロセスを挙げている．
　① Figure-ground and view point organization pervades the sentence (Talmy 1978, Langacker 1987/1991), the Tense system (Cutrer 1994), Narrative structure (Sanders and Redeker 1996), in signed and spoken languages, and of course many aspects of non-linguistic cognition. ② Metaphor builds up meaning all the way from the most basic levels to the most sophisticated and creative ones (Lakoff and Turner 1989, Grady 1997). ③ And the same goes for metonymic pragmatic (or reference point) functions (Numberg 1987) and mental space connections (Sweetser and Fauconnier 1996, Van Hoek 1996, Liddell 1996), which are governed by the same general Access principle. ④ Frames, schemas and prototypes account for word level and sentence level syntactic/semantic properties in cognitive and construction grammar (Lakoff 1987, Fillmore 1985, Goldberg 1997, Langacker 1987/91), and of course they guide thought and action more generally (Bateson 1972, Goffman 1974). ⑤ Conceptual blending and analogy play a key role in syntax and morphology (Mandelbit 1997), in word and sentence level semantics (Sweetser 1999), and at higher levels of reasoning and rhetoric (Robert 1998, Coulson 1997, Turner 1996). ⑥ Similarly, we find force dynamics and fictive motion (Talmy 1985,

立ち」(prominence, salience) がある．何かを認識するとき常に，その何かにいわばスポットライトが当てられる．そのスポットライトのようなものが認知的際立ちであり，スポットライトが当てられてはじめて認識が始まると言っても過言ではない．どこかに認知的際立ちを置いて認識する能力や，認知的際立ちの操作に関わる認知プロセスは認識の基本だと言える．

　本章では，「認知的際立ち」という概念に焦点を置いて構文について考察するが，とりわけ，認知的際立ちによって言語構造（項構造）が決定すること，際立ちと語義の関係，際立ちと構文の関係について考察し，最後に，3種類の構文構築が存在することを指摘する．

2. 認知的際立ちと言語構造・構文

　認知的際立ちとは，最も基本的な認知的要因であるが，その認知的要因は言語構造を決定する基本要因でもある．際立ちに関して，どのような枠組み（あるいはイメージ・スキーマ）で捉えられているか，そのどの部分に際立ちがあり，どの参与体が注目されるかというような，3段階・3種類の査定があり，それが言語構造(特に項構造)に反映する．関与する認知的概念は，認知ベース(その抽象としてのイメージ・スキーマ)，プロファイル，トラジェクター・ランドマークであり，いずれも認知文法の概念である．

　まず，われわれが構築する認知像は単純に外界をそのまま写し取っているわけではない．身体や知覚能力・認知能力・推論能力などを有するわれわれは，外界とインタラクトしながら，主観的な認知的世界像を構築するのであるが，その像は，われわれが獲得した認知の鋳型（イメージ・スキーマなど）と照らし合わせて，かたちづくられていく．「部屋に3つ窓がある」という事態も，動的な「所有」のイメージで捉えると，英語では *The room has 3 windows.* というような表現になるし，一方 *There are 3 windows in the room.* というような表現は「容器」のイメージで捉えた存在表現と言えよう．「13」というような像も，アルファベットのAとCの間に置き，A 13 C のようなアルファ

1996) operating at all levels (single words, entire systems, like the modal, and general framing). (Fauconnier 1999: 100–1, 番号と下線は筆者)

ベット連鎖を認知ベースとして捉えると，この像はアルファベットのBに見える．12 13 14 のように数字の連鎖を認知ベースにすると，その図柄は 13 に見える．対象をどのような認知ベース（より抽象的にはイメージ・スキーマ）で捉えるかは，1つの認知の重要な段階である．

次に，同じイメージ・スキーマ（例えば≪使役≫）で捉えても，そのプロファイル部が異なれば，構文のタイプも異なる．イメージ・スキーマ（やその具体としての認知ベース）のどの部分をプロファイルするかで，いわゆる意味が決定するということである．≪使役≫を構成する「働きかけ」と「変化」のどの部分をプロファイルするかで，x cut/break/kick/touch y のそれぞれが下位構文として異なることは，十分予測できるところである．具体的な *John broke the vase.* という表現でも，対応する≪使役≫の認知ベースの「変化」の部分のみがプロファイルされると，*The vase broke.* というような自動詞構文になる．

さらに，プロファイル部の中の参与体間にも認知的際立ちの差があり，最も際立ちが強く，第1に注目される参与体がトラジェクターであり，次に際立ちが強く，2番目に注目される参与体がランドマークである．それぞれは，文レヴェルの構文では主語と直接目的語で表現される．*John broke the vase.* の John と the vase はそれぞれトラジェクターとランドマークであり，John の際立ちが落ち，the vase が第1に注目される参与体になると，それには受身文（*The vase was broken (by John)*.）が対応するというわけである．

以上のように，認知ベース（その抽象としてのイメージ・スキーマ），プロファイル部，トラジェクター・ランドマークは，文レヴェルの構文パターンを決定する重要な認知的要因である．それぞれの査定や決定は，脳内レヴェルでは別々の領域や別々の神経細胞群の発火活動であり，それぞれの処理に時間差があるはずだが，それらの処理を同期する何らかのシステムがあり，そのため，1つの事態認識が成立しているかのような認知が成立するというわけである．それは，モノの形と色と動きが別々の視覚野で処理され時間差があるはずなのに，それらが1つの調和した全体として見えるのと似ている．

プロファイルに関して，同一の表現，例えば *John broke the vase.* という表

現でも，それが従属節で表現されると (*After* John broke the vase, *she arrived. She realized that* John broke the vase.)，*John broke the vase.* のプロファイルは落ちて，その事態は背景化する．一般に重文や複文などの従属構文は，この認知メカニズムが関わっていて，認知ベース，プロファイル，トラジェクター・ランドマークの3段階認知の仕組みがワンセットで，繰り返し適用される可能性を示唆している．このような3段階ワンセットの認知プロセスは，(部分から全体の意味が予測不能であるような)構文イディオムとされる構文(「The 比較級〜，the 比較級〜」構文，「what is x doing here?」構文など)にも，間違いなく反映していると思われる．

　本章では，多くの構文文法の枠組みとは異なり，認知文法で重視される認知概念を取り込んでいる．第1章で見た≪使役≫を認知ベースとする構文のネットワーク(下位構文ネットワーク)の上位の，よりスキーマ性の高いネットワークの存在を提示するが，結果的に，認知ベース(イメージ・スキーマ)，プロファイル，トラジェクター・ランドマークなどの認知プロセスを導入する枠組み(認知構文論)こそが，より妥当な構文ネットワークを提示できることを示す．

　そのようなネットワークに，構文の交替現象や，合成過程 (compositional path) の見えにくい結果構文がどのように組み込まれているかも提示し，さらに，語彙がこのような構文ネットワークにどのように関わるかを示すことによって，語彙と文法が連続的であるとする構文論一般の妥当性が示される．

3. SVO 構文の認知分析と構文ネットワークの全体像

　文レヴェルの構文を決定する中心的要因は，主語や直接目的語などの文法関係であり，その文法関係は，参与体間の際立ちの度合差で決まるのだから，構文とは，どのような参与体がどの程度の際立ちで認識されているかということの反映だと言える．そして，そのような捉え方をすることによって，意味役割に注目したのでは不可能な，構文のスキーマ的な規定が可能になる．SVO 構文について見てみよう．

　次の(1)(2)に見られる2種類の SVO 構文の文法関係については，意味

役割 (semantic roles) による一般化が，ある程度可能である．

(1) a. He kicked the vase.
    b. He broke the vase.
(2) a. He saw her.
    b. He remembered her name.

行為を表す (1) は，動作主 (agent) が主語，被動作主 (patient) が直接目的語で表されており，知覚や心的経験を表す (2) は，経験者 (experiencer) が主語，その経験の対象 (goal) が直接目的語で表されている．これらの例における，主語・直接目的語と意味役割との一般的対応関係は，次のような意味役割の階層を導入することによって捉えることができる．

(3) Agent > {Instrument / Experiencer} > {Patient / Goal} > Source

すなわち，参与体が2つある場合，この階層のより上位 (左側) の意味役割が主語で，より下位(右側)の意味役割が目的語で表されるとすると，一応の説明は成立しているわけである．

意味役割には，種類や規定の仕方などにいろいろな問題があるが (cf. Dowty 1991)，その点を無視して意味役割という概念を認め，そこに (3) のような階層を認めてもなお，説明できない SVO 構文がある．

(4) a. He resembles her.
    b. Line A intersects line B.
(5) a. She resembles him.
    b. Line B intersects line A.

(4a) (4b) の文はそれぞれ (5a) (5b) のように主語・直接目的語を入れ替えて

表現可能であることから判明するように，主語と目的語の意味役割は同じであり，それゆえ，このような例の文法関係を意味役割の観点から説明することはできない．このような例は，しかし，「最も際立ちの強い参与体（トラジェクター）が主語で表される」とする認知的立場（i. e. 認知文法）にとっては，問題とはならない．（4）では，（文脈上の理由などで）「彼」や「直線A」が話し手にとってより際立ちが強く，それらが主語で表現され，（5）では，「彼女」や「直線B」が際立ち，それらが主語で表現されると説明できるのである．

　この認知的立場はもちろん，（1）（2）の例にも同じように有効である．行為を表す（1）では，動作主のほうが被動作主よりも話し手にとって際立ちが強く，それが主語で表され，心的経験を表す（2）では，経験者のほうが経験の対象より際立ちが強く，その経験者が主語で表されるという説明になる．（1）（2）のように，叙述される事態が話し手に対して際立ちの違いを押しつけてくる場合にしても，（4）（5）のように，際立ちの違いが文脈に依存している場合でも，「話し手の認識する，参与体間の際立ちの強弱が文法関係を決定する」ということに変わりはない．

　以上のように見てくると，SVO 構文は認知的に次のように規定される．すなわち，SVO 構文は，叙述される事態に関わる参与体のうち，「話し手にとって最も際立ちの強い参与体を主語とし，次に際立ちの強い参与体を直接目的語とする構文」だと言うわけである．これは，SVO 構文のスキーマ的規定であり，意味役割など叙述内容の観点からは，決して得られない規定である．このような規定の下では，次のような構文についても何の問題も生じない．

　　（6）a.　My guitar broke a string.
　　　　b.　The stove has blown a fuse.　　　　（Taylor 1995: 214–5）

（6a）は「私のギターは，弦が切れた」という状況であり，（6b）は「そのレンジのヒューズが飛んだ」という状況である．主語と直接目的語で表現されている参与体は，（3）の意味役割階層にはなく，なぜ「ギター」や「レン

ジ」が主語で,「弦」や「ヒューズ」が直接目的語で表現されるのかは, この階層から説明することはできない. この場合も認知的説明が有効である. 2つの参与体があって, 両者が「全体 vs. 部分」関係にあると, 通常「全体」のほうが「部分」より際立ちが強いので (Langacker 1990: 193), (6) のような例では, 第一の際立ちに対応する主語が「全体」を, 第2の際立ちに対応する直接目的語が「部分」を表しているにすぎないのである[2].

　SVO 構文の認知構造は, きわめてスキーマ性の高いものであるが,「際立ちの強さの異なる2つの参与体間の何らかの関係を表す」ということであり, それは (7) の図のように示される.

　（7）　SVO 構文の認知構造

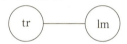

　さて, ここで示されているような際立ちの異なる2つの参与体がどのような認知ベース上でプロファイルされるかによって, SVO 構文の下位構文が決定する. 基本的な認知ベースとしては, これまでに見た4種類の構文に認められるような,「使役 (あるいは行為連鎖)」,「全体・部分」,「メンタル・アクセス」,「シンメトリー関係」の4種類が考えられる.

2　対応する日本語の SOV 構文は以下のように成立しない.
　　a. *このギターは弦を切った.
　　b. *このレンジはヒューズを飛ばした.
しかし, 全体と部分が「人」と「その指」のように, 有情者の全体と部分であれば成立するようである.
　　c. 太郎は (その試合で) 指を折った.
　　d. 太郎は涎をたらした.
　　e. 太郎は欠伸をした.
ただこのような場合, 細かく観察すると, 太郎は, 指が折れないような配慮を怠った, 涎をたらさないような配慮を怠った, 欠伸しないような配慮を怠った, ということがあり, 指が折れたことや涎がたれたことに対して, 太郎の側に原因があることが考えられる. したがって, このような日本語の例の認知ベースには, 全体と部分の間に, 因果関係 (あるいは行為連鎖) の存在がある. つまり, 日本語では, 純粋に, 全体と部分をそれぞれ主語, 直接目的語とする SOV 構文は成立しないと言える.

(8) a. 認知ベース：使役あるいは行為連鎖
   John touched/kicked/broke/cut the stick.
   b. 認知ベースが全体・部分関係の場合
   My guitar broke a string.
   This table has 4 legs.
   c. 認知ベース：メンタル・アクセス
   I saw her.
   I remembered her name.
   d. 認知ベース：シンメトリー関係
   She resembles her mother.
   Line A crosses Line B.

このような認知ベース上の2つの参与体がプロファイルされたものが，各下位構文の認知構造だというわけである．それぞれの構文の認知構造は以下のようになる．

(9) a. 使役を認知ベースとする場合

b. 全体・部分を認知ベースとする場合

c. メンタル・アクセスを認知ベースとする場合

d. シンメトリー関係を認知ベースとする場合

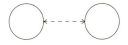

(9a) の使役を認知ベースとする場合は，第 1 章で見た通りである．(9b) の全体・部分を認知ベースとする場合は，基本的に全体を表す大円の中に部分を表す小円が存在する図で示される．*The table has 4 legs. The guitar has 6 strings.* のような所有構文の認知構造は大円とその中の小円のみで示される．*My guitar broke a string.* では，*my guitar* の部分である *a string* が「切れた状態」へと状態変化するので，*a string* に対応する小円から，四角（変化後の状態を表す）へと延びる波線矢印がこの状態変化を示すことになる．ここでは全体・部分関係を表すことが主眼なので，(9b) の図では，状態変化を表す部分は点線矢印で示されている．(9c) のメンタル・アクセスは，ラネカーの認知文法での表示と同じように破線矢印で示されている．(9d) のシンメトリー関係は，とりあえず両向きの破線矢印で示しておく．これらの図で，関係を表す部分も細線にしているが，この細線の部分がどのようなプロファイルをされるかによって，さらなる下位構文の拡張が見られるというわけである．

　構文スキーマとしての SVO 構文は，2 つの参与体の何らかの関係を表すのみであり，(8a) 〜 (8d) の各構文は，その「何らかの関係」を特定化している点で，構文スキーマとしての SVO 構文の下位構文であるということができる．SVO 構文のスキーマと下位構文から成る構文の認知構造ネットワークは以下のように示される．下位構文は（それ自身スキーマ性が高いのだが）SVO 構文を例示（instantiate）しているので，スキーマから下位構文へ出る矢印は，実線矢印となる（スキーマ（schema）・具現例（instance）の関係は，認知文法では，スキーマから具現例へ向かう実線矢印で表示される）．

(10)

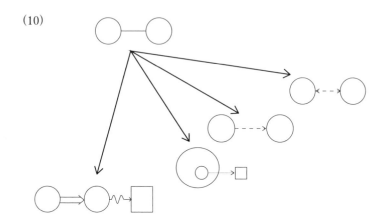

　この図で,「使役」を認知ベースとする下位構文の周辺には, 第 1 章で見た≪使役≫と関連する構文群や他の構文群がさらなる下位構文として, 豊かなネットワークを形成しているものと考えられる. 例えば, x kick y 構文は, x kick the ball away のような結果構文を介して, いわゆる SVOC 構文のスキーマ (これもさまざまな下位構文をもつ) などに繋がっている. SVOC 構文の下位構文として make 使役や get 使役もあるが, x kick y 構文はそのような構文にもネットワークを通して繋がっているということである. さらに x kick him the ball のような構文を介して, いわゆる SVOO 構文 (これにもさまざまな下位構文が存在する) にも繋がっているということである. x break y からは, y break のような自動詞構文に繋がっているし, y is broken から be 動詞構文への繋がりも見られるという具合に, 伝統的な 5 文型 (SV, SVC, SVO, SVOO, SVOC) も互いに独立しているのではなく, 大きなネットワークの中で連絡しあっているということである.

4. 認知から構文, 構文から語彙へ (1) ―項の交替現象と際立ち―

　項の交替現象として, splay/load 動詞文の目的語交替を取り上げ, 際立ちとの関連を見てみよう. 次の例は, splay/load 動詞文の代表例であるが, (a) 文の直接目的語は, 移動物 (ペンキや干し草) であり, (b) 文は, 移動物の着点である場所 (壁やトラック) を直接目的語にしている.

(11) a. John sprayed paint onto the wall.
   b. John sprayed the wall with paint.
(12) a. John loaded hay onto the truck.
   b. John loaded the truck with hay.

(a)(b)の意味対比として，(a)文のように場所が目的語で表されると，ペンキは壁一面に吹きかけられ，干し草はトラックいっぱいに積まれているという「全体的な」読みになることが指摘されるが(Anderson 1971)，壁やトラックの全面的な変化が認知的際立ちを強め，それらが直接目的語で表されるというわけである(壁の一部が塗られる，あるいは，トラックの一部に積まれる程度では，壁やトラックは状態変化したことにはならず際立たない)．実は，「全体的」ということも，場所を目的語で表す(b)文の決定的な要因ではない．次の例を見よう．

(13) A vandal sprayed the sculpture with paint.

「心なき者が彫像にペンキを吹きかけた」という意味のこの文は，Pinker (1989)によると，場所としての彫像が直接目的語で表されているので，「全面的」な読みが予想される．が，実際は，ペンキが一吹き，かけられたという「部分的」読みになるのがふつうである．Pinkerは，ペンキの吹きかけによる芸術作品の著しい価値の低下，つまり著しい「状態変化」のために，その彫像が直接目的語で表されているとする．参与体の「状態変化」を，それが直接目的語で表現されるための決定要因と見なそうとするのである．しかし，SVO 構文には，変化しない参与体が表される場合も多く，単なる状態変化だけでは，状態変化する参与体を直接目的語で表現する決定的要因にはならない．「第2際立ち参与体が直接目的語で表される」というスキーマ的な規定の下では，変化しない参与体が第2の際立ちになる場合も，変化する参与体が第2の際立ちになる場合も，どちらもサブケースとして扱うことができる．話し手が，どのような事態のどのような参与体に際立ちを認めるか

には，いろいろなケースがあって，spray/load 動詞構文の (11b) (12b) では，参与体の著しい状態変化ということが，際立ちを高める大きな要因になっているということである．単なる状態変化ではなく，状態変化に伴う際立ちの高まりが，その参与体を注目させ，直接目的語で表現させる要因になっているということである．

　spray/load 動詞に見られるような構文の交替現象を，構文の問題としてみるか，語義の問題としてみるか，ということになると，交替する2つの構文が十分に定着していて，かつそれが動詞にも反映していれば，語義の問題として考えてよい．際立ちなどの認知的要因は，叙述内容に劣らず，重要な意味的側面であるから，際立ちが移動物にある場合と，際立ちが場所にある場合とが，語彙にまで定着していれば，語義の違いということになる．spray/load 動詞の表す「移動物をある場所に吹きつける・積む」という事態に関与する3つの参与体（動作主，移動物，場所）のうち，第2の際立ちを移動物と場所のいずれに認めるかは，それぞれの捉え方が慣習化して，それが動詞（語彙）に定着していれば，語義の違いということである．

　序章で触れたように，構文構築には，認知主導による場合，構文主導による場合，語彙・語義主導による場合の3つの場合がある．認知主導の場合は，たまたまある状況で認知に引っ張られて特別な表現がなされた場合であるが，これが繰り返し生じるようになるとその表現は，構文主導の構文構築ということになる．さらにこの表現が定着し，表現内の一定の要素（例えば動詞）にも帰属させることが可能であれば，そのような場合の構文構築は，語彙主導（この場合は動詞主導）ということになる．構文構築は，認知主導，構文主導，動詞主導のいずれか1つによるのではなく，主導は程度問題で，このうちの1つが強く主導しているということはある．

　ラネカーは，*hear the piano/the sound of the piano* に現れる *hear* を二義と捉える (Langacker 1990: ch. 7)．つまり，「ピアノの音が聞こえる」という状況で，音の出所であるピアノを直接目的語で表すか，音を直接目的語で表すか，すなわち第2の際立ちをいずれに認めるかということは，語彙に定着しており，それゆえ語義の違いだというわけである．同様に，*That Don will leave is likely./Don is likely to leave.* のような繰り上げ現象についても，*likely* の語義の問題とする（Langacker 1995）．*likely* の主語を「Donが発つ」という事態にするか，「Don」という人間にするかは，第1の際立ちを事態全体に認めるか，Don個人に認めるかの違いが動詞（語彙）に定着しているという判断である．

以上の問題は，動詞や形容詞から予想される参与体のいずれに，第1，あるいは第2の際立ちを認めるかの問題であり，どちらの参与体に際立ちを認めるかによって，2つの語義はそれぞれ，$SPRAY_1$, $SPRAY_2$; $LIKELY_1$, $LIKELY_2$ という具合に表示される（cf. Langacker 1995）．

ちなみに，(11a) の $SPRAY_1$ と (11b) の $SPRAY_2$ の際立ちの違いは，次のように図示することができる．

(14) a.　$SPRAY_1$: x spray y onto z　（=11a）

　　 b.　$SPRAY_2$: x spray z with y　（=11b）

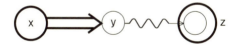

動作主 (x) が移動物 (y) を場所 (z) に吹き付けるという状況は同じであるが，$SPRAY_1$ の場合，動作主の次に際立ちのある参与体は移動物 y であるのに対し，$SPRAY_2$ では，その参与体は場所 z である．太線が際立ちの所在を示している．

5. 認知から構文，構文から語彙へ (2) ―結果構文の認知分析―

ある参与体がその「著しい変化」ゆえに際立ちを高め，そのため直接目的語で表される現象に，結果構文がある．

(15) a.　John cooked the eggs/the omelet/the lunch.
　　 b.　John cooked the pan black.

cook と言えば，通常「食材」「完成した料理」「食事」が第 2 の際立ちをもつ参与体（ランドマーク）であり，それらが直接目的語で表されるのがふつうである (15a)．ところが，ある料理の場面で，鍋が真っ黒になったという鍋の著しい変化が見られたとしよう．そうすると，少なくともこの料理の場面では，「真っ黒になった鍋」は「食材」「完成した料理」「食事」と同等，あるいはそれ以上に際立つことになり，直接目的語で表され，(15b) のような結果構文が生じると考えることができる．結果構文には，このように認知的に，通常の目的語参与体から別の参与体へ「プロファイルの移行」(profile shift) が反映していると見なすことができる．結果構文を特徴づけるこの認知的側面は次のように図示することができる．

(16)

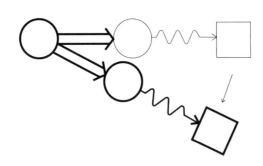

水平に並ぶ 2 つの円は，cooking の場合であれば，cooking で最も際立ちの強い料理人と次に際立ちの強い食材を表す．2 つの円の間の二重線矢印は料理人の直接的な働きかけを，二番目の円から出る矢印とその先端の四角はそれぞれ，食材の変化と変化後の状態（完成した料理やその料理から成る食事）を示している．また右斜め下に出る二重線矢印の先にある円は，通常それほど際立ちは高くないが，料理に関与する他の参与体（鍋やレンジなど）を表す．

その円から出る波線矢印と四角はそれぞれ，その参与体の変化と変化後の状態である．水平に並ぶ2つ目の円とそれから出る波線と四角は，通常は際立ちがあり太線で示されるはずであるが，その際立ちが別のところへ移行しているので，細線で示されている．代わりに右斜め下の円と変化とが太線で示されているが，ここに「プロファイルが移行」したわけである．これは結果構文特有の認知プロセスと言ってよい．

4節で，認知主導，構文主導，動詞主導の，3種類の構文構築があること（そしてそれぞれの関与は度合の差であること）を指摘したが，上のような結果構文でのランドマーク選択は発生的には認知主導であるが，それが定着して構文主導となっている．少なくとも動詞主導の度合はゼロに近い．通常のランドマークとは別のところにある参与体を新たなランドマークとするのが結果構文特有の認知プロセスであり，このような構文に主導されて，「意外な」直接目的語をとる多くの結果構文が構築されるというわけである．

次の自動詞結果構文もまったく同じように捉えることができる．

(17) a.　He ran his shoes ragged.
　　 b.　The joggers ran the pavement thin.

run という自動詞の表す行為も，自らが自らの身体に働きかけて引き起こす行為であるから，図 (16) と同じように水平の2つの円から成る行為連鎖で示される（この場合厳密には，動作主が自分の身体を動かしての移動なので，二重線矢印はいわば，自分から自分（の身体）に向かい，自分を位置変化（移動）させるような図になる）．その行為に間接的に関与する靴や歩道の著しい変化と，それによる際立ちが，右斜め下の太線表示の円と波線矢印と四角になるわけである．その部分の新たな際立ちの強さが，結果構文の認知プロセス（プロファイル移行）と合致して，靴や歩道が直接目的語として表現されるわけである．(17b) で人が走ったくらいで道路の舗装面が薄くなることは通常ないので，これは大げさ表現として，語用論的に再解釈される．

次のように再帰代名詞や身体部位を直接目的語とする自動詞結果構文も，

(18) と同じタイプの結果構文と見なすことができる．

 (18) a. She danced herself tired.
   b. She danced her feet sore.

この結果構文の目的語は，(17) のように主語とは別の参与体 (靴や舗道の舗装面) ではなく，主語の身体またはその一部であり，ダンスをして動かしたその身体が疲れたり，その一部 (足) が痛んだりすることを述べている．しかし例えば (18a) では，ダンスのために使う身体部位と，その後に疲れを感じる身体部位とは必ずしも同一ではないので，その異なる身体部位を示す再帰代名詞が必要であり，もちろん再帰代名詞を削除すると容認されない (*She danced φ tired)．このことも，結果構文が，働きかけを受ける部分とは別の部分への際立ちの移行という認知プロセスを反映していることを示唆している．

6. SVO 構文から結果構文への拡張

さて次のような結果構文では，その目的語は動詞本来の目的語であり，際立ちの移行もないかのような印象である．

 (19) a. She kicked the door open.
   b. She broke the eggs into the bowl. (Goldberg 1995)

しかし，子細に観察すると，同一の目的語ではあっても，主語から働きかけを受ける部分と変化する部分が異なっている．(19a) では，蹴られるのはドアの一部であるが，開くのはドア全体である．(19b) では，割られるのは卵の殻であるが，ボールの中に入るのは卵の中身 (黄身や白身) である．いずれの場合も情報として重要なのは，後半部であるから，蹴られるドアや割られる卵の殻はプロファイルを失い背景化し，開くドアやボールに入る黄身や白身のほうへプロファイルは確実に移行している．この場合のプロファイルの移行は，(15b) のように別の新たな参与体への際立ちの移行ではなく，同一

の参与体の別の部分への移行であるが，動詞から予測される変化とは別の部分の変化が叙述されている点では，(15b) (19) いずれの結果構文も同じ「プロファイルの移行」を反映している．

(19) のタイプの結果構文は，ラネカーの実働部 (active zone) という概念を用いる (Langacker 1990: ch. 3) と，「(働きかけを受ける参与体の実働部とは異なる) 別の実働部へのプロファイルの移行」として捉えることができる．この種の結果構文の認知構造を，(16) と対照して (20) に示す．

(20)

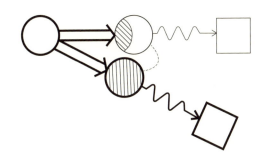

ここで，水平に並ぶ右側の円と右下の円は同一の参与体であるが (点線で表示)，働きかけを受ける部分 (実働部) と変化する部分 (実働部) が異なるので，これを，円内の斜線部の大きさを変えることで示すことにする．

She cut the cake. のような cut 系動詞をとる SVO 構文も，結果構文同様，主語から直接目的語への働きかけと，目的語の変化を叙述するが (break 系動詞は具体的な働きかけを叙述しないことに注意)，働きかけを受ける部分と変化する部分が同一である (ナイフの当てられる部分と切れて分離する部分は同じである) ために，結果構文とは決定的に異なる．このような例には，プロファイルの移行という認知プロセスはもちろんない．結果構文には結果述語が必要であるが (e.g. *John cooked the pan φ*.)，そのような結果述語の存在によって，際立ちの移行が保証されているため，結果述語は不可欠だというわけである．結果構文は，主語から直接働きかけを受ける部分とは別の部

分へ際立ちが移行するという，比較的過激な認知プロセスを含んでいるために，変化を表す結果述語を常に伴うことになり，SVO 構文から少し距離のある拡張構文になっている．

そのような拡張構文は，まったく独立して発生し存在するのではなく，その拡張過程には次のような段階性が考えられる．すなわち，SVO 構文から特異な直接目的語と結果述語をもつ結果構文 (e.g. *John cooked the pan black. He ran his shoes ragged.*) への拡張には，少なくとも次の 2 種類の結果構文が介在している．

(21) John broke the vase into pieces.
(22) John kicked the door open.

まず，(21) のように，SVO 構文 (*John broke the vase.*) の動詞 (*break*) がプロファイルしている状態変化後の状態をより具体的に叙述する結果述語が付加される段階がある．この段階で，少なくとも結果構文の構造 S-V-O-XP (XP は結果述語) ができあがっている．次の段階で，このような結果述語の用法が拡張すると，結果構文 (22) の結果述語のように，動詞 (e.g. *kick*) のプロファイルしない状態変化をプロファイルする用法になる．しかも (22) では，(20) の認知構造で見たように，直接目的語は動詞のランドマークを表す直接目的語であるようだが，実のところは結果述語の表す状態変化の主体でもある．つまり，この段階の結果述語は，動詞のランドマークとは異なる実働部の状態変化をプロファイルするようになっているわけである．さらに拡張が進むと，結果述語が動詞のランドマークの参与体とは異なる参与体をプロファイルする結果構文は，もう目と鼻の先にあるというわけである．こうして「意外な」直接目的語をとる結果構文が成立するが，「意外な」直接目的語が可能になると，本来直接目的語をとらない自動詞が直接目的語をとることも同様に「意外な」ことであり，自動詞をとる結果構文も成立するというわけである．

SVO 構文からいわゆる「意外な」直接目的語をとる結果構文への拡張過

程は以下のようにまとめることができる．

(23) a. 動詞のプロファイルする状態変化を詳述する結果述語が付加される段階 (e.g. *John broke the vase into pieces.*)
　　b. 結果述語が動詞のプロファイルしない状態変化（しかも異なる実働部の状態変化）をプロファイルする段階
　　　 (e.g. *John kicked the door open.*)
　　c. 結果述語が動詞のランドマークとは異なる参与体の状態変化をプロファイルする段階 (e.g. *John cooked the pan black.*)

　一言で言うと，この過程は，動詞のプロファイルする状態変化に便乗していた結果述語が，動詞のプロファイルしない参与体の状態変化をプロファイルさせるようになっていく過程（「プロファイルの移行」への過程）であり，このような認知プロセスが結果構文には反映しているということである．(23) のような拡張過程は，言語の史的変化に照らして，また子どもの言語発達に照らして実証する必要があるが，少なくとも認知的には，きわめて自然な拡張過程だと言える．
　構文ネットワークでの表示では，《使役》を認知ベースとする SVO 構文のうち，変化をプロファイルする x break y 構文や x cut y 構文のような下位構文に結果述語が付加し，そこから典型的な結果構文が拡張していくような表示になる．具体的には，x break/cut y → x break/cut y XP（XP は結果述語）→ x kick y XP → x cook the pan black のような表示になろう．よく結果構文のタイプ分けがなされるが，そのタイプ分けは，(23) のような認知的な拡張段階に対応している，ということができる．したがって，そのような結果構文のタイプ分けは，結果構文に反映している認知プロセス確立までの段階的な過程に動機づけられているということになる．
　(23) の拡張の段階性は，結果構文の受動化の容認度に反映していて，(23a) (23b) の段階の結果構文は，次の (24a) (24b) に見るように受身文が可能であるが，(23c) の段階から受身文の容認度が下がり始め，自動詞を用い

る結果構文の受身文の容認度はさらに下がる（(24c) (24d) 参照）.

(24) a. The vase was broken into pieces.
　　 b. The door was kicked open.
　　 c. ?The pan was cooked black.
　　 d. *The pavement was run thin.
　　　　 *The shoes were run ragged.
　　　　 *Her foot was danced sore.

「意外な」直接目的語をとる結果構文や自動詞結果構文の受身文がすべてダメというのではなく，動詞句の部分が語彙化・イディオム化していれば，受身文は可能である.

(25) a. She shut him in the room.
　　 b. He was shut in the room.
(26) a. Yokozuna Akebono sat the tournament out.
　　 b. The tournament was sat out by the yokozuna.

shut him in 〜の *him* は動詞 *shut*（閉じる）からは予測されない「意外な」直接目的語のはずであるが，(26b) のように受身が可能であり，自動詞 *sit* の結果構文の受身も (26b) のように可能である．いずれもイディオムとして，どのような参与体をランドマークとするかがほぼ決まっているため，そのランドマークをトラジェクターへ格上げして主語として表現することも容易なのであろう．*cook the pan black* や *run one's shoes ragged* のような場合，ランドマークとしての鍋や靴は，その場の状況で，主語のトラジェクターの次に際立ちの強い参与体として，たまたま選択されたのであり，その場合のトラジェクター・ランドマークは固定した関係ではない．したがってその場合，主語参与体の際立ちが落ちて注目されなくなれば，その状況の認識自体（そのようなトラジェクター・ランドマークの配置自体）が崩壊し，ランドマー

クが自動的に受身文のトラジェクターへ昇格して，主語として表現されることはないということである．このようなことのために，一般に，語彙主導・イディオム主導による結果構文の場合，受身表現は可能であるが，構文主導による結果構文の場合は，受身文は成立しにくいと言える．構文主導よりさらに状況依存性の強い認知主導の結果構文では，受身文は完全に成立しない．

　本節では，結果構文を，「働きかけを受ける参与体（の実働部）とは異なる別の参与体（の実働部）への際立ちの移行」という認知プロセスを反映する言語形式と見ているわけであるが，他の分析はどのようであろうか．簡単に見ておくことにしよう．Jackendoff (1990: ch. 10), Goldberg (1995: ch. 3 & ch 8), Levin and Rappaport Hovav (1995: ch. 2) の分析に共通して言えることは，主に，結果構文の「主語 動詞 目的語 結果述語」という言語形式の側面を説明しようとしているということである．Jackendoff と Goldberg では，使役構文 (e.g. *John made the door open*.) をベースとして，*by kicking the door* という手段を表す句がそこに融合する (jam into)，あるいは，*kick* が *make* に融合 (fuse) して，結果構文が生じると言うのであるが，「融合する」ということの厳密な中身が示されないかぎり，「融合する」という用語を用いているだけで，説明にはなっていないだろう．Levin and Rappaport Hovav は，*open* が付加 (add) されて，あるいは，*run the pavement thin* の場合は，*thin* が付加され，その修飾の対象として *the pavement* が導入されて，結果構文が生じるとするが，結果述語が単に「付加される」と言うだけでよいのだろうか．付加ということの体系内での妥当性を十分論じる必要がある．

　本節では，プロファイルされている状態変化を詳述する結果述語（先の *into pieces* 参照）の用法が，拡張して，動詞によってプロファイルされない状態変化をプロファイルするようになる過程を示し，同時に，そのような結果述語が，動詞のランドマークとは異なる参与体の状態変化をプロファイルするようになる過程（プロファイル・シフト）を示したが，これは上記諸説の問題点を十分克服する議論であろう．

7. 結び—語彙と構文の連続性—

spray/load や likely の繰り上げ現象については，2つの異なる語義あるいは語彙ということで，少なくとも問題は見えなかったが，結果構文の動詞は，語義や語彙の問題としてよいのだろうか．例えば結果構文に現れる cook を語義とすると，どの参与体に第2の際立ち（ランドマーク）を認めるかによって（直接目的語が異なり），語義が異なるのであるから，少なくとも次のような5つの語義が考えられる．

(27) 語義1：cook the eggs（食材）
語義2：cook the omelet（完成した料理）
語義3：cook the lunch（食事）
語義4：cook the pan black（容器）
語義5：cook the stove black（レンジ）

しかし，どの参与体に第2の際立ちがあるか（どの参与体がランドマークか）という観点だけでは，語義1から語義3までのグループと，語義4，語義5のグループの差異が捉えられない．第2の際立ち（ランドマーク）が何に起因するかという観点が必要である．cook という動詞の叙述する状況で，本来際立ちの強い参与体とそうでない参与体があるとすると，語義1から語義3までの目的語参与体はもともと際立ちの強い参与体であり，語義4と語義5の目的語参与体は，本来は際立ちが弱く，新たに際立ちの強まった参与体である．そうすると，語義1から語義3までの参与体の際立ちは動詞 cook が保証するものであり，その動詞の語義と見なしてよいが，語義4と語義5の目的語参与体の際立ちは，別の要因によって生じるものであるから，これらを動詞の語義とするわけにはいかない．

要するに，cook を動詞とする文構造には，その直接目的語の際立ちの起因する要因によって，2種類あるということである．つまり，1つは，動詞の意味に組み込まれている第2際立ち参与体を直接目的語とする文構造であ

り，他の1つは，コンテクストや話し手の意識などに起因する際立ちを直接目的語とする文構造だということである．前者の文構造の多くはSVO構文で，後者の文構造は結果構文である．この場合のSVO構文の，特に直接目的語選択が動詞の語義によって決定するから，動詞主導の構文構築とすると，結果構文の構文構築は，「話し手が2番目に際立ちのある参与体と認識したもの」であり，認知主導ということになる．この認知の仕組みが，定着して，結果構文の「主語 動詞 目的語 結果述語」という形式に対応すると，そのような認知の仕組みとその形式をそれぞれ意味極と音韻極とするペアリングが，結果構文として成立することになる．その場合だと，先の *cook the pan black* の *the pan* は構文主導による選択だということになる（語彙主導の場合も，構文主導の場合も，もともとは認知主導であるが，語彙主導の場合は認知主導の際の認知プロセスが語彙の意味極に組み込まれた場合であり，構文主導の場合は，認知主導の際の認知プロセスが構文の意味極に組み込まれた場合である．認知主導の構文構築は，その際の認知プロセスが定着していない段階であり，突然変異的な構文を構築するということになり，おそらく膨大な数の突然変異的な構文が産出されていることであろうが，そのほとんどがさまざまな事情で淘汰され，新たな構文として定着するのはごくまれであろうと想像される）．

　ここでプロファイル・シフトのような認知プロセスを導入しているが，その大前提として，そのようなプロファイル・シフトを可能にするような認知ベースが必要なことも忘れるわけにはいかない．このことは，自動詞の現れる結果構文で明白で (e.g. *He cried his eyes out.*)，泣くという事態が，働きかけとそれによる状態変化とから成る≪使役≫の観点（認知ベース）を基に捉えられているということである．次の章でも見るが，*He cut me a cake.* などでは，授受という認知ベースを基に「ケーキを切る」という事態が捉えられているわけである．*He promised me a ring.* でも同様で，「約束する」という事態が授受の認知ベースとの関わりで捉えられている．このような例で顕著なのは確かに，項選択を決定づけるプロファイル・シフトではあるけれども，その大前提として授受の観点（認知ベース）があって，プロファイル・シフト

が可能になるという点は，見逃せない．その点で，構文主導というのは，新たな認知ベースを導入して，（語彙動詞の表す動詞主導の）事態を眺め直すということに他ならない．

第3章

認知文法から見た語彙と文法構文
―自他交替現象と受身構文の文法化―

1. はじめに

　語彙と文法構文，あるいはより一般的に語彙と文法ということについて，記号的代案(symbolic alternative)をとる認知文法の枠組みでは，語彙と文法はいずれも記号構造として連続体を成している．そこで問題になるのが，語彙と文法が具体的にどのように連続しているのか，とりわけ語彙の意味と文法的要素の意味がどのような連続体を成しているのかということである．厳密に言うと実は，文法化・主体化の観点が Langacker (1990b) と Langacker (1998) とでは少なからず変化しており，そのため，語彙と文法の連続性に関しても，その具体的な中身が変化したということがある．

　文法化と主体化が記号構造の意味に関わることは変わっていないが，Langacker (1990b) においては，語彙的要素が文法的要素へと拡張する文法化の過程とは，語彙の意味の客体的側面(概念内容)が徐々に主体的側面(認知主体の捉え方，認知プロセス)に転換し，ゆえに主体的側面が増加しついには主体的側面のみを表すようになる過程であった．そうすると，語彙と文法的要素の連続性とは，(1a)のように，より右側のより文法的な要素になるにしたがい，意味の客体的側面(概念内容)が徐々に減少し，意味の主体的側面が増加していくような連続性だということになる．

(1) 語彙と文法的要素の記号構造としての連続性
　　a. Langacker (1990b) における連続性：
　　　… … 語彙の意味 … … … 文法的要素の意味 …
　　　　　　　客体的側面の減少 ⟹
　　　　　　　主体的側面の増加 ⟹
　　b. Langacker (1998) における連続性：

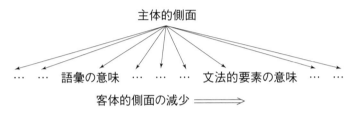

　これに対して Langacker (1998) の主張では，語彙は本来意味として，客体的側面 (概念内容 content) と主体的側面 (認知主体の捉え方 construal) の両方を持ち，文法化の過程で，客体的側面 (概念内容) を徐々に表さなくなり，ついには意味の主体的側面のみを残すようになる過程だと修正された．つまり，(1b) で示されるように，主体的側面は語彙の意味にも，文法的要素の意味にも同じように反映しているが，客体的側面 (概念内容) のほうは，語彙から文法的要素へと発達していくにつれて減少していくことになる．(1b) で，主体的側面から出る矢印は，語彙の意味にも文法的要素の意味にも，同じ主体的側面 (捉え方) が内包されていることを示す．語彙が文法化すると，客体的側面は減少するのだから，文法化して生じる文法的要素の意味は，最終的には，主体的側面のみを残すことになる．

　本章では，叙述内容 (客体的意味)，主体的意味ということの内実に踏み込んでいきながら，語彙から文法への連続性についてどのようなことが言えるのか，自他交替と受身の文法化の分析を通して明らかにしていく．特に Langacker (1998) で論じられている以上のことが主体化に生じていることを明らかにする．

2. 意味の主体的側面（認知主体の捉え方，認知プロセス）の意義

認知文法の特徴として，意味が conceptualization（概念化，認知像形成）であるという点に注目すると，意味が単に概念内容（content）だけでなく，その概念内容が認知主体（conceptualizer）の内部で形成される際の捉え方・認知プロセス（construal）も「意味」として関わっているということである．意味が捉え方や認知プロセスまでをも含むという点は，これまでの意味論や意味に基づく文法理論の中心に据えられることはなく，認知文法の大きな特徴だと言える．

意味が概念形成者の認知プロセスとそれによって形成される叙述内容の全体を含むという観点は，認知文法では（2）図のようなステージモデルによって表示される（Langacker 1991: 317，その後のバージョンも基本的に同じ）．

（2）

ちょうど観客が劇場の舞台上で展開する劇を観るときのように，認知主体（概念形成者）がいて，さまざまな認知能力と認知プロセスによって眼前の事態を捉えるその認知の全体が，言語表現には反映するという観点である．つまり言語表現には，その概念内容だけでなく，捉え方や認知プロセスをも反映するということである．

この図で，G はグラウンド（ground, 話し手・聞き手を中心とする発話の場），PF は Perceptual Field で視野に収まる全領域，OS はオンステージ領域（認知主体が注目して眺める領域）を表している．G から出る破線矢印は対象をどのように捉えるかという認知プロセスを表し，その矢印の先端の太線の円は，その認知プロセスを通して得られる概念内容である．

本節では，主体的側面(捉え方 construal，認知プロセス)の具体的な現象を見ながら，その意義を確認する．

2.1 動詞 *rise* の場合

意味に認知プロセスを含める観点の重要性は，(3) の *rise* の2用法にうかがうことができる．

(3) a. The balloon rose swiftly.
b. The hill rises gently from the bank of the river.

(3a) の *rise* (RISE$_1$) は風船の上昇を叙述しているが，(3b) の *rise* (RISE$_2$) は丘の形状を叙述している．モノの上昇を叙述するはずの *rise* がどうして動きのない丘の形状を表すことができるのか．このナイーブな問いの解答は，*rise* の概念内容だけに注目していたのでは，見えてこない．専門的には，動きを表すプロトタイプ的な語義 RISE$_1$ から形状を表す語義 RISE$_2$ が拡張したとするとき，その共通部分つまりスキーマ的意味は何かということである．ここで，グラウンド内の認知主体の認知プロセスを考慮して RISE$_1$ と RISE$_2$ の意味をそれぞれ (4a) (4b) のように表示してみよう．そうすると，RISE$_1$ と RISE$_2$ の概念内容が，認知主体からの，いわば「視線の上昇」とでも呼べるような認知プロセスによって捉えられる対象の動きや形状であり，「視線の上昇」という認知プロセスが共通していることが見て取れる．

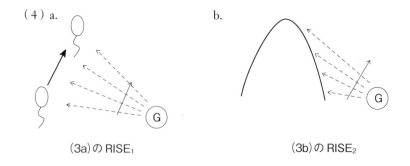

(4) a. (3a) の RISE$_1$　　　　b. (3b) の RISE$_2$

2. 意味の主体的側面（認知主体の捉え方，認知プロセス）の意義

認知プロセスを考慮して rise のそれぞれの用法の意味記述をすると (5a) (5b) のようになり，rise は一般に「視線の上昇で捉えられるモノの移動や形状を叙述する」という (5c) のような意味の語彙的言語形式ということになる．

(5) a. RISE₁ は視線の上昇という認知プロセスで捉えられる上昇（例えば風船の上昇）をプロファイルする．
b. RISE₂ は視線の上昇という認知プロセスで捉えられる形状（例えば丘の形状）をプロファイルする．
c. rise は一般に，視線の上昇という認知プロセスで捉えられる事態（特に上昇や形状）をプロファイルする．

「視線の上昇で捉える」という認知プロセスの総体は，実際には気の遠くなるほど複雑で細かい一連の認知プロセスから成るはずであるが，ここでは便宜上その複雑なプロセスを「視線の上昇」という一言で押さえておくことにする．認知プロセスを考慮しない分析と比較すると明らかなように，2つの用法のスキーマは，概念内容にあるのではなく，「視線の上昇」という認知プロセスにある．意味を，これまでのように概念内容（客体的側面）のみと見なしたのでは，以下のような，rise の語義プロトタイプ RISE₁ と拡張語義 RISE₂ とスキーマの三角形（多義の基本パターン (5d)）は捉えられない．

(5) d.

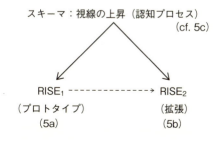

ここでは，プロトタイプとしての RISE$_1$ から RISE$_2$ が拡張していることが破線矢印で表示され，RISE$_1$ と RISE$_2$ のスキーマとして「視線の上昇」という認知プロセスが両者の上方に存在する．スキーマから実線矢印が，RISE$_1$，RISE$_2$ に向かっているが，矢印の起点はスキーマであり，その先端が具現例（instance）である．

2.2 *be surrounded* の場合

さらに（6）の例を見てみよう．

（6）a. The castle was surrounded by the soldiers.
　　 b. The castle is surrounded by a moat.

　概念内容だけに注目して，(6a) の BE SURROUNDED$_1$ は，城が兵に囲まれ始めてから囲まれるまでの出来事を叙述し，(6b) の BE SURROUNDED$_2$ は，城と濠のトポロジカルな関係を叙述している，とするような分析では両用法を繋ぐものは見えてこない．この場合も，認知主体の認知プロセスに注目すると，BE SURROUNDED$_1$，BE SURROUNDED$_2$ は以下の記述が可能となり，認知プロセスをスキーマとする (7c) を抽出することができる．

（7）a.　BE SURROUNDED$_1$ は視線の一巡という認知プロセスによって捉えられる「囲む」という出来事を叙述（プロファイル）する．
　　 b.　BE SURROUNDED$_2$ は視線の一巡という認知プロセスによって捉えられる城と濠の位置関係を叙述（プロファイル）する．
　　 c.　*be surrounded* は視線の一巡という認知プロセスによって捉えられる事態（出来事や位置関係）を叙述（プロファイル）する．

この例でも認知プロセスがスキーマ（意味上のスキーマ）である点が重要で，言語表現が何を叙述しているかだけに注目する立場では，このような表現のプロトタイプと拡張とスキーマの三角形 (8) をうまく捉えることはできない．

(8)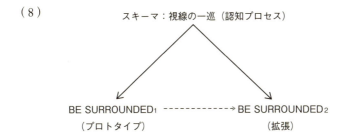

　さてこのような立場，すなわち言語表現の意味が認知プロセスとそれによって捉えられる概念内容から成るとする立場において，語彙と，文法構文（構文スキーマ）を含む文法的要素についてどのようなことが言えるのだろうか．語彙的要素は意味として何を表し，文法構文や文法的要素は意味として何を表しているか，ということであるが，結論的には，これまで見てきたように，言語表現は何らかの認知プロセスで捉えられる概念内容をプロファイルするのであり，とりわけ語彙的要素は，特定の認知プロセスで捉えられる（具体性の高い）モノや事態をプロファイルし，文法構文や文法的要素は（究極的には），何らかの認知プロセスのみを反映するということになる（cf. Langacker 1998）．これを（9）のようにまとめておく．

（9）a. 言語表現は一般に何らかの認知プロセスで捉えられる概念内容を表す．
　　　b. 語彙的要素は特定の認知プロセスで捉えられるモノや関係を表す．
　　　c. 文法的要素は（究極的には）何らかの認知プロセスのみを反映する．

それぞれの言語表現がこの通りであるとすると，語彙も文法的要素も認知プロセスを反映している点では同じであるが，語彙的要素は概念内容を表し，文法的内容は概念内容を表さないという点で違っている．ただしこの場合，語彙と文法はそれぞれ概念内容を表す，表さないという二分法ではなく，より語彙的であればその概念内容は豊富であり，より文法的であれば，概念内容が希薄になるというように，両者は連続的である．文法的要素は概念内容

が希薄化するため，文法的要素に反映している認知プロセスが目立つということになる（決して，文法的要素のほうが認知プロセスを多く反映しているわけではない）．

(10)
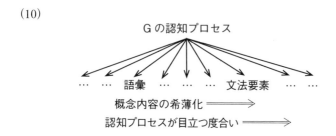

語彙と文法的要素を概念内容の希薄化のスケール上に位置づけると (10) のようになる．ここで重要なことは，その概念内容が具体的な場合(語彙)であれ，希薄化した場合(文法的要素)であれ同じ認知プロセスを含んでいるという点である．

2.3　一般動詞 *have* から文法的要素 *have (-en)* へ

語彙と文法的要素の表す意味構造の違いや連続性を，さまざまな用法をもつ動詞 *have* で見ておくことにしよう．

(11) a.　Watch out – he has a gun!
　　 b.　The table has four legs.
　　 c.　She has two brothers.
(12) a.　Sam has a wart on his elbow.
　　 b.　That theory has many serious problems.
　　 c.　We have a lot of coyotes around here.　　　（Langacker 1993）

(11) の *have* はすべて，具体的な概念内容，例えば，直接所有，全体・部分関係，血縁関係をプロファイルしており，概念内容だけに注目しても，これ

らの用法は記述可能であるが，(12)の各用法の概念内容を厳密に特定することは難しい．(9a)のように，言語表現は認知プロセスで捉えられる概念内容をプロファイルするという立場に立てば，(12)の *have* の用法では，概念内容は希薄化していて特定できないが，どの *have* の用法にも一定の認知プロセスが対応しているはずであり，その認知プロセスは，参照点能力 (reference-point ability) による認知プロセスだということである．例えば，*have* について，具体的な概念内容をもつ (11a) と具体的な概念内容をほとんどもたない (12c) の認知構造はそれぞれ次のように表示される．

(13)　　(11a)の HAVE　　　　　　　(12c)の HAVE

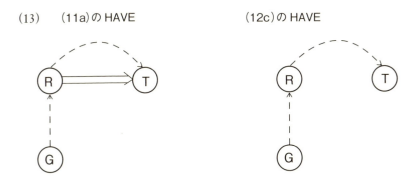

(11a)の HAVE は，グラウンド G 内の概念形成者が参照点 R (he) を経由して認知の標的 T (a gun) に心的接触をする認知プロセスと，(それによって捉えられる) 具体的な概念内容としての直接所有 (「銃を握っている」という力を行使する行為は二重線矢印で表示される) を表している．これに対して，(12c)の HAVE は，具体的な概念内容が希薄化しており，ほぼ参照点による認知プロセスを反映しているのみである．つまり「私たちを参照点として，そのあたりに認知の標的であるコヨーテが認識される」という認知的側面しか表していない (Langacker 1990b)．これらの図で，破線矢印はまず G から R へ，それから T へ伸びているが，これが，グラウンド内の認知主体が，参照点 R を介して，標的 T を認識する参照点・標的認知の基本的な認知構造である．ここでも *have* のスキーマ的な意味は参照点認知という主体的側面のみになっ

ている.

　英語の完了形に現れる have は文法的要素であり,それが表すのは認知プロセスのみで,「直接所有」のような具体的な概念内容はもたない. 英語の完了形の起源は,「have+目的語+p.p.」という形式であり,その意味は「〜されたもの(目的語)を持っている」であった. 例えば, hie hine ofslaegenne hafdon ('they him slain had'= they had him killed.) は,アングロサクソン年代記のパーカー写本(Parker MS)の例である. この例ではいわゆる過去分詞の ofslaegen-ne の -ne は対格標識で, hine (対格の him) を修飾しており,「殺された彼を持っている」というような意味を表していると考えられるが,この部分の後の写本(Laud MS)では,対格標識が落ち, have+p.p. の完了形の形に近くなっている (hig hine ofslaegen hafdon) (Barber 1993: 117-8). 完了形の have はその起源において,語彙として具体的な概念内容(「持っている」)を表していたわけである.

　それが,完了形として定着すると have は文法的要素として,参照点を経由しての認知プロセスしか表さない. つまり,認知主体は何らかの参照点 R (例えば,今お腹がいっぱいということ)を通して,過去に生じた事態 T (例えば,昼食を食べたこと)に心的にアクセスをするというわけである (cf. (14b)).

　(14) a. 完了形の創発段階

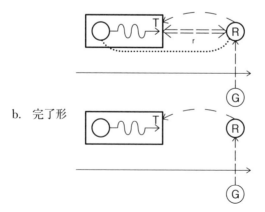

　　　b. 完了形

(14a) の図で，太線の四角は，過去の行為であるが，その動作主（波線矢印の起点の円）と参照点 R が同一であることが，両者を結ぶ点線で示されている．しかも R と標的 T の行為とが両向きの二重破線矢印で繋がっている (r)．これは行為者とその行為との間に密接な関係があることを示している．Carey (1995) によると，英語の完了形の起源においては，*say* などの伝達動詞や *think* などの思考動詞が使われ，完了形が展開していったということである．先に「have + 目的語 + p.p.」が完了形の起源であることを述べたが，確かにこのような動詞だと，「have + 目的語 + p.p.」の意味と完了形の意味の差が大きくないから，このような動詞の共起する形式から完了形への展開が自然である．例えば，「言われたことを持っている」(*I have something said.*) のは自分が言った場合 (*I have said something.*) だろうし，「考えられたことを持っている」(*I have something thought.*) というのは，自分が考えた場合 (*I have thought something.*) 以外には考えにくい．それゆえ *I have something said/thought.* から *I have said/thought something.* への展開が，（このような動詞使用を橋渡しとして）自然に生起したことは十分考えられる．しかし *sell* のような場合だと，「売られたものを持っている」(*I have something sold.*) と，「あるものを売った」(*I have sold something.*) とはあまりにも概念内容が違うため，*sell* のような動詞の使用を橋渡しとして，完了形が展開したとは考えられない．このような動詞は，完了形が完全に定着した後で完了形とともに使われるようになったと思われる．つまり，創発期の完了形 (14a) では，参照点 R と標的 T の事態の動作主とが同一で，R と T との間に密接な関係 r がなくてはならないが，その関係とは，結果（「考えられたことを持っている」）とそれの生じる行為（「そのことを考えた」）のような関係であったのだろうということである．もちろん，繰り返し考え続けられていれば，その考えの所有を補強するし，考えられたばかりであればその考えの所有感は強いはずだから，完了形の継続用法と完了用法も，創発期の完了形に近いところにある用法だと言えよう．

(14b) の進化した完了形の認知構造では，R と T の動作主は同一で，かつ，R と T との間に密接な関係が必要ということはなくなる．*They have painted the bench.* のような例では,「ベンチのペンキが乾いていない」ということが参照点Rで, もちろんこのRは, Tとしてのペンキ塗りという行為の動作主と同一ではない. *He has lived in Chicago once.* のような現在完了形の経験用法では, RとTの動作主とは同一であるかもしれないが, そのR (彼) とTとの間に密接な関係があるかは不明である. ただそのRの支配域 (dominion) の中の経験の1つに (話者あるいは認知主体の) 心的アクセスがなされているにすぎない. (14a) (14b) の認知構造で, 実線矢印で示される時間軸の同じ時点に, GとRが位置しているが, これは特に現在完了形の場合, 参照点RがグラウンドGと同じ時点, すなわち現在時に位置しているということである. 例えば, 現時点で「ベンチのペンキが乾いていない」ということが参照点Rとしてあり, そこから標的Tとしての「ペンキを塗った」という事態に心的アクセスを行っているというわけである.

ここに現れた *have* の用法はすべて参照点による認知プロセスを反映しており, したがって, その認知プロセスは *have* のすべての用法のスキーマであり, とりわけ完了形に現れるような文法的要素として *have* はそのスキーマとしての認知プロセスしか表さない, ということである.

(15)

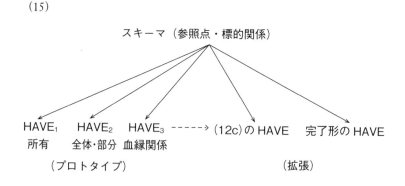

(15) には, *have* の「所有」「全体・部分関係」「血縁関係」を表すプロトタイプ用法にも, 拡張用法としての(12c)や完了形の *have* の用法にも, 参照点による認知プロセスがスキーマ的意味として関与していることが示されてい

る．この図で注目すべきは，(12c) の例文の語彙動詞としての *have* も，文法的要素としての完了形の *have* も同じように参照点を介しての認知を反映しているが，完了形の *have* (e.g. *They have painted the bench.*) は，その主語参与体が必ずしも参照点ではない，ということである．その点では，文法要素としての完了形の *have* に反映している認知プロセスはさらに拡張していて，より抽象化していると言える．

2.4 Langacker (1990b) と Langacker (1998) の主体化―文法化との関連で―

いま，語彙が，特定の認知プロセスによって捉えられる具体的なモノや事態を叙述し，文法的要素が認知プロセスのみを反映するということを確認しようとしているわけであるが，冒頭で触れたように，このことがラネカーで首尾一貫して述べられてきたわけではない．Langacker (1998) によって，意味が概念内容 (content) と認知プロセス (construal) から成るということの理論的整合性が保たれたことになる．この点を少し詳しく見ておこう．

ラネカーには，主体化に対する 2 つの論考，すなわち Langacker (1990b) と Langacker (1998) とがあり，少なくとも前者 Langacker (1990b) の主体化の論点は，これまで確認しようとしてきたことと同一ではない．

まず，主体化 (subjectification) とは，文法化する多くの記号構造の意味面に見られる変化であるという主張，これはラネカーのいずれの論考においても同じであり，変わりはない．問題は主体化がどのような意味的変化なのか，という点である．Langacker (1990b) では，主体化とは概略「語彙の表す概念内容 (意味の客体的側面) が一部認知プロセス (意味の主体的側面) に転換し，その認知プロセスのみを反映するようになる過程」ということであった (16a)．すなわち，語彙の表す概念内容の一部が認知プロセスに転換するということであるが，そうすると，理論上，主体化しない語彙的要素は認知プロセスと対応せず概念内容のみを持つということになり，言語表現は何らかの認知プロセスによって捉えられる叙述内容を表す，という一般化と矛盾することになる．

(16) a. Langacker (1990b) の主体化：主体化とは，語彙のプロファイルする概念内容 (X, Y) の一部 (Y) が，認知プロセス (Y') に転換して，語彙が文法的要素へ変化する過程（文法化の過程）で，その認知プロセス (Y') を表すようになる過程である．下の図で，トラジェクター (tr) とランドマーク (lm) の間の関係を表す概念内容（左図の X, Y）が主体化すると，その一部である Y が認知プロセス Y' (G と X を結ぶ実線) へ変化する．

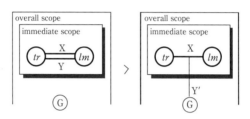

b. Langacker (1998) の主体化：当初より特定の認知プロセス (Y') によって捉えられる具体的なモノや事態 (X, Y) をプロファイルしていた語彙的要素が，（文法的要素になる過程で，つまり文法化の過程で概念内容 (Y) を希薄化させ）認知プロセス (Y') を反映するようになる過程．

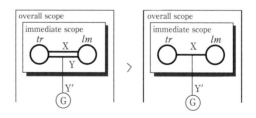

ところが Langacker (1998) では，主体化の捉え方が修正され，(16b) のように語彙的要素が最初から表していた認知プロセス（のみ）を表すようになる過程が主体化である，ということになる．そうであれば，認知プロセスを反映していない語彙的要素の可能性はなくなり，これによって，語彙も文法的要素も含めて言語表現が何らかの認知プロセスによって捉えられる概念内容を

表すという一般化に問題がなくなる（文法的要素ではもちろん，概念内容は希薄化していく）．確かに，すでに見たように *rise, be surrounded, have* いずれの場合も，語彙としても認知プロセスを反映しているから，(16a) の立場は成立しない．

意味を概念化・認知像形成 (conceptualization) とするとき，概念化に関与する認知能力や認知プロセスは意味の主体的側面である．認知文法は次の (17) のような6種類を dimensions of imagery（概念化に関わる諸認知能力）として，初期の頃より挙げている (Langacker 1988b: 64, 1991: 5–12)．

(17)　Dimensions of imagery
　　　（概念化に関わる諸認知能力）
　a.　認知ベース上にプロファイル部を認知する能力
　　　(profile imposed on a base)
　b.　プロファイル部の下位構造間に際立ちの強弱を認知する能力
　　　(*tr/lm* alignment)
　c.　一定の解像度（特定性の度合 specificity）で認知する能力
　d.　一定のスケールとスコープで認知する能力
　e.　想定や期待との関連で認知する能力
　f.　パースペクティブに関わる認知能力

何かを認知するとは (17a) のように認知ベース上にプロファイル部を認識することに他ならず，それはわれわれの認知の基本であり，言語形式の基本的意味構造は認知ベース上のプロファイル部として与えられる．(17b) は典型的にはトラジェクターとランドマーク（それぞれ第1焦点参与体と第2焦点参与体）をプロファイル部の中に認知する能力（トラジェクター・ランドマーク認知），(17c) は抽象化やスキーマ抽出能力と関連し，(17d) は認知像形成の際にどのようなサイズ・大きさで，どの程度の背景を含めて認知像を形成するかに関わる認知能力，(17e) は，従来の前提と焦点，新・旧情報に関連する認知能力，(17f) のパースペクティブは視点や参照点に関わる認知能力であ

る．このような認知能力や他の新たな認知能力によって形成される認知像や概念が，語彙や構文の概念内容（意味の客体的側面）である．このような認知能力・認知プロセスについては，Langacker (2008) でも一貫していて変更はない．

　先の動詞 *rise* は，(17f) のパースペクティブに関連する「視線の上昇」によって捉えられるモノの上昇移動やモノの形状をプロファイルし，これを概念内容（客体的意味）としていると言うことができる．一般動詞としての *have* は，パースペクティブに関わる「参照点を通して標的を認知する能力」（参照点・標的認知）によって捉えられる「所有関係」「全体・部分関係」「血縁関係」を典型的な概念内容（客体的側面）としてプロファイルしているが，(12c) や完了形の *have* は，概念内容（客体的側面）はほぼ表さず，「参照点を通して認知する能力」（意味の主観的側面）のみを反映している，ということになる．

3. 語彙 vs. 文法構文における認知プロセス

　言語表現一般について，認知プロセスの重要性を述べてきたが，とりわけ語彙と文法構文に関して重要なのは，(17) に挙げた6種の認知能力のうち，(a) と (b) の能力，すなわち認知ベース上にプロファイル部を認知する能力とトラジェクター・ランドマークを認知する能力である．留意すべきは，それぞれの認知能力・認知プロセスは，語彙と構文では，レヴェル分けをしなければならないということである．一般に，構文レヴェルで慣習化したプロファイルの仕方やトラジェクター・ランドマーク認知が語彙に定着していくが (cf. 構文主導と動詞主導の構文構築，第2章)，構文レヴェルでも独自のプロファイルの仕方やトラジェクター・ランドマーク認知が保持されている．

　例えば，トラジェクター・ランドマーク認知のレヴェル分けの必要性は (18) (19) のような例で実感される．

(18) a.　As a young violinist, he played in the market place.
　　 b. *As a young violinist, he played the market place.

(19) a. He is a young promising violinist. He has already played in the Albert Hall.
　　b. He is a young promising violinist. He has already played the Albert Hall.

　(18b) から明らかなように，演奏の場所は語彙としての動詞 *play* のランドマークではない．(19) のようなコンテクストで，(19b) の動詞 *play* の後の *Albert Hall* は何かということになるが，もちろんランドマークではあるが，動詞 *play* のそれではなく，構文レヴェルのランドマークである．「すでにアルバートホールのような大舞台での演奏をこなしている」のような事態が，他動詞構文のプロトタイプ（あるいはスキーマ）の捉え方で捉えられ，場所（アルバートホール）がランドマークとして認知されたのであり，それが構文レヴェルで直接目的語として表現されるというわけである（もちろんこのような用法が多用されれば，動詞 *play* に「大舞台で演奏する」のような意味で場所をランドマークとする新たな他動詞用法が定着することになる）．
　認知プロセスに注目し，かつ認知プロセスにレヴェル分けをすることによって，シンプルで明解な分析が可能になることを動詞の自他交替現象と受身構文の史的発達で見ることにしよう．

3.1　自他交替と認知プロセス

3.1.1　語彙レヴェルの自他交替

　touch 系, kick 系, break 系, cut 系動詞の意味構造（他動詞）において，すなわち認知ベース上のどの部分がプロファイルされているか (20) を見ると，(21) のように，自他交替と呼ばれる言語現象はある程度予測することができる．(20) の図は，各系の他動詞用法の認知構造である．

(20) a.　X touched y. ↔ *Y touched.（自他交替不可）

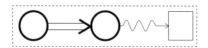

　　b.　X kicked y. ↔ *Y kicked.（自他交替不可）

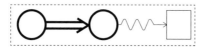

　　c.　X broke y. ↔ Y broke.（自他交替可）

　　d.　X cut y. ↔ *Y cut.（自他交替不可）

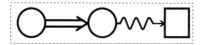

(21)　自他交替：使役構造を認知ベースとして変化の部分のみをプロファイルする自動詞表現と，同一の認知ベース上の使役構造をプロファイルする他動詞表現が可能なとき，その動詞は自他交替する．つまり下図で，上段の認知構造を認知ベースとして，二番目の円とそれから出る波線矢印，そしてその先の四角の部分（状態変化を表す）がプロファイルされる用法（下図下段右）と，さらにそのプロファイル部に加えて，二重線矢印で示される働きかけをする参与体（左端の円）がプロファイルされるような用法（下図下段左）をもつ動詞は，自他交替する．

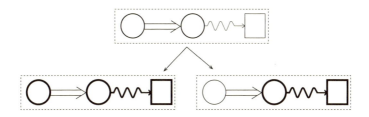

　変化の部分をプロファイルしない touch 系動詞と kick 系動詞は，自他交替しない (20a) (20b)．このことは自他交替には変化部分のプロファイルが必要であることを示唆している．変化の部分がプロファイルされていても cut 系動詞が自他交替しないことから (20d)，使役の働きかけの部分（二重線矢印によって表示）がプロファイルされていてはいけないことになる．端的に言えば，使役構造を認知ベースとして，変化の部分のみと使役構造全体（働きかけの部分を除く）の両方がプロファイル可能であるとき，その動詞は自他交替する (cf. (21))，ということである[1]．

　このように認知ベースとプロファイル部との関係で自他交替を捉えると，煩わされずにすむ問題が 1 つある．それは，自動詞から他動詞用法が派生するのか，他動詞から自動詞用法が派生するのか，という派生の方向に関する問題である．常識的には，同じ形態の動詞が，2 つの用法をもつために，

1　例えば，次の例で *break* の自動詞用法は，使役構造を認知ベースとする事態の変化の部分のみをプロファイルする表現であるが，
　　a. He threw the vase against the wall, and it broke into pieces.
次のような動詞の場合，*cut* 同様，働きかけが特定的で，その働きかけと対象の変化が同時進行的であるため，変化の部分のみをプロファイルすることができず，自動詞用法が成立しないということになる．
　　b. X assassinated/murdered Y.　　*Y assassinated/murdered.
　　c. X sliced/carved Y.　　　　　　*Y sliced/carved.
　　d. X wrote/built Y.　　　　　　　*Y wrote/built.
break も次のような用法では，自他の交替が認められない．これは，(b) 〜 (d) の場合同様，働きかけと変化が不可分であり，変化の部分のみをプロファイルすることができないためと言えよう．
　　e. John broke his promise/the agreement/the world record/the routine.
　　f. *His promise/The agreement/The world record/The routine broke.

どちらかの用法が派生であろうという発想になる[2]．実際これまでの概念意味論，語彙概念意味論からのアプローチでは，どちらかの派生方向を採用している（丸田 1998）．（この種の議論は，使役的動作主を付加するのか，抑圧・削除するのかという観点をとるために生じるもので，使役的，他動詞的認知ベースのどの部分がプロファイルされるか，という観点からは生じない議論である．）

(22) Guerssel (1986)：自動詞の意味に使役の意味が単純に加えられる（生産的な語彙規則，cf. Carter 1976, Jackendoff 1983）．
y come to be BROKEN → x breaks y: [x cause [y come to be BROKEN]]

(23) Hale and Keyser (1987)：[cause [separation in material integrity...]] のような PCS 構造に，cause と中心出来事の状態変化の両方に完全に変項が供給されると他動詞 *break* の LCS が導かれ，中心出来事にのみ変項が供給されると自動詞 *break* の LCS が導かれる．
[x cause [y, rigid or taut entity, develop separation in material integrity], (by ...)]

(24) 丸田 (1998)：I(nitial)-LCS に適宜 INITIATE 部（始動部）が付加して，いわゆる使役他動詞用法が派生する (transitivization)．INITIATE 部の付加は，Effector（行為体）を含む意味構造にのみ可能．
I-LCS（y breaks）：[y **DEVELOP-SEPARATION**] CAUSE [BECOME [y *IN-PIECES*]]
x breaks y: [[x ACT ON y] INITIATE [y **DEVELOP-SEPARATION**] CAUSE [BECOME [y *IN-PIECES*]]]

(25) L&RH (Levin and Rappaport Hovav 1995)：自他交替する自動詞は以下のような他動詞的意味表示を持っており，自動詞文はこのうちの x 項が存在量化による語彙束縛で抑圧され，もう 1 つの y 項が主

---

2 自他交替の動詞を *OED* でどちらの用法が早く用いられているかについて調べてみると，自動詞用法が早いもの，他動詞用法が早いもの，両方の用法がほぼ同時期に用いられているもの，さまざまである (cf. Kitazume 1996)．

語位置に実現される (detransitivization).
[x do-something] cause [y become BROKEN]
For some causer x: [x do-something] cause [y become BROKEN]
(26) 影山 (1996)：他動詞の LCS から自動詞の LCS を導く使役主の項の抑圧を，語彙レヴェルでの変化対象項と使役主項との同定過程と見なす (anti-causativization).
x opens y: [x control [y become [y be OPEN]]]
y opens: [x=y, control [y become [y be OPEN]]]

Guerssel のアプローチとそれ以前の古典的なアプローチ，それに丸田(1998)のアプローチが，自動詞から他動詞用法を派生させる方向である．L&RH と影山(1996)のアプローチは他動詞から自動詞用法を派生させる方向である．Hale and Keyser の方法は認知的アプローチに近く，PCS (Primitive Conceptual Structure) というような自他に共通する構造を立てて，y 項のみが供給されるときは自動詞用法，x 項，y 項が供給されるときは他動詞用法が成立するという観点であるが，PCS の理論的位置づけが明確ではない．例えば前置詞 *over* のいくつかの語義のように，認知ベースが同じでプロファイル部だけが異なるような多義性が広く見られるが，(21) で示されるように，自他交替もそのような多義性の一種として扱うことが可能であり，自然な認知的現象として位置づけることができる．要は，何らかの働きかけによる状態変化 (使役的事態) と状態変化のみとが別々にプロファイルできるような認知ベースが存在しないと，自他交替は成立しないということである．例えば，*open* や *break* (特に「割る」「割れる」の意味の場合) のような動詞は，そのような別々のプロファイルができる認知ベースがあると考えられるが，自動詞用法のない *kill* のような動詞では，使役的な働きかけから独立して，状態変化(死ぬということ)のみをプロファイルできるような認知ベースではない (おそらく，使役的動作主の中では，殺意などのため働きかけと対象の状態変化とが不可分に一体化していて，死ぬという状態変化の部分のみをプロファイルできない，ということである).

3.1.2 構文レヴェルの自他交替

自他交替がどのレヴェルで生じているかを明らかにすることによっても，自他交替の派生の問題が解消可能である．先に認知プロセスを語彙レヴェルと構文レヴェルとで区別したが，他の「語彙か構文か」の問題と同様で，まずは構文レヴェルでの現象であり，それが語彙レヴェルの意味として定着するという点が重要である．

(27)(28)のような例で，*clear* という同一の動詞で交替が異なるのだから，構文レヴェルの現象とするのが望ましい．他動詞から自動詞へ，自動詞から他動詞へのいずれの派生方向であっても，動詞 *clear* が目的語として *the sky* をとる場合と，*the table* をとる場合とでは，語彙レヴェルで交替を説明するかぎり，別々の概念構造を与えなければならない．はたして，(27)と(28)の *clear* には別々の語彙レヴェルでの意味を与えなければならないのだろうか．

(27) a. The wind cleared the sky.
　　 b. The sky cleared.
(28) a. John cleared the table.
　　 b. *The table cleared.　　(Levin and Rappaport Hovav 1995: 104)

自動詞から他動詞を派生する立場の問題から見てみよう．まず自動詞 *clear* が主語として *the table* をとることを排除する方策が必要になる．次に，(27a)の他動詞 *clear* は自動詞からの派生であり，(28a)の他動詞 *clear* は自動詞からの派生ではないので，それぞれに独自の意味構造を与える必要がある．つまり，自動詞として主語 *the table* を排除するような意味構造にする一方で，(自動詞から他動詞用法が派生するとする立場だから)(28a)の *clear* には他動詞としての意味構造を与えるというような複雑なことが生じる．この点を次のように整理しておく．

(29)　自動詞から他動詞を派生する立場の問題点：まず(28b)のように自動詞 *clear* の意味構造には *the table* を主語として排除するような方

策が必要．また自動詞からの派生である(27a)の他動詞 *clear* と自動詞からの派生でない(28a)の他動詞 *clear* には異なる意味構造を与える必要がある．

また他動詞から自動詞を派生するという立場でも，*the sky* を目的語とする他動詞 *clear* は，他動詞主語を抑圧し自動詞用法を派生させるが，*the table* を目的語とするとき他動詞 *clear* ではその他動詞主語を抑圧せず自動詞用法を派生させないことを説明する必要がある．L&RH は，他動詞の主語が抑制されないのは，主語の働きかけが特定的であるためとする．確かに，他動詞 *cut* に自動詞用法がないのは，他動詞主語の働きかけが「刃物を用いる働きかけ」であり特定的であるためだと言えるが，他動詞 *kill* の場合はどうであろうか．動詞 *kill* で，対象を死に至らしめる働きかけは特定されている必要はないが，この動詞 *kill* に自動詞的用法はない．したがって特定性だけで，他動詞からの自動詞用法の派生を説明するのは十分ではない．他動詞から自動詞用法を派生する場合でも，自他交替は動詞レヴェルの問題だから，どのような場合に自動詞用法が派生するのか動詞の意味構造に示されている必要がある．この点を以下のように整理しておこう．

(30) 他動詞から自動詞を派生する立場の問題点：例えば他動詞 *clear* で，*the sky* を目的語とする場合は，他動詞主語が抑圧されて自動詞用法が可能であり，*the table* を目的語とする場合は，他動詞主語が抑圧されず自動詞用法が不可能であることが，動詞の意味構造に示されている必要がある．これは，他動詞の意味構造が，共起する目的語ごとに異なることを示唆し，不必要に多くの意味を動詞に付与することに繋がる．

自動詞から他動詞用法が派生する場合であれ，他動詞から自動詞用法が派生する場合であれ，語彙レヴェルで自他交替を捉えようとすると，語彙としての動詞に複雑な意味構造を与え，また不必要に多くの意味を与えることになる．

認知文法のアプローチは構文という単位を重視するが，例えば動詞 *clear* と名詞句 *the sky* から成る構文 *clear the sky* では，その意味は元の2つの要素の意味の総和以上のものを表すという観点であり，構文レヴェルで自動詞構文と他動詞構文が可能かということが問題になる．したがって，構文レヴェルの表現 (27a) *The wind cleared the sky.* の表す具体的な使役的事態に対して，状態変化の部分のみをプロファイルするような捉え方が可能であれば自他交替が成立し，それが可能でなければ自他交替は成立しない，ということである．(27a) *The wind cleared the sky.* の場合は，構文レヴェルでそのような捉え方が可能であり，自動詞表現の (27b) *The sky cleared.* が成立し，(28a) *John cleared the table.* の表す事態は，構文レヴェルでテーブルの状態変化のみをプロファイルするような捉え方を許さないため自動詞表現 (28b) **The table cleared.* が成立しないというわけである．

構文レヴェルの表現の表す具体的な事態が，状態変化の部分のみのプロファイルを許すか否かは，働きかけと状態変化の部分の一体化の度合いによる．働きかけと対象の状態変化が不可分に一体化していれば，状態変化のみをプロファイルすることはできにくいが，働きかけと状態変化の一体化の度合いが低ければ，状態変化のみを独立にプロファイルすることは容易である．(27a) の「風が空を晴らす」のような構文レヴェルの事態を，(31) のように，働きかけを細線の二重線にして，働きかけと状態変化との独立性を表してみよう．また (28a) の「ジョンがテーブルを片付ける」のような構文レヴェルの事態を，(32) のように，働きかけを太線の二重線にして，働きかけと状態変化が一体化していることを表してみよう．

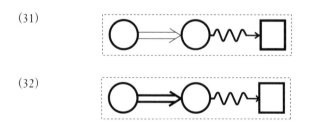

どのような他動的事態が，状態変化の独立したプロファイルを許すかということには，さまざまな要因が考えられる．「風が空を晴らす」の場合は，風が直接働きかけるのは雲だから「空が晴れる」という状態変化を独立してプロファイルできるのかもしれない．これに対して「ジョンがテーブルを片付ける」の場合，ジョンの片付けるという行為とテーブルが片付くという状態変化が同時進行であるから，状態変化のみを独立してプロファイルすることが難しいのかもしれない．また日本語では「テーブルがきれいに片付いた」のように状態変化のみをプロファイルすることが容易のようであるが，言語によってもそのプロファイル化の仕組みが異なる（この場合，認知モードが関与する．第1章参照）．

　影山 (1996) は，語彙意味論からのアプローチの中でも，事態の自律性ということに注目して，他動詞から派生する自動詞用法の説明を試みている．その際，変化主体であるy項とその変化をコントロールしているx項が同一であるとき，変化は自律的であり，その変化は自動詞で表現されるとしている．しかし，次の (33) の例のように，変化主体y項（椅子）と働きかけをして変化をコントロールする使役主x項（彼女）が同一でなくても，自動詞用法が可能な場合がある．

(33) She sat on the chair and it broke.
(*Cambridge International Dictionary of English*)

単にy項とx項が同一というだけでは，自動詞用法を正しく捉えることはできない（とくに，*y break itself.* のような再帰中間構文の自発用法との差異が捉えられない．第5, 6章参照）．

　認知的に自律的と捉えられる事態は (34) のように少なくとも3種類あり，y項とx項に言及するだけでは，自他交替に含まれる自律的事態をうまく記述することはできない．

(34) a. 自他交替の自動詞用法の表す「自律的な」事態

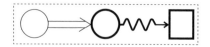

b. いわゆる非対格動詞の表す「自律的な」事態

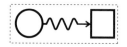

c. 放出動詞（verbs of emission）の表す「自律的な」事態

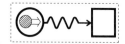

(34a)(34b)(34c) はいずれも自律的な事態であるが，認知構造が異なっている．(34a) の認知構造は，すでに (21) で見た通りで，認知ベースが使役構造で，その変化の部分のみがプロファイルされている．(34b) の非対格動詞の場合は，状態変化がプロファイルされているが，認知ベースが使役構造ではない．(34c) の放出動詞（verbs of emission）の場合は，変化を引き起こす要因が変化主体の内部にあるが，そのことが変化主体内の小円とそこから出る二重線矢印で示されている．

非対格動詞と放出動詞は，(35a)(35b) に示されるように，自他交替しないが，これは認知ベースとしての使役構造がなく，他動詞的用法が生じないためだと考えられる．

(35) a. y happen/occur/appear.（自動詞用法）
　　　　＊x happen/occur/appear y.（他動詞用法不可）
　　b. y glitter/sparkle/flash/buzz.（自動詞用法）
　　　　＊x glitter/sparkle/flash/buzz y.（他動詞用法不可）

放出動詞でも buzz と flash の場合は，自他交替可能であることが指摘されて

いる．そのような用法((36a)(36b)の下の例)では，*buzz* と *flash* の認知ベースが使役構造であり(37)，通常の放出動詞の用法とは違って，変化主体の中に変化を引き起こす要因は含まれていない．

(36) a. The bees buzzed. *The postman buzzed the bees.
　　　　The doorbell buzzed. The postman buzzed the bell.
　　b. The lightning flashed. *The cloud seeding flashed the lightning.
　　　　The light flashed. The stagehand flashed the light.
(L&RH 1995: 117)

(37) 自他交替する *buzz/flash* の認知構造

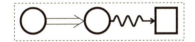

この場合も，構文レヴェルで，使役構造を認知ベースとするような事態の叙述に *buzz* や *flash* が用いられて，その事態が変化部分のみのプロファイルを許すために，動詞の新たな意味用法(自他交替可能な用法)が定着していくものと考えられる．語彙レヴェルでの動詞の意味構造から直接他動詞表現が成立するわけではない．

　放出動詞と同じような現象に，消滅動詞の他動詞用法がある．(38a)の消滅動詞は一般には非対格動詞として理解されているが，丸田(1998: 158)の挙げる他動詞用法(38b)を見ると，それらの動詞が，使役構造を認知ベースとし，かつ変化部分のみのプロファイルを許すような事態を叙述するように用いられている．

(38) a. vanish, evanesce, evaporate, fade
　　b. You can vanish the coin completely. 　　(*Webstar 3rd*)
　　　 Then he vanishes a birdcage and its occupant.... Finally he vanishes his wife. 　　(*OED*)

We progressively disappeared the faces of the dodecahedron.

(*OED*)

The magician may speak of disappearing and vanishing a card.

(*American Speech* (1949) XXIV: 41)

まず構文レヴェルで，例外的に使役構造を認知ベースとしてとるようになり，そしておそらく使役構造を認知ベースとして捉えるような事態の増加も手伝って，使役構造を認知ベースとするような捉え方が語彙レヴェルで定着するものと思われる．*happen/occur/appear* などの発現・出現動詞には，他動詞用法が見られず，同種の動詞ではあっても消滅動詞のほうが，使役構造を認知ベースとする捉え方が成立しやすいということであろう．

ここで自他交替について，認知プロセスと構文に注目しながら再度整理しておくと次のようになる．

(39) 自他交替：使役構造を認知ベースとして状態変化部分のみをプロファイルするような認知プロセスで捉えられる事態を自動詞構文が叙述し，かつその同じ認知ベースの使役構造全体をプロファイルするような認知プロセスで捉えられる事態を同一動詞の他動詞構文が叙述しうるとき，両構文に生起する動詞は自他交替する，と言う．

繰り返し強調しておくと (*clear* の例文 (27) (28) が示すように)，この認知プロセスは構文レヴェルで適用される．語彙レヴェルの自他交替が先行して構文レヴェルに反映するのではなく，構文レヴェルの認知プロセスが慣習化して語彙レヴェル（特に動詞）に定着していくという観点である．

3.1.3 非能格自動詞の他動詞用法―行為動詞の自他交替―

(39) の認知プロセスからすると，(40) ～ (42) に見られるような行為動詞の自動詞・他動詞用法がこれまで見てきたような自他交替でないことは明らかである．

(40) a. They marched to the tents.
　　 b. They marched the soldiers to the tents.
(41) a. The rider jumped over the fence.
　　 b. The rider jumped the horse over the fence.
(42) a. We ran through the maze.
　　 b. We ran the mouse through the maze.

これらの例で (a) 文の自動詞用法には，(43a) に示されるように自らが自らの身体に働きかけて行為し移動するというような認知構造を与えることができる．そのような意味構造を使役構造として捉え直したのが (b) 文の他動詞用法に共通する認知構造 (43b) である．そこでは，働きかけは自らの身体ではなく他者（兵士，馬，ネズミ）に向かっている．その他者は当然，使役的動作主を表す円の外の別の円で示され，使役的動作主からの二重線矢印（動作主の働きかけを表す）はその円に向かうことになる（この場合，被動作主がひとりでに動くかどうかは問題ではない）．もちろんこのような認知構造の拡張は，構文レヴェルで起きていることである．

(43) a. We ran. における run の認知構造

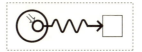

　　 b. We ran the mouse through the maze. の認知構造

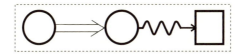

特に (43a) では，自らの身体への働きかけは，動作主を表す円の内部の小円（動作主自らの身体を表す）に向かう二重線矢印で示されている．またその小

円と大円から波線矢印が出ているが，小円から出る矢印は身体の動きを表し，大円から出る矢印は動作主の移動も表している．波線矢印は一本であるが，これは身体の動きと動作主の移動が一体化しているためである．波線矢印の先の四角は，結果状態や移動後の位置（着点）を表すが *run, march, walk* のような動詞は決まった結果状態や決まった着点を表さないので，細線で示されている．

次の (44) のように，他動詞用法の場合，着点を表す語句が必要とされるが，これは，これらの動詞を使役的に捉え直す際に，変化（特に位置変化）の存在を明確にしておく必要があるためだと考えられる（この場合の結果構文との連続性は別に論じたい）．

(44) a. ?? The general marched the soldiers.
　　 b. ? The rider jumped the horse.
　　 c. * We ran the mouse.　　　　　　　　　　　(cf. Pinker 1989)

(45) a.　John walked her *(to the station).
　　 b.　John walks the dog every morning.

(45b) で動詞 *walk* が目的語として *the dog* をとるとき着点が必要ないのは，この *walk* の意味が「散歩させる」であり，人と犬がいわば一体化して自らの身体を動かすように犬を連れて歩き回るためと言えよう．その場合自らの身体でない犬が直接目的語で表現されるというわけである．*He walked the bicycle. The doctor walked the patient.* の場合も同様で，主語動作主が自転車や患者と一体化して歩いているのであり，自らの身体でない自転車や患者が認知的に際立つために直接目的語で表現されている．

3.1.4　使役構造を認知ベースとしない自他交替—自他交替のスキーマ化—

先行する自他交替の議論では問題にされず，(39) でも扱えない以下の自他交替がある．これらの自他交替を適切に位置づけるには，構文と関わるもう1つの認知能力，すなわちトラジェクター・ランドマークの配置 (*tr/lm* alignment) に関する認知能力を考慮する必要がある．

(46) a. I broke a finger.
　　　b. My finger broke.
(47) a. Deer grow new horns in the spring.
　　　b. Deer's new horns grow in the spring.
(48) a. My guitar broke a string.
　　　b. A string of my guitar broke.

(46)(47) の例（の最もふつうの読み）では，自分の指に働きかけて指を骨折したわけではなく，自らの働きかけで角をはやしたわけでない．(48) でも，ギターが弦に働きかけて弦を切ったわけではない．このような事態での自他交替は，使役構造が認知ベースではないので，(39) で捉えられる自他交替ではない．主語参与体と目的語参与体が全体・部分の関係にあるとすると，これらの交替は (49) のような認知構造のトラジェクターの交替と見なすことができる．各 (a) 文では全体と部分をそれぞれトラジェクター，ランドマークとし，各 (b) 文では部分をトラジェクターとするというような交替である．

(49)

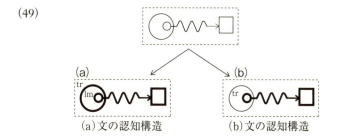

(a) 文の認知構造　　(b) 文の認知構造

ここでの自他交替は，使役構造のどの部分をプロファイルするかによる交替ではなく，変化主体（指，角，弦）を有する全体（人，鹿，ギター）をトラジェクターとするか，部分としての変化主体（指，角，弦）をトラジェクターとするか，の交替である．いまそれを (50) のように要約しておく．

(50) (46)～(48)の自他交替：変化主体（指や弦など）をトラジェクターとして認識する認知プロセスによって捉えられる事態（(49b)図参照）を自動詞表現が叙述し，変化主体を含む全体（人やギターなど）をトラジェクターとして認識する認知プロセスによって捉えられる事態（(49a)図参照）を他動詞表現が叙述するとき，その動詞用法は自他交替する．

ただしこの自他交替には制限があって，窓ガラスと窓は部分・全体関係にあり窓ガラスが割れるという状態変化を起こしても，(50)の自他交替は成立しない (A pane of the window broke. ⇔ *The window broke a pane.)．これはおそらく(51a)と(51b)の対照が示唆するように，部分だけでなく全体も状態変化していなければならない，ということであろう．(51a)では，タイヤがバーストすれば車も動かなくなるというように，部分（タイヤ）と全体（車）の両方の状態変化が認められるが，(51b)では，部分（ドアの蝶番）が壊れるという状態変化があっても全体（車）にはさほど影響はなく，そのため自他交替が成立しないのである．

(51) a. A tyre of my car burst. ⇔ My car burst a tyre.
b. A door-hinge of my car broke. ⇔ *My car broke a door-hinge.

先の例でも，指（部分）が折れることはその人（全体）にも影響があるし，角（部分）が生えるということは鹿（全体）の変化でもある．弦（部分）が切れるということはギター（全体）にとっては致命的である．このように部分の変化が全体の変化を引き起こしているということが，この場合の自他交替(50)の成立条件である．(49)の図では，小円（部分）から出る波線矢印（変化を表す）が，大円（全体）から出る波線矢印と重なって，全体の状態変化をも表している．

(39)の自他交替と比べて，このような(50)の自他交替は，何が異なり（拡張），何が共通（スキーマ）なのだろうか．(39)の自他交替では，使役構造が

3. 語彙 vs. 文法構文における認知プロセス | 143

認知ベースであり，使役主と変化主体との間に働きかけが存在したが，(50)では全体と部分との間に働きかけはない．一見これは大きな異なりのようであるが，両者は連続的で違いは段階的である．

　(39)と(50)の自他交替は，(46a) *I broke a finger.*/ (46b) *My finger broke.* の自他交替を介して，連続していると言うことができる．*I broke a finger.* には，ふつうではないが「わざと(意図的に)自分の指に何らかの働きかけをしてその指を折る」という意味が可能である．この場合，働きかけは自分の内部へ向けられている．この働きかけが内部に向かうという点が，(50)の自他交替へ拡張する第一歩である．つまり，*I broke a vase.* のような他動詞表現に見られる自他交替(39)では，働きかけは動作主の外の参与体に向かうが，動作主(全体)の内部(部分)に働きかけが向かうという点が，(50)の働きかけのない全体・部分に基づく自他交替へ拡張する第一歩なのである．以後の拡張で，働きかけが徐々に希薄化していく．

　次に，その「意図的な働きかけ」が「意図しない働きかけ」へと変化する．例えば，空手の練習などで指を折ろうという意図はなく，指に負荷(働きかけ)をかけすぎて指を折ってしまうという場合，「意図しない働きかけ」で指を折るのであって，このような意味も *I broke a finger.* は表すのであり，ここでは，意図がない分だけ，叙述内容は希薄化している．もちろんこの場合の *I broke a finger.* にも，対応する自動詞文 *My finger broke.* は成立する．

　さらに，ラグビーかなにかの試合の後で気がついたら指が折れていたというときのように「無意図的で」(自分からの)「働きかけ」もない場合，つまり「意図」も「働きかけ」のいずれも関与していない事態などは，*I broke a finger.* が最もふつうに表す事態であるが，この場合は *I broke a finger.* の表す概念内容(特に働きかけ)は，さらに希薄化している．この場合でも，注意を怠ったことが骨折につながったという間接的な使役性はまだ残っている．しかも *I broke a finger.* はこの段階ではまだ，主語の「私」は経験者(experiencer)としてあるいは感受者(sentient)として指の骨折を感受しているので，主語 I と直接目的語 *a finger* は単純な全体・部分関係ではない．*My guitar broke a string.* のような表現では，主語参与体(ギター)と目的語参与体(弦)

が純粋な全体・部分関係になっている．

　このように，*I broke a vase.* のような他動詞文から，働きかけが内部に向かう他動詞文を介し，またその他動詞文が「意図性」「働きかけ」「感受性」などを徐々に希薄化させていく過程を経て，最終的に純粋に全体・部分に基づく自他交替へと拡張しているということができる．一般に，拡張には橋渡しとなる具体的な言語現象が必要とされる．*I broke a vase./A vase broke.* のような (39) の自他交替から *My guitar broke a string./A string of my guitar broke.* のような (50) の自他交替への拡張には，*I broke a finger./My finger broke.* のような橋渡しとしての自他交替が存在している．

　(39) と (50) の自他交替の共通点について再度見ておくと，共通点は，変化主体以外の参与体 (変化を引き起こす使役主や変化の生じている場所 (全体)) がトラジェクターであるとき他動詞文であり，変化主体がトラジェクターであるとき自動詞文だ，ということである．

　これは，認知の始発点 (starting point) が共通だということでもある．(39) では他動詞文は，認知ベースとしての使役構造の始端参与体である使役主を認知の始発点とし，自動詞文では，使役構造の一部である変化部分の変化主体が認知の始発点である．(50) では他動詞文は全体・部分での全体が認知の始発点であり，その自動詞文では部分 (変化の主体) が始発点である．いずれにも状態変化が含まれており，その状態変化に関わる別の参与体 (使役主や全体) が認知の始発点になるか，変化そのものの主体が認知の始発点になるかが，(39) (50) の自他交替における認知的共通点である．認知の始発点はトラジェクターでもあるから，自他交替のスキーマは，トラジェクターの選択ということになる．

　自他交替のプロトタイプは，認知ベースとしての使役構造のどの部分をプロファイルするかの自他交替 (39) であり概念内容が変化するが，自他交替の拡張は，(*My guitar broke a string./A string of my guitar broke.* の交替に見られるように) 概念内容は変わらず，全体・部分のどちらをトラジェクターとするかの自他交替 (50) である．したがって，(39) と (50) の自他交替はそれぞれ，概念内容の量と連動するプロファイルによって決定する自他交替と

概念内容の変化しない純粋に認知的なトラジェクター選択による自他交替である．

　概念内容の量と連動するプロファイル部によって決定する自他交替(プロトタイプ)でも認知の始発点がトラジェクターであり，トラジェクター選択が関わっているので，自他交替のスキーマは，どの参与体をトラジェクターとして認識するか(すなわちトラジェクター選択)による．自他交替のプロトタイプ，拡張，スキーマの三角形は，以下の(52)のように示すことができる．

(52)　　　　自他交替の＜スキーマ＞：トラジェクター選択

使役構造のどの部分をプロファイルするか --> 全体・部分のいずれを *tr* とするか
　　　　＜プロトタイプ＞　　　　　　　　　　　　＜拡張＞

　プロファイルに基づく自他交替(39)とトラジェクター・ランドマークに基づく自他交替(50)では，どの部分をプロファイルするかということは概念内容の量と直結しており，トラジェクター・ランドマークに基づく(50)のほうが，より純粋に認知プロセスに基づく自他交替である．自他交替も，純粋に認知プロセスに基づく方向へ進化していて，ここには，語彙が概念内容を希薄化させ，認知プロセスのみを反映するようになる文法化・主体化と並行的な過程を見ることができる．この点では，Langacker (1998)の論点と一致する．

　しかしまた，自他交替にはLangacker (1998)の論点と一致しない点も存在する．すなわち，自他交替のプロトタイプから拡張への展開で(これを文法化・主体化と見なすと)，プロファイル部の選択からトラジェクター・ランドマーク選択へと認知プロセスの転換が見られるが，これはLangacker (1998)の論点(文法化・主体化では，認知プロセスは転換しないとする論点)

と一致しないのかもしれない．この点は，次節の受身文の文法化・主体化の議論でより鮮明になる．

　類型論的なコメントを加えておくと，ドイツ語や日本語には，(46a) *I broke a finger./* (46b) *My finger broke.* に対応する自他交替はあるが，(48a) *My guitar broke a string./* (48b) *A string of my guitar broke.* に対応するような自他交替はない．つまりドイツ語や日本語では，(50) の自他交替のうち，他動詞文の主語が無生物であるような自他交替は成立せず，全体と部分をそれぞれトラジェクターとする自他交替の拡張は，英語のほうがより進行しているということである．これは，(50) の自他交替が (39) より新しいタイプの自他交替であることの言語類型論的根拠である．

3.2　受身文の文法化と認知プロセス

　能動文，再帰中間構文 (Middle)，受身文の間には，ある種の発達関係が存在するが，そこに (53) のような認知プロセスの進展のパターンが見られる（この進展の詳細については，第 5 章参照）．つまり，自他交替の拡張にプロファイルからトラジェクター選択への転換が見られたが，受身文の発達の途中段階にこの種の転換が見られる．

　スペイン語では (53a) 〜 (53g) に見られるように，能動文から再帰構文 (Reflexive, e.g. (53a)) を経由して再帰中間構文 (53b) 〜 (53d) を発達させ，その再帰中間構文が次に受身文 (53e) (53f) として機能し始めるということがある．

(53) a.　Verónica se miró en el espejo.（再帰構文）
　　　　 'Veronica looked at herself in the mirror.'
　　 b.　Tachita se peinó.（再帰中間構文の身嗜み用法）
　　　　 'Tachita combed herself.'
　　 c.　Tachita se sentó.（立居振舞い用法）
　　　　 'Tachita sat down.'
　　 d.　Las gafas se quebranon.（自発用法）

'The glasses broke.'

e. El edificio se construyó en 1982. (受身用法)
'The building was constructed in 1982.'

f. Esos problemas se resuelven por autoridades competentes. (受身用法)
'Those problems are solved by competent authorities.'

g. *Esos problemas se resuelven por Juan.
(Passive, esp. by an individual agent)
'Those problems are solved by John.'

(柴谷 1997: 20, 1999a)

ただし，スペイン語の再帰中間構文は，集団や組織 (competent authorities) を動作主とするような受身文 (53f) は可能だが，個人 (e.g. Juan) を動作主とする受身文 (53g) が成立するところまでは，拡張していない．

このスペイン語の例で，(53d) の例文は英語自動詞文 *The glass broke.* に対応しており，この段階では，スペイン語の能動文と再帰中間構文の対立が，英語の自他交替の対立と一定の平行性をもつ．スペイン語の対立の場合は，使役構造を認知ベースとして使役構造全体をプロファイル部とする認知構造と，変化部分が認知ベースでかつプロファイル部とする認知構造との対立であり，次のような認知構造で示すことができる．

(54) a. スペイン語の能動文の認知構造（使役構造全体がプロファイル部）

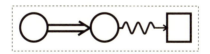

b. スペイン語の再帰中間構文の認知構造
（変化の部分のみが認知ベースでかつプロファイル部, e.g. (53d)）

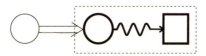

興味深いのは，(53b) の身嗜み行為の再帰中間構文が受身的機能を果たすようになり，受身文として確立していくということである．スペイン語の再帰中間構文の表す受身的意味は，能動文と同じく使役構造をプロファイルするが，受身文として，(55) に示されるように動作主はトラジェクターではない（再度触れておくと，スペイン語では再帰中間構文から受身用法が拡張しているが，動作主が集団や組織であるような場合 (53f) までで，個人が動作主である受身用法 (53g) までは拡張していない．(53f) の段階の受身用法は，状態変化を引き起こす働きかけが漠然としていて特定されない事態を叙述するということである．動作主を「脱焦点化する」(defocusing) という受身文の一般的な認知メカニズムと通底しているわけである）．

(55) スペイン語の再帰中間構文の表す受身的意味 (e.g. (53f))

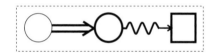

スペイン語の再帰中間構文が受身的意味を表す場合，再帰中間構文本来のプロファイル部 ((54b) 参照) が拡大して，働きかけの部分までをプロファイル部とするようになると言うことができる．また，スペイン語の再帰中間構文には，kick 系，touch 系動詞のように変化をプロファイルしない動詞は生起しないが，これはスペイン語の場合，再帰中間構文の受身的用法では，まだ変化部分がプロファイルされていなければならないことを示唆している．

さて，英語の *be+p.p.* 構造が現在のような受身文として確立する過程にも同じような意味変化を認めることができる．OE（古英語）の末期ころまで，*be+p.p.* 構造は，次の (56a) (56b) のように結果状態や状態変化しか表さず，受身的意味は表していない (Carey 1995, Terasawa 1997)．

(56) a. My arm was (so) burned (I could hardly moved it). (結果状態)

b. My arm was burned (as soon as I reached into the fire). (状態変化)

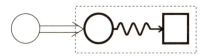

c. The town was destroyed (house by house). (受身的意味)

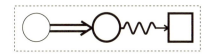

be+p.p. 構造が (56c) のような受身的意味を表すようになると，スペイン語の場合と同じく，変化部分のプロファイル部を含み，かつ働きかけがプロファイルされる．

ところが英語の受身文には，さらに，kick 系，touch 系動詞も生起し，*be surrounded*（囲まれている）のように非対称的な位置関係を表すような動詞まで生起する．

(57) a. John was kicked by Mary.
b. The castle is surrounded by a moat.

(56a)〜(56c) では，*be+p.p.* 構造は徐々にプロファイル部が増加しているが，プロファイルの増加は，概念内容の増加と対応しているから，この変化，つまり (56a) から (56c) への展開は，概念内容の変化であり，認知プロセスの転換はない．しかし，(57) のように，変化をプロファイルしない kick 系動詞が用いられ，さらに位置関係だけをプロファイルする *surround* のような動詞までが用いられる段階では，プロファイル部の増加などは（したがって

叙述内容の増加も）無関係で，対応する能動文のトラジェクターが脱焦点化 (defocus) し，そのランドマークがトラジェクターであるような認知構造を表している（変化部分の存在も無関係）．

(56c) の *destroy* が用いられる受身文でも，kick 系動詞・touch 系動詞が用いられる受身文でも，対応する能動文のランドマークがトラジェクターへ昇格するということが起きているので，受身文の認知スキーマ（の意味極）としてはランドマークのトラジェクターへの昇格ということができる．そして，*be surrounded* のような例は拡張と見なすことができるが，ここでも，プロトタイプと拡張とスキーマの三角形が得られる．

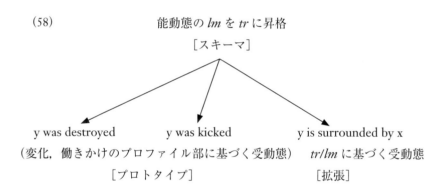

受身文のこのような展開が主体化・文法化だとすると，この主体化・文法化は，Langacker (1998) の論点とは，2 つの点で対立する．1 つは，受身文が主体化・文法化するとき，概念内容が単純に希薄化していないという点である．つまり，状態や状態変化を表していた英語の *be+p.p.* 構造やスペイン語の再帰中間構文が，受身表現へ拡張するとき，働きかけをも表すようになり概念内容が増加するということが起きている．

もう 1 つの点は，受身用法へ拡張するとき，拡張前の表現形式には存在しなかった認知プロセスが関与してくるという点である．つまり，受身表現へ拡張する以前は，1 項表現でプロファイル部の程度の問題であるが，拡張後は，2 項表現としてトラジェクター・ランドマーク選択の問題になっていて，

拡張の前後で関与する認知プロセスの質が変容している．拡張の前後で認知プロセスに変更がないとする Langacker (1998) との第 2 の対立点である．

このような問題は，文法的要素が単純に語彙から文法化・主体化して確立するだけではなく，ある種の認知プロセスによる認知様式があり，それに動機づけられ，それを反映する文法的要素や文法構文も存在することを示唆している．つまり，能動文に反映しているような認知プロセス (2 つの参与体がある場合の標準的なトラジェクター・ランドマーク選択) に対して，特殊なコンテクストで生じる非標準的な認知プロセス (通常ランドマークとして捉えられる参与体がトラジェクターとして捉えられるような認知プロセス) があって，この後者の認知プロセスが，受身用法を拡張させる，のではないかということである．

be+p.p. 構造に見られる，「結果状態」(56a)，「状態変化」(56b)，そして「状態変化と働きかけ」(56c) を表す方向への，概念内容が増加していく展開は，通常とは異なる捉え方 (いわゆる能動文のトラジェクターをぼかしランドマークをトラジェクターとして捉えようとする認知的要求) に引き起こされた展開だというわけである．本来状態や状態変化を表していた英語の *be+p.p.* 構造は，なるべくして受動構文になったのではなく，このような認知的要求 (2 つの参与体のうち，通常ランドマークとして捉えられる参与体をトラジェクターとして捉えようとする認知プロセス) を反映する表現形式 (受身構文) へと拡張させるための最適の表現形式だったということができる (少なくとも都合のいい表現形式であったということである)．したがって，その本来の表現形式に，もともと受身構文の認知プロセスが内在していなければならないということもないし，拡張の過程で概念内容が増加するというようなことも生じる，ということである．

一般に言語では，状態変化を表す言語形式 (自発用法) が，受身を表す言語形式へ拡張する (Haspelmath 1990)．英語では本来状態や状態変化を表す *be+p.p.* 構造が，スペイン語では同じように状態変化を表す再帰中間構文が，一般に「受身」と呼ばれる表現の認知プロセスを表す言語形式としてリクルートされ，「受身構文」が確立していくということである．状態や状態変

化を表していた言語形式が (56c) のような「働きかけ」を含意するような事態を表すとき，働きかけをする動作主までプロファイルされるが，動作主をトラジェクターとしてではなく，変化の主体をトラジェクターとするような捉え方と対応している．状態変化を表していた表現形式が，この捉え方のみに特化していくと，状態変化の有無は問題ではなくなり，変化しない被動作主 (kick 系，touch 系動詞のランドマーク) などもトラジェクターとして捉え，表現するようになるというわけである．一般に，規範的なトラジェクター・ランドマーク認知(能動文)に対して，そのランドマークをトラジェクターとして捉えるような非規範的な認知的捉え方があって，後者の捉え方を反映する表現形式として，(状態や状態変化を表す言語形式が利用されて)受身文が確立するというわけである (cf. exaptation)．

　スペイン語の再帰中間構文は，(53g) のように個人が動作主 (*por Juan*) であるような受身用法まで拡張しておらず，また kick 系動詞・touch 系動詞の生起する受身用法も拡張していないから，英語のほうがよりトラジェクター・ランドマーク選択の認知プロセスに関わる受身構文が拡張しているということができる．英語では，使役構造や働きかけなどのプロファイルに関わる受身構文から，認知プロセスとしてのトラジェクター・ランドマーク選択に関わる受身構文へと拡張している．

4.　結び

　Langacker (1998) での主体化は概略，「語彙的要素が，概念内容 (content) を徐々に漂白化させながら，認知プロセス (construal) のみを反映するようになる過程」という理解でよかったが，本章での考察では，次の 2 点が明らかになった．

　①概念内容は，単に漂白化するのではなく，受身構文の確立過程で見たように，状態変化から「状態変化＋働きかけ」を表すようになる段階では，概念内容は増加し，次に kick 系，touch 系動詞が受身構文に生起する段階では (状態変化を表さないのだから) 概念内容は減少しているというように，概念内容の増減が見られる．したがって，文法化(文法構文の確立過程)の背後に

ある主体化では，概念内容は単純に漂白化するのではなく，概念内容の増減が見られることがあるので，主体化では，「概念内容の増減とは無関係に」認知プロセスのみを反映していくようになる，という理解が望ましい．

②主体化の「認知プロセスのみを反映していくようになる」という部分について，自他交替と受身構文で見たように，どの部分をプロファイルするか(profiling)ということから，トラジェクター(やランドマーク)をどの参与体にするか(*tr/lm* alignment)，ということへシフトしているということがある．どの部分をプロファイルするかということは概念内容の量と連動するが，どの参与体をトラジェクターとして捉えるかということは概念内容の量とは直接関連しないので，前者から後者へのシフトは，この点で概念内容から独立する，より認知プロセスを反映する方向へのシフトである．したがって，主体化は，このようなシフトを反映する点で，「認知プロセスのみを反映していくようになる」と言うことができる．

この2点は，常に語彙から文法構文や文法的要素が文法化していくばかりではなく，語彙から独立して一定の認知プロセス(e.g. 認知モード)が存在し，それが一定の言語資源を活用し，ある種の文法的要素，文法構文が(さらに)拡張・確立する，ということの可能性を示唆している．特に受身構文の場合は，2つの参与体のうち一方をトラジェクター，他方をランドマークとして捉える標準的な捉え方に対して，その他方をトラジェクターとして捉えるような非標準的な捉え方があって，それを反映する受身構文の場合，必ずしも語彙から発現していくのではなく，一定の表現形式(再帰中間構文や*be+p.p.*構造など)が活用される．その場合に，概念内容が希薄化し減少するのではなく，増加することがあるということである．

第 4 章

二重目的語構文の認知構造
―構文内ネットワークと構文間ネットワークの症例―

1. はじめに

　言語知識を表示する上でネットワークによるものが最も本来の姿に近く有力な方法であるが，本章では，認知文法の枠組みから，英語の二重目的語構文の意味ネットワーク，それに，二重目的語構文と他の関連構文からなる構文間ネットワークの可能な姿を求めながら，構文のネットワーク一般について，その特性とそこから見えてくるものについて示してみたい．
　構文の意味ネットワークと構文間の(意味)ネットワークのいずれを明らかにしようとする場合にも，すぐに問題になることが 2 点ある．1 つは，語彙の意味と構文の意味との差異であり，もう 1 つは，語義ネットワークと構文の意味ネットワークの形態上の差異，つまり語義ネットワークと構文の意味ネットワークとが同種の形態で記述できるか，という点である．これらの点に関連する予備的な考察を第 2 節で行い，第 3 節では，二重目的語構文の意味の抽象化について議論する．第 4 節で構文間ネットワークについて考察する際には，通言語的な視点も導入し，ドイツ語の与格構文や日本語の「(て) やる」構文との対照も行う．

2. 語彙と構文の意味と意味表示

　意味の違いや意味ネットワークの違いというとき，意味とは何かというこ

とがさらに根本的な問題として横たわっている．この点に関しては，認知言語学の観点から，明確になったことがある．それは，意味には，叙述内容（いわゆる意味内容）だけでなく，その意味内容を構築する際の（つまり概念化の際の）認知プロセスが含まれるということである．意味は，客観的存在などではなく，われわれの何らかの認知プロセスによって捉えられる（つまり，construe される）ものであるから，意味内容と認知プロセスが不可分であることは否めない事実である．

2.1　語彙と構文ネットワークの差異

　前章の議論を繰り返すことになるが，意味に認知プロセスが含まれるということを確認しながら，同時に先の 2 つの問題についても予備的な考察をしておくために，動詞 *rise* の場合と have 構文にも現れる動詞 *have* の場合について再度見ておこう．

　まず動詞 *rise* については，「対象の上昇移動を叙述する動詞」という意味規定をしておけば，意味規定として十分のようである．しかし，*The hill rises gently from the bank of the river.* におけるような「丘の形状を叙述する *rise*」の用法をこの意味規定で説明することはできない（丘は上昇移動してはいないのだから）．このとき，視線の上昇という認知プロセスまでを含めて，*rise* の意味を「視線の上昇によって捉えられる事態（移動や形状）を叙述する動詞」としておけば，*rise* の 2 用法を問題なく収容できる．視線の上昇という認知プロセスを導入しない意味分析が，形状を表す *rise* の用法の説明にてこずるのは目に見えている．

　さらに，不動の太陽について，なぜ *The sun rises in the east.* というような表現をするのかというナイーブな問いにも苦しめられることはない．この場合も，視線の上昇に注目すると，天動説であれ地動説であれ，地球上にいて午前中の太陽を視野に収めておこうとすると，視線の上昇という認知プロセスが伴う．そのため，太陽の相対的な位置変化は「視線の上昇によって捉えられる事態を表す動詞 *rise*」によって表現される，というわけである．用法の説明が容易になるという理由で認知プロセスを意味に含めるのではなく，

意味内容を捉える際には何らかの認知プロセスが働いているはずであり，意味に認知プロセスを含めることが必然となる．

このように意味が叙述内容と認知プロセスから成るとするとき，さらに認知文法の枠組みについて明らかにされてきたことがある．つまり，語彙的要素は，認知プロセスによって捉えられる，より多くの具体的な叙述内容を表すが，いわゆる文法的要素は，認知プロセスによって捉えられる叙述内容を表さなくなり，究極的には認知プロセスを反映するだけの要素である，ということである．例えば，典型的な文法的要素である「主語」は，具体的には動作主や使役者，経験者などを表すが，スキーマとしては「認知主体が事態の中で最初に注目する参与体」を表す．この意味規定には，認知主体による事態認知の際の認知プロセスが導入されている．つまり，主語という文法要素には，われわれが事態認識をする際，その中のどれか1つの参与体にまず注目するという認知プロセスが反映している，というわけである．

また，モノとモノ，あるいは人と出来事などが「近い関係」にあるとして捉える認知能力がわれわれには備わっており，これを反映する表現形式として動詞 *have* や have 構文がある（Langacker 1993, Dąbrowska 1997）．二重目的語構文ともリンクする have 構文について見ると，*John had his purse stolen. John had his hair cut.* のような例に現れる動詞 *have* にはもはや具体的な「持つ」という意味はなく，このような表現に現れる動詞 *have* が「被害」や「恩恵」の意味を表しているわけでもない．have 構文が構文として「迷惑」あるいは「恩恵」を表しているということである．そうすると，「経験」なども表すことのできる have 構文は，スキーマとして何を表すかということになる．この場合は，主語の *John* と「誰かが財布を盗んだ」あるは「髪を切った」という事態とが「認知的に近い」ということである（より正確には，誰かが *John* を参照点として，その財布が盗まれたことを，認知の標的としている，ということである）．

われわれには参与体と事態とを「近い」として認識する能力（参照点能力）が備わっており，この能力が働いて主語参与体と事態との近さが認知主体に感受されるとき have 構文が用いられるというわけである．「被害」や「恩

恵」は，いわば人と事態とを近いと感じさせる具体的な要因であり，通常このような要因を拾い上げて，have 構文の表す意味とするわけである．他にも，主語参与体と事態の近さを感受する認知プロセスが生じていればこの構文が用いられるので，被害や恩恵などの典型的な要因を表さない have 構文の用法が，頻度は少なくても，相当あると言ってよい．このような用法の一つひとつをリストアップし，相互の連関を明らかにするのが記述ということであるが，その表示法としてネットワークによる表示が有力であり，脳内表示も（具体的側面は別にして）そのような形態であろうという想定である．

「所持する」などの具体性の高い意味内容をもつ動詞 *have* と，具体的な叙述内容をもたない have 構文内の *have* との連続性を特定する際，もはや叙述内容に共通点を見出すことはできない．動詞 *have* と構文内の *have* に共通する認知プロセスを特定するということになる．したがって，名詞 *ring* や動詞 *run* のような語彙の用法は，具体的な叙述内容をもち，各用法の叙述内容（語義）をネットワークで表示するだけでも十分であるが，文法的用法へと拡張した表現形式の場合，文法的用法は通常具体的叙述内容をもたないから，意味のネットワークを構築するには，認知プロセスに注目することになる．

ここで冒頭の問題の 2 点については，次のような一応の解が与えられる．語彙の意味には具体性の高い叙述内容があり，例えば語彙動詞 *run* や *jog* の意味記述をしようとする際に，認知プロセスはあまり問題にならない．しかし文法構文の場合は，具体的な叙述内容がないため，スキーマ的な認知プロセスに注目することになる．したがって，ネットワークによる意味表示でも，語義ネットワークの場合は，認知プロセスを表示しなくてもよいが，構文を含め文法的要素の場合にはスキーマとしての認知プロセスを表示する必要がある．

本章の目的の 1 つとして究明する二重目的語構文そのものの意味ネットワークでも，この構文が具体的な意味内容を徐々に抽象し，最終的に認知プロセスとのみ対応するようになる（直線的な主体化・文法化の）過程を表示することになる．語彙の意味ネットワークが放射状に拡張するのとは対照的である．

2.2 構文文法と認知文法のアプローチの差異

構文を重視する点では，語彙意味論的アプローチに対する構文文法のアプローチとその主張点はほぼ同じであるが，認知文法のアプローチが認知プロセスを意味に含める立場を取るために，構文文法のアプローチとも異なる点がある．例えば，イディオム的な構文ではなく，文レヴェルの文法構文を扱う Goldberg (1995) とは，二重目的語構文に限っても次のような点で異なっている．

① Goldberg (1995) の挙げる二重目的語構文のプロトタイプ的な意味構造 x causes z to receive y は，叙述内容であり，この構文に対応する認知プロセスではない．またこの意味構造から拡張する5種類の意味構造 (p. 38, 本書では第5章図1参照) もそれぞれ叙述内容であり，しかもそれらが純粋に二重目的語構文の構文としての意味拡張であるのか，それともそこに現れる動詞から意味的付与を受けた意味であるのかどうかは不明である (二重目的語構文に現れる動詞のクラス分けという印象もある)．

② Goldberg の意味拡張の分析では，構文の場合も放射状であるが，本論の分析では，構文の拡張は直線的・線状的である．次のような2つの二重目的語構文の意味拡張について，メタフォリカルな拡張とされるが (p. 145)，本論では叙述内容の希薄化として分析される．

(1) a. Mary gave John a look.
    b. Mary gave John a look at her etching.

この2例は同じような例に見えるが，(1a) では，Mary から John へ視線が注がれているが，(1b) にはそれがない．(1b) では，John がエッチングに視線を注ぐからである．(1a) の意味の中心的要素であるはずの「移動」の概念が，(1b) の例には見られないのに，なぜそれがメタフォリカルな拡張であろうか．この拡張は，本論では，二重目的語構文が移動などの意味を徐々に抽象し，最終的には認知プロセスのみと対応する主体化の過程の中に位置づ

けられ，この意味変化は叙述内容の希薄化と見なされる．

③本論は，動詞の参与体役割（participant roles）と構文の項役割（argument roles）とが単純に対応するという観点はとらない．参与体役割と項役割の乖離を捉えることこそが構文の確立過程を捉えることに繋がるからである．例えば *John sent a book to Mary.* と *John sent Mary a book.* の間であれば，to 与格構文と二重目的語構文の各項 x, y, z の対応にズレはない．しかし，次のような 2 構文の間には，一見対応しているように見える項間の対応にズレがある．

（2）a. John is peeling an apple (for Mary).
　　 b. John is peeling Mary an apple.

これらの例で，for 与格構文(2a)の *an apple* は剥かれる途中の林檎であるが，二重目的語構文 (2b) の *an apple* は予想される剥かれた後の林檎でしかありえない．つまり，この二重目的語構文の *an apple*（項役割）が，動詞の目的語（参与体役割）の *an apple* と単純に同一というわけではない（語彙概念意味論では，語の意味から統語構造が予測可能であるとして，語彙規則が措定されるが，そこにも同じような問題が生じる）．

「John は林檎の皮を剥いているが，剥いたらその林檎を Mary にあげようと思っている」というような状況で，for 与格構文の *an apple* は実際に剥いている最中の林檎を指しているが，二重目的語構文の *an apple* は John が頭の中で Mary にあげようと思っている林檎である．この場合のように動詞の直接目的語（参与体役割）と二重目的語構文の第 2 目的語（項役割）が必ずしも同一ではないということは，二重目的語構文の第 2 目的語が，動詞の直接目的語から自律していること，ひいては，二重目的語構文が動詞から自律していることを示唆している．動詞と構文の乖離の度合差に注目することが重要であり，その度合が大きくなるにつれて，構文がより確立しているとい

うことになる¹.

2.3　意味表示のための複合マトリクス

構文の意味の抽象化(あるいは動詞と構文との乖離の過程)と構文間ネットワークを捉えるには，認知文法の複合マトリクスという概念が有用である．複合マトリクスとは，例えば「ナイフ」の叙述内容が，「材質」「形状」「機能」のような複数のドメイン内での特性記述の総合(複合マトリクス)として

1　動詞の項というとき，一般にSVOのような構造のSやOで表現される項が動詞本来の項であり，その項がさまざまな構文の項構造に写像されるとする考え方がある．しかし，SVO構造自体がすでに構文なのであり，その構文に対応している認知プロセスによってある事態が捉えられると，特定の動詞を用いたSVO構文が生じる．例えば，「演奏する」という意味の動詞 play は場所を項としてとらない．*John played *(at) the market place.* の例から示されるように，SVO構文のOに演奏場所が現れない．しかしそれは，演奏するという行為と場所との関係が，多くの場合，SVO構文に対応する認知プロセスによって適切に捉えられないためであり，場所をOで表さないということが定着して，場所が「演奏する」という意味の *play* の項ではないということになっているにすぎないのである．したがって次のような状況，つまり，若い有能な演奏家が，すでにアルバートホール (場所) での演奏を経験しているというような状況は，SVO構文に対応する認知プロセスで適切に捉えられ，SVO構文で表現される．
　　John is a promising young violinist; he has already played the Albert Hall.
　　　　　　　　　　　　　　　　　　　　　　　　　　　(Schlesinger 1995b: 65)
本論の認知的立場とは異なるが，Rosen (1996) も，語彙から構文や統語構造への写像方式を批判して，「項は(例えば語彙概念構造からではなく)事象構造・事態から直接写像される」と主張している (p. 194)．次の例のように，動詞 *fill* が通常とることのない移動体をOとしてとるのも，われわれの観点からすると，その状況が，SVO構文に対応する認知プロセスによって適切に捉えられるため，ということである．
　　Take a little of the mixture at a time and fill it into the zucchini. (Rosen 1996: 210)
　(『ジーニアス英和辞典』(1991) の例文 *I filled books into the shelf.* [s. v., *fill*] も興味深い．)
SV O₁ O₂ 構文 (x V z y) の場合も，動詞 (x V y) の直接目的語に現れている y が，二重目的語構文では O₂ で表現されるというのではなく，二重目的語構文ではまったく異なった捉え方をされた y が O₂ で表現されているということである．Goldberg (1995: ch. 2) でもそのような方向性が示唆されているが，徹底していないように思われる．一般に，動詞レヴェルのランドマークが，構文レヴェルのランドマークへ統合されると考えられているが，二重目的語構文の中でもとりわけ構文性の高い例の場合は，トラジェクターやランドマークが決定していない事態 (base) に対して，二重目的語構文に対応するトラジェクターやランドマークが選択され，二重目的語構文で表現される．これが「項が事象構造から直接写像される」ということである．

存在するという観点である (Langacker 1990a: 5).

　二重目的語構文の意味内容も同様に，基本的には，移動，力動性，所有，利害という4つのドメイン内での特性記述の総合（複合マトリクス）として与えられる (cf. Newman 1996: ch. 2)[2]．例えば，S sends O$_1$ O$_2$（あるいは項構造構文としての x sends z y）の4つのドメインのそれぞれにおける特性記述は概略次のようになる．

　　移動ドメイン：xからyがzへ移動する
　　力動ドメイン：xがyに働きかけて，yを移動させる
　　　　　　　　（このドメインで，zが力を行使してyを受け取るという
　　　　　　　　側面は特に明示しない）
　　所有ドメイン：zがyの所有者になる
　　利害ドメイン：zが恩恵や利益を受ける

本論では，他の認知操作（認知ベースとプロファイル部の関係，トラジェクターとランドマークの認知）をわかりやすく表示し，語義の差異を明示するために，各ドメインの特性記述を図で示す．まず移動ドメインと力動ドメインは統合して，次のような図で示す．

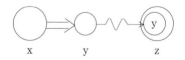

二重線矢印はxのyへの働きかけ（移動体yは小円で示す）を表し，yから出る波線矢印はyのzへの移動を表す．右端の二重円は，yがzまで移動した

2　このように4種類のドメインから成るとする複合マトリクスは Newman (1996) の提唱するものであるが，二重目的語構文と関連構文（他言語の関連構文を含む）にとっての有用性は，中村 (1999) に詳しい紹介がある．また各ドメインにおける特性記述の図も示されているが，図は本論の目的にそって独自の表示法に則っている．

こと（そしてzがyを受け取ったこと）を表す[3].

所有ドメインでは，xが（yを送ることによって）zをyの所有者にすること（x causes z to have y）が，単独で次のように図示される．

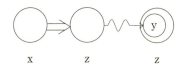

2番目の円zが波線矢印を経て二重円になるというのは，最初yを所有していないzが，yの所有者になる変化（所有者への変化）を表している．

利害ドメインの図では，xからzが恩恵や利益を受けたことが，次のように示される．

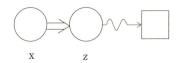

円（zを表す）から波線が出て四角に達しているが，zが恩恵や利益を受けるという状態変化（x causes z to be positively affected）を表している．

二重目的語構文とその関連構文の認知構造が，各ドメインを統合した複合マトリクスとして提示されるが，直接関与するドメインだけを複合マトリクスに収めて表示する．例えば，*John sent Mary a book.* と *John sent a book to Mary.* の認知構造では，その違いを示す際に，所有ドメインと利害ドメインの意味構造の表示は必ずしも必要ではないので省略可能である．そのため2つの構文（二重目的語構文とto与格構文）の認知構造は，移動ドメインと力動ドメインから成る複合マトリクスによって次のように示される．

---

3 受け手も移動体を受け取るときには，力を使うから，受け手側の力動ドメインの特性記述も必要である．しかし，図の複雑化を避けるために，この側面は図には表示しない．

（3）a.　John sent Mary a book.   b.　John sent a book to Mary.
　　　　の認知構造　　　　　　　　　　の認知構造

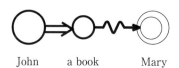

　ここで，太線は，認知ベース上のプロファイル部であり，これら2構文の意味の違いは，同一の認知ベース上のプロファイル部の違いということになる．つまり，二重目的語構文では，受け手のMaryが本を受け取ること（あるいは受け取る可能性が強いこと）にスポットライトが当てられているのに対して，to与格構文では，移動体である本の移動が焦点化されている．このように，これら2構文については，すでにLangacker（1990a: 14）でも示されているように，受け手と移動体のいずれがプロファイルされるか，あるいはいずれがランドマーク（認知主体が主語の次に注目する参与体）として捉えられているか，によって意味の違いを示すことができる．

　しかし，*bake*のような作成動詞の現れる二重目的語構文とそれに対応するfor与格構文の意味的対立は，別のドメインが関与してくる．

（4）a.　John baked Mary a cake.
　　 b.　John baked a cake for Mary.

　まず*bake*の意味構造が示されなければならない．その中心的な部分，すなわち作成者が材料に働きかけて，材料をケーキにするという部分は，以下の図では水平の行為連鎖（作成の行為連鎖）に表示される．移動と力動ドメインの統合で表される授受行為の存在は，明示的ではないので必ずしも図に表示する必要はない．しかし，Maryがケーキを所有するであろうこと（所有ドメイン），しかもそれによってMaryが恩恵や利益を受けるであろうこと（利害ドメイン）は表示される．したがって，両構文の意味対立は，3つのドメインを統合する複合マトリクスを認知ベースとして，そのプロファイル部の

異なりとして示されることになる.

(5) a. John baked Mary a cake.
の認知構造

b. John baked a cake for Mary.[4]
の認知構造

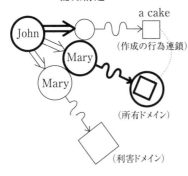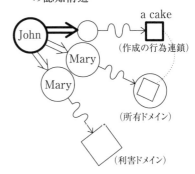

水平の行為連鎖図では，左端の円から二重線矢印が出て小円に達し，さらに小円から出る波線矢印が四角に達しているが，これは *bake* の中心的意味で，焼き手が材料に働きかけて，材料をケーキに変化させる過程を表している. 所有ドメインでは，単円が四角を含む円に変化しているが，これは Mary が John の焼いたケーキ (四角で表示) の所有者になることを表している. 利害ドメインの図は，先の基本図と同じで，受け手の Mary が恩恵や利益を受けた状態になること (状態変化) を表している.

このような複合マトリクスのどの部分がプロファイルされるかによって，二重目的語構文と for 与格構文の選択が決まる. (5b) の for 与格構文では，水平の行為連鎖上の，作成者，その働きかけ，それに焼き上がりのケーキがプロファイルされているが，(5a) の二重目的語構文の場合，水平の行為連鎖では John とその働きかけがプロファイルされ，所有ドメインでは単円から四角を囲む円への変化だけがプロファイルされる. 水平の行為連鎖に示されている焼かれた後のケーキは，Mary が所有することになるケーキと同一物で

---

4 *John baked a cake for Mary.* には「メアリに代わってジョンがケーキを焼いた」という意味もあるが，ここでは「メアリのために (e.g. 食べてもらうつもりで) 焼いた」という意味である.

ある(点線の対応線で示されている)が,プロファイルされてはいない.これによって,二重目的語構文の *a cake* はもはや動詞 *bake* の直接目的語ではないことが示される(後に見るように,作成動詞の二重目的語構文から O_2 を主語とする受身文 **A cake was baked Mary.* が成立しないのもこのためである).

bake を取る両構文の図で,John を要に3つのドメインの認知構造図が放射状に広がるのは,このような構文の場合,作り手と送り手,それに恩恵を感じさせる使役主の3者が厳密な意味で「融合」(fuse)しているのであり,他の参与体は融合していないからである.

(for 与格構文ではなく)to 与格構文に対応する二重目的語構文の場合は,動詞の意味に関与する参与体と構文に関与する参与体が(融合しているというよりは)分化以前の状態にある.そのため認知構造も水平の行為連鎖一本で示される(二重目的語構文の *a book* は依然として動詞の目的語でもあるため,これを主語とする *A book was sent Mary.* のような受身が可能である).

to 与格構文に対応する二重目的語構文と for 与格構文に対応する二重目的語構文を見ただけであるが,二重目的語構文(のプロファイル部)が動詞の意味から遊離し,抽象的な独自の意味を表していることは十分予測できる.次の第3節では,その抽象化の過程を詳しく検討する.

また,利害ドメインに注目すると,*bake me a cake, bake a cake for me, clean the floor for me, have the floor cleaned* のような,二重目的語構文,for 与格構文,<他動詞文+for 前置詞句>構文,have 受益文,have 受益使役文,などの連続性(構文間ネットワーク)が予測され,そこから,英語でもまれに見られる *give him to understand* (cf. *allow him to go*)のような *give* の使役動詞的用法の位置づけも可能となる.また,この種の構文間ネットワークを基にすると,受け手,受け手+受益者,受益者,心的与格のすべてを表すドイツ語与格に特徴的な意味特性も見えてくる.第4節では,利害ドメインに着目しながら,このような点について考察する.

3. 二重目的語構文の意味の抽象化

もう一度,to 与格構文に対応する二重目的語構文の認知構造 (x sends z y

型）と，for 与格構文に対応する二重目的語構文（x bakes z y 型）の認知構造（複合ドメイン）を，必要な認知ドメインのみを用いて示しておこう．利害ドメインについては，それによって両者の複合マトリクスに差異が生じることがないので，その表示を略して図をわかりやすくする．

（6）a. John sent Mary a book. の認知構造　　b. John baked Mary a cake. の認知構造

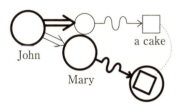

bake の二重目的語構文では，動詞の意味と構文の意味が乖離していることを示す根拠はいくつかある．まず，bake をとる二重目的語構文の場合，次のように to 与格構文と対応しないが，これはその認知構造からわかるように，構文として，移動を伴わない（あるいは際立てない）授受を表すためであると言うことができる．

（7）　*John baked a cake to Mary.

また（8）のように，send の二重目的語構文では，O_2, O_1 いずれの目的語も受動化可能であるが，bake の場合，O_2 の受動化は不可である（9b）．

（8）a. Mary was sent a book.
　　　b. A book was sent Mary.
（9）a. Mary was baked a cake.
　　　b. *A cake was baked Mary.

bake の二重目的語構文で，a cake の受動化が不可であることは，動詞 bake の

直接目的語であるはずの *a cake* がもはや直接目的語(ランドマーク)ではないということであり，この点は，上の(6b)の認知構造で，水平の行為連鎖の *a cake* が太線で表示されていないことによって示されている．Mary の受動化が可能であることは，これを直接目的語とする新たな構文(二重目的語構文)が確立していることを示唆している．Mary が直接目的語(ランドマーク)としてプロファイルされていることは，(6b)の図では，所有ドメインの所有者への変化(単円から四角を囲む円への変化)が太線であることによって示されている．

　bake の二重目的語構文の場合，このように動詞の意味構造から乖離して，構文中心の意味構造へと移行していると言うことができる．しかし Hudson (1992: 257) や Swan (1995) は以下のような作成・獲得動詞の現れる場合の受身文((9a)に類する)を容認しているが，かつて Fillmore (1965) や Emonds (1976) は容認しなかった．

(10) a. The visitors must have been found some food.
　　 b. His parents were carved a statue.
　　 c. Mary is being built a table by John.
　　 d. The guests have just been roasted a duck.

ということは，作成動詞(や獲得動詞)の現れる二重目的語構文の O_1 が直接目的語(ランドマーク)として確立し，これらの動詞の現れる二重目的語構文が完全に確立したのは，それほど以前ではないということになる．

　実は同様の考察が，give/send 系動詞の二重目的語構文の確立を推定する際にも適用されることがある．Allen (1995) によると，1200 年ごろまでに古英語の屈折が消滅し，与格・対格・属格の対立がなくなり，それによってすぐ古英語の NP NP 連鎖(与格＋対格)がそのまま二重目的語 O_1O_2 として確立した(Denison 1993: 156)わけではない．2 つ並ぶ名詞句のうち最初の名詞句を，与格ではないと判断する根拠は，この名詞句が受身文の主語で表されるか否かによる．屈折が消失していても与格と見なされているかぎり，他の

西洋語でもそうであるように，その名詞句が受動化されることはない．このような観点からの文献調査を通して，Allen (1995: 394-5) は，2 つ並ぶ最初の名詞句が受動化可能となるのは，O_1 を直接目的語とする二重目的語が確立したためであり，その確立を 14 世紀の半ば以降（それもその後半）と推定している．give/send 系動詞の現れる二重目的語構文が，構文としてどの程度確立しているかは，第 1 目的語 O_1 が，受動化可能か否か，つまり直接目的語（ランドマーク）であるか否か，で判断されるというわけである．

　give/send 系動詞の二重目的語構文の定着も一様ではなく，Jespersen (1961: Vol. Ⅲ, §15.43) は O_1 を主語とする受身文が徐々に好まれてはいくが，すべての可能な動詞まで広がるのではないとして，今日ではまったく問題のない *He was sent a note. He was written a letter.* (*write*= 書き送る) のような受身文を当時（1927 年ごろ）は difficult to find であるとしているから，give/send 系動詞の場合であっても，徐々に真の二重目的語構文（すなわち O_1 が与格の名残ではなく，ランドマークであるような二重目的語構文）が確立していったということである．ある程度二重目的語構文が確立した後に，作成動詞のような動詞も徐々に共起するようになったと考えられる．そのため，作成動詞の現れる受け手主語の受身文が容認されるのが (to 与格構文に対応する二重目的語構文より) ずっと後になったというわけである．Stowell (1981) も上の (9) のような受身文を容認しないから，やはり最近まで作成動詞の現れる二重目的語構文の O_1 は完全にランドマークとして確立していなかったということである（つまり第 2 章の動詞主導か構文主導かということで言えば，構文主導から動詞主導のレヴェルまで定着すれば，その *lm* を *tr* へ昇格させる受動化が可能だということである）．

　give/send 系動詞の二重目的語構文の受身では，O_1 でも O_2 でも主語になれるが，O_1 を主語とする場合のほう (e.g. *She was sent a book.*) が，ふつう容認可能性が高いとされる (Quirk *et al.* 1985: §16.55)．これは give/send 系の二重目的語構文でも，O_1 を直接目的語（第 1 ランドマーク）とする捉え方が優勢になっているということを示唆している．

　以上を考慮すると，二重目的語構文の認知構造の展開を次のように示すこ

とができる.

(11) Ⅰ

Ⅱ

Ⅲ

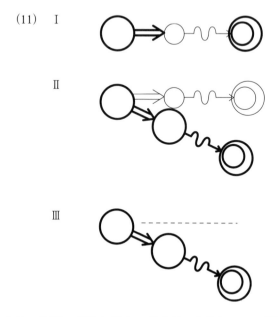

Ⅰは，動詞の意味と構文の意味が一体化している段階，Ⅱは受け手の所有者への変化を表す所有ドメインが分化しているが，移動・力動ドメインも認知構造に残っている段階，Ⅲはもはや移動は表さず所有ドメインの意味だけの段階である．

ⅡからⅢへの過程で，二重目的語構文が give/send 系動詞から自律し，移動・力動ドメインの意味内容が希薄化する，あるいは含まれなくなると，そこに作成動詞や獲得動詞が入り込む余地が生じるということであろう．その場合，動詞の意味と構文の意味とが乖離していることは，次のような現象からもうかがえる (Wechsler 1995: 93).

(12) a. John re-sent her the book.
    b. John re-heated her the soup.

3. 二重目的語構文の意味の抽象化 | 171

 send の場合は，動詞と構文の意味が不可分であるから，動詞を re-send にすると，John が二度送り，彼女も二度受け取ったという具合に，いわゆる構文の意味も影響を受ける．しかし，作成動詞としての heat の場合は，動詞を re-heat にしても，スープを温める行為だけは二度行われているが，必ずしも彼女がスープを二度受け取ったことにはならない．re-heat の re- は，構文の意味まで変更することはない．これはすなわち，構文の意味が動詞から乖離し自律化しているということである．

 Ⅲの認知構造には，移動と力動の意味内容はゼロであるが，次の (13b) の例がⅢの意味構造をもつ典型的な場合であることを示している．

(13) a. Mary gave John a long look.
  b. Mary gave John a look at her etching.

(例文 b は Green 1974: 84 より)

(13a) の例には Mary から John への視線の移動があるが，(13b) では John がエッチングを見るのであり，Mary から John に注がれる視線はない．

さらに，(13b) の例の主語は，次のように無生物でもよい．これは，使役的な働きかけが具体性を欠き，使役性がさらに抽象化しているということである．

(14) a. Mary's behavior gave John an idea.
  b. Music gives most people pleasure.
  c. Does your back give you pain?
(15)   Ⅳ

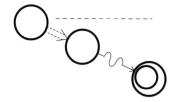

認知構造Ⅳでは，二重線矢印の二重線の部分を破線にして，この抽象的な使役が表示されている．詳しくは論じないが，受け手という概念が抽象化される過程で，利害ドメインの意味内容（受け手が恩恵や利益を受けるということ）も消滅していく．これは，所有ドメインのみの認知構造へ純化しているということである．

次のような give 以外の動詞の現れる無生物主語の二重目的語構文の例 (Goldberg 1995: 144) の認知構造もⅣのような構造であると言えよう．

(16) a. The medicine brought him relief.
b. The rain brought us some time.
c. The music lent the party a festive air.
d. The missed ball handed him the victory on a silver platter.

そうであれば，Ⅳの意味は＜ x causes x to have y ＞という純粋に使役的な意味であり，もはや "recipient" や "receive" の意味内容は含まれない．そうすると，この意味は，ⅠやⅡからのメタフォリカルな拡張であるとする (Goldberg 1995: 145) よりも，抽象化と見なしたほうが妥当であろう（この抽象化の過程は，英語の SVO 構文や受身文の意味拡張にも見られ，英語がより主体化の進んだ言語であるということと関係している．第 3 章参照）．

第 1 目的語 O_1 のすべてを recipient として分析するよりも，二重目的語構文が，ある意味構造の抽象化のいくつかの段階をカバーしているとするほうが，自然な説明になると思われる．

次もこの点と関連するが，Goldberg (1995: 38) は，以下のような二重目的語構文の意味について，central sense としての A の意味から放射状に B, C, D, E, F の各意味が意味拡張すると見なしている（本書第 5 章 2 節も参照）．

(17) A. Central sense: Agent successfully causes recipient to receive patient. (*give, pass, hand, serve..., throw, toss..., bring, take...*)
B. Conditions of satisfaction imply that agent causes recipient to

receive patient. (*guarantee, promise, owe*...)
C. Agent causes recipient not to receive patient. (*refuse, deny*)
D. Agent acts to cause recipient to receive patient at some future point in time. (*leave, bequeath, allocate, reserve, grant*...)
E. Agent enables recipient to receive patient. (*permit, allow*)
F. Agent intends to cause recipient to receive patient.
(*bake, make, build, cook*..., *get, grab, win*...)

　これは，二重目的語構文の意味が拡張して，この構文に（少なくとも）6種類の意味があるとする立場である．本論は，二重目的語構文が当初有していた移動・力動的意味が希薄化していく中で，さまざまな動詞がこの構文と共に用いられるようになり，O_1がO_2を所有するまでの過程のさまざまな側面を際立たせているとする立場である．Aの*throw, toss*あるいは*kick*は，O_1がO_2を所有する以前に，行為者が移動体を移動させる際にどのような働きかけをするかという側面を際立たせているし，Fの*bake*や*buy*は，O_1にO_2を所有させる以前に，行為者が与える物をどのようにして手に入れるかということを表している（この場合，作成しあるいは獲得している最中は，授受行為は成立しておらず，心積もりであるから，「授受は意図されている」ということになる）．

　B, C, D, Eの各動詞は，意味構造Ⅳの段階の抽象化した働きかけの部分をさまざまに特定する動詞と言ってよい．特にEの*permit, allow*は「所有させる」という使役の強さを微調整しているし，Cの*refuse, deny*に至っては「所有させる」の逆「所有させない」を表している．同一構文で「逆」を表すパターンは多くの他の構文にも見られるが，そうするとCについては英語の二重目的語構文という特定の構文について記述すべきことというよりは，英語の構文全体の問題として記述すべきことでもある．

　さて二重目的語構文のⅠからⅣまでの意味の抽象化の全過程を表しているような例を見ておこう．次の例には①②③の3種類の読みがあるとされるが，それぞれ意味は希薄化という連続性の中に位置づけられる．

(18) Nixon gave Mailer a novel. (Oehrle 1976)
① Nixon が Mailer に小説を手渡した．
② N が M に小説を譲渡した．
③ N（のベトナム政策）が M に小説を書かせた．

まず①では，移動と力動的意味が明白であるが，Mailer が本を受け取っても自分の所有物としたかどうかは特定されていないから，IあるいはIIあたりの意味であろう．②では，具体的な移動は不明であるが，所有権の移動は明白だから，IIからIIIあたりの意味だろう．③では，所有権の移動はなく，括弧内の説明からわかるように具体的な働きかけも特定されていないから，その意味構造は典型的にIVである．このように，意味の抽象化は連続的であり，その過程のどこかに特定の意味用法は位置づけられると言ってよい．

二重目的語構文に見られる意味の抽象化の最終段階はもはや明らかだろう．IVの段階で働きかけは具体的に特定されておらず，後は，抽象化した使役性が抽象化される(消滅する)だけである．この部分が抽象化されると，受け手の所有者への変化も「自動的に抽象化される」ことになるから，後に残るのは，主語参与体を表す単円と右端の二重円との関係(破線で示される)のみである．これを V として I〜IVの後に図示しておく．

(19) I

II

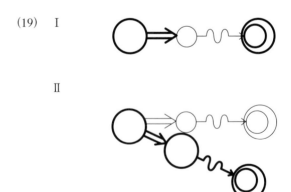

3. 二重目的語構文の意味の抽象化 | 175

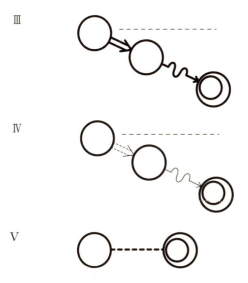

この最終段階の認知構造は，Langacker (1991: 330) の用語を用いるならば，「主語参与体と所有関係 (possessive relationship) との何らかの関係を表す」だけになっている．この場合もはや意味に具体性はなく，一方で O_1 と O_2 の所有関係(すなわち参照点関係)を認知する参照点能力と，他方で主語参与体とその所有関係との関係 (relation) を捉える関係認識能力とを基盤とする2つの認知プロセスを反映するのみになっていると言える．例えばズールー語の二重目的語構文の3形式を適切に分析する際にはこのような認知構造を考慮する必要がある (cf. Taylor 1997)．英語はこの段階まで徹底して抽象化しているわけではなく，したがってこのような認知構造をもつ例(動詞)は多くないが，*envy* や *forgive* を取る二重目的語構文の意味構造としては，Vの段階の意味構造を対応させることができる．

(20) a. She envied him his freedom to travel.
 b. We forgave him the unpleasantness.
  (= for causing the unpleasantness because he was so young)
    (*Cambridge International Dictionary of English*)

envy の二重目的語構文は，"to regard with discontent another's possession of (some superior advantage which one would like to have for oneself)" (*OED*) の意味で用いられており，*forgive* の二重目的語構文は，"to give up resentment for" (*OED*) の意味で用いられている．これらの二重目的語構文はもはや "cause to have" のような意味要素はなく，ほぼVの段階まで抽象化した用法であると言えよう．*envy* と *forgive* が，それぞれ "to give reluctantly, refuse to give (a thing) to (a person)" "to give, grant" のような "give" の意味を有していたことは興味深い (*OED*)．また上の *forgive* の例で，二重目的語が表しているのは，彼が the unpleasantness を持っているというような具体的な所有関係ではもちろんなく，彼が原因となって生じる the unpleasantness であり，両者の関係は一般性の高い参照点関係である．

また，*cost* や *lose* の二重目的語構文は，O_1 が O_2 を所有することになるのではなく，O_1 が O_2 を代金・代償として払ったり，失ったりすることを表す．

(21) a.　His relationship with his wife's friend cost him his marriage.
　　　　　　　　　　　　　　　　(*Cambridge International Dictionary of English*)
　　 b.　One careless statement lost him the election.　　(*Webster 3rd*)

この場合の意味構造も，認知構造Vよりは具体性が高いが，O_1 と O_2 が参照点関係を反映する認知構造を具現化する意味構造の1つと見なすことができる．通言語的に見ても，中国語の二重目的語構文の所有ドメインは，基本的に「O_2 を所有する O_1 から O_2 を奪う」変化を表すので (Zhang 1978)，O_1 に O_2 を授与するというような意味構造 (e.g. 英語) と O_1 から O_2 を奪うというような意味構造 (e.g. 中国語) の上位に，Vのような認知構造をいわばスキーマとして措定しておくことが必要になる．つまり働きかけの部分が抽象化して消滅すれば，O_1 が O_2 を所有するようになる変化なのか，O_1 が O_2 を失うようになる変化なのかという対立も消滅して，後は，O_1 と O_2 の構成する参照点関係と主語参与体との間の何らかの関係しか表さないようになるというわけである．そしてここまで抽象化すると，意味内容としてはあまり伝

えることはなく，参照点関係を捉える認知プロセスと対応しているのみということになる．

抽象化の過程とVのような最終的な認知構造を提示することのもう1つの利点は，二重目的語構文の二重目的語の部分が，Talmy (2000b: ch. 3) の言う「動詞の衛星」(satellite of the verb) である可能性を示すことができるということである[5]．ちょうど *The ball rolled under the table.* (ボールがテーブルの下に転がっていった) の *under the table* が「衛星」として，source-path-goal からなる移動事象の goal を表すように，二重目的語構文の場合も，二重目的語が，「衛星」として，より抽象的な source-path-goal からなる事象の goal (結果状態としての所有関係) を表しているというわけである．衛星をもつ言語では，二重目的語構文の場合，source-path-goal のうち，goal (所有関係や参照点関係) に注目 (upshot) して，事象全体が捉えられていると言える．これに対して衛星を取らない日本語のような言語 (verb-framed languages) では，goal よりも path に注目するために，goal まで表現しようとするときには，「やる」「やった」を付加して，「花子にケーキを焼いてやった」のように所有関係を表さなければならない．英語の二重目的語構文では，「てやった」の部分を，衛星としての二重目的語が表すというわけである．

史的には，二重目的語の衛星としての確立が，二重目的語構文の成立を引き起こすのであり，二重目的語は独自の意味として参照点関係を表すというわけである．日本語の「～を～にやる／～を～に～してやる」構文の認知構造は，英語の to 与格構文の認知構造と同じで，移動を保持する傾向が高く，(19) のIかIIあたりで抽象化が止まるが，二重目的語構文は，path よりも

---

5 *I kicked the door shut.* のような結果構文で，*shut* が衛星だとされるが (Talmy 2000b: 240)，*I walked my foot sore.* のような結果構文の場合，*sore* のみを衛星とすると，*my foot* の位置づけが問題となる．そこで以下のような考え方が可能になる．*He choked to death on a bone.* の衛星 *to death* の表す内容は goal (結果状態) としての「彼の」死である．これと同様の考え方をすると，*I walked my foot sore.* の場合，goal (結果状態) は「足の」痛みということであり，この状態を表す *my foot sore* が衛星と見なされる．これは，*He beated me the soup.* のような二重目的語構文にも適用可能であり，goal (結果状態) である「私が soup を所有すること」を表す二重目的語 (*me the soup*) が衛星と見なされる，というわけである．

goal 重視であるから，V のような抽象化の段階まで到達しやすいということになる．

　以上のように，二重目的語構文の認知構造は，動詞の意味からとりわけ所有ドメインの意味内容が分化し，それが抽象化していく過程として捉えることができる．そしてその連続的な過程（Ⅰ～Ⅴ）のどこかに，具体的な二重目的語構文の用法を位置づけることができるわけである．さらに，この抽象化の過程は，Langacker (1998) の主体化・文法化の過程であり，したがって二重目的語構文は文法構文としてかなり確立した構文であるということになる．

4. 構文間ネットワーク

　本節では，4.1 で，移動・力動ドメインを軸に，二重目的語構文とその他の構文（使役移動構文と to 与格構文）の連続性をそれぞれの認知構造を基に明らかにする．4.2 では，利害ドメインを軸に，(for 与格構文に対応する）二重目的語構文, for 与格構文，それに＜他動詞文＋ for 前置詞句＞構文の認知構造の連関を明らかにする．4.3 では，for 与格構文に関連づけて，have 受益文の認知構造を示し，have 受益文から have 受益使役文への拡張を見る．4.4 では，利害ドメインの「受益」を中軸とする認知構造群と，利害ドメインの「被害」を中軸とする認知構造群が，鏡像関係にあることを示す．4.5 では，have 構文に属するさまざまな下位構文のスキーマ構造が，主語を参照点，補文を標的 (target) とするような参照点構造であることを示す．

4.1　使役移動構文・to 与格構文・二重目的語構文

　前節の議論を基に，これら 3 構文の共通性と拡張関係を整理しておくと，まず共通点は，力動と移動ドメインにある．

　　(22) a.　John moved the table to the corner.
　　　　 b.　John sent a book to Mary.
　　　　 c.　John sent Mary a book.

使役移動構文 (22a) は，動作主が移動体に何らかの働きかけをして，それを着点まで移動させるということであり，認知構造は，(23a) のようになる．移動体を表す小円が，右端の円に含まれないのは，右端の円(着点)が移動体を所有することがないからである．それに対して，to 与格構文 (23b) は，移動してくる移動体を右端の受け手が受け取るという点が特徴的であり，そのことは，認知構造 (23b) では，小円が右端の円に含まれることによって示されている．これら 2 つの構文のプロファイル部の共通点は，移動である．to 与格構文に対応する二重目的語構文 (22c) では，移動体の移動よりも，受け手が受け取ったという部分がプロファイルされ，そのため認知構造 (23c) では，右端の 2 重円が太線で示される．

(23) a.

b.

c.

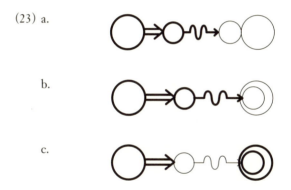

(23c) の認知構造は，二重目的語構文の認知構造Ⅰであり，その移動の部分がプロファイルされると to 与格構文の認知構造 (23b) となり，さらに移動だけで授受が成立しないのが使役移動構文 (23a) の認知構造だというわけである．最終的な (72) の構文間のネットワークの図では，二重目的語構文の認知構造Ⅰに to 与格構文，そしてそれに使役移動構文の認知構造がリンクすることになる．

4.2 二重目的語構文・for 与格構文・＜他動詞文＋for 前置詞句＞構文

受け手には，通常，利益や恩恵を受けたという感覚が生じているはずであ

り，一般に，二重目的語構文の認知構造には，このような利害ドメインに属する受け手の心的変化 (affectedness) が表示される (複雑さを避けるために，移動・力動ドメイン，作成行為・獲得行為を表す水平の行為連鎖は，いずれも破線で表示する)．

(24)

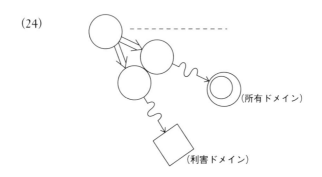

本節の3構文に共通するのは，利害ドメインに関する意味内容である．まず，二重目的語構文とそれに対応する for 与格構文のいわゆる交替は，所有ドメインの意味内容(受け手の所有者への変化)がプロファイルされるか否かによる．次の (25a) のような二重目的語構文の認知構造は (26a) のように所有ドメインの行為連鎖がプロファイルされるが，(26b) の for 与格構文の認知構造では，ケーキを作るという作成行為(水平の行為連鎖)がプロファイルされるのみである．彼女 (her) が所有するとは限らないので，所有ドメインの行為連鎖はプロファイルされない．

(25) a. John baked her a cake.
　　　b. John baked a cake for her.

(26) a.

b.

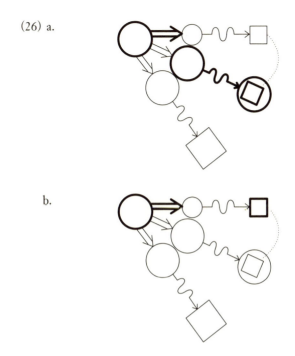

for 前置詞句が現れていても，次のように二重目的語構文との交替をしない場合がある．

(27) a　*He opened me the door.
　　 b.　He opened the door for me.

(27b) の文意から明らかなように，授受が含まれないから，この構文（＜他動詞文＋for 前置詞句＞構文と呼ぶ）の認知構造では，次のように所有ドメインを欠くことになる．

(28)

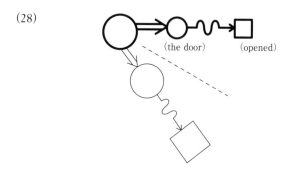

　英語の二重目的語構文は，受け手の所有者への変化が必須であるため，所有ドメインを欠く＜他動詞文＋for 前置詞句＞構文には，二重目的語構文が対応しないというわけである．かつて Jackendoff (1990: 199) は，*write* に恩恵のみを表す二重目的語構文が可能であることを示唆したことがあった．つまり，次の (29) の例には①②の読みがあり，②のような恩恵のみを表す場合があるというわけである．

　　(29)　The secretary wrote the boss a letter.
　　　　　①秘書が上司に手紙を書き送った．
　　　　　②秘書が上司の代わりに手紙を書いてあげた．

②の読みの場合，代書された手紙は上司のものであることが十分ありうるので，上司が所有者になっているのである．実際，次のような状況，つまり教授 (= her) が用意してきた例文を，助手が代わりに板書するという状況では，二重目的構文は成立しない．

　　(30)　a.　*The assistant wrote her the sample sentences on the blackboard.
　　　　　b.　 The assistant wrote the sample sentences on the blackboard for her.

この状況では，例文はもともと教授のものであり，助手が板書することによって教授の所有物になるというわけではないのである．*write* の恩恵のみ

を表す二重目的語構文は成立しないということである.
　英語の二重目的語構文で,「所有者への変化」を表す所有ドメインの重要性は著しく,それは次のような現象からもうかがえる.古英語や現代ドイツ語のような屈折言語で,格標示される2つの名詞句をとる文は,「奪う」「盗む」を意味する動詞が現れると,「〜から〜を奪う,盗む」のような「強奪」を意味するが,現代英語の場合,すでに触れたように「〜に(他から盗んだモノ)を与える」という授与の意味である.

(31) a.　ic benam him his sword.　　　　　（古英語, Visser 1963: 633）
　　　　 'I took his sword from him.'
　　 b.　Ich habe ihm einen Ring gestolen.　　　（現代ドイツ語）
　　　　 I　 have him　a 　 ring　stolen
　　　　 'I stole a ring from him.'
　　 c.　I stole him a sword.　　　　　　　　　　（現代英語）
　　　　 'I stole a sword and gave it to him.'

ドイツ語の例は,現代英語のように「(他から盗んだ)指輪を彼にあげた」という読みも可能であるが,与格のこのような振舞いの多様性も,後に見るように,英語の構文間ネットワークに関連づけて説明することができる.現代英語では「彼から剣を盗んだ」という読みは生じないから,英語の二重目的語構文の認知構造は(少なくともその抽象化のある段階を経て)「受け手の所有者への変化」に強く固執していると言うことができる.
　ところで英語史上,第1目的語 O_1 の位置に一人称代名詞 *me* が, ethical dative (心的与格) あるいは dative of interest (利害の与格) として現れる現象が多く存在した.

(32) a.　Heat me these irons hot.　　　　　（Sh. *King John* IV, i, 1）
　　　　 （その鉄串を真赤に焼いておけ）
　　 b.　Cut me off the villain's head.

(Sh. *The Second Part of King Henry the Fourth* Ⅱ, i, 51)
(その野郎の首っ玉をぶった切っちまえ)

このような *me* の用法では「真赤に焼いた鉄串を私によこせ」や「切った首っ玉を私に渡せ」というような授受の意味にはならない．おそらく現代英語の次のような *me* の用法も同用法と見なしてよいだろう．

(33) a. Hit me a home run.
b. Crush me a mountain.
c. Rob me a bank.
d. Slay me a dragon.
e. Cry me a river. (Green 1974)

Oehrle (1976) が指摘するように，この種の *me* は定型節には現れないし，*me* に代わって名詞句 (*Sally* など) が現れることはない．このような例は二重目的語構文のようには見えるが，第１目的語は与格用法の名残であり二重目的語構文とは区別されるべきものである．

(34) a. ? Alice hit me a home run. (定型節では容認されない)
b. ? Hit Sally a home run. (*me* の代わりに *Sally* となると容認されない)

このような表現の認知構造としては，受益者が一人称代名詞(話し手)に限定されるけれども，基本的には (28) のように所有ドメインを有しない認知構造を当ててよいだろう．

さらに，一部の方言で，二重目的語構文の正式な再帰代名詞 *myself* に代わる *me* が，正式な *myself* の用法と平行して用いられるということがある．例えば，*I bought myself a TV set.* (私は自分用にテレビを買った) のような例の *myself* の位置に，*me* と *myself* のいずれもが現れるというわけである．用例は Winston Groom 作 *Forrest Gump* (1986, Pocket Books) からのものであるが，

共起する動詞は基本的に獲得動詞と作成動詞であることに注目したい．

(35) a. I ... bought me some srimp (=shrimp). (p. 69)
      (cf. I will not be able to buy myself a drink or a meal. p. 77)
   b. So maybe I can't get me a srimp (=shrimp) boat. (p. 71)
      (cf. I have got to get myself some new clothes. p. 99)
   c. I ... find me a little pond.... (p. 7)
   d. I can maybe make me a peachade. (p. 37)

同じような例は多く，次のように *us* の用法も見られる．しかし，(37) の *herself, himself, themselves* に代わって，*her, him, them* が用いられることはない．

(36) a. We...to make us little hooches. (p. 54)
   b. We...dug us foxholes.... (p. 54)
   c. We...bought us a big bus.... (p. 108)
(37) a. ...she has got hersef (=herself) a boyfriend.... (p. 98)
   b. The guy...has found hiself (=himself) a Beatle wig.... (p. 105)
   c. They has got theyselfs (=themselves) a little village set up....
      (p. 134)

Joan Bybee (p. c.) によると，興味深いことにこの用法も一人称に限定されるようであるが，これも与格の名残であるとするなら，受益的な意味を表す与格用法（一人称単数 *me*），受け手を表す与格用法（一人称単数・複数 *me, us*）が，一人称に限って，現代英語の中に生き続けているということである (cf. Shibatani 1994: 447)．

　これらの現象は，屈折言語の場合の与格が，受け手も受益者も表すこと，つまり，先に見た (26a) (26b) (28) の認知構造が，動詞＋与格＋対格のような単一の表現形式で表現されることを予測させるが，実際その通りであり，次のように現代ドイツ語のこの表現形式はすべてを表す (Ogawa 1997)．

(38) a.　Heinz schenkt mir ein Buch.
　　　　（Heiz が私に本をくれる）(mir= 受け手)
　　 b.　Otto hat mir die Rechnung bezahlt.
　　　　（Otto は私に勘定を払った．)（mir= 受け手）
　　　　（Otto は私に代わって勘定を払った．)（mir= 受益者）
　　 c.　Repariert mir das Auto!
　　　　（私のために車を修理して．)（mir= 受益者，心的与格）
　　 d.　Du bist mir aber groß geworden!
　　　　（本当に大きくなったね．)
　　　　（mir= 心的与格，認知主体・話し手の驚きを表す）

このように見ると，一人称単数与格の用法が，受け手用法から受益者用法，受益者用法から心的与格の用法へと連続的であることが見て取れる．

　ここで日本語にも目を向けておこう．まず所有ドメインと利害ドメインに関連する「～を～にやる」「～を～に～してやる」のような表現では，「に」格名詞句を伴うと常に，受け手は何らかの物を所有していなければならない (cf. Shibatani 1994, 1996)．ただし，次のように，容認不可の英語の二重目的語構文に対応する日本語文が容認される場合がある．

(39) a.　*John opened Mary the door.
　　 b.　太郎は花子にドアを開けてやった．
(40) a.　*John shut Mary the door.
　　 b.　*太郎は花子にドアを閉めてやった．

「ドアを開けてやる」が容認されるのは，花子が通り道の所有者 (受け手) となるという読みが可能なためであり，対して「閉めてやる」の場合，容認されないのは花子が何かを所有するということがイメージしにくいためだというわけである．英語が両方とも容認されないのは，英語では受け手の所有するものが日本語より「明示的でなければならない」ためと考えられる．日本

語では所有されるものは「含意されればよい」ということであり，それは次の例についても同じである．

(41) a.　太郎は弟に布団を敷いてやった．
　　 b.＊太郎は弟に布団をあげてやった．

弟に布団を敷いてやれば，弟は寝床を所有することになるという含意が生じるが，布団をあげてやるということからは，弟が何を所有することになるかは不明である．

　「に」格を伴わなければ「～を～してやる」は受益のみを表すことができる．そのため「お使いにいってやる」「子どもと遊んでやる」のように自動詞と「やる」が共起し，恩恵や受益のみを表すことが可能である (Shibatani 2000)．次のような例も興味深い．

(42)　(おばあちゃんに道をきかれたので) 警官に道をきいてやった．

ここで「警官に道を聞く」は「に」格を取る「～に～を～する」構文であるが，その行為から恩恵を受けるのは，節内に明示されていない「おばあちゃん」である．

　もう一度上に挙げた 3 種類の認知構造を示して，ドイツ語や日本語の場合と対照しながら，英語の構文間関係を整理しておこう．

(43) a.
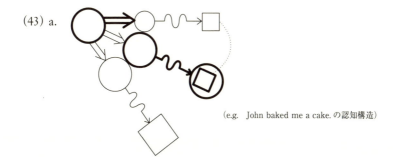

(e.g. John baked me a cake. の認知構造)

b.

（e.g. John baked a cake for me. の認知構造）

c.

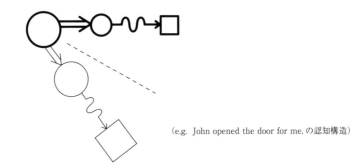

（e.g. John opened the door for me. の認知構造）

すでに見たように，ドイツ語の与格は，(43a)(43b)で示されるような，「受け手」プラス「受益者」，さらに，(43c)で示されるような「受益者」のみをも表す．日本語の「てやる」も，「に」格を伴うか否かということはあるが，所有ドメインと利害ドメインの両方に関与する場合と，利害ドメインのみに関与する場合がある．ドイツ語では与格，日本語では「(て)やる」という補助動詞という点で，表現形式の違いはあるが，両者とも所有から恩恵・受益まで広く対応しているのに対し，英語の二重目的語構文は，恩恵・受益のみを表すことはない．3節で見た二重目的語構文の抽象化ということを考慮すると，to 与格構文に対応する場合であれ，for 与格構文に対応する場合であれ，英語の二重目的語構文の O_1 は，あくまで所有ドメインに関与する参与体であり(所有者あるいは参照点)に限定される．ドイツ語の与格や日本語「(て)やる」構文の「に」格の表す参与体は，所有ドメインと利害ドメイ

ンの両方に関与する参与体である．特に，英語の二重目的語 $O_1 + O_2$ が恩恵・受益という側面を抽象化して，純粋に 2 つの参与体間の所有関係・参照点関係のみを表す方向へ進むのに対して，ドイツ語の与格や日本語の「(て) やる」の表す意味は，受益や恩恵と関わるという点で，人間関係的で，主観的である．

　本節をまとめると次のようになる．(43a) は二重目的語構文の認知構造Ⅲであり，その所有ドメインのプロファイル部が，水平の行為連鎖にシフトすると，それが (43b) の for 与格構文の認知構造である．さらに，所有ドメインが認知構造に関与しなくなると，それが＜他動詞文＋ for 前置詞句＞構文の認知構造 (43c) ということになる．後の (72) の図のように，構文間ネットワークでは，二重目的語構文の認知構造Ⅲに for 与格構文が，そしてさらに＜他動詞文＋ for 前置詞句＞構文がリンクすることになる．そしてこれら 3 構文の認知構造のすべてに，ドイツ語の与格や日本語の「(て) やる」構文が対応している．この対応は，(72) の図では，波括弧 (}) で示されている．一般に，英語の $O_1 + O_2$ は，抽象化して参照点関係 (認知プロセス) を表すのに対して，「動詞＋与格＋対格」や「〜を (〜に) 〜してやる」のような構造は，あくまで利害ドメインの関与する概念内容を表す点で，人間関係的，主観的である．英語で O_1 が一人称単数の *me* のとき，その代名詞は「与格＋対格」の名残として与格的な振舞いをすることも付け加えておいてよいだろう．

4.3　have 受益文から have 受益使役文へ

　＜他動詞文＋ for 前置詞句＞はいかにも構文らしくないが，恩恵や受益を捉える「構文」が英語にないわけではない．have 受益文とでも呼ぶべき構文がある．しかし，受益者をトラジェクターとして捉え，それを省略不可能な主語で表現するところがまた英語的である．ここでは「主語＋ have ＋目的語＋分詞 /to なし不定詞 /…」のような構造の文を have 構文と呼び，その表す意味によって，have 受益文，have 受益使役文，have 被害文等を措定する．(44) のような have 受益文では，上の (43c) の認知構造の受益者がトラジェクター (*tr*) であるから，認知構造 (45) では利害ドメインの変化が太線で示

されることになる(そして,その場合の動作主はランドマーク(*lm*)である)[6].

(44) a. Wherever she goes, she has fans opening doors for her, running to get her a coke, anticipating her every wish.
b. Pop stars always have thousands of fans write to them every day.

(Dąbrowska 1997: 145)

(45)

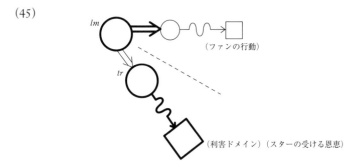

この図からわかるように,＜他動詞文＋ for 前置詞句＞構文の認知構造との違いは,主にプロファイル部の違いということになる.

have 受益文は,次のように *would* や *will* を伴って,強い希求や要望を表すようになり,使役性を帯びて,have 受益使役文へと拡張する.

(46) a. I would have you know that I am ill.
b. I'll have my children show respect for their elders.

その意味構造では,have 受益文の認知構造の左側に,使役者を表す円と二重線矢印が加わることになる.この使役者は受益者と同一であるから,その同一性が,受益者と使役者を結ぶ点線で示されている.

---

6 動作主がこの構文でランドマーク(*lm*)である理由は次の通りである.この構文の主語は本来参照点であり,補文が標的(target)であるが,補文の中の第 1 焦点参与体が文全体の *lm* として捉え直されている.

(47)　have 受益使役文の認知構造

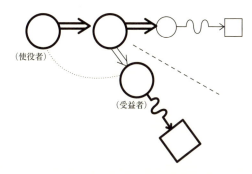

have 受益使役文では，次のように主語は人でなければならないが，これは使役者が，被使役者の行為から恩恵を受ける受益者であるため，ということになる．

(48) a.　Poverty made her work.
　　　b. *Poverty had her work.

また次のように have 受益使役文に対応する受身文は成立しない．(49)(50) では，被使役者 (John) が使役者 (＝受益者 I) に対して恩恵を与えているために，純粋な使役ではなく，make 使役とは違って受身文が成立しない，と考えることができる．

(49) a.　I made John fix my car.
　　　b.　John was made to fix my car.
(50) a.　I had John fix my car.
　　　b. *John was had to fix my car.

また，have 構文で，主語の *I* と目的語の *John* は，もとはそれぞれ参照点と標的であり，一般に「参照点を *tr*，標的を *lm* とするような能動文の受動化は成立しない」という原則のために *John* を主語とする受身の have 構文は成立

しない，という説明も可能である（他にも，*He broke a finger.* で he と *a finger* は参照点と標的の関係にあるため，**A finger was broken by him.* のような受身は成立しない）．

このような have 使役に対して，まれに *understand, believe, think* と共に生じる (51a) のような *give* の使役的用法（厳密には permission, cf. Newman 1996: 181ff.）では，使役者が恩恵を与える側でもあるので，受身文が容易に成立する (50b)．

(51) a. <u>Four of the Judges gave him to understand</u> that they could not, on this occasion, serve his purpose.
    b. <u>Adrienne was given to understand</u> that this...was entirely her doing.
                                                               (*OED*)

have 受益使役文ではさらに，目的語は動物であってはならないということがある (Talmy 1976: 107)．この場合，「～してもらいたい」という気持ち，恩恵を受けたい気持ちは，ことばで直接的に（あるいは間接的に）相手に伝えるしかないということであれば (cf. Wierzbicka 1988: 241, 1998: 121)，ことばの通じない動物はこの使役文の目的語にはなれないということになる．

(52) a. *I had the squirrel leave its tree.
    b. The trainer made/*had the lion dance.

次のような例は，have 構文の使役性を感じさせ，have 使役文への拡張の可能性を匂わせる．

(53) a. The film soon had us crying.
    b. Guy'll have it working in no time.
                            (*Cambridge International Dictionary of English*)

しかし，have 受益使役から，さらに have の（純粋に）使役的な用法が拡張し確立しているかどうかということについては，以下のような McCawley の発言もあるので，厳密な議論は別に行うことにして，ここでは have 受益使役までを確立した構文用法としておく．

(54) The only clear cases that I have seen where *have* refers to a coercive act are those where previous context establishes that the *have* clause refers to part of a larger coercive act, e.g. (i) The bandit took the passengers' money and then had them lie face down on the floor while his partner tied them up.　　　　(McCawley 1976: 120)

前節（4.2 節）と本節で見た 3 つの構文は，次のような構文ネットワークで示すことができる．

(55)

〈have 受益使役文〉
　　↑ 使役者の付加
　　〈have 受益文〉 ◀---------▶ 〈他動詞文＋for 前置詞句〉構文
　　（受益者 =*tr*）　　　　　　　　　　（受益者の脱プロファイル化）

4.4　受益と被害の鏡像関係による構文ネットワーク

すでに見たように，二重目的語構文の認知構造Ⅲ, for 与格構文の認知構造，それに＜他動詞文＋for 前置詞句＞構文の認知構造のいずれも，ドイツ語の与格や日本語の「（て）やる」構文によって表される．そして，have 構文は，＜他動詞＋for 前置詞句＞構文の意味を，受益者をトラジェクターとする形で表す．もちろんこの構文は，*I had a book given to me. I had a cake baked by her.* のように主語が所有・受益者である場合も表すので，have 構文は，先の 3 種類の構文の認知構造と対応していると言える．このように，3 種類の構文の

意味構造は，一方で与格や「(て) やる」によっても表され，have 構文もそれらの意味構造と対応しているわけである．その点を，次の図のように 3 構文を中心において，その右にドイツ語の与格と「(て) やる」構文を置き，左に have 構文を置いて，両向きの破線矢印と波線括弧で表示することにしよう．

(56)

この場合，利害ドメインの「利」か「害」のいずれかによって，「受け取る」・「受益する」vs.「受損する」・「奪われる」というような鏡像関係が成立している．つまり「所有・受益」・「受益」と「非所有（強奪）・被害」「被害」との間に鏡像関係が成立することになる．興味深いことに，「利」に関する意味内容を表した構文は，「利」と鏡像関係を成す「害」の意味内容をも表す．その様子は，(57) のように，(56) と上下の鏡像関係を成すような図で示すことができる．

(57)

以下少し詳しく見てみよう．被害者や非所有者 (e.g. 強奪された者) を表す英語の表現としては，数種の＜他動詞文＋前置詞句＞構文が存在する．(56) の

受益を中心としたネットワークの場合と同様，ドイツ語の与格は，被害を表すこのような構文の認知構造とも対応し，日本語の「(て)やる」も近似の用法をもつ．英語の have 構文は，被害者をトラジェクターとして，利害ドメインの被害者への変化をプロファイルしながら，have 被害文として，対応している．

まず被害を表す英語の表現としては，(58)のような＜他動詞文 +for/on 前置詞句＞構文がある．その認知構造(59)では，水平には例えば「頭を，割れてない状態から割れた状態にする」という使役的状態変化が示され，右斜め下には，ある参与体が被害を受けた状態へ変化する様子 (adversely affected, victimized) が示される．

(58) a. I'll break his head for him.
(あいつの頭をたたき割ってやる)
b. The maid shut the door on the visitor.
(メイドが訪問客を締め出した)

(59)

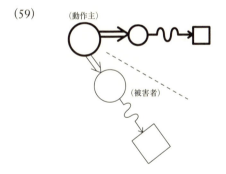

非所有者(強奪された者)を表す場合，被害者を表す構文として，(60)のような＜他動詞文 +from/of 前置詞句＞構文がある．二重目的語構文や for 与格構文の場合，所有ドメインでは非所有者が所有者になることが表され，利害ドメインでは受け手が恩恵を受けることが表される．これとは対称的に，これらの例の認知構造(61)では，所有ドメインでは所有者が非所有者になる変化(二重円から単円への矢印で示される)，利害ドメインでは損失・被害を被る変化が示される．

(60) a. They had stolen the money from the bank.
　　 b. They robbed the bank of 100,000 dollars.

(61)
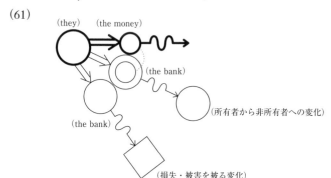

　ここには特別表示しないが，*rob* の認知構造では，被害者が直接目的語であるため，所有ドメインの変化がプロファイルされることになる．また，O₁ of O₂ の構造は「起点からの離脱」を表し，「着点への移動」を表す to 与格構文の O₂ to O₁ の構造同様，節全体としては構文と見ることができる．
　これらと対応する have 被害文では，被害者が主語である．

(62) a. John had his friend read his diary (on him).
　　　 (cf. John had his wife die on him.)
　　 b. I had my suitcase stolen.

(63) a.　　　　　　　　　　　　　b.
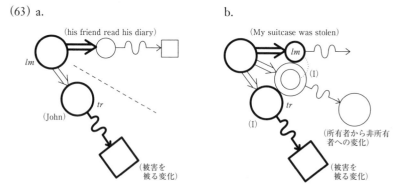

通常，自らが被害を受けるよう仕向けることはないから，have 受益文の場合とは違って，have 被害使役文が拡張することはない．

そしてここでもドイツ語では，（受け手や受益を表す）与格が，何らかの行為による被害者も，略奪される者（非所有者）も表す．

(64) a. Man hat ihm das Haus angezundet.
（誰かが彼の家に火をつけた＝彼は家に火をつけられた）
b. Man hat ihm das Fahrrad gestohlen.
（誰かが彼から自転車を盗んだ＝彼は自転車を盗まれた）

日本語でも，「てやる」を用いて「あいつの家に火をつけてやる」「あいつの自転車を盗んでやる」とすると，強く被害者を意識した表現になっている．

ドイツ語与格は，受け手，受益者，被害者（強奪された人を含む），心的変化する話し手を表すが，これらすべては（度合の差こそあれ）心を動かす者であるから，これらを捉える概念として sentient（感受者）が適切である．そうすると，この種の与格を多用するドイツ語は，事態に直接関与する参与体だけでなく，事態から何かを感受する sentient の存在にも配慮する言語だというわけである．また，2つのモノ，例えば事態と人とが影響関係にあることを捉える personal sphere (Dąbrowska 1997) という概念も適切である[7]．その観点からすると，ドイツ語は，事態そのものだけでなく，事態と人との影響関係をも強く配慮する言語ということになる．日本語も「やる」「くれる」「もらう」を多用する言語であるから同様のことが言える．とりわけ日本語の「(ら)れる」などは，「弟の自転車が盗まれた」のように事態内の客観的参与体に注目する直接受身の用法と，「弟は，自転車を盗まれた」のように事態と利害関係にある参与体に注目する間接受身の用法を，共存させている．

英語にも，have 受益文や have 被害文があり，ドイツ語や日本語と同様に感受者や personal sphere に配慮しているのではないか，ということに対し

---

[7] Shibatani (1994: 470) によると，Bally (1926) が，personal sphere という概念を用いて body-part 構文のパイオニア的研究を行っているが，Dąbrowska (1997) にはその言及はない．

ては，そうではないことが，すでに牧野 (1978) などで，have 構文の使用頻度が著しく低いことを根拠に示されている．さらには，have 構文自体は，sentient や personal sphere の側面を表してはいるが，ドイツ語の与格や日本語の「やる」「くれる」「もらう」とは本質的に異なる認知メカニズムを反映しており，人間関係的側面と直結しているというよりは，冒頭部で触れたように，より抽象性の高い認知プロセスを反映しているということがある[8]．次節で have 構文の全体を概観し，この点を確認しておく．

4.5　have 構文と参照点構造

　have 構文には，have 受益文，have 受益使役文，have 被害文の他に，次のように経験を表す例や，無生物主語の例がある．

(65)　I had an extraordinary thing happen to me.
(66) a.　The play has the hero robbed by a gang.　（Brugman 1988: 153）
　　 b.　Right now the toilet has five people using it.

またクレオール語では，次のような have 構文の用法が確認されている．

(67)　One day had plenty of the mountain fish come down.
　　　　　　　　　　　　　　　　　　　　　　　（Pinker 1994: 35）

以上の用法を，have 構文の拡張として捉えるならば，主語参与体とある事態とが近接関係にある，あるいは参照点関係にあるとして，次のようにそのスキーマを提示することができる．

---

[8] sentient も personal sphere も参照点関係であるとする考えもあるかもしれないが，しかしその場合は，参照点関係を場所的・人間関係的に位置づける場合と，より抽象的にトラジェクター・ランドマークで捉え直す場合とで，類型論的な対立があると見てよい．

(68)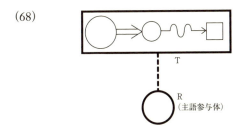

主語参与体が，何らかの事態から恩恵や利益，被害を受けるということは，両者が近接関係にあるということであり，また使役的な用法でも，主語参与体が事態に対して使役者的な関わりをもっているということであり，これも近接関係に他ならない．近接関係にある2つの事物（参与体と事態）は，一方の認識が他方の認識に繋がるのであるから，近接関係とは，前者を参照点 R (reference point) として，後者を認知の標的 T (target) として認識する認知プロセス（参照点能力）を基盤とする参照点関係のことでもある．(65) で表される経験者と経験内容が参照点関係であることは言うまでもない．上の (66a) (66b) (67) のような例は，それぞれ「その劇は主役がギャングに襲われる」「いまトイレは五人の人が使っている」「その日は多くの山の魚がおりてきた」のような日本語の「トピック＋コメント」構造に対応し，この点からも，これらの have 構文が参照点関係を反映していることが容易に推察される．このように，have 受益文，have 受益使役文，have 被害文（have 強奪被害文を含む），have 経験文，have 物主語文は，いずれも，「参照点を介して認知する能力」（参照点能力）を反映する have 構文の具体的な使用例と言うことができる（下図参照）．

(69)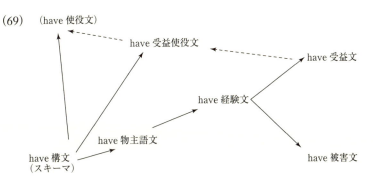

have 受益文と have 被害文のスキーマとして have 経験文があり，今度はこれが，さらに抽象化した have 物主語文を経由してスキーマと繋がっている．have 受益文から have 受益使役文（と可能性として have 使役文）が拡張していることはすでに見た通りである．

　二重目的語構文の二重目的語が参照点・標的関係を反映していることは第 2 節で見た通りであるから，二重目的語構文と繋がる have 構文を突き詰めていくと，当然のこととして認知的な参照点関係が見えてくる．次の 3 文を比較してみよう．

　　（70）a.　She gave me a book.
　　　　 b.　I was given a book.
　　　　 c.　I had a book given by her.

（70b）の受身文は，（70a）のトラジェクターである *she* と，ランドマークである *me* に注目した受身文である．すなわち，主語 *she* の脱焦点化（defocusing）に伴って，ランドマークである *me* がトラジェクターに昇格し，主語として表現されたのがこの受身文である．それに対して，*she* の脱焦点化に伴って，二重目的語の参照点関係そのものが際立つと，*me*（参照点）をトラジェクターとして主語で表現し，*a book*（標的）をランドマークとして直接目的語で表現する，参照点構造を保持した(70c)のような have 構文になるというわけである．被害文の場合も同様である．

　　（71）a.　Someone stole my bike.
　　　　 b.　My bike was stolen.
　　　　 c.　I had my bike stolen.

（71a）の *someone* が脱焦点化されて，単純にランドマークの *my bike* がトラジェクターへ昇格すると，（71b）のような受身文になるが，参照点関係のターゲットして *my bike* が注目されると，参照点関係を保持する have 構文

(71c) になる.

二重目的語を構成する2つの目的語の関係を，単純に O_1 receives O_2, あるいは「O_1 が O_2 を所有する」と捉えるのでは，have 構文との究極的な連続性が見えてこないことはもはや明らかだろう．have 構文の *have* は「(受け取って) 所有する」という具体的な意味ではないから，二重目的語を O_1 receives O_2 あるいは「O_1 が O_2 を所有する」とするような捉え方では，両構文の連続性が見えないのである．認知プロセスとしての参照点能力に注目する必要があるというわけである．

5. 結び

本章で示した二重目的語構文の意味の抽象化と構文間の関係を統合して示すと次頁のようになる．

この図でまず，二重目的語構文は，その意味をⅠからⅤへ抽象化・主体化させる．そのⅠの認知構造は，移動と力動ドメインを軸に to 与格構文とリンクし，その to 与格構文は使役移動構文とリンクする．また，Ⅲの認知構造は，for 与格構文とリンクし，それが次に＜他動詞文 + for 前置詞句＞構文にリンクする．認知構造のⅠ，Ⅱ，Ⅲ，それにⅢとリンクする2つの for をとる構文 (for 与格構文と＜他動詞文 + for 前置詞句＞構文) の5種類の認知構造は，他言語とりわけドイツ語 (や古英語) の与格や日本語の「(て) やる」構文によって表される認知構造でもある．与格は基本的には，何かをもらって恩恵を感じる人，何かをしてもらって恩恵を感じる人 (sentient) を表す (もちろん，与格は何かを奪われて被害感をもつ人，何かをされて被害感をもつ人も表すが，この図には利と害を別々に表示することはしていない)．日本語の「(て) やる」構文の「に」格参与体についても同様のことが言える．これに対して，英語の二重目的語 O_1 + O_2 は，利害ドメインよりは，所有ドメイン (z が y を所有する) の意味内容を表し，認知的には参照点能力を反映する．与格は，誰かが何かをすることを「利」と捉え (あるいは「害」と捉え) る利害感の反映であり，その点で与格は主観的感覚を反映している (第9章「与格の意味地図」参照).

(72)

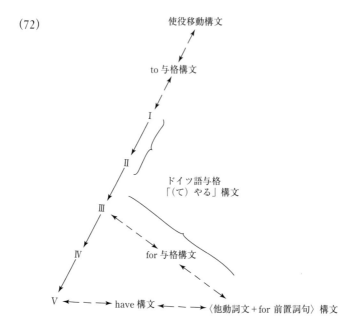

　have 構文は，＜他動詞文 + for 前置詞句＞構文とリンクし，事態から受ける「利害」の側面を表す構文のように思われるが，have 構文のさまざまな用法のスキーマとしては，やはり参照点能力を反映しているということである(そのため，上の図では，認知構造Ｖともリンクしている)．二重目的語構文のさまざまな用法が have 構文による表現が可能なのもそのためである．
　詳述することはできなかったが，動詞 give の使役用法（例えば (51a)）は，使役性の高い認知構造Ⅳとリンクする．

第5章

再帰中間構文の認知構造

1. はじめに

　言語は，常に変化している．これは構文主義ではなくても，構文を言語の中心要素とする立場では，構文が常に変化しているということ，あるいは構文全体が常にいずれかの方向に動いているということに他ならない．言語知識の重要な部分を占める一連の構文が，何らかのネットワークを成して言語知識を構成していることは確かであるが，ネットワークではややもするとそのような変化の結果だけが強調的に表示され，言語や構文の動的側面の詳細が見落とされがちである．

　本章では，意味地図に基づいて，とりわけ文レヴェルの構文間に見られる拡張の方向性と連続性の詳細について，いわゆる再帰中間構文の場合を証例として見てみたいと思う．その場合，次の3点が論点となる．つまり，①構文の用法が拡張するとき，それは放射状か線状的かということ．②構文の各用法や構文間の関係はネットワークを成すのか，それとも意味地図上の領域を占めるのかということ．最後は③構文の連続性が概念内容（content）の量に関わるのか，認知プロセス（construal）に関わるのかということについてである．

　再帰中間構文を x verb REFL（主語＋他動詞＋再帰形）という形式で一般化すると，REFL（再帰形・再帰代名詞）には，*oneself*（英語），*sich*（ドイツ語），

se（フランス語，スペイン語）のように語彙的，接語・接辞的要素がくる．特に英語の再帰中間構文は，REFL が *oneself* として定着する史的過程でその生産性を失っているので (Peitsara 1997)，英語の古い用法だけでなく，用法の豊富な他言語の例も見ることにする．

　また，構文の名称としては，再帰形・再帰代名詞が現れるので再帰中間構文 reflexive middle construction という用語を用い，再帰表現の現れない英語特有の中間構文（*The book sells well.* のような難易中間構文 *tough*-middle construction）と区別する．

　例えば（1）のスペイン語の＜主語＋他動詞＋再帰形＞構造は，典型的な再帰構文としての用法，再帰中間構文の自発用法 (spontaneous use) と受身としての用法の3用法をもつ．

　　　（1）　Yo　me　　eduqué　en México.
　　　　　　I　REFL　educated　in　Mexico　　'I educated myself in Mexico'
　　　a.　私はメキシコで自らを教育した．（再帰構文）
　　　b.　私はメキシコで育った．（再帰中間構文の自発用法）
　　　c.　私はメキシコで育てられた．（受身用法）　（Maldonado 1992: 84）

　具体的には，再帰代名詞を用いる同一表現のもつこのような3用法について，まず①放射状に拡張するのか，それとも線状的に拡張するのか，②これら3用法を含む再帰（中間）構文の各用法がネットワークを成すのか，それとも意味地図上の領域を占めるのか，③自発用法への拡張と，受身用法への拡張は同質の拡張か，ということについて検討する．以下①②③についてそれぞれ第2節，第3節，第4節で議論する．

2.　構文の用法拡張は放射状か，線状的か

　一般に語彙的要素の拡張パターンは放射状であり，文法的要素の拡張パターンは，少なくとも Langacker (1998 など) の主体化・文法化では，線状的とされている(序章参照)．文レヴェルの構文については，これまでの研究

では，放射状と見るのが一般的である．Goldberg (1995: 38, 135) によると，二重目的語構文の用法拡張パターンは，図1で示されるように，放射状である．

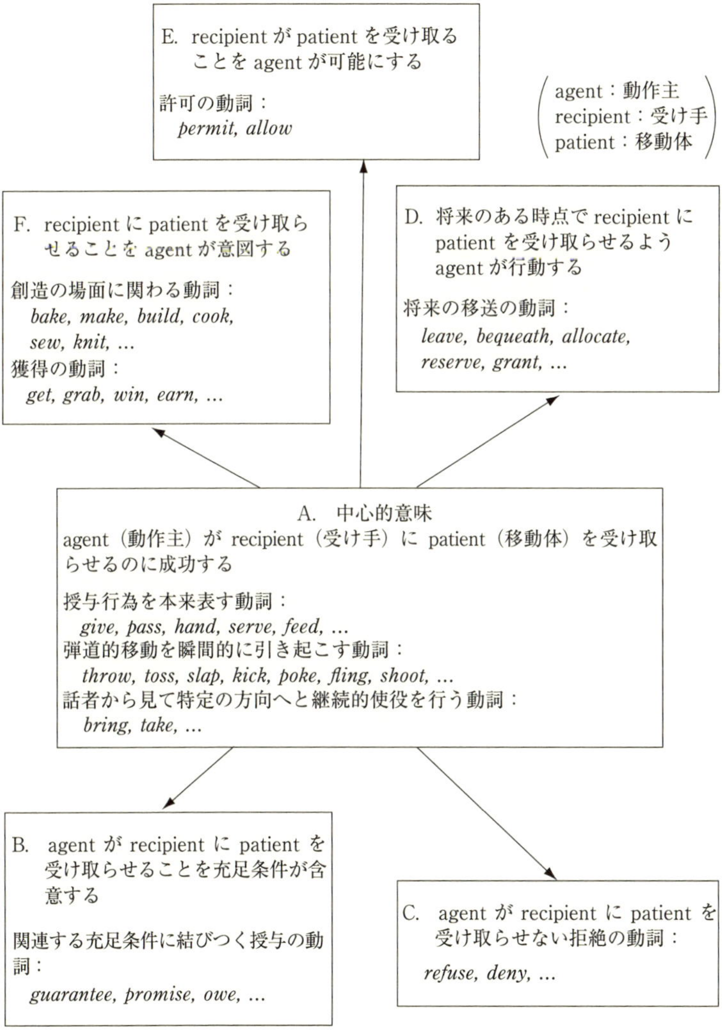

```
                    ┌─────────────────────────────┐
                    │ E. recipient が patient を受け取る │
                    │    ことを agent が可能にする      │
                    │                              │
                    │    許可の動詞：                 │      ⎛ agent：動作主    ⎞
                    │      permit, allow           │      ⎜ recipient：受け手 ⎟
                    └─────────────────────────────┘      ⎝ patient：移動体   ⎠
                              ↑
┌──────────────────────────────┐         ┌─────────────────────────────┐
│ F. recipient に patient を受け取ら │         │ D. 将来のある時点で recipient に │
│    せることを agent が意図する     │         │    patient を受け取らせるよう    │
│                              │         │    agent が行動する            │
│    創造の場面に関わる動詞：        │         │                              │
│      bake, make, build, cook,│         │    将来の移送の動詞：            │
│      sew, knit, ...          │         │      leave, bequeath, allocate,│
│    獲得の動詞：                │         │      reserve, grant, ...     │
│      get, grab, win, earn, …  │         └─────────────────────────────┘
└──────────────────────────────┘                      ↑
              ↖                                      ↗
               ┌──────────────────────────────────────────┐
               │            A. 中心的意味                   │
               │ agent（動作主）が recipient（受け手）に     │
               │ patient（移動体）を受け取らせるのに成功する │
               │                                          │
               │   授与行為を本来表す動詞：                  │
               │     give, pass, hand, serve, feed, ...    │
               │   弾道的移動を瞬間的に引き起こす動詞：       │
               │     throw, toss, slap, kick, poke, fling, shoot, ... │
               │   話者から見て特定の方向へと継続的使役を行う動詞： │
               │     bring, take, ...                     │
               └──────────────────────────────────────────┘
                    ↙                           ↘
┌──────────────────────────────┐         ┌─────────────────────────────┐
│ B. agent が recipient に patient を │   │ C. agent が recipient に patient を │
│    受け取らせることを充足条件が含 │      │    受け取らせない拒絶の動詞：      │
│    意する                      │         │      refuse, deny, ...       │
│                              │         └─────────────────────────────┘
│    関連する充足条件に結びつく授与の動│
│    詞：                        │
│      guarantee, promise, owe, ... │
└──────────────────────────────┘
```

(ゴールドバーグ『構文文法論』河上他訳, p. 53)

図1　二重目的語構文の用法拡張パターン

つまり，*give, throw, bring* などの動詞の現れる二重目的語構文（用法 A）を中心として，そこから *guarantee*（用法 B），*refuse*（用法 C），*leave*（用法 D），*permit*（用法 E），*bake/get*（用法 F）などの動詞の現れる二重目的語構文へと，放射状に拡張しているというわけである．

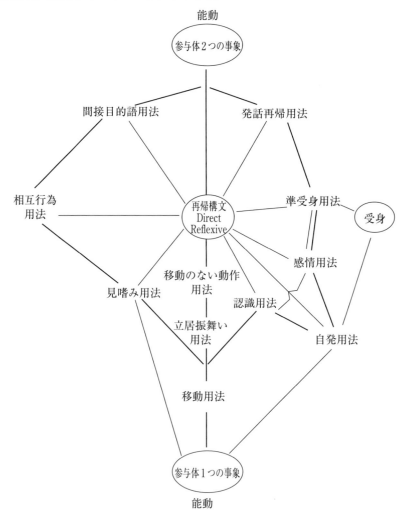

図 2　再帰構文から再帰中間構文への拡張ネットワーク

2. 構文の用法拡張は放射状か，線状的か | 207

　また，Kemmer (1993: 211) の再帰中間構文分析でもその拡張パターンは，前ページの図 2 に見るように，放射状である．
　He stabbed himself. のような再帰代名詞を直接目的語とする再帰構文 (direct reflexive) から以下のような用法が放射状に拡張している．

(2) a. 身嗜み用法
   He washed/shaved/dressed himself.
   b. 移動のない動作用法
   He stretched himself/turned himself over.
   c. 立居振舞い用法
   He sat himself down.
   d. 間接目的語用法
   He bought himself a TV set.
   e. 相互行為用法
   Hans und Maria haben sich (=REFL) geküßt.
   （ハンスとマリアはキスをした）（ドイツ語，Kemmer 1993: 112)
   f. 移動用法
   He wente hym (=REFL) hoom. (彼は家に戻った)
   　　　　　　　　　　　　　　　　（中英語，Ito 1978: 73)
   g. 感情用法
   He enjoyed himself over a grill and other relishes.　(*OED*, 1844)
   Ne ondraed þu þé (=REFL). (恐れてはいけない)
   　　　　　　　　　　　　　　　　(*OED*, adread v. 3, a1000)
   ÐA bealh he hine (=REFL). (彼はおこった)
   　　　　　　　　　　　　　　　　（古英語，Ogura 2001: 26)
   (þé (=thee) やhine (=him) は，与格・対格代名詞と同形の再帰代名詞)
   h. 感情的発話用法（感情用法の一部）
   The poor notary... lamented himself as he walk'd along.
   （公証人は歩きながら嘆いた）　　　　　　　　(*OED*, 1768)

i. 認識用法

A man shal remember him (=REFL) of his synnes.

(人は自分の罪を覚えておくべきだ)

(中英語，von Seefranz-Montak 1987: 528)

j. 自発用法

He recovered himself.

k. 発話再帰用法

þú sagði-sk (=REFL) vera goðr læknir.

(貴方は自分が良い医者だと言った)

(古ノルド語，Kemmer 1993: 91)

l. 受身用法（関連の難易中間構文用法，非人称構文用法）

Esos problemas se (=REFL) resuelven por las autoridades.

(これらの問題は，所轄官庁で解決される)

(スペイン語，柴谷 1997: 20)

Le livre se (=REFL) vende bien. (この本はよく売れる)

(フランス語，Kemmer 1993: 20)

La forge s'allume. (明かりがともされる，明かりがともる)

(フランス語，Kemmer 1993: 148)

これらの用法が(再帰構文と再帰中間構文のまさに中間の用法を含めて)，放射状に拡張している様子は，先の図2のように示されるというわけである．

二重目的語構文の拡張パターンの線状性についてはすでに論じているので(第4章参照)，ここではもっぱら，再帰中間構文の用法拡張パターンが線状的であることを中心に議論する．

2.1 再帰中間構文の線状的意味拡張

通言語的な再帰中間構文の1つの典型に (2a) の身嗜み用法があるが，この構文の意味内容が，「自らが自らの身体（の一部）に働きかけ」そして「それによって身体の一部と全体としての自分自身が状態変化する」という＜働

きかけ＞と＜状態変化＞の，2つの下位部分から成るとすると，例えば *He dressed himself.* は，「自らが身体（の一部）に働きかけて，それによって着衣の状態へと状態変化する」ということを表すことになる．

そのような意味内容のうち，働きかけの部分が徐々に希薄化（attenuate）し，状態変化の部分のみを表すようになる過程を，この構文の意味拡張の過程として捉えると，その過程は以下のように，(3)の再帰構文の認知構造から(4)の再帰中間構文の認知構造Iへ，さらにその認知構造Iから(8)の認知構造Vへの直線的，線状的な過程として提示される．

フランス語の例で見ると，再帰構文 *Jean-Luc s'est tué.*（「自殺する」）から，再帰中間構文の自発用法 *Jean-Luc s'est tué dans un accident.*（「事故で死んだ」）のような意味までの拡張の過程であり，いわゆる他動的な「する」的表現が，同じ形式で「なる」的意味を表すようになる過程である．特に二重線矢印で示される働きかけがゼロになる過程に注目したい．

（3） 再帰構文の認知構造

John stabbed himself.（自分を刺した）

（4） 再帰中間構文の認知構造 I

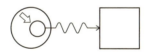

John dressed himself.（衣服を着た）

（5） 再帰中間構文の認知構造 II：働きかけが無意図的（自己制御の不在）

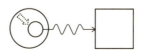

John pricked himself on a needle.（あやまって針で刺した）

(6) 再帰中間構文の認知構造Ⅲ：主語からの働きかけはなく，代わりに内的経験の感受になる（主語は，経験者・感受者）

John hurt himself in the game.（怪我をした）

(7) 再帰中間構文の認知構造Ⅳ：大円と小円が全体・部分の関係（バッグが全体で，実際に開くのは開口部分）

The bag opened itself.（バッグが開いた）

(8) 再帰中間構文の認知構造Ⅴ：全体と部分が限りなく同化

The sun showed itself.（太陽が姿を現した・現れた）

2.2 再帰構文から再帰中間構文の認知構造Ⅰへ

（3）の再帰構文は，通常は外へ向かう働きかけが特殊なケースとして自らへ向けられたというような事態（「自分を刺す」）を表し，その認知構造では，働きかけをする側と働きかけを受ける側を表す異なる2つの円が点線の円弧で結ばれ，それが両者の同一性を示している．

（4）の再帰中間構文の認知構造Ⅰでは，動作主の働きかけは普通自らに向かうのであるが，この様子は，図では大円から，その内部の小円へ向かう二重線矢印で示される．小円（身体部位）の状態変化（そしてそれによる大円

(主語参与体)の状態変化)は，波線矢印とその先端の四角によって示される．先端の四角は変化後の状態や位置を表す．衣服は身体(身体は動作主の一部)を覆うのであるが，そのようにして身体を覆った主語参与体は，衣服を着ていない状態から着ている状態へ変化するので，図中の状態変化を表す波線矢印は，部分としての身体の状態変化と全体としての主語参与体の状態変化の両方を表している．

再帰構文と再帰中間構文(Ⅰ～Ⅴ)の決定的な違いは，よく指摘されるように，再帰形と通常の直接目的語との等位構造が成立するか否かである．

(9) a. John stabbed himself and a man sitting next to him.
　　 b. *John dressed himself and his son.

再帰構文では，*stab oneself* も *stab someone* も基本的に意味構造が同じであり，縮約的な等位構造が成立するが，再帰中間構文の再帰形はもはや通常の直接目的語ではないので縮約的な等位構造は成立しない．

また，再帰構文の再帰代名詞は，WH (目的語) 疑問文の答えとして用いることができるが，再帰中間構文は不可である．

(10) a. Who did John stab/look at?　—　He stabbed/looked at himself.
　　 b. Who did John dress/shave?　—　# He dressed/shaved himself.

再帰中間構文の答えが成立するのは，次のような自動詞的な WH 疑問文に対してである．

(11)　What did he do?　—　He dressed/shaved/washed himself.

2.3　再帰中間構文の認知構造Ⅱから認知構造Ⅴへ

(5) の認知構造Ⅱの段階では，「(裁縫中に) あやまって指を刺した」場合

や立居振舞い表現 *I sat myself down.* の場合のように，働きかけの意図性が減少することになる（そのため認知構造Ⅱでは働きかけを表す二重線矢印が点線あるいは破線で示される）．

　さらに（6）の認知構造Ⅲへと希薄化が進むと，もはや働きかけはなくなり，*He hurt himself in the game.* や *He delighted himself.* のように，主語参与体が，怪我を防ぐ注意と努力を怠った参与体（消極的動作主）となっていたり，単に自分の身体的・心的状態変化を感じるだけの感受者（sentient）あるいは経験者になっている（認知構造Ⅲで，単線の破線矢印は心的な感受過程や心的経験を表す）．

　（7）の認知構造Ⅳでは，*The bag opened itself.* のように主語が無生物（*bag*）になり，感受過程を表す破線矢印はなくなる．再帰代名詞の実働部（active zone）がバッグの開口部（小円）である点は理解が難しいかもしれないが，次の2例を比較するとその点が明らかになる．

　　(12) a.　His eyes narrowed themselves as he looked up.
　　　　b.　His eyes fixed themselves on me.

　　　　　　　　　　　　（例文のみ Geniušienė 1987: 187, 206）

(12a)(12b)ともに主語は *his eyes* であるが，その実働部は異なっていて，それぞれ「瞼」と「視線」である．ここには，全体としての *his eyes* とその実働部としての「瞼」「視線」との間に全体・部分関係（参照点・標的関係）があると言ってよい（視線は，眼と強い連想関係にある）．

　さらに（8）の認知構造Ⅴをもつ *The sun showed itself.* のように全体と部分の区別が不明確になると，あたかも全体そのものの状態変化のようであり，部分を表す小円は表示されない．この例では，太陽が人格化して捉えられれば，自らへの比喩的な働きかけや意図が存在することになるが，(13) のような例では，*show itself* の主語が抽象名詞 *simplicity* であるために，全体と部分の対立が消滅していると言える．

(13) ...simplicity...showed itself in such things as Georgian houses
(*OED*, 1978)

ちなみに, *show oneself* が, *show one's face/head* の同列表現であることから, *oneself* が本来, 主語参与体の部分であることが示唆される. またハイネらによると, アフリカ諸語を含む言語で, 頭や身体を表す語が, 再帰形として用いられ再帰中間構文として文法化する (Heine and Kuteva 2002: 58–60, 168–9).

warm oneself の用法拡張でも見られることだが, 再帰中間構文は,「身体を動かして暖まる」から「日向ぼっこして暖まる」へ, そしてさらに単に「暖まった」のように, 徐々に主語参与体の働きかけが減少し, ついには状態変化のみを表す方向へ, 線状的に拡張する.

2.4 Kemmer の分析の問題点と解法

ケマーの分析では, 自らが自らに向ける働きかけのみが注目され, それによる自らの状態変化は考慮されない (Kemmer 1993: 71). したがって, 再帰中間構文のイメージスキーマは図 3 のように, 同一円から出た矢印がまた元の円に戻るような図で表され, 参与体の状態変化は図示されない.

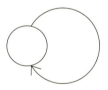

図3 再帰中間構文のスキーマ (kemmer 1993: 71)

このように状態変化を無視しているために, 状態変化だけを表す自発用法 (認知構造 V) への連続的・線状的な拡張過程が捉えられなくなっている. ゴールドバーグの二重目的語構文の分析がそうであったように (Goldberg 1995: 38), 結果的に, 再帰中間構文に生起する動詞群のグループ分け (7 グループ) を, 構文の意味拡張として放射状に位置づけているという印象であ

り（図 2 参照），構文そのものの各意味構造とそれぞれへの厳密な拡張過程は示されないままである．

　拡張を連続的で直線的と見なす分析では，当然のことながら，ケマーが純粋な再帰中間構文の用法として特定する 7 用法は，上の I から V までの線状的な意味拡張過程のいずれかの段階に位置づけられる．

　　（14）再帰中間構文の用法
　　　　　　　　　（Kemmer 1993: 16–20，具体例については（2）を参照）
　　　　a.　身嗜み用法（washing, dressing, shaving, ...）
　　　　b.　移動のない動作用法（stretching, turning, bowing, ...）
　　　　c.　立居振舞い用法（sitting down, lying down, getting up, ...）
　　　　d.　移動用法（climbing up, going/leaving, walking, ...）
　　　　e.　感情用法（becoming frightened, getting angry, grieving, ...）
　　　　f.　認識用法（thinking, pondering, believing, ...）
　　　　g.　自発用法（sprouting, growing, coming to stop, becoming, ...）

（14a）の身嗜み用法と（14c）の立居振舞い用法はすでに見たように，再帰中間構文の認知構造 I と II に対応する．（14b）の移動のない動作用法は，stretching や turning に見られるように，座ったり立ち上がったりするような場合ほど習慣化した動きではないので，より意図的なエネルギーの行使が関与していて，その認知構造は II よりも I に近いところに位置している．ただし，無生物が主語になる次のような例では，意図的な行為ではなく，また経験者でもないため，その認知構造は V に近い．

　　（15）　The little magnet or needle turned itself briskly...　　（*OED*, 1897）

（14d）の移動用法としての「歩く」「行く」などの場合，例えば歩行行為に対して明確な意図をもってエネルギーを行使しているわけではない．しかし「あやまって指を刺す」場合よりは明らかに意図性が高いので，その認知構

造はⅡとⅢの中間あたりだろう．

　(14e) の感情用法は，経験者の感情の変化を表す用法であるが，認知構造Ⅲの hurt REFL の場合に近い．違いは，hurt REFL が身体の負傷とそれに伴う痛みなどを表すのに対し，感情用法は，負傷というような身体の状態変化ではなく，経験者の感じている気分の変化を表す用法である．ただし，「驚いた」のような場合，「経験者が感じている」という側面が表されず，単に参与体の感情の変化のみを叙述するのであれば，その認知構造は（知覚を表す破線矢印のない）Ⅴに近づいている．

　(14f) の認識用法には，意図的に思い出したり考えたりする場合と，ふと忘れたり無意識のうちに思い出したり考えたりしている場合の2種類がある．最初に見た (2i) の例は，意図的に思い出す例であるが，次の2つの例は，意図的に忘れたり思い出しているのではない．

(16) a.　Me　　　 olvidé las llaves.
　　　　 (I) myself forgot　the keys
　　　　 'I forgot the keys (accidentally).'　　　　　　　(Garcia 1975)
　　 b.　Me acordé de sus palabras.
　　　　 'I remembered [of] his words.'　　　　(Maldonado 1992: 62–3)

意図的な場合の認知構造はⅠに近く，意図性のない場合は，意図的なエネルギーの行使がなく，記憶から消えてしまっている事態や，ふと頭に浮かんできた内容に心的接触をしているのみであり，その認知構造はⅢに近い．(14g) の自発用法は，すでに見た通りで，その認知構造はⅤである．

　以上のように，ケマーの挙げる7種類の用法群は，(4) の認知構造Ⅰから (8) の認知構造Ⅴのいずれかの段階に位置づけることができるので，表示のレヴェルにもよるが，そのような用法を放射状に位置づける必要はない．

　ちなみにケマーは，図2の用法間リンクの図からもうかがわれるように，再帰中間構文の感情用法から自発用法が拡張すると考えている．この観点自体は問題ないが，すでに述べたように，彼女が再帰中間構文の認知構造に状

態変化を考慮していないために，その拡張過程の説明は，説得力を欠く．ケマーは，感情の経験者（experiencer）と原因（stimulus）の間の双方向の関係は(17a)のように示し，また再帰中間構文の表す感情経験は(17b)のように図示されている（Kemmer 1993: 128–9）．

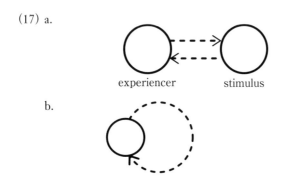

(17a)の双方向の破線矢印は，原因から経験者への働きかけと経験者の原因認識を表しており，(17b)は，再帰中間構文で叙述される経験者の感情変化を表しているようである．しかし，いずれの表示にも，経験者の感情変化（状態変化）が示されていないために，状態変化を表す自発用法が，感情を表す再帰中間構文からどのように拡張するのかが見えてこない．

　感情の原因と感情の生じる経験者の関係を以下のように捉えると，感情用法の中間構文から自発用法への連続性が見えてくる．

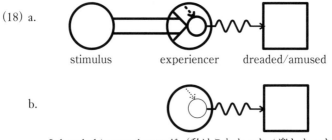

(18a) では，左端の円で示される原因 (stimulus) が，次の円の経験者 (の内面) に働きかけて，感情的変化を引き起こす，というわけである．2番目の円内の小円は経験者の内面である．その小円から出る波線矢印は感情の変化を表し，右端の四角はある種の感情的な状態を表している．このような事態は通常，原因を主語とする他動文によって表現される (e.g. *The news surprised them all.*)．経験者がこのような感情の変化を感受する様子は，経験者を表す大円から，小円に向かう破線矢印で示されている．原因とその働きかけを除いて表示したのが (18b) であり，それを叙述する表現が再帰中間構文の感情用法というわけである．例えば「驚いた」という感情経験で，感情の再帰中間構文は本来，経験者が驚くという心的変化を感受したことを叙述するのであるが，「経験者の感受する」部分 (破線矢印で示される部分) が背景化して，経験者の感情的な状態変化のみが叙述されるのであれば，その際の用法は，状態変化を表す自発用法である．

ケマーは，感情を表す再帰中間構文のみが自発用法へ直接拡張するように捉えているが，線状的な拡張過程に基づけば，再帰中間構文のすべての用法が状態変化を内包しているために，いずれも自発用法へと続く線上にあると言える．仮にある言語で新たな一群の動詞がこの構文に生起することが判明したとしても，その場合の用法もおそらく，同じように上のⅠ～Ⅴの意味拡張過程のどこかに位置づけられると思われる．

3. ネットワークか，意味地図か

拡張以前の元の用法を拡張元用法と呼び，拡張後の用法を拡張先用法と呼ぶことにしよう．そうすると，通常ネットワークは，拡張元用法と拡張先用法の上位に，両者に共通の意味を表すスキーマが生起するという形で，次の図に示されるように，拡張元用法・拡張先用法・スキーマの3者が三角形を成しながら，いわば増殖していく．

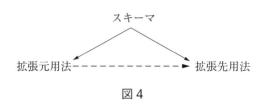

図4

　しかし，第2節で見たように，再帰中間構文の用法の拡張は，働きかけや経験者の心的接触が徐々に表されなくなるような漂白化・希薄化による拡張であるから，拡張先用法そのものが(拡張元用法に対して)スキーマになっている．そのために，上のような三角形は成立せず，したがって，それに基づくネットワークの増殖も生じない．

　この場合，拡張はスキーマ化に等しく，個々の用法は連続的であり(ドメインを越えて拡張することもないので)，各用法が全体でどのような状況タイプ(situation types)を表し，あるいはどのような意味地図(semantic map)を占有しているかは比較的特定しやすくなる(意味地図については Haspelmath (1997: ch. 4, 2003)，Croft (2001) を参照)．

　明確な座標軸を用いて意味地図を設定すれば，当該言語のどのような表現形式が意味地図のどこにどのように対応しているのか，また通言語的にも，どのような表現形式がどのように対応しているのかが，妥当性をもって捉えられることになる．構文の拡張が連続的・線状的であるのであれば，構文分析は意味地図を用いるのがより妥当であろう．

　再帰中間構文に対応する意味地図は以下の図5のようなものである．他動性に関する領域で，他動性の弱化を二次元的に捉え，縦軸に「目的語参与体 y が状態変化する度合の減少」を，横軸に「x の働きかけの減少(したがって状態変化のみを表す度合の増加)」をとる．とりわけ横軸には，再帰中間構文の各用法が並ぶ．

　そうすると，例えば x hurt y, x kick y, x look at y, x resemble y の順で目的語参与体 y の状態変化は減少するから，この順で下から上へ，再帰構文が並ぶ(縦長の楕円部分)．再帰中間構文の各用法(Ⅰ～Ⅴ)，それと受身用法(ス

ペイン語やロシア語などで一般に認知構造 V からさらに受身用法が拡張する）は，各再帰構文の右に続くはずである．しかし実際は，その拡張が生じるのは，*hurt*（傷つける）のように対象の状態変化を含む動詞の再帰構文からのみである．それゆえ，下の意味地図では，x hurt REFL の右方向にのみ，再帰中間構文の用法群が拡張することになる（横長の楕円部分）．

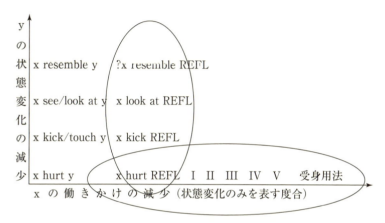

図 5　再帰構文と再帰中間構文の意味地図

　再帰構文を囲む縦長の楕円と再帰構文の拡張用法を囲む横長の楕円が x hurt REFL で重なっているが，これは，どのような再帰構文でも単純に再帰中間構文に拡張する（Kemmer 1993: 211）というのではなく，状態変化を表す動詞の再帰構文のみが，再帰中間構文の各方法へと連続的・線状的に拡張することを示している．

　このこととの関連で指摘されることはあまりないのだが，例えばスペイン語で，kick/touch 系動詞の，自発用法や受身を表す再帰中間構文は成立しない．kick/touch 系の動詞は，状態変化を含まない（entail しない）から，その再帰中間構文は状態変化を表しえないのである．

(25) a. *José se pateó. 'Jose kicked himself.'
b. *José se besó. 'Jose kissed himself.'

おそらく単純なネットワーク表示では，ある 1 つの構文のもつ用法間の連続性，あるいは構文間の詳細な連続性は捉えられないだろう．

以前から，再帰構文＞再帰中間構文の自発用法＞受身用法のような拡張が存在することは指摘されていて (e.g. Faltz 1985: 253ff, Geniušienė 1987: 343–51)，Haspelmath (1990: 54) は，さまざまな構文から受身構文への拡張があることを以下のような図で示している．

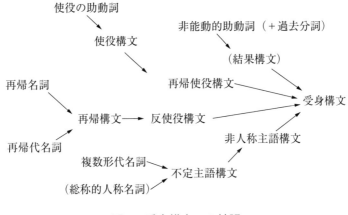

図 6　受身構文への拡張

この図の中段に，再帰構文→反使役構文の表示があるが，これが，本章で問題にしている，再帰構文から自発用法への拡張である[1]．しかし，このような表示では，拡張と連続性の詳細は見えてこない．その点は，ケマーのネットワーク表示も同じである．どのような拡張元用法 (再帰構文) から，拡張先用法 (再帰中間構文自発用法) が拡張するかがわかるだけでも，拡張先用法の認

1　ここで言う自発用法には，spontaneous, anticausative, decausative, inchoative, absolute のような用語が対応する．

知構造の概要と両者間の連続性が見えてくるのだが，それを可能にするのが意味地図による表示であり，全体としてネットワーク表示を用いるとしても，部分的には不可欠の表示手段だと言える．

4. 構文の連続性の質―意味量か，認知プロセス自体の捉え直しか―

スペイン語の次の例が示すように，「動詞＋REFL」という形式に，「自らを（厳しく）教育した」（再帰）「育った」（自発）「育てられた」（受身）のような3種の用法が通言語的に認められることは，すでに見た通りである．

(20) Yo me eduqué en México. (= (1))
　　 I REFL educated in Mexico　　　(Maldonado 1992: 84)

そして，その意味拡張が，再帰構文＞再帰中間構文（のとりわけ自発用法）＞受身用法のように進むことは，Haspelmath (1990) 以前から観察されていることであり，どのような言語がどこまで拡張しているかも明らかにされている．

4.1 受身用法への拡張の度合

(21) (22) が示すように，英語もドイツ語も，自発用法はもつが，受身用法は拡張していない．

(21) a. The sentences shaped themselves slowly on his lips.（自発）
　　　　　　　　　　　　　　　　　　　　　(Geniušienė 1987: 200ff)
　　 b. The door opened itself (*by Mary).（受身用法不可）
(22) 　ドイツ語
　　 a. Die Tür öffnet sich.（「ドアが開く」）
　　　　the door opens itself
　　 b. Die Tür öffnet sich (*von Peter).（「ドアが開けられる」は不可）
　　 c. *Der Brief schreibt sich.
　　　　the letter writes itself

(「手紙が書かれている」(受身)は不可,「その手紙はすらすら書ける」のような意味は可)

また以下に見るように,スペイン語の再帰中間構文は,受身用法をもつが,動作主を前置詞句で表示することはできない.ロシア語では,そこまで可能であると言ってよい.

(23)　スペイン語
　a.　La puerta se　　abrió.　　(「ドアが開いた」「ドアが開けられた」)
　　　the door　itself　opened
　b.　La puerta se abrió *por Pedro. (動作主の前置詞句による明示不可)[2]
　　　　　　　　　　　by　Pedro
(24)　ロシア語
　　　Pis'mo　　pišet-sja　　Oneginym.
　　　the letter　writes-itself　by Onegin
　　　(「オネギンによって手紙が書かれている」) (Haspelmath 1990: 45)

以上をまとめて示すと次のようになる.

(25)　意味拡張の度合
　　　　　　　　　　再帰構文　自発用法　含意的受身　明示的受身
　　　ドイツ語・英語　——————>
　　　スペイン語　　　————————————>
　　　ロシア語　　　　———————————————————>

───────────────
2　(23b)のように行為者(人)としての動作主は,前置詞句では明示することはできないが,(21)の「所轄官庁」のような動作主は可.これは,「所轄官庁によって」というような前置詞句が,動作主を表すというよりは,原因を表す副詞句的性質をもっているためと思われる.

ドイツ語・英語は自発用法までは拡張しているが，それ以上の拡張はない．スペイン語は，受身は可能だが，動作主を前置詞句で明示することは不可だから，含意的受身まで可能というわけである．ロシア語は明示的な受身まで拡張している．

このように，通言語的に用法拡張の程度を調査することによって，1言語のみの観察ではわからない拡張の順序が見えてくるということがある．例えば，受身の拡張している言語では常に自発用法が拡張しているというのであれば，拡張の順序は自発用法＞受身用法という順序であることが帰結する．ある言語に自発用法と受身用法がある場合，その言語だけを見ていても拡張の順序を確定することができないが，通言語的に観察することによって，そのような確定が可能となる．

このような再帰構文＞(再帰中間構文の)自発用法＞受身用法への拡張の裏にある意味的メカニズムを，Haspelmath (1990: 44) は次のように，いとも簡単に漂白化 (bleaching) と決めつけている．

(26) The semantic mechanism of the transition from reflexive to passive via spontaneous seems well-understood and is clearly an instance of semantic bleaching. (Haspelmath 1990: 44)

つまり「再帰構文から再帰中間構文の自発用法を経由して受身用法へ推移する意味上のメカニズムはよく知られているが，それは明らかに意味の漂白化である」というわけである．

もちろん，漂白化がどのようなメカニズムで進行するかも示す必要があるが，より大きな問題として，再帰構文から再帰中間構文の自発用法への拡張と，自発用法から受身用法への拡張は，質を異にするということがある．

4.2 受身用法の拡張と意味増加

すでに示したように，再帰構文から再帰中間構文の用法への拡張は，上の認知構造Ⅰ～Ⅴから明らかなように，意味(特に働きかけや心的接触)が徐々

に漂白化しており，いわば意味量の減少である．つまり認知構造ⅠからⅡへの拡張では，働きかけの意図性が漂白化し，認知構造ⅡからⅢへの拡張では，働きかけそのものが漂白化する．認知構造ⅢからⅣへの拡張では，心的接触(感受)が漂白化し，ⅣからⅤへの拡張では，全体・部分の区別が漂白化している．しかし，自発用法Ⅴから受身用法への拡張では，意味量が増加する．受身用法では，状態変化の他に，動作主とその働きかけが(背景に)含意されるために，その分だけ意味量が増加するのである．

　次の図で，(27a) の自発用法 (認知構造Ⅴ) と (27b) の受身用法の認知構造を比較するとわかるように，受身用法には，破線で示されるような動作主とその働きかけが加わるので，その分だけ意味量は増加する (動作主が破線で示されるのは，創発期の受身では動作主がいわば背景化しているためである)．

　(27) a.　自発用法の認知構造 (認知構造Ⅴ)

　　　b.　受身用法の認知構造

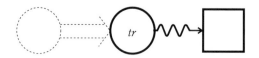

　　　c.　kick 系動詞の受身の認知構造

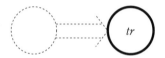

John was hit/kicked (by Mary).

受身用法が，*hurt* や *kill* のような状態変化を内包する break/open 系動詞だけでなく，kick/touch 系の動詞にまで拡張すると，その場合，上の図で，(27b) の受身用法の認知構造と (27c) の受身用法の認知構造を比較するとわかるように，kick/touch 系動詞の受身用法では，状態変化を表さないため，それだけ意味量が減少していることになる．

4.3 確立した受身用法の特性

受身用法が，自発用法から拡張して，多くの動詞に適用されて1つの用法として確立すると，その認知構造においては，対象の状態変化や動作主よりも，働きかけを受ける対象のほうが，前景化する．図と地の概念で言うと，動作主と被動作主とで，いずれが図として捉えられているかということが重要であり，受身表現では働きかけを受ける被動作主が，図として捉えられている，というわけである (Langacker 1982)．

受身では対象の状態変化は必ずしも必要ではないから，叙述される意味内容の意味量の増減は問題ではなく，あくまで動作主と被動作主という2つの参与体のうち，働きかけを受ける対象が図となる，という点が肝要である．認知文法の用語を用いると，一般に受身用法では，働きかけを受ける対象がトラジェクター (*tr*) として捉えられる．通常は，動作主と被動作主では，動作主の際立ちが強く，それゆえ第一に注目されるわけであるが，受身表現では，通常は2番目に注目される被動作主が，第1に注目されるトラジェクターとして捉えられるというわけである．

先に見たように，Haspelmath (1990: 44) によると，再帰構文＞自発用法＞受身用法への拡張は，意味の漂白化に基づいているということであったが，実はそうではなく，もう少し細かく見る必要がある．再帰構文から再帰中間構文の自発用法への連続性は，用法のどの段階にも存在する状態変化によって保たれている．それに対して，自発用法から受身の一般的用法への拡張では，上の (27a-c) の各認知構造を比較すると明らかなように，そのいずれにおいても実線の円で示されている参与体がトラジェクターであり，その点で，自発用法と break/open 系動詞の受身用法，それに kick/touch 系動詞の

受身用法との連続性が保たれている．

　典型的な能動文から，再帰中間構文の受身用法までの拡張を，全体として眺めると，言語資源がきわめて有効に活用されていることがうかがえる．次の (28) によって，再度拡張過程を見てみよう．

(28) a.　典型的な他動文
　　　　John stabbed his enemy.
　　 b.　再帰構文
　　　　John stabbed himself.
　　 c.　再帰中間構文：身嗜み用法
　　　　John dressed himself.
　　 d.　再帰中間構文：自発用法
　　　　The sun showed itself.
　　 e.　再帰中間構文：受身用法
　　　　Pis'mo pišet-sja Oneginym.
　　　　（ロシア語「オネギンによって手紙が書かれている」）

再帰形の要素を直接目的語と見なすならば，これらの表現はみな基本的に，主語，直接目的語，動詞の 3 要素からなる能動文の形式をしているが，その形式が巧妙に活用されて，他動性の強い行為（再帰構文）から，身嗜み用法などを経て，状態変化（自発），受身まで表現されるというわけである．

　それぞれの認知構造を挙げて，拡張過程の意味的メカニズムが単純でないことを確認しておこう．

(29) a.　典型的な他動文の認知構造 (e.g. *John stabbed his enemy.*)

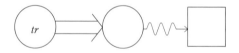

b. 再帰構文の認知構造（e.g. *John stabbed himself.*）

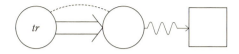

c. 再帰中間構文（身嗜み用法）の認知構造（e.g. *John dressed himself.*）

d. 再帰中間構文（自発用法）の認知構造（e.g. *The sun showed itself.*）

e. 再帰中間構文（受身用法）の認知構造（break/open 系動詞）

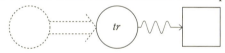

f. 再帰中間構文（受身用法）の認知構造（kick/touch 系動詞）

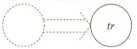

　再帰中間構文を発達させている言語では，これらの連続的な意味用法群が，基本的には他動文の形式によって担われているということである．再度強調しておくと，他動文 (29a) や再帰構文 (29b) から再帰中間構文の自発用法 (29d) までは，状態変化だけを表すようになるまでの意味の漂白化であるが，自発用法から (29e) の受身用法（とその一般化 (29f)）までは，トラジェクターの同一性を共通点として連続的に拡張する．そして全体としては，巧妙にも，典型的な能動文のトラジェクター・ランドマーク配置が反転するような表現形式を達成しているわけである．つまり，典型的な能動文では，働

きかけをする動作主がトラジェクターであるが，受身用法では，能動文のランドマーク参与体(被動作主)がトラジェクターとして捉えられている．他動的事態から状態変化へという事象に関わる認知プロセスから，最終的には，どの参与体をトラジェクターとして捉えるかという，いわば参与体に関わる(あるいは参与体の際立ちにまつわる)認知プロセスへと，認知プロセス自体の転換が関与している．要するに，事態タイプを見極める認知プロセスから，際立ちに関わる認知プロセスへと転換しているわけである．

4.4 受身化に関する他理論との比較

さて認知プロセスの転換が生じる際に，具体的にはどのようなメカニズムで，(29d) の自発用法が，(29e) の受身用法として用いられるのであろうか．このメカニズムの説明には 2 説が考えられる．1 つは Traugott (1982) の「語用論的富化」(pragmatic enrichment) で，もう 1 つは，Johnson (1999) の「構文の根づき」(Constructional Grounding) という言語習得上の仮説である．

語用論的富化説にしたがえば，「ドアが開いた」ならば「誰かにドアは開けられただろう」という語用論的推論がなされ，もともと自発用法でしかなかった表現形式が，含意として受身的意味が読み込まれ，ついには受身表現として定着する，というわけである．

構文の根づき (Constructional Grounding) は言語習得上の仮説であるが，英語の受身形式 *be* + *p.p.* の場合も，状態や状態変化を表す自発用法が受身用法に(史的にも習得的にも)先行するのだが，子どもはどのように自発用法から受身用法を習得するのか，ということに対する仮説である．この仮説も語用論的富化に似たところがあり，強く動作主の存在を意識させる文脈で用いられる *be* + *p.p.* 形式を通して，受身用法を読み込むようになり，受身用法を習得していく，というわけである．次のような例で，

(30)　The spinach needs to be cooked.　　　(Israel *et al*. 2000: 108)

(30) の *be* + *p.p.* 形式は，状態受身読み(「ほうれん草は煮られている必要があ

る」)は,「ほうれん草は誰かに煮られる必要がある」ということ(動作受身読み)を前提とするので,このような二重読みをもつ用法を通して,*be + p.p.* 形式が動作受身用法をもつことを習得していくというわけである (Heine (2002) も参照).

また,自発用法から受身用法へは,意味内容が増加しているが,kick/touch 系動詞の受身用法へと拡張するとき,状態変化を表さない分だけ意味量が減少している.このように一度意味が増加して,当初表していた意味内容(この場合状態変化)が漂白化し,増加した部分(後景にある動作主とその働きかけ)が新たな意味用法として定着する過程,すなわち(単純な漂白化ではなく)「一度意味増加した後の漂白化」こそが文法化であるという捉え方もある.受身の拡張に直接言及はしないものの,Hopper and Traugott (1993: 87-93) などはその立場である.

英語の *be + p.p.* 形式でも,史的にはその本来の状態・自発用法から受身が拡張しているが,その受身用法はまず状態変化を表す break/open 系動詞から始まるし,また言語習得において,子どもが先に理解するようになるのも状態変化を含む(27e)タイプの受身である(Sudhalter and Braine 1985, Maratsos *et al.* 1995).

文法化では「一度意味増加した後に漂白化する」という Hopper and Traugott の説も,上に見たように,自発から受け身への文法化の説明には不充分である.Johnson (1999) の「構文の根づき」という言語習得上の仮説は興味深い.すでに見たように,状態変化としての状況が,強く動作主とその働きかけを意識させるとき,その状態変化を表す表現が,動作受身表現として根づくようになるというわけである.しかし,強く動作主とその働きかけを意識させるのであれば,なぜ能動表現を用いたり新たな能動表現への拡張ではなく受身表現への拡張か,という能動受動の差異の根幹に関わる説得的な議論が欠けている.

言語に認知が反映するという認知言語学の立場から,要約しておくと,再帰中間構文の自発用法から受身用法への拡張では,意味量の増減というよりは,認知プロセス自体の転換(あるいは捉え直し)が生じていると言うわけで

ある．自発用法までは，働きかけと状態変化を含むプロファイル部から状態変化のみをプロファイルするような認知スコープの限定化(意味量の減少)であるが，その限定化のある側面が，図・地の反転として注目される(捉え直される)と，その用法は受身表現として用いられるという考え方である．つまり，元の他動文に対して自発の再帰中間構文は，元の動作主とその働きかけを表さなくなるのだから，確かに認知スコープの限定化であり意味量の減少であるが，参与体の際立ちに注目すると，元の他動文の目的語参与体(地としてのランドマーク)が，自発用法では(主語としてあるいは唯一の参与体として)トラジェクター(図)になっているから，地 (*lm*) から図 (*tr*) への反転が生じている．この側面に注目すると，再帰中間構文の自発用法は，状態変化を表すために，その自発用法を橋渡しとして，被動作主をトラジェクターとする受身表現としていわば「流用」され，活用される可能性を秘めた構文だというわけである．再帰表現や *be* + *p.p.* のように表現形式は異なっても，通言語的に何らかの自発表現が，受身表現として拡張するのはこのようなメカニズムによる．

5. 意味地図と対応する表現形式

実は (29a-f) は，非常に詳細な意味地図を形成している．その意味地図と対応するいくつかの言語の表現形式を見てみよう．他動的事態 (transitive situations)，再帰的事態 (reflexive situations)，中間的事態 (middle situations)，受身的事態 (passive situations) のような事態タイプの連続性が明確であり，全体として，1つの意味地図を形成していると言うことができる．(29) の認知構造を簡略化して次の (31) のような意味地図を想定してみよう．

(31)　　(a)　　　　(b)　　　　(c)　　(d)　　(e)　　(f)
　　　他動的事態　再帰的事態　　中間的事態　　受身的事態

典型的な他動的事態と再帰的事態には，先の認知構造の (29a) (29b) がそれぞれに対応する．また認知構造 (29c) (29d) で表されるような事態を中間的

事態としよう．そして，認知構造 (29e) (29f) に対応するような事態を受身的事態とする．

　言語一般としては，再帰構文と同種の再帰中間構文が，再帰的事態，中間的事態から受身的事態まですべて表すことができるということになるが，ロシア語のような言語では，再起形のサイズの大小による使い分けがあり[3]，(32) に示されるように，大きいサイズの再帰形をとる再帰構文は，再帰的事態のみを表し，小さいサイズの再帰形をとる再帰中間構文は中間的事態と受身的事態を表す．

(32)　ロシア語

これに対してスペイン語では，再帰中間構文は，せいぜい (e) に対応する受身的事態までしか表さない．しかしスペイン語の場合，再帰構文と再帰中間構文が同形であるため，その同形の再帰（中間）構文が，他動的事態の一部 (b)（再帰的事態）から，受身の一部 (e)（break/open 系動詞の受身）までを表すと言うことができる．

---

[3] 大小 2 種類の再帰形を持つ言語があるが，ロシア語では，大きいサイズの再帰形 *sebja* は再帰構文に，小さいサイズの再帰形 *sja* は，再帰中間構文に用いられる．

(33) スペイン語

(a)	(b)	(c)	(d)	(e)	(f)
他動的事態		再帰的事態		中間的事態	受身的事態

◄――――再帰(中間)構文――――►

　スペイン語では，kick/touch 系動詞の受身は，再帰中間構文では表せないことはすでに見た通りであるが，この受身 (f) を表す表現は，次のように，再帰形の se が残り，動作主が省略されるだけで，対象（蹴られる対象）が目的語のままである．この構文は「se 付き非人称構文」(se-marked impersonal construction) と呼ばれることがあるが，要するに，kick/touch 系動詞の受身は再帰中間構文とは異なる構文が用いられるということである．

(34) a.　A　　José　se　　le　　pateó/besó.
　　　　 OBJ　Jose　REFL　him　kicked/kissed

b.

le (a José)

kicked

　この構文の解釈はいくつか可能であるが，その認知構造としては，(34b) が考えられる．再帰中間構文の認知構造で見たように，再帰形（ここでは se）が動作主と全体・部分関係にある部分だとすると，動作主が「蹴る」ときに用いる典型的な実働部は足であるから，再帰形の se は足に対応する．(34a) は「誰かの足がホセを蹴った」のように，動作主を明示しない表現であり (cf. Givón 1999)，認知構造では，「誰が蹴ったか」の部分は明示されていないため，破線の円で示される．その円内の小円に向かう破線の二重線矢印は，特定されない動作主が蹴る際に用いる自分の足への働きかけである．

　このような構文で，いわゆる目的語で表現される対象が，主語に昇格する現象が指摘されている．次のスペイン語の例で，(35a) の fideos（複数）は，動

詞 *come* が単数現在形であるから，この動詞の目的語であるが，(35b) では，動詞 *comen* は複数形であり，*fideos* は主語として表現されていることになる．

(35) a. Se come fideos todos los juevs
　　　　REFL eat-PRES. 3SG noodles all the Thursdays

　　b. Se comen fideos todos los jueves
　　　　REFL eat-PRES. 3PL noodles all the Thursdays

(Turley 1998: 140)

(36) a. Florentine
　　　　Qui e' si legge troppi libri
　　　　here one REFL read. SING many books

　　b. Italian
　　　　Qui si leggono troppi libri
　　　　here REFL read. PL many books

(Kemmer 1993: 178–9)

　また，イタリア語でも同じ現象が見られる．イタリア語の前身であるフィレンツェ語の (36a) では，総称主語と共に目的語 *troppi libri* (many books) が用いられているが，(36b) のイタリア語では，総称主語がなく，先の *troppi libri* は動詞 *leggono* (複数形) と一致して，主語で表されている．
　このような現象は，状態変化を必ずしも内包しない kick/touch 系に類する動詞の場合，状態変化(再帰中間構文の自発用法)を経由して，受身を表すことができないため，基本的に動作主主語が落ちて，再帰形のみが残り，次に目的語が主語に昇格するという手順で，kick/touch 系動詞の受身用法(再帰中間構文の受身用法)が成立することを示唆している．
　要するに，再帰中間構文の受身用法の拡張には，少なくとも 2 つの経路があるということである．1 つは，break/open 系動詞の状態変化を表す自発用法から拡張した受身用法が一般化し，kick/touch 系動詞にも適用される場合と，もう 1 つは，状態変化を明確に含まない事態では，主語が落ちて，目的語が主語に昇格するという場合である．このようなことも，(29) を意

味地図として捉え，これに諸言語の表現形式を対応させることによって見えてくることである．

さて，英語についても少し細かく見てみよう．まず現代英語の再帰中間構文は，生産性は高くないが，一応中間的事態と対応する表現形式ではある．

(37) 現代英語

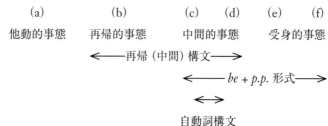

受身的事態は，英語では be + p.p. 形式によって表されるが，この形式は，以下のように，中間的事態にも対応するので，上の図にあるように，be + p.p. 形式の用法は，中間的事態まで伸びていることになる．

(38) a. He delighted himself.
　　 b. He was delighted.
(39) a. He dressed himself.
　　 b. He was dressed.

また，中間的事態の一部は，He shaved/dressed/delighted. のような自動詞構文でも表され，自動詞構文も対応している．

ただし，次のような再帰中間構文との振舞いの違いが見られる．

(40) a. He hid.
　　 b. He was hiding.
(41) a. He hid himself.

b. *He was hiding himself.　　　　　　　　　（Wierzbicka 1995）

　少なくとも一部の再帰中間構文は，状態変化の完了を強く含意し，未完了（進行相）の進行形を許さない．日本語は「姿を隠す」という表現になるが，同じような事態は「隠れている」で表され，「(ソファーの後ろに) 姿を隠している」という表現は，進行中の行為(姿を隠しかけているところ)を表すことはない．
　この点は，再帰中間構文の自発用法の本質と関わっていて，スペイン語にも類似の現象がある．

　　(42) a.　En el otono, las hojas (*se) caen de los arboles.
　　　　　　'in the autumn, the leaves (themselves) fall from the trees'
　　　　　　（秋に，木の葉が落ちる）　（過程）
　　　　b.　En la primavera, las hojas *(se) cayeron de los arboles.
　　　　　　（春に，木の葉が落ちてしまった）　（完了，意外性）
　　　　　　　　　　　　　　　　　　　　（Maldonado 1988, Strauss 1996）

　スペイン語の再帰中間構文は，状態変化の完了性から，さらに「意外性」を表し，同じ落葉でも，秋の落葉は意外性がなく，春の落葉は意外性が生じるから，春の落葉については，再帰中間構文が必要 (42b) というわけである．
　英語では，他にも *get (oneself) + p.p.* 構文が，上の意味地図と興味深い関連をもつが，重要な点は，より精確な意味地図によって，言語間の表現についても，一言語内の表現についても，1つの表現の用法についても，ad hocでない分析が可能になるという点である．

6.　結び

　本章では，再帰構文と再帰中間構文の連続性，再帰中間構文の用法群の連続性，特に自発用法と受身用法の連続性が，線状的であることを見た．その連続性は，同質のものではなく，意味量の減少と，次に認知プロセスの転換

が関与していた．一般に，語彙も文法的要素も構文も，用法の拡張パターンは，放射状とされるが，少なくとも文法的要素のある部分は，主体化 (Langacker 1998) という線状的な拡張が関与しており，文レヴェルの構文も線状的な拡張である可能性が高い．そのような連続性を捉え，表示する際に，ネットワークによるにしても，個々の連続性は，意味地図などを導入した，より精確で通言語的にも妥当性の高い分析に基づいている必要がある．

第6章

消えたエージェント

1. はじめに

本章では，以下のように動作主（agent）を表現しない4種類の構文について，それぞれの構文の認知構造を提示し，動作主が表現されない認知メカニズムについて考察する．

(1) a. 自他交替の自動詞文
    Kate sat on the chair and it <u>broke</u>.
    (*Cambridge International Dictionary of English*)
 b. 受身文
    The block of stone…had to <u>be broken</u> in two before it could be moved. (*Longman Activator*)
 c. 再帰中間構文
    …the point (of the spear) passed the Egyptian's head and <u>broke itself</u> against stone wall. (Geniušienė 1987: 204)
 d. 難易中間構文
    He was no longer covered with a skin but with a crust…which <u>broke easily</u>. 'That's napalm,' said the doctor. (*OED*)
    Glass <u>breaks easily</u>. (*Oxford Advanced Learner's Dictionary*, 4th ed.)

[237]

(1a)(1b)(1c)の各構文については，すでに考察がなされているので相互の対立点と関連性を強調する形で提示し（第3章，第5章），それらとは根本的に認知構造を異にする(1d)の難易中間構文について新たな考察を加える（この構文はいわゆる英語の難易中間構文だが，同じ認知構造を表す同類の構文は英語以外の言語にもふつうに存在する）．この難易中間構文について，(i)その動作主を言語化しない認知メカニズムを明らかにし，さらに(ii)以下の3点に対処するより厳密な認知メカニズムを提示することが主眼である．

(2) a. 日本語の「このバーベルは持ちあがらない」と英語の *This barbell doesn't lift.* とで容認度に差が生じる． (例文(25))
b. 英語の難易中間構文で，子どもと成人に用法の差がある．
(例文(26))
c. 表現されない動作主が必ずしも人でない場合がある．(例文(27))

認知言語学の基本主張の1つは，言語形式には常に意味（概念化）が伴うという点にあるが，ここでは，概念化の際の「認知プロセス」が構文に反映する点に注目し，それぞれの構文で動作主が表現されない認知メカニズムを比較・検討する．とりわけ難易中間構文に関与する認知プロセスは，われわれ人間の認知の根本に関わるところがあり，「外置」(displacement)という認知プロセスを措定する．まず最初の3構文の認知構造を見ることにしよう．

2. 自動詞文，受身文，再帰中間構文の認知構造
2.1 自他交替の自動詞文の認知構造

通常の自他交替は，認知スコープのとり方の反映と見なすことができる（第3章）．次の認知構造が示すように，他動詞文では，動作主から対象への働きかけ（二重線矢印）とそれによって引き起こされる対象の状態変化（波線矢印）の両方が認知スコープ（点線の四角）に収まっているが，対応する自動詞文では，状態変化のみが認知スコープに収まっている．

(3) a. 他動詞文の認知構造

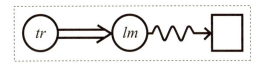

　　b. 自動詞文の認知構造

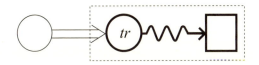

このように自他交替を認知スコープのとり方の反映と見なすと，自動詞文に動作主が表現されないのは，動作主とその働きかけが認知スコープから外されるため，ということになる．

動作主の働きかけと対象の状態変化が一体化していて不可分であると，動作主を認知スコープから外すことが認知的に困難となり自動詞用法が成立しない．動詞 cut の場合，切るための働きかけと対象の「切れた状態」への状態変化が不可分なため，自動詞用法が成立しない (*John cut the cake. *The cake cut.*)．

よく問題にされる動詞 *clear* では，「(食卓を) 片付ける」の意味用法の場合，片付ける行為とテーブルが片付く状態変化とが一体化しており，動作主を認知スコープから外すことができないため，「テーブルが片付く」という自動詞表現が成立しない (4b)．一方，*clear* の「(風が雲を飛ばして空を) 晴らす」という用法では，それが可能で，自動詞用法が成立する (5b) (第 3 章参照)．

(4) a. John cleared the table.
　　b. *The table cleared.
(5) a. The wind cleared the sky.
　　b. The sky cleared.　　　　(Levin and Rappaport Hovav 1995: 104)

非能格動詞にも一見自他交替が成立しているような場合があるが，そのメカニズムは異質である．

（6）a. John walked.
　　 b. John walked his dog.
　　　　 John walked the patient.
　　　　 John walked the bicycle.

通常歩いたり散歩したりするとき，自らが自らの身体に何らかの働きかけをして，自らを移動させるのだから，*x walk* の認知構造は次のように表示される．

（7）　x walk の認知構造

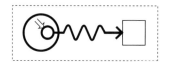

この図で，自らが自らの身体に働きかけるところは，いわば全体から部分への働きかけとして，大円からその中の小円へ向かう二重線矢印で示されている．小円から出る波線矢印は，大円から出る波線矢印でもあり，身体の一部（小円）の動きと全体（大円）の移動を表している．他動詞用法の場合，動作主（例えば John）が目的語参与体（犬，患者，自転車など）を自分の身体の一部として自在にコントロールしながら，両者があたかも一体化しているかのような動きや移動をするので，上の認知構造における小円はこのように特別に加わったもの（犬や自転車など）と対応している．そして言語化の段階で，その歩きに特別に関与しているモノは（ふつうの歩きの場合と違って，その部分の存在が常識から推論されないので）直接目的語として表現されると考えられる（例文 (12) の議論も参照）．このように，非能格動詞に見られる自他交替には，動作主を認知スコープから外すか否かの認知プロセスは関与していない．

2.2 受身文の認知構造

 能動文と受身文のいずれの認知構造にも，事態を構成する動作主と対象の両方が認知スコープに入っているが，能動と受身の対立はトラジェクター（図）とランドマーク（地）のいわば反転として捉えられる（第3章）．典型的な能動文は，行為連鎖の力の流れに沿った，自然な参与体の捉え方を反映し，力の流れの上流にある動作主がトラジェクター（第1焦点参与体，tr），対象がランドマーク（第2焦点参与体，lm）として捉えられる．受身文は，力の流れに逆行する有標の捉え方を反映し，力の流れの下流にある対象がトラジェクターとして捉えられる．例えば，ボクシングで，力の流れの下流にあって，殴られていても，そのボクサーのファンにとっては，そのボクサーがトラジェクターとして捉えられる．

(8) a. 能動文の認知構造

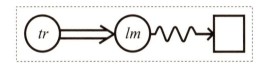

b. 受身文の認知構造

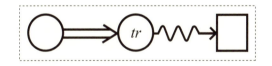

受身文は一般に，動詞に組み込まれている tr/lm alignment（トラジェクター・ランドマーク配置）の反転と見なしてよい．*X equals y.* や *Line A intersects line B.* の *equal* や *intersect* のように，語彙レベルで2つの参与体がシンメトリーの関係にある動詞の場合は，*Y equals x.* や *Line B intersects line A.* のように x, y あるいは *line A*, *line B* を入れ換える表現が可能で，tr/lm が反転する必要もないから，基本的に受身は成立しない．

また *The joke amused the host.* の *amuse* のように自律体を主語，経験者を直接目的語とする自律体－経験者動詞（ABS-EXPR verb）は，認知的には，参与体のうち自律体（absolute）をトラジェクター，経験者（experiencer）をランドマークとするトラジェクター・ランドマーク配置（*tr/lm* alignment）を語彙化している．*She still cherishes his memory.* の *cherish* のような経験者－自律体動詞（EXPR-ABS verb）では，経験者をトラジェクター，自律体をランドマークとして語彙化している．自律体－経験者動詞の場合は，自律体が経験者に対して働きかけるという力の流れに基づいた *tr/lm* alignment を語彙化しているが，経験者－自律体動詞では，参与体の有情性の強さに基づく *tr/lm* alignment を語彙化していると言うことができる．何に基づく *tr/lm* alignment であれ，語彙化しているトラジェクターとランドマークの配置を反転させる認知プロセスを，当該動詞の受身は反映する．

興味深いことに，経験者－自律体動詞（e.g. *cherish* など）の受身文のほうが，自律体－経験者動詞（e.g. *amuse* など）の受身文より読みに時間がかかるという実験結果があるが（Cupples 2002），これは，経験者と自律体から成る事態では，力の流れよりも有情性の強さに基づく *tr/lm* alignment がより自然であることを示唆している．

2.3　再帰中間構文の認知プロセス

再帰中間構文は，再帰構文と連続的であり，再帰構文（9）から再帰中間構文の自発用法（10e）までの連続性は，次のように連続する認知構造図で示される（第 5 章参照）．

（9）　再帰構文の認知構造（e.g. He stabbed himself.）

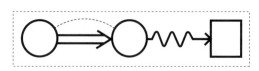

(10)　再帰中間構文の認知構造
　　　a.　認知構造 I（e.g. He dressed/shaved/washed himself. 身嗜み用法）

　　　b.　認知構造 II（e.g. He pricked himself on a needle.）

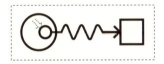

　　　c.　認知構造 III（e.g. He hurt himself in the game.）

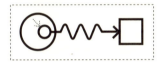

　　　d.　認知構造 IV（e.g. The bag opened itself.）

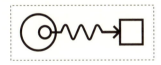

　　　e.　認知構造 V（e.g. The sun showed itself.）

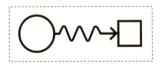

再帰構文は，通常は他者に向けられるはずの働きかけが，特異なケースとして自らに向けられる場合であるが，(9) 図では，主語参与体を表す左端の円の右にある円に二重線矢印が向かい，それら2つの円が点線の円弧（同一

指示を表す) で結ばれ，本来他者へ向かうはずの働きかけが例外的に自らに向けられていることを示している．再帰中間構文ではいずれも，働きかけが自らに向かうために，(先の *walk* の場合のように) 二重線矢印は内部の小円に向かう．拡張が進むにつれ，働きかけを表す二重線矢印が徐々に漂白化し，最後の再帰中間構文の認知構造 V (自発用法) では，ゼロ化してしまう．

各段階について見ておくと，再帰中間構文の認知構造 I は，身嗜み用法に特徴的であり，通常は明確な意図性をもった働きかけ・行為であり，その結果，着衣の状態や髭を剃った状態への状態変化が生じる (この状態変化は波線矢印と，その先端の結果状態を示す四角で表示されている)．認知構造 II では，裁縫中にあやまって針を刺す場合のように働きかけの意図性がない場合で，あやまって自らに働きかけるような事態である．意図性のなさは点線の二重線の矢印で示されている．認知構造 III は，試合中に怪我をする場合のように，主語参与体の自らへの働きかけがなく，ただ，知覚者・感受者として身体の状態変化を感受するのみであり，この場合の感受・知覚は破線矢印で示されている．さらに拡張が進んで主語が無生物になると (認知構造 IV)，もはや感受も生じず，主語 (バッグ全体) と目的語 (実際に開くバッグの口の部分) は全体と部分の関係を成すのみである．主語参与体と目的語参与体の区別が明瞭でなくなると (認知構造 V)，主語自体の状態変化であるかのような自発用法となる (全体・部分の関係の〈部分〉を表す小円が表示されない)．

認知構造 IV あるいは V の再帰中間構文の例は英語では多くはないが，以下のようなものがある．

(11) a. The newspaper unfolded itself in the wind.
 b. A bullet buried itself in the wall.
 c. A suspicion formed itself in his mind.

(Geniušienė 1987: 186–208)

(11a) の新聞もモノとしての側面と知的対象としての側面があるが，この例文で活性化されるのはモノとしての部分である．この例では，主語の表す

全体と直接目的語（再帰代名詞）の表す部分は，ある程度区別されるが，(11b)(11c)の例ではその区別は明瞭ではない．再帰中間構文の認知構造Ⅴは，(11b)(11c)のように，全体（主語）と部分（目的語としての再帰代名詞）の区別が明瞭でない場合である．

　このような全体・部分関係は，認知的には本来，参照点(Reference point)と標的(Target)として捉えられるが，英語ではこれらをそれぞれトラジェクターとランドマークとして捉え直し，主語と直接目的語で表現する場合が散見される．

(12) a.　My guitar broke a string. (= A string of my guitar broke.)
　　 b.　The stove has blown a fuse. (= A fuse of the stove has blown.)
　　 c.　My car burst a tyre. (= A tyre of my car burst.)
　　　　（例文のみ，a, b は Taylor 1995: 214–5, c は Taylor 2002: 576 より）

そうすると再帰中間構文も，その主語と目的語（再帰代名詞）が全体・部分の関係にあるので，トラジェクターとランドマークとして捉え直された全体と部分をそれぞれ主語と直接目的語で表現しており，通常の SVO 構文（能動態）と同様の *tr/lm* alignment を反映しているということである．通常の *tr/lm* alignment を反映しているという点では，一般の SVO 構文も，再帰構文も，再帰中間構文も同一の認知プロセスを反映しているのであり，連続的である．

　次の点を確認しておこう．再帰中間構文の拡張過程の前半と後半では，進行形の振舞いを異にする．すなわち全体から部分への働きかけがある段階 (e.g. 認知構造Ⅰ)では，進行形が可能であるが (13b)，後半の働きかけがない段階（認知構造Ⅳあるいは Ⅴ）では，進行形は不可である (14b)．

(13) a.　John dressed. vs. John was dressing.
　　 b.　John dressed himself. vs. John was dressing himself.
(14) a.　John hid. vs. John was hiding.
　　 b.　John hid himself. vs. *John was hiding himself.

(Wierzbicka 1995: 423)

ここでの「身を隠す」という意味の *hide oneself* は意図性のない単なる事態としての叙述であるが,その場合進行形は許されない.ヴェジビツカ (Wierzbicka) はその理由を,再帰中間構文(の特に自発用法・認知構造Ⅴ)が瞬時性を表すためとしているが,瞬時性は進行形不成立の必要条件とはならない.おそらく,再帰中間構文の自発用法は既実現性を帯びるものと思われるが,そのメカニズムについては,今後の課題としたい.

こうしてみると,再帰中間構文に特徴的な認知プロセスは(特に自発用法の場合),主語参与体と目的語参与体の一体化を通して,働きかけが漂白化した,既実現としての状態変化のみを捉える認知プロセスだと言える.スペイン語,チェコ語などの再帰中間構文の自発用法は,事態発生の意外性や唐突さを表すとされるが,この既実現性と関連があると思われる.(cf. Maldonado 1988, Straus 1996).

2.4 三者の関係

さて,冒頭の3つの例文を見てみよう.

(1) a. 自他交替の自動詞文
   Kate sat on the chair and <u>it broke</u>.
   b. 受身文
   The block of stone...had to <u>be broken</u> in two before it could be moved.
   c. 再帰中間構文
   ...the point (of the spear) passed the Egyptian's head and <u>broke itself</u> against stone wall.

いずれも,動作主を言語化しない表現であるが,その認知メカニズムとしては少なくとも,次の①②③の3種類があり,それぞれ自他交替の自動詞

文，受身文，再帰中間構文(自発用法)に反映している，というわけである．

(15) ①他動詞文の動作主が認知スコープから外される場合
 ② *tr/lm* が反転して元の *lm* が *tr* に昇格する場合
 ③動作主と対象が一体化して，状態変化のみとして捉えられる場合

これら3種類の認知プロセスは，動作主を表現しないという点では共通しているが，①は，認知ベース全体の中の対象の状態変化のみに注目する認知プロセスであり，②は参与体の際立ちを逆転させる認知プロセスである．③は，認知ベースも認知スコープも状態変化のみに限定する認知プロセスである．この③は，動作主の働きかけを認知ベースに含む①と大きく異なる．それぞれの認知プロセスによって概念化される意味構造は以下のように示される．

(16) a. ①による意味構造 　　(e.g. The chair broke.)

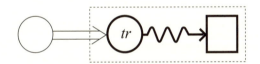

　　b. ②による意味構造 　　(e.g. The block of stone was broken.)

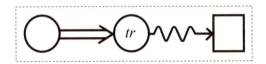

　　c. ③による意味構造 　　(e.g. The point of the spear broke itself.)

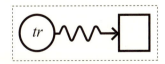

重ねて強調しておくと，①③に共通する認知プロセスは，他動詞文の動作主とその働きかけが認知スコープから外され，あるいはそれが漂白化して，対象の状態変化のみを注目する（プロファイルする）ということである．これに対して，②では，2つの参与体の際立ち（注目度の強さ）の逆転であり，ランドマーク参与体がトラジェクターとして捉えられる（元のトラジェクターはランドマークとしては捉えられず，文法関係として表現されることはない．これはその参与体が力の流れの上流にあるためで，ランドマークとして捉えられる参与体は，2番目に注目される参与体であるが，その参与体はトラジェクターから見て力の流れの下流にあるものに限定される．cf. Langacker 1991: 230）．

興味深いのは，語彙的に固定した参与体の注目の順序（つまり *tr/lm* alignment）を逆転させる受身の認知プロセスを，唯一的に反映する表現手段がなさそうだということである．英語などの *be + p.p.* なる形式は，史的には本来状態や状態変化を表した表現形式であるし，ロマンス語などで再帰中間構文が，受身として用いられることがあるが，その用法の拡張は，再帰中間構文の自発用法（状態変化）からの拡張であるから，その場合もやはり，状態変化を表す表現から受身の認知プロセスを反映する表現が拡張しているということである (cf. Haspelmath 1990)．

再帰中間構文の自発用法から，受身を拡張する言語では，すでに指摘したように，一般の他動詞文も，再帰構文も，再帰中間構文も通常の *tr/lm* alignment を反映する能動態であるから，再帰中間構文から受身表現が拡張するとき，以下に示すように，その受身表現でさえ，厳密には能動態からの拡張だということになる．(17) の図で，大文字はそれぞれの構文の表す意味(situation type)や認知プロセス，小文字は表現形式であり，表現形式としての能動態（active）が，他動的な意味（TRANSITIVE）から，再帰的意味（REFLEXIVE），再帰中間的意味（REFL MIDDLE），受身的な意味（PASSIVE）までを表すところまで拡張していることを示している．

(17)　　　　　TRANSITIVE　REFLEXIVE　REFL MIDDLE　PASSIVE

しかし，言語によっては，再帰中間構文が，元の他動詞文の形式をとどめているとは言えない場合も多く，そこでは middle（中間態）が独立したカテゴリーを形成しており，そのような言語では，表現形式としての対立は，active 対 middle が基本であり，再帰中間的意味（REFL MIDDLE）を表す middle が拡張して受身的意味（PASSIVE）を表現しているということになる（下図参照）．

(18)　　TRANSITIVE　REFLEXIVE　REFL MIDDLE　PASSIVE

　　　　　　　　　　active　　　　　　　middle

つまり，TRANSITIVE から PASSIVE までの意味領域のうち TRANISITIVE と REFLEXIVE の部分（situation types）には，active（能動態）の表現が対応し，REFLEXIVE MIDDLE と PASSIVE の部分（situation types）には，middle（中間態）の表現が対応するというわけである．

しかし英語のように，再帰中間構文の自発用法が例外的で，受身を表すところまで拡張しておらず，また be + p.p. という別の形式が（少なくとも共時的には）受身の認知プロセスと対応している言語では，次のように，言語形式としての態の対立は，active 対 passive の対立が基本にあると言える．

(19)　　　　　TRANSITIVE　REFLEXIVE　REFL MIDDLE　PASSIVE

この場合，REFL MIDDLE の部分は active と passive で表現される．つまりこの部分は active としての再帰文や自動詞文が表したり（e.g. *He delighted*

himself... He delighted much in doing...）, passive によって拡張的に表現されたりする (e.g. *He was delighted...*). 英語の自動詞用法には, 本来の再帰中間構文から再帰代名詞が落ちて生じた自動詞用法も少なくなく, *OED* CD-ROM 版の definition の部分を intr. for refl. (再帰中間構文に代わる自動詞用法) で検索すると 797 件ヒットする. 同じように pass. で検索すると passive の自発用法も千単位で見られる.

　このように見てくると, 3 つの構文に反映している 3 種類の認知プロセス①②③は, 動作主を注目しないという点で共通しているが, ①③は, 前者が他動的事態の状態変化の部分のみをスコープに収める認知プロセスであり, 後者が対象を独立した状態変化として捉える認知プロセスである. ②は, あくまで注目するのは参与体であり, 語彙化している際立ちの強さに応じた順序で参与体を注目するのか (active), いわゆるコンテクストに依存し反転した順序で注目するか (passive) に関わる認知プロセスである. ①③と②の認知プロセスの質の違いは, 決定的な相違として強調されてよい. そして, ③のように事態を状態変化として捉えると, その結果として (特に再帰中間構文の場合動作主が消えて) 変化主体が際立ちの最も高い参与体であるために, その側面が活用されて, 状態変化の表現が, 受身の認知プロセスを表す受身表現として用いられる (拡張する), ということである (「カナダでは英仏語が話される」の「れる」なども, 状態や状態変化を表す自発の「れる」が受身へ拡張した用法である).

3. 難易中間構文の認知構造

　さて難易中間構文の動作主を表さないメカニズムはいかなるものであろうか. ラネカーは, (20) のような英語の難易中間構文に対して, (21) のような認知構造を提示している (S は主語参与体) (Langacker 1990a: 228–9).

(20) a.　The door opened only with great difficulty.
　　 b.　A good tent puts up about two minutes.
　　 c.　This ice cream scoops out very easily.

(21)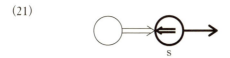

しかし，この図には動作主が表現されないことが示されているだけで，なぜ動作主が消えるのか，そのメカニズムが示されていない．またなぜ対象からの反発や抵抗(左向きの2重線矢印で表示)が感じられるかも示されていない．

ここでは，動作主が認知主体自身であり，認知主体が対象と直接インタラクトしながら何らかの働きかけをしようとする際の，対象についての印象を述べる構文として，難易中間構文を位置づける．まず次のような認知構造を想定してみよう．

(22)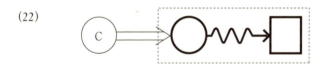

この図で，左端の円は動作主を表すが，これが認知主体Cであり，通常自分は自分の認知スコープには入らないから，(認知主体である)動作主が表現されないというわけである．また認知主体が直接対象に働きかけるために，行為遂行上の難易感が表現されることになる．

この認知構造によって難易中間構文の振舞いが説明可能である．まず，認知主体から対象への働きかけを前提とするから，働きかけを含まない動詞は基本的には用いられない (*Thunder hears easily. *Ballet likes easily. *Insincerity hates easily.)．

また次の(23a)(23b)の容認度の差については，難易中間構文の場合，働きかけの結果(うまくいくかいかないか)を表すために，learn のように学習の過程を表す動詞をとりにくい．Tough 構文(23b)が容認されるのは，学習過程の難易を述べる形式であるためと言ってよいだろう(cf. Dixon 1991: 327)．(23c)がよくなるのは，動詞 acquire が結果志向の動詞であるためである．

(23) a. *Swahili learns easily.
　　 b.　Swahili is easy to learn.
　　 c.　Swahili acquires easily.

上の (22) のような認知構造を措定すると，次のような他動詞文の難易中間構文の存在も説明可能である．

(24) a　The new jug doesn't pour the custard properly.
　　 b.　The new knife cuts veal well.　　　　　(Dixon 1991: 323)

認知主体が道具を持って対象に働きかける際，認知主体の認知スコープに入るのは，動作主を除く道具以降の，道具と対象から成る行為連鎖であり，そのため，働きかけの成功・不成功が，道具を主語とし，対象を直接目的語とする難易中間構文で表現される，というわけである．

(22) の認知構造は，難易中間構文のいくつかの重要な特徴をうまく説明するが，以下の 3 種類の現象に対しては十分ではない．まず，日本語の難易中間構文 (25a) (25b) に対応する英語の難易中間構文 (25a') (25b') の容認度に差が生じるが，この現象に十分対処できない．

(25) a.　このバーベルは持ちあがらない．
　　 a'. *This barbell doesn't lift.
　　 b.　このガレージのドアは持ちあがらない．
　　 b'.　This garage door doesn't lift.[1]

1　次の難易中間構文も比較してみよう．
　a. This pencil won't write.
　b.?This typewriter won't write.
例文 a のように，（芯の折れた）鉛筆で文字が書けないということをその鉛筆の客観的な性質として叙述することはできるが，例文 b で，当該タイプライターで文章が書けないことをそのタイプライターの客観的性質として述べることはできない．タイプライターで文章が書けないのは，書き手（主体側）の問題でもあるので，タイプライターだけのせ

問題の第2の現象は，次のClarkからの引用にあるように，英語の難易中間構文では，子どもと成人の意味用法に違いがあるということである．

(26) a.　That flower cuts. (2;8, looking at some flowers in the garden)
　　 b.　This can't squeeze. (2;5, holding a toy made of hard rubber)
　　　　Unlike conventional middle forms in English, ...children's uses of middles are not initially restricted to the generic contexts of adult usage, but ...used for talking about eventivity... (Clark 2001: 396–7)

問題の第3の現象は，動作主が必ずしも認知主体や人とは限らない場合があるということである．例えば(27b)で，誰かが彼女に日焼けさせようとしてそれが簡単だということではない．

(27) a.　She panics easily.
　　 b.　She tans easily.

まず，第1の現象(25)について，(25a') *This barbell doesn't lift. がおかしいのは，英語の再帰中間構文が総称的な(individual level)表現で，主語参与体の一般的な特性を述べるためである．つまり(25a')は恒常的な特性を表すことになり，本来バーベルが持ちあげるためのものであることに抵触するのである．(25b')は，ガレージのドアが壊れて持ちあがらなくなっているということは十分ありうることで，矛盾は生じない．対応する日本語表現は，認知主体が持ちあげようとして持ちあがらなかったときのその場でのバーベルの印象を述べることができるので，(25a)はOKというわけである．その場での印象を語れる日本語とそれができない英語の難易中間構文の差をどのように説明すべきであろうか．

(26)も同じような問題である．子どもの用いる英語の中間構文は，そのいにすることはできない．上の2つの例文の容認度は，英語の難易中間構文が，主語参与体の客観的な性質を述べる構文であることをよく示している．

場での印象を語れるが，成人のそれはそれができないということである．

さらに(27)の *She tans easily.* などでは，動作主や人などの働きかけとは無関係な主語参与体の一般的な特性記述を表す表現になっている．本多 (2003) でも，アフォーダンスの観点から認知構造 (22) と同方向の分析がなされているが，その場合でもこのような問題について考察を加える必要がある．

英語の難易中間構文(成人のもの)は，状況に密着した印象から徐々に離れて，動作主や認知主体との関わりをもたない対象の純粋で客観的な特性の記述表現へと拡張しているようであるが，これに対応する認知プロセスとして「外置」(displacement) という認知プロセスを措定したいと思う．つまり，認知主体が対象とのインタラクションの場から出て，あたかも外から客観的に対象を眺め観察するような視点をとる認知モードである．この外置のプロセスは次のように図示される．

(28)　外置の認知プロセス

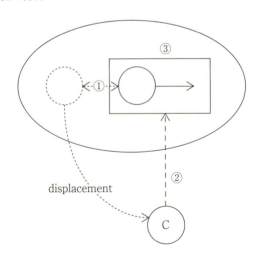

この図で，認知主体 C が外置 (displacement) によって認知の場 (楕円) の外に出るため，認知主体と対象の直接的なインタラクション①は存在しないかのようである．また②の認知プロセスもあたかも客観的な観察の目のようで

ある．そのため③の「見え」(appearance) としての事態は，認知主体から独立して存在する客体のように見えることになる．例えば「太陽の上昇」は本来，自転する地球上の認知主体と太陽との位置的なインタラクション（楕円内の 2 つの小円間の両向き矢印①）に基づいて，視線の上昇を含む知覚の複雑な認知プロセスを経て，「太陽の上昇」③が認知像として捉えられるのであるが，外置によって認知主体が外の視点をとるために，「太陽の上昇」はあたかも客観的な事態であるかのように捉えられる，というわけである．この認知プロセスは，認知主体が認知の場の外に自らを置くような視点の取り方 (displacement) であるが，「自らを外に置く」という点に注目して，「外置の認知モード」(Displaced mode of cognition) と呼ぶことができる（認知モードに関わる現象の全貌については，第 11 章を参照）．

　同じように難易中間構文によって捉えられる事態も，本来は認知構造 (22) のように認知主体と対象との直接的なインタラクションを通して認知されるのであるが，外置によって，あたかも認知主体と無関係に対象の属性が存在するように見なされ表現される，というわけである．この傾向が英語には強いために，英語の難易中間構文は徐々に認知主体から離れた一般的な特性を表現するようになっている．これに対して子どもや日本語の対応表現は，子どもの認知や日本語の認知のあり方が相互作用型であり，外置が完全には進んでいないために，直接的なインタラクションに基づくその場での対象の印象や感想を表現するのであろう，というわけである．

　中村 (2002, 2003b, 2004b など) では，発達心理学や科学哲学，現代物理学の世界観などを考慮して，外置に若干の学的根拠を与え，また外置の度合が言語によって異なるという想定の基に，16 種類の日英語の言語現象を比較して，日本語では外置の度合が低く相互作用型の認知モード（I モード認知）をより多くとどめ，英語は外置の度合が相当に進んでいるのではないかという結論を得ている（本書第 11 章参照）．

　英語の難易中間構文は，要するに，子どもが用いる場合は，インタラクションに直結した表現でもありうるが，成人のものはすでに拡張していて，本来インタラクションに基づく認識であっても，外置によってあたかも一般

的な特性であるかのように表現するようになっており，さらには認知主体とのインタラクションを必要としない純粋に対象の特性を表すところ（例えば(27a)(27b)）まで，拡張しているということである．

　子どもの表現が直接的なインタラクションと直結していることは想像に難くないが，関連する現象がある．三人称単数現在 -s の習得の初期の段階では，この -s は，認知主体の子どもが例えばおもちゃの動物を歩かせようとしてその動物が歩くときの It walks. のような用法に限られ，人が自分の意志と力で歩くようなときは He walk. のように活用しない（Savasir and Gee 1982）ということがある．トルコ語，イタリア語そしてヘブライ語などにも同種の現象が存在するようである（Berman 1982, Savasir and Gee 1982）が，ある種の文法要素の習得の初期段階では，対象とのインタラクションを通して得られるその場の印象や感想を表しうる（あるいはそれだけに限られる）が，徐々に一般的・客観的叙述のほうへ力点を移していくというわけである．これは，ピアジェの子どもの成長に伴う脱中心化という心的発達とも平行しているが，より一般的には外置のような認知プロセス（D モード認知）と強い相関があると考えてよいように思われる．

4. 結び

　構文の表す意味内容（content）というよりは，認知プロセス（construal）に注目し，各構文の認知プロセスを特定することによって，自動詞文・再帰中間構文と受身の対立なども明確になり，また認知プロセスを基盤とすることによって言語間の言語体系（部分）の比較もより明瞭に行われることになる．例えば態について active 対 middle と active 対 passive のいずれを基本とするかの判断も，個々の表現形式の相対的位置づけも容易になるだろう．例えば英語の They speak English and French in Canada. は受身の認知プロセスの反映として不特定主語が用いられていて，その結果として状態性・受身性を帯びるということになる．

　このようなことと難易中間構文に反映しているとして措定した外置（displacement）の認知プロセスは無関係のようである．しかし，外置の度合

の低い段階では，認知主体と対象などは融合した「状態」にあるが，外置が進むと境界が明確になりモノとしての参与体の存在が際立つ．そうであれば，英語のような言語では参与体に注目しその際立ちに基づく active 対 passive であることと，外置の度合が高いということには，一定の関連性を認めることができる．

第7章

構文のネットワーク表示と意味地図表示
―Evolutionary path の提案―

1. はじめに

　構文を対象とするとき,ネットワークと意味地図でまず大きく異なるのは,構文の合成過程はネットワークで示せるが,意味地図では示せないということである.逆に,構文の各用法の全貌を一定の予測性をもって捉えることは意味地図にはできるが,ネットワークにはできない.構文がその構成要素に還元できないことを考慮すると,構文の合成過程がネットワークで示されるとしてもそこにはおのずと限界があり,意味地図をベースにした構文の進化経路 (evolutionary path) のような概念が有効かもしれない.

　本章の議論に入る前に,言語知識としての構文の集合が,意味地図でわかりやすく表示できることを見ておこう.よく構文は,語彙から談話レヴェルの構文までさまざまなサイズの構文と,個々の具体的な構文から抽象的な構文スキーマまでさまざまな抽象度の構文とから成る,と言われるが,このような言語知識は,次の図のように,schematicity と complexity を座標軸とする一種の意味地図によって捉えられる (cf. Langacker 2005).

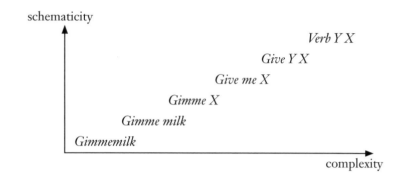

　言語習得も，単純で具体的な表現(例えば一語文)から，より複雑で抽象的な構文スキーマへと進行することが論じられているが (Tomasello 2003)，二重目的語構文の習得過程を，意味地図で (若干理想化して) 示すと上のようになる．

　縦軸に沿って，構文の抽象度が上がり，横軸に沿って構文の複雑度が上がるが，子どもの言語習得が，徐々に構文の抽象度と複雑度を上げていくように進展する様子が，この図から読み取ることができる[1]．意味地図は，どのような座標軸に目をつけるかが決め手であるが[2]，本章では，意味地図の可能

1 　この構文の習得は，以下のように a (一語文) として捉えたものを，b のように語の結合として捉え，以下，構文の各部を抽象的に捉えながら，d のいわゆる動詞の島構文を捉えるところまでいく．最後は動詞の部分を抽象的に捉えると，SVOO のようなきわめてスキーマ性の高い構文の習得である．
　　a. horophrases (e.g. [*Gimmemilk*])，
　　b. word combinations (e.g. [*Gimme*] [*milk*])，
　　c. pivot schemas (e.g. [*Gimme*] [*milk/juice/...*] ⇒ *Gimme X*)
　　d. item-based constructions (e.g. [*Give*] [*me/him/John...*][*X*] ⇒ *Give Y X*)
　　　　　　　　　　　　　　　　　　　　　　　　　　　(Tomasello 2003: ch. 5)
2 　どのような概念で意味地図の座標軸をとるかは，以下のような問題があるので注意を要する．
　　What is called "direct causation" or "strongly coercive causation" in one language usually differs from what bears the same label in another. This is not to say that there are no recurring motifs, no cross-linguistic similarities in the area of causation. Rather, the point is that causative constructions usually encapsulate a unique combination of components. Individual components – such as, for example, "Y wanted it" or "Y didn't want it" – frequently recur in the world's language. But the configurations of such

性，妥当性を検証すると同時に，適切な座標軸を設定し，特定の文レヴェルの構文について，意味地図をさらに展開させて構文の進化経路による構文分析を提案する．

さて次の結果構文を見てみよう．

(1) a. The orchestra played the actors off.
    b. Yokozuna Akebono ... sat out the last tournament with a back injury. (*Asahi Evening News*, 1998/12/25)

このような例で，主語動作主の行為が必ずしも，結果状態を引き起こすことにはなっていない．(1a)では，オーケストラの演奏と役者たちの退場は単なる時間的前後関係としてみることができ，(1b)では，横綱が（ケガなどで）相撲を休むこと (sitting) と一場所 (e.g. 九州場所) が過ぎていくこと (the tournament out) との間に，明らかに因果関係はなく，両者は同時進行的である．一般に結果構文は「主語動作主の行為が原因となって，直接目的語の移動や状態変化を引き起こすような事態を表す」とされるが，上のような時間的な前後関係や同時進行を表す結果構文（結果構文であるとすると）は，どのように位置づければいいのだろうか．本章では，構文を進化するものとして捉え，構文の進化経路を仮定し，結果構文の下位構文がそこに位置づけられることを示す．

2. 結果構文の捉え方と種類

「主語＋動詞＋直接目的語＋結果述語」形式の結果構文の共通の意味的特徴として，次の(2)があることは，結果構文が盛んに研究されるようになったころから変わっていない (cf. Jackendoff 1990)．認知文法でも構文文法でも同様である．

---

components tend to be unique and cannot be adequately captured in global labels such as "indirect," "manipulative," and "distant." (Wierzwicka 2006: 175)

（2）主語動作主の行為が原因となって，直接目的語の移動や状態変化を引き起こす．

Goldberg and Jackendoff (2004) のように，構文を a family of constructions として捉えると, *freeze solid, arrive at, drive Highway 5 from SD to SF, rumble through the tunnel* のような構文から one's way 構文, time away 構文までもが結果構文に類するかもしれない．ここではこのような構文は異なる形式として考察の対象としていない[3]．

「主語＋動詞＋直接目的語＋結果述語」形式の結果構文には，通常次のような4タイプ（または，(3)(4)や(4)(5)を同一タイプとして3タイプまたは2タイプ）があると考えられる．

(3) a. John broke the vase into pieces.
　　b. John cut the bread thin.
(4) a. John kicked the door open.
　　b. John kissed her awake.
(5) a. John cooked the pan black.
　　b. John kissed her lipstick off.
(6) a. John sneezed the napkin off.
　　b. John walked himself tired.

---

[3] Goldberg and Jackendoff (2004) の分析は，サブスキーマレヴェルの構文分析であり，Boas (2003, 2005) の分析は，それより具体的な個々の動詞レヴェルで構文の容認度を記述・説明する．しかし両理論とも，分析の抽象度を下げても，(5) のような具体的な例の特異性を捉えることはできない．Selected から Unselected への構文の拡張あるいは Conventionalized から Nonconventionalized への構文拡張の一般性を捉えることもできない．Langacker (e.g. 2000) では，語彙と構文が同居するネットワークが提案され，そこでは動詞や形容詞が（例えば結果構文に）生起しうるかどうかを，記述として表示可能である．同時に，認知主導の構文構築が，動詞レヴェルで定着する場合と，構文主導レヴェルで定着する場合を（度合差として）導入することによって，個々の動詞レヴェルの構文の成否から，抽象度の高い構文の生産性まで（構文創発の原理を含めて），連続的に捉えることが可能である．どのような理論であっても，具体的レヴェルでの特異性と抽象的レヴェルでの生産性との間の連続性を捉える仕組みをもっていなければならない．

（3）では，動詞がすでに表している結果状態が結果述語によってさらに詳しく述べられているが，（4）では，動詞の表さない結果状態が結果述語によって叙述されている．(4a)の動詞 kick は，蹴られたドアがどうなるかは明示しないし，同様に (4b) の動詞 kiss もキスされた女性がどうなるかまでは明示しない．これらの例で，結果述語は，ドアや女性の可能な状態変化と結果状態を明示することになっている．（5）の直接目的語は他動詞の選択する目的語ではなく，（6）では自動詞の後に直接目的語が生起している．しかしいずれも意味的にはすべて（2）を満たしている．

ここで注目するのは，（2）を満たさないで，同形式の（1）のように因果関係を表さない結果構文である．この種の結果構文が指摘されることはほとんどないが，（1）の他に Broccias (2003: 202) の挙げる次の例が興味深い．

(7) a. The butler bowed the guests in.
  b. We talked the dusk into night.

Broccias は穏やかな因果関係 (mild causality) の例としているが，(7a) では若干の因果関係があり，(7b) では因果関係はゼロである．(7a) では確かに，執事のおじぎが合図となって，客が部屋に入ったのであり，若干の因果関係があるが，(7b) では，「私たちの話し」と「夕暮れ時から夜への時間の経過」との間には，因果関係はない．このような例は，結果構文の表す因果関係に段階性や希薄化が存在することを意識させる．

3. 結果構文のネットワーク表示と意味地図表示

通常ネットワークは，プロトタイプ，拡張，スキーマから成る三角形を網目の単位として，その集合を指す．結果構文のネットワーク表示では，（3）が結果構文のプロトタイプであるとすると，他の（4）（5）（6）の結果構文は拡張ということになる．スキーマとしては（2）のような一般的特性をもつ抽象度の高い結果構文を置くことができる．

しかし，このようなネットワークには (1b) (7b) の結果構文を収容するこ

とはできない．第1に，(1b) や (7b) の結果構文は，(2) の特性がなく，そのスキーマの具現例 (instance) とすることはできない．スキーマの特性を変えることも考えられるが，それは，結果構文を決定づけている (2) の特性を放棄することになる．第2に，このようなネットワークでは，拡張の結果構文として，どのようなサブタイプがあるのか，その全貌が予測できない．そのため，(1b)(7b) のような例が果たして結果構文なのか，結果構文だとして，どのような位置づけになるのかが，不明というわけである．

　この場合，意味地図表示が一定の解決法を示してくれる．意味地図は，例えば結果構文の表す概念の全貌を考慮して，各言語の結果構文が，どのような領域を占めているかを示すからである．一般にゲルマン語の結果構文が，ロマンス語より用法の拡張が進んでいると判断されるが，そうすると，(1b)(7b) のような結果構文は，さらに拡張の進んだタイプとして位置づけることができそうである．

　意味地図の座標軸としてどのような次元が設定可能であろうか．次の2点に注目してみよう．(2) のような特性を決定的とする結果構文が，その (2) を否定するような (1b)(7b) のタイプを拡張させていること，それと，(3)〜(6) の結果構文でも，その直接目的語は徐々に動詞の要求するものでなくなっているということがある．この2点から，結果構文では「主語動作主から目的語参与体への＜直接的な働きかけ＞が徐々に希薄化していく」方向に，用法が拡張していると見ることができる．

　ここで，「直接的働きかけが希薄化している」のであれば，「拡張」という用語は適切ではない．「拡張」とは，プロトタイプと「矛盾する特性をもつ用法」が派生することであり，結果構文では用法の派生の際に，矛盾する特性は生じていない，と考えられるからである．(4a) では「蹴ること」はドアを開けるための直接的働きかけ（通常の働きかけ）ではなく，(5a) では「調理すること」は鍋が真っ黒になるための働きかけとしてはより間接的である．(5) や (6) の例で，動作主の働きかけが意図的でないことも働きかけの間接性を示唆していると言えよう．最終的には，働きかけと状態変化が同時進行的な (1b)(7b) の例では，主語動作主の物理的働きかけはゼロになっ

ている．このように，新たな用法が派生する際に，矛盾する特性を生じさせることなく，「直接的働きかけが希薄化している」だけであるならば，それは意味内容の減少であり，抽象化に他ならず，認知的にはスキーマ化ということになる．

結果構文のスキーマ化を（8）のようにまとめると，結果構文の全貌は，（9）のような意味地図上で捉えられる．

(8) 結果構文のスキーマ化：結果構文は，主語動作主からの目的語参与体（の変化）に対する直接的働きかけが徐々に希薄化する方向へ展開する．

(9) 結果構文の意味地図

動作主の直接的働きかけの希薄化

(9)では，動作主の直接的働きかけの希薄化を表す矢印（一次元の座標軸）に沿って，上で見た（3）〜（6），それに新たなタイプの (1b) (7b) が位置づけられる．このような希薄化で捉えられるということは，結果構文のサブタイプは，ネットワークを形成しえないということである．このような構文の展開は，各用法の全貌と位置づけが明解な意味地図表示のほうが優れている．

4. 結果構文の進化経路（evolutionary path）

(9)の意味地図から明らかなことを確認しておくと，まず結果構文の各サブタイプは，プロトタイプからの「拡張ではない」ということであり，サブタイプの展開は（放射状ではなく）「線状的，直線的だ」ということである．このような展開はスキーマ化，文法化でもあるが，ここでは「構文の進化」と呼び，進化の経路（evolutionary path）を特定することにしよう．

「進化の経路」を特定すると言うことは，以下のように，①構文が進化を

始める第一段階，②進化の方向性，それに③構文が最終的に到達するスキーマ（あるいは現段階のスキーマ），を特定することに他ならない．

(10) 「進化の経路」の特定
　　①構文が進化を始める第一段階を特定する．
　　②進化の方向性を特定する．
　　③構文が最終的に到達するスキーマ（あるいは現段階のスキーマ）を特定する．

結果構文の②はすでに (8) に示されている．(8) の形式面への反映として，結果構文の直接目的語が徐々に，動詞の選択するものでなくなるということがあるが，結果構文の進化の①，すなわち第 1 段階は，直接目的語が動詞の選択するものでなくなる段階である．(4a) *John kicked the door open.* の例では，一見 *the door* は動詞 *kick* の選択する直接目的語のようであるが，詳細に観察すると，この段階で *the door* は動詞 *kick* の選択する直接目的語であると同時に，結果構文の選択する直接目的語でもある．ドアの実働部 (active zone) に注目すると，蹴られるのはドア（開閉部）の一部であるから，動詞 *kick* に対してはドアの「一部」を実働部とする *the door* が直接目的語であり，開くのはドア（開閉部）の「全体」であるから構文全体に対してはドア全体を実働部とする *the door* が直接目的語だということである．このような例では，直接目的語 (e.g. *the door*) は，動詞の直接目的語であると同時に，構文の直接目的語でもある．このような二重の機能が認められる段階が，一般に，進化の第 1 段階である．(5)(6) の直接目的語は，動詞の選択する直接目的語ではありえないから，(5)(6) は完全に結果構文へ進化した構文の例だというわけである．

　さて結果構文の進化の経路の③について，(1b)(7b) のような結果構文を含む結果構文全体のスキーマはどのように捉えればよいのだろうか．認知文法の用語を用いるならば，おそらく，結果構文のスキーマは，「1 つの行為連鎖と，それと関連する，際立ちの強い位置変化・状態変化とが同一の認知

スコープに収まっていて，行為連鎖の中の動作主をトラジェクター，変化の主体をランドマークとして叙述するような構文」ということになろう．

> (11) 結果構文のスキーマ：1つの行為連鎖と，それと関連する，際立ちの強い位置変化・状態変化とが同一の認知スコープに収まっていて，行為連鎖の中の動作主をトラジェクター，変化の主体をランドマークとして叙述するような構文

(6a) の場合は，煮炊きするという行為連鎖があって，その状況で真っ黒になった鍋が際立ち，これをランドマークとするような結果構文であり，(7b) は，おしゃべりの行為連鎖があって，その状況で夕暮れから夜への時間変化が際立ち，夕暮れをランドマークとするような結果構文である．(7b) の段階では，もはや働きかけの有無は問題ではなく，何が際立っているか，という認知的要素が決定的な要素になっている．そのために，(7b) のような例はよりスキーマに近い例だというわけである．

以上のように，意味地図表示を取り込んだ「構文の進化の経路」を特定することによって，意味地図のみでは明らかにできないこと，すなわち構文の展開のメカニズムやスキーマ的な規定までが可能になる．以下のような結果構文は成立しないが，

> (12) a. *He arrived her happy.
> b. *He died her happy.

これは，到着すること，あるいは死亡することが，(非対格自動詞の)位置変化・状態変化であり，先のスキーマで示したように(非能格自動詞の)行為連鎖が含まれなくなるためと言える．少なくとも現段階までの結果構文は，行為連鎖と変化とが(両者の間に因果関係はなくても)同一の認知スコープに収まっている必要がある．単純に2つの変化が同一の認知スコープに入っているだけでは(たとえ因果関係があっても)，それを結果構文で表すことはで

きないということであろう．

5. 結び

　項構造構文の各用法は拡張であるとして，これまで放射状のネットワークで捉えられていたが (Kemmer 1993, Goldberg 1995)，ここで見た結果構文の各用法が拡張でなかったように，再帰中間構文も二重目的語構文も，その各用法は拡張ではない（第 4 章，第 5 章）．そのような用法の全貌を捉えるには，連続性を基盤とする意味地図が望ましい．さらに，意味地図表示をその一部に取り込む「構文の進化の経路」を導入することによって，文レヴェルの項構造構文のようにスキーマ化や文法化としては捉えにくい構文現象が，その展開のメカニズムから全貌までより詳細に分析できるようになる．

第2部
認知モードと
言語類型・言語進化

第8章

言語における主観性・客観性の認知メカニズム

1. すべては主観

　「凡そ文学的内容の形式は (F + f) なることを要す」とは，漱石の『文学論』(1907) 冒頭の一文である．直後に F = 知的要素, f = 情的要素とあるが，その後の記述では，F と f はそれぞれ「客観的」に記述される部分と書き手の思いや感情の発露としての「主観的」側面にあたる．また時枝誠記の『国語学言論』(1941) では，江戸期の国文学者鈴木朖の直観を受けて，「詞」と「辞」の考察が深められるが，詞と辞はそれぞれ表現の客観的，主観的側面に対応する．

　このように，以前より言語表現には主観的成分が不可欠なことは十分意識され，主張もされていたが，研究の主流は，表現の客観的成分の分析に向かったようである．命題と呼ばれる客観的意味内容が，機械的にどのような言語形式と対応しているか，ということが研究の中心となったわけである．話し手の発話時の「判断」や「思惑」や「感情」がどのように絡み，どう言語形式に反映するのかということはあまり重視されなかった．欧米の研究でも事情は同じかそれ以下であったが，ここ数年の間に，このような主観的側面が言語構造のあり方と成り立ちに深く関与していることが十分認識され，この方面の研究が増加している．Scheibman (2002) などはその代表的な研究である．

認知言語学のほうでは，言語の客観的側面，つまり命題のような客観的内容もそしてそれと客観的に対応していると思われていた言語形式も，私たちの主観的な「捉え方」(construal) の反映であることを体系的に明らかにしているということがある (e.g. Langacker 1999b, MacWhinney 1999)．このように命題のようなものも主観ということになると，本来はすべてが主観的であり，純粋に客観的なものはない，ということになる．

　本章では，まず「世界」が，すべては主観というところから，客観的なものと主観的なものへと分化していく認知メカニズム (2 つの認知モード) について考察し，次に，このメカニズムが言語の主観性・客観性にどのように絡むのか，日英語の文法現象を対照しながら見ていく．

2. 主観・客観と 2 つの認知モード

　客観的なものが本来主観的であることを示す認知モデルとしては，認知言語学の三者，すなわちレイコフ，ラネカー，トローゴットそれぞれの主観性の特徴的な部分を統合するのがわかりやすい (Lakoff 1987: ch. 16, Langacker 1999a: ch. 10, Traugott 1995)．レイコフの主観性は，認知が主体と対象の「インタラクション」(経験) に基づくという点にあり，ラネカーは，認知で機能する「主体の認知プロセス」を主観性と見なす．トローゴットの主観性は，聞き手の「(語用論的) 読み込み」の主観性である．トローゴットの「読み込み」を拡大解釈して認知主体の構築する「認知像」とし，他 2 者の主観性を統合すると，図 1 のような主観性の認知モデル (I モード) が得られる．

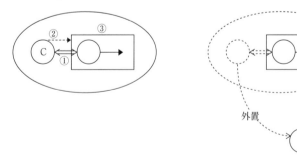

図 1　I モード　　　　図 2　D モード

楕円（認知の場）内の2つの円は認知主体Cと対象であり，その間の両向きの二重線矢印①は，両者の「インタラクション」である．破線矢印②は「認知プロセス」で，その先にある，対象を囲む長方形の四角③が「認知像」である．私たちは，対象と「インタラクト」しながら，私たちの「認知能力・認知プロセス」を用いて，対象についての「認知像」を構築する，というわけである．このような認知モデルに基づく認知モードを，インタラクト (interact) の頭文字をとって，Ｉモードと呼ぶ．

「太陽の上昇」は，Ｉモード認知の好例である．私たちは，自転する地球上にいて，（少なくとも太陽系では）不動の太陽と位置的にインタラクトしながら（①），「視線の上昇」を含む視覚系のさまざまな認知プロセス②を用いて，認知像③としての「太陽の上昇」を構築しているというわけである．

ところが私たちは，このような認知像が私たちとの関わりで主観的・認知的に得られることを忘れて，客観的な存在だと思い込むという性向がある．つまり，インタラクトしていることも，認知プロセスが働いていることも，認知像を構築していることも忘れて，事実としての「太陽の上昇」のような客観が存在し，それと対峙しているかのような錯覚におちいるわけである．このような錯覚の認知モードを，認知主体が外置されて (displaced)，外から眺める認知モードとして，Ｄモードと呼び図2のように示す．

先に，すべては主観であり，そこから客観と主観に分かれると述べたが，私たちはＩモードでしか外界や世界を捉えることができないから，認識されるものはすべて私たちとの相関であり，主観的な存在である．そこでは私と外界の境界ですらあいまいである．そのような状態の中で生じる認知像を，おそらく人間特有のＤモードによって，客観的存在として眺めているような気分になるのである．つまりＤモードによって，客観と主観が別々に存在するような構図ができあがるというわけである．

先に触れたScheibmanらの言語の主観性に関する研究は，Ｄモードによって分離する客観と主観，すなわち「私」と「対象」のうち，「私」の判断・思い・感情がどう表現されるか，そしてその表現が「対象」や「客観」を描写する表現とどのような相関をなすかという面の研究であり，あくまでＤ

モードで分離した主客を前提としている．

　一方，認知言語学は，認知が言語に反映するという立場であるから，Iモードが前提であり，他のモノと同様，言語も私たちから独立して存在するものではなく，私たちと対象との相関だという捉え方である（この段階で，言語の自律性は排除される）．したがって，どのようなインタラクションの上に言語が成り立っているかをさまざまな角度から明らかにすることが，認知言語学の研究プログラムである．例えば，言語習得過程で子どもと言語とのどのようなインタラクションによって言語が創発するかということも明らかにされているし (Tomasello 2003)，言語変化において言語話者と表現の接触頻度が大きな要因であることなども明らかにされている (Bybee and McClelland 2005)．

　言語における主観性・客観性について見る前に，ラネカーと茂木の認知モデルを見ておこう．

3. ラネカーと茂木の認知モデル

　ラネカー (1985) は，主客対峙のステージモデルを基に，認知主体がオンステージから眺める場合とオフステージ（観客席）から眺める場合の2つの認知様式を提示し，さまざまな現象を分析しているが，認知モデルとしては，あくまで主客対峙であり，主客未分のインタラクションが組み込まれていないのは，不十分だと言えよう．

　Dモードは，Iモードを外からモニターしている点で特徴的であるが，Dモードのこのメタ認知性を中心に据えると，茂木 (2004: 192–3) で提案されている，次のような2つの認知モードが可能である．

　ここでは，最初から（図3），自己の中で「擬似的客体」とそれをメタ認知する「擬似的主体」が分化しており，そしてその擬似的客体が外挿されて（図4），いわゆる「客観的存在」が構築されるという観点である．ここでも，主客未分のインタラクションが示されていない．

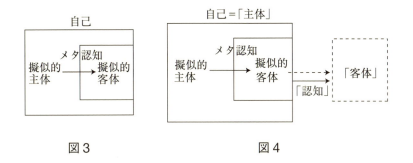

図3　　　　　　　　図4

　本章のIモードでは，自己を示す小円と認知の場を示す楕円を用いているが，これは自己の境界のあいまいさだけでなく，自己の内と外のいずれでインタラクションが生じているのかというあいまいさも表している．現代の身体論が論じるように，私たちの身体は伸縮自在で，車で低いガードの下をくぐる時よく車の天井が頭の一部になるし，身体の一部でも他者化して脚が棒のようになることもある．そのような身体をもつ私と何らかの外界とは，その境界も，インタラクションの場所もあいまいである．つまり，外界は私たちの外に存在するもののようでもあり，私たちの内側で私たちが形成するもののようでもある．そのあいまいさの中から，徐々に，私と外界が分離し対峙する認知モードが現れる過程を，IモードからDモードへの展開は示している．

4. 認知モードと言語の主観性・客観性

　ラネカーの認知文法は，認知が文法に反映するという立場であるが，言語の主観性・客観性についても，認知の反映と見なすことができる．言語の主観性をIモードの反映とすることによって，日本語の主観的側面としての「＜いま・ここ＞性」，「状況内視点」，「(語り手の視点ではなく)登場人物の視点」，「非分析性」等々がうまく捉えられるし，また言語の客観性をDモードの反映と見ることによって，英語の客観的側面としての「状況外視点」や「神の視点」，「分析性」等がうまく捉えられる．さらに，一見主観性・客観性とは無関係であるような言語現象・文法現象との関連性が捉えられそのよう

な現象が言語の性格に少なからず寄与していることが理解される．
　ここでは，きわめて主観的な現象が，文法の従属性・従位性 (subordination) へと繋がる二組の現象と英語の虚辞について見てみよう．二組の言語現象・文法現象については，その現象の有無・多寡を日英語で対比的に示すことにしよう．最初の一組は以下のようなものである．

（1）	日本語	英語
主観述語	ある	ない
人称代名詞	ない	ある
定冠詞	ない	ある
補文マーカー that	ない	ある

日本語の主観述語を用いる「寒い！」「〜がほしい！」などは状況内での感覚の発露であるが，英語の *cold* や *want* などは，描写や叙述用にのみ用いられる述語である (Wierzbicka 1988: 160, Montgomery 2005)．日本語の人称代名詞は，二人称の「おまえ」「きみ」「あなた」のように空間的・社会的直示性 (I モード性) を残しているとして，人称代名詞扱いされないことがあるが (Mühlhäusler 2001)，英語の人称代名詞では，人称はいわば遂行節の話し手と同一か否か，聞き手と同一か否かで決定されるような，従属性の強いものであり D モードの反映がうかがえる．
　英語の定冠詞 *the* は（多くの言語同様）指示代名詞（*that* にあたる古英語）からの文法化で直示性が希薄化している．また定冠詞を用いるには「聞き手に指示物がわかっている」ことがわかるというメタ認知的な「心の理論」の理解が必要である (Malle 2002)．子どもにおけるメタ認知と「心の理論」の理解の発達は同時期とされるが，定冠詞の発達は D モードとの連携が密と言える．また英語の指示代名詞 *that* は，補文マーカーへと文法化するが，これは事態をモノとして（有界的に）捉える D モードの反映と見てよい．
　次は，従属構造へと繋がるもう 1 つの組である．

(2) 　　　　　　　　　　日本語　　　　　英語
　　　オノマトペ　　　　多い　　　　　　少ない
　　　話法　　　　　　　直接　　　　　　直接＋間接
　　　並置か従属か　　　並置　　　　　　従属

　オノマトペと直接話法（直接引用）が，音や発話をいわばナマのまま伝える，臨場性をもつ表現であるのに対して (Kilian-Harz 2001)，間接話法では，その伝達内容は，I モードの外に出た (displaced) 認知主体の視点から捉え直され，従属節に組み込まれている．間接話法や英語のオノマトペの少なさには（そして英語のオノマトペが動詞化することにも）D モードの反映を見て取れるだろう．

　アフリカの言語などで，間接話法の発達していない言語は，並置構造 (parataxis) が優勢のようだという Heine 夫妻の印象（個人談）もあるが，日本語の「トイレに行けないコマーシャル」(Matsumoto 1988) のような例では関係節と名詞句は並置構造的であり，日本語の関係節では一般に，並置構造から（英語の関係節のような）従属構造が拡張していると見ることができる．従属節は認知的にはプロファイルを消失するが (Cristofaro 2003)，日本語の関係節はプロファイルを保有したままのものが少なくない．

　最後に，虚辞の *there/it* と D モードとの関連を見ておこう．次の例は，*there* のある無しによって認知モードが変わる．

　　(3)　As you can see, across the street is a grocery.
　　(4)　As I recall, across the street there's a grocery.
　　(5)　I can see that across the street there's a grocery.　　(Bolinger 1977: 95)

（3）と（4）はどちらも同じ事態を伝えているが，*as you can see*「君にも見えるように」を付けて＜いま・ここ＞風に表現すると，*there* は不要で，*as I recall*「ぼくの記憶では」を付けて D モード風にすると，*there* が必要である．つまり（5）の *there* を必要とする従属節も示すように，*there* は D モードと

相性がよい．虚辞 it についても，例えば，古い表現の meseems (that) 〜と現代の it seems to me that 〜は単純な史的変化ではなく，it のない前者はいわば＜いま・ここ＞での判断の自発的な発露であり（MacCawley 1976），it をとる後者は判断の客観的な表現である（Palander-Collin 1997）．Langacker (2011b) はこのような it に対してアウェアネス (awareness) という用語を用いているが，it によって感覚や判断が対象化され意識的に捉えられることを示唆している．

　基本的な文法的要素について見てきたが，「主観的な」日本語では従属構造へ繋がる文法要素は少なく，「客観的な」英語では従属構造を志向しDモードの反映が強い．構文についても，日本語に特徴的な「は〜が〜」の題目構文，「〜に〜を〜される」の間接受身，「〜に〜してもらう」の受益（使役）構文などは，身近な参照点をたどりながら事態を捉え叙述する参照点構文であり，I モード志向である．対応する英語の *I had my purse stolen / I had my hair cut.* などでは，本来の参照点とターゲットが，それぞれトラジェクター（主語）とランドマーク（目的語）に捉え直されており，D モード志向である（中村 2005）．こうして見ると，単文レヴェルの文法要素から，単文か複文かのレヴェル（並置構造か従属構造か），さらに項構造構文レヴェルまでの日英語の相違を，2 つの認知モードは捉えているようである．そして，言語の主観性や客観性が，単なる言語の表面的な特性ではなく，認知の型や認知モードを軸とする言語の総体に深く根ざしていることが理解される．

　また本節の観察からもわかるように，文法化は，主観性より客観性（D モード）を反映する方向へ進行しているようであるが，そうするとさらに大きな言語進化の議論に繋がることになる．

5. 結び—主観性から言語起源へ—

　Haiman (1998) は，実体や実感からの遊離 (alienation) こそが，人間の言語記号の特徴であるとして，遊離に向かって一方向的に慣習化・文法化していく言語現象（皮肉表現や表現の儀礼化を含めて）をたどり，言語起源をも視野に入れる．ここには「I モードから D モードへ」との平行性が見られる

が，そうすると言語を認知の反映と捉える認知言語学の観点から言語起源や言語進化についての立論が可能となる．つまり，一体化していた自然や環境から認知主体が遊離し（外置化され）自然や外界と対峙するような認知様式（Dモード）の発現と展開が，文法あるいは言語の発現と進化への動機づけとなるのではないか，という議論である．議論の焦点は異なるが，おそらく茂木 (2004) の示唆するところも同じではないかと思われる．

　文法化の一方向性（若干の異論はあるが）についても，なぜ文法化が一方向的であるのかその要因を示すのは困難であったが，ここでの議論にしたがえば，人間の言語が基本的に実体や実感からより遊離していくためということになる．より厳密には，認知様式がIモードからDモードへ展開するためということになる．文法化において認知プロセスのみが保持されるというラネカーの文法化理論では，題目（参照点の反映）から主語（トラジェクターの反映）へのように，異なる認知プロセスを反映する要素への文法化の説明が難しい．おそらく，認知モードがシフトするような大きな言語進化・言語変化の中では，反映する認知プロセスをも変更するような文法化が生じる，という議論が必要となろう．

　文法化には，意味が希薄化し，あるいは漂白化する主観化・主体化 (subjectification) という現象が伴うが，これも，（動物の記号と違って）人間の言語記号には意味が「遊離」する性質があるために，意味が変わり，ときには意味が振るい落とされることもあるというわけである．その際に「話者の主観的な読み込み」が新たな意味や用法になる点に着目すれば，トローゴットの主観化・主体化になるし，意味消失の後に残る「認知主体の認知プロセス」に着目すればラネカーの主観化・主体化になる．いずれにしても単純化すれば，主客未分・不可分 (Iモード認知) の状態を脱して，（自分をも客体化するような）主格対峙 (Dモード認知) の認知様式をとるために，意味と形式が遊離し，意味変化や文法化が生じ，文法を特徴とする人間言語の存在があるという議論である．綿密な言語観察に基づいて，この種の議論を詰めていけば，言語起源や言語進化のような大きなトピックについても，純粋に言語研究の観点から，ある程度の見通しがつくのではないかと思われる．

第 9 章

与格の意味地図
―外置と主体化を座標軸として―

1. はじめに

　与格の意味用法ネットワーク分析における問題の1つは，根本的に異質の3種類の意味用法を原理的に関連づける方策を欠いている点にある．つまり，きわめて主観的な「心的与格」の用法と，事態内の参与体を表す客観的な「受け手用法」との間に広がる多様な用法群をどう原理的にまとめるか，またこれら2つの用法と「題目」に近い談話的機能の与格用法とをいかに関連づけるか，という問題が残されている．
　与格の用法をほぼ網羅しているポーランド語与格の3つの分析 (Wierzbicka 1988, Rudzka-Ostyn 1996, Dąbrowska 1997) も基本的に，スキーマ用法とそれを具現する用法群 (instances) の列挙あるいはネットワーク表示であり，上の問題は残されたままである．本章は，ヴェジビツカの明示する与格の31の意味用法 (Wierzbicka 1988: ch. 7) を「意味地図」上に整合的に位置づける試みである．
　座標軸をもつ意味地図によって，各用法の位置づけが明確になり，より精確な言語間の対照も可能となるが，本章は，「外置」と「主体化」をいわば縦と横の座標軸とすることにより，縦軸の「外置」の度合が増す順に，ヴェジビツカの23種の用法が「心的与格」「利害の与格」「受け手与格」を焦点用法として連続的に位置づけられ，また横軸の「主体化」の度合が増す順

に，残りの8用法が大きく「認識の与格」と「参照点与格」に分けられ連続的に位置づけられる，という観点である．

　第2節では，「外置」(displacement)と2つの認知モードについて，中村(2003b)を要約する形で導入し，第3節では縦軸の外置の度合と，徐々に客観化する与格用法とを対応させる．第4節では，横軸の主体化の度合と，徐々に主体化する与格用法を対応させ，与格の意味地図を提示する．第5節は「与格と題目と主語」についての若干の議論，第6節は結びである．

2. 外置と2つの認知モード

　これらの認知的概念は，「太陽が昇る」という現象によるとわかりやすい．本来的には自転する地球上のわれわれ認知主体のほうが動いて太陽を見るために，止まっている太陽があたかも昇ったり沈んだりするように見える．ここでは，対象との直接的で相対的なインタラクションに基づく本来的な認知モードをInteractional Mode of Cognition (I-mode)と呼ぶ．そして，そのような認知モードにおける対象とのインタラクションから，認知主体があたかも身を引くようにして，認知像を客観であるかのように捉える(思い込む)過程が外置の過程である．外置後に認知像を客観として捉える認知モードがDisplaced Mode of Cognition (D-mode)である．

　I-modeとD-modeを以下(1)(2)のように図示してみよう．その際，認知モードは3つの側面から成る．すなわち①認知主体(conceptualizer=C)と対象とのインタラクション，②対象を捉える際に認知主体に生じている認知プロセス，そして③認知像である．

(1) Interactional Mode of Cognition (= I-mode)

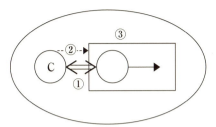

外側の楕円：インタラクティブな認知の「場」，C：Conceptualizer（認知主体）
①両向きの二重線矢印：インタラクション（e.g. 地球上のCと太陽の位置的インタラクション，四角の中の小円は対象としての太陽）
②破線矢印：認知プロセス（e.g. 視覚や視線の上昇）
③四角：認知プロセスによって捉えられる認知像（e.g. 太陽の上昇）

「太陽の上昇」は「見え」なのであるが，まず自転する地球上の認知主体と不動の太陽とのインタラクティブな動的関係①があって，われわれの視覚や視線の上昇という認知プロセス②を通して，認知像（見え）として太陽の上昇③が捉えられる，ということである．

(2) Displaced Mode of Cognition (D-mode)

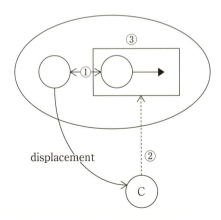

D-modeの特徴は，認知主体がインタラクティブな認知の場の外に出て，あたかも外から客観的に眺めるような視点をとる過程にある．要するに，本来の認知モードであるI-modeから認知主体が外に出る，つまり自らを外置する（displace）ことによって得られるのがD-modeである．

D-modeでは，認知主体Cが外置によってインタラクティブな認知の場の外に出るため，①の認知主体と対象の直接的なインタラクションは存在しないかのようである．また②の認知プロセスもあたかも客観的な観察の目のようである．D-modeの認知では③の見えとしての事態は，認知主体から独立して存在する客観のように見えることになる．

2つの認知モードは，発達心理学，科学哲学，自然科学の領域から以下のような学的な根拠が得られる（詳しくは本書第11章参照）．

(3)　　　　　　　　I-mode　　　　　　　　D-mode
　　発達心理学：脱中心化以前の認知　　脱中心化以後の認知
　　科学哲学　：西田（あるいは現象学）　デカルトの認識論
　　　　　　　　の認識論
　　自然科学　：量子論の到達した世界観　近代科学の世界観

I-modeは，ピアジェの発達心理学に対応させると，脱中心化以前のモードであり，科学哲学的には，西田哲学や現象学の認識論に対応し，自然科学では量子論の到達した世界観である．一方D-modeは，発達心理学的には脱中心化が生じた後の認識形態であり，科学哲学的にはデカルトの認識論に対応し，近代科学の常識的世界観に対応している．少々図式的に過ぎるけれども，2つの認知モードを上のように位置づけておこう．

認知的言語分析の方法論として，用いるべき認知的理論概念（プロファイル，トラジェクター・ランドマーク配置，探索域など）は，通言語的に見られるさまざまな言語現象の十分な意味記述に必要であり，それらの概念が他の研究領域で独立に抽出・検証される認知能力と矛盾するものであってはならないこと，さらにそれらの概念が，さまざまな文法現象を明示的に特徴づ

けるために決定的な働きをしなければならないということがある (Langacker 1999b: 26–7)．ここで措定する「外置」と I-mode と D-mode が，（3）のように他の研究領域における知見と矛盾しないのであれば，後は，言語の意味分析に十分な働きをし，文法現象分析の決め手になるかどうかであるが，少なくとも 16 の言語現象について，これらの認知概念が有力であるという感触を得ており（中村 2003b, 序章，第 12 章参照），言語分析への意義は十分有すると思われる．

次節以降への橋渡しとして強調しておくと，認知主体との関わりで主観的に捉えられていた事態や参与体は，外置によって，徐々に客観的な対象として捉えられていき，それに平行して言語形式も徐々に客観的な事物を表すようになる．また Langacker(1998) の主体化は，もともと認知像を叙述していた言語形式が，その認知像を捉える認知プロセス（認知主体の認知作用）のみと対応するようになる過程である．外置によって，与格を含む文は，事態を，認知主体（や視点参与体）とのいわば利害関係で表現していたのが，徐々に与格参与体を事態内の参与体として表現するようになる．また主体化によって，与格は，事態と利害関係にある視点参与体を表していたのが，利害関係を表さなくなり単に「題目」（認知的には参照点）と対応するようになる．このように，与格は，外置と主体化の過程を経て拡張するため，複雑な様相を呈していたというわけである．

3. 外置と与格の用法

これまでの与格研究の多くはそれぞれ示唆的ではあるが，多様な与格用法のいくつかに注目する研究，すべての用法を収容するスキーマを特定しようとする研究，中心的用法すなわちプロトタイプを特定し規定しようとする研究などに大別される（Belle and Langendonck 1996, Langendonck and Belle 1998 所収の諸論考参照）．しかし普遍的で主要な用法間に見られる連続性をどのように捉えるかということを目的とする研究は少ない．

例えば Smith (1993) は，ドイツ語の与格について，前置詞に支配される与格をまず分析し，与格は「つかず離れずの関与関係」("departure" from the contact image）を表すと捉え，与格が文内に現れる場合はその典型として「双方向の関与関係」(bilateral involvement) にある「経験者」(experiencer) を表すとする．経験者とその対象は，対象が知覚者に影響を与え，経験者は何らかの心的応答をするという点で双方向的な関与関係にあるが，物理的・力動的な関係には見られないこの双方向性ゆえに，経験者はつかず離れずの関係にある．心的与格，利害の与格，受け手与格の場合，それらの表す参与体はどれも経験者として捉えられるから，これらの用法が経験者の具現用法 (instances) であることは理解されるが，それら 3 つの用法がなぜ普遍的であり，かつどのような原理で連続しているのか，ということは示されていない．

個々の指摘は示唆的で，Smith (1993: 536) の指摘するドイツ語前置詞の与格支配と対格支配の違いは興味深い．

(4) a. Das Flugzeug prallte auf dem Wasser auf.
 the airplane bounced on the-DAT water on
 b. Das Flugzeug prallte auf das Wasser.
 the airplane bounced on the-ACC water

英語ではいずれも *The airplane hit the water.* に対応するが，与格支配の (4a) では，飛行機が水面で何度もバウンドしたという読みになり，ここに「つかず離れずの関与関係」が見られる．対格支配の(4b)では，バウンドの読みはなく真直ぐ水面をヒットしたということであり，対格の表す「接触」(contact) と与格との対立は明白である．

節内の与格と対格の対立は，次の例が示唆的である (Smith 1993: 558)．

(5) a. Der Lehler fragt dem Kind die Wörter ab.
 the teacher asked the-DAT child the words from
 b. Der Lehler fragt das Kind die Wörter ab.
 the teacher asked the-ACC child the words from

いずれも教師が生徒に質問するという点では同じであるが，与格目的語をとる(5a)では，生徒が教師の知らない情報を与え，生徒から教師が恩恵を受けるという点で，双方向の関与が見られる．対格目的語をとる(5b)では，教師は生徒の知識を確かめているだけで，一方向的な関与である．

　与格と対格の両方をとる文の場合，主格参与体から対格参与体への働きかけは一方向的であるが，主格と与格(次例では被害者)は，奪い奪われの双方向の関与を表している．

（6）　Inge　hat　mir　　　　Geld　　　　　　genommen.
　　　Inge　has　me-DAT　money-ACC　　taken
　　　'Inge took money from me.'　　　　　　　　　　　(Smith 1993: 557)

　与格のさまざまな用法に対する「つかず離れずの関与」という概念は，スキーマとしてはきわめて有用である．認知的な参照点(reference point)と標的(target)の関係こそ，まさにつかず離れずの近接関係であり，与格参与体と参照点の同質性が直観される．後は，つかず離れずの関与関係を与格の各用法と体系的にどう関連づけるかである．「心的与格」「利害の与格」「受け手与格」には，つかず離れずの事態が，外置によって徐々に客観的に捉えられる過程(認知主体が認知の場から出ていき，より客観的な参与体として与格参与体を捉える過程)が反映しているとするのが，本節の論点である．

　「心的与格」は，認知主体が与格参与体である場合で，認知主体自身が文の表す事態と双方向の関与(インタラクション)をしながら事態を捉えている(つまり認知主体自身がインタラクティブに対象を捉える参照点として，対象の事態とつかず離れずの関与関係にある)．そのため外置は最少である((7)図参照)．「利害の与格」では，認知主体がインタラクティブな認知の場(楕円)の外にいる点では，外置が進んでいるが，しかしその事態から影響を受ける第三者を通して当該事態が捉えられている．つまり認知主体が，事態とつかず離れずの関与関係にある第三者に視点を置いて眺めている点では(視点が認知の場に残っており)，完全な外置にはなっていない．「利害の与

格」の与格参与体は，認知主体でない点で外置しているが，認知主体の視点である点で完全な外置は成立しておらず，外置の度合は中間的な段階にある（（8）図参照）．「受け手与格」では，与格参与体は，眺められる事態内（四角内）の参与体であり，認知主体はその与格参与体を完全に客体視しているので，外置が相当に進んだ段階の認識であると言える．この場合の与格参与体は，主語参与体と双方向の関与（つかず離れずの関与）をしており，その関与は客体視されプロファイルされる（（9）図参照）．3用法の認知構造を少し具体的に検討してみよう．

　まず（7）の「心的与格」は2節のI-modeと同じ認知モードである．①は認知主体Cと事態とのインタラクションを，②は認知プロセスを，③は見えとしての事態（プロファイル部）を表している．DAT = C/Rは，与格参与体DATが認知主体Cであり，認知主体自身が（参照点Rとして）対象の事態とつかず離れずの関与をしながら，事態を捉えていることを表している．

　（8）の「利害の与格」では，認知主体はインタラクティブな認知の場の外に出て，与格参与体DAT（利害感をもつ参与体）を参照点Rとして，そこから事態（認知の標的T）を捉えることになる．

　（9）の「受け手与格」では，認知主体は完全に認知の場の外から，与格参与体（DAT）が主格参与体（N）や対格参与体（A）と双方向的に関与しあう事態を，眺めているということになる．この段階は，先のD-modeに近い認知モードである．授受だけでなく，与格をとる動詞（や前置詞）の表す事態（e.g.（4）（5））も基本的にはこれと同じ認知構造である．

　（7）　「心的与格」の認知構造

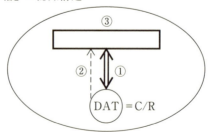

(8)「利害の与格」の認知構造

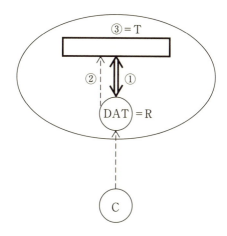

(9)「受け手与格」の認知構造

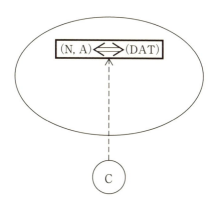

　プロファイル部(太線の四角)の外にある参与体は必ずしも表現される必要はなく，そのため一般に言われるように，心的与格（と場合によっては利害の与格も）は省略可能であり，プロファイル部内にある受け手与格(や一般動詞の与格参与体など）は省略不可能ということになる．また，人称に関する制限では，「心的与格」だけが一人称単数与格代名詞に限定される（ただし，発話内容と，聞き手をも含む認知の場との関連が密である場合には，二人称

単数代名詞与格の使用もある).

　さて，ヴェジビツカはポーランド語の与格用法を網羅する分析であり(Wierzbicka 1988: ch. 7), 31 種の下位用法を NSM (natural semantic metalanguage) によって明示する．それらをまず外置の度合順に位置づけることが本節の課題である．31 種の用法に対してスキーマ (10) が NSM に基づいて与えられるが，そのスキーマは，主だった印欧諸語の与格に対応するとし，各言語の予測性はそれぞれの言語の下位用法をすべて列挙することによって得られるとする．

(10)　something happened [あることが生じた]
　　　not because person Z wanted it
　　　[それは与格参与体 Z が欲したからではない]
　　　one could think this (at that time)
　　　[人は次のように思うかもしれない]
　　　person Z will think/feel/know something because of that [Z はそのことのため，何か思ったり，感じたり，知ったりするだろう]

この表示の最後の行が，与格参与体がスキーマとしては経験者であることを示している．ただし，これをスキーマとして 31 種の下位用法を羅列するだけでは問題で，その 31 の用法に原理的な関連づけが必要である．ヴェジビツカの網羅的な 31 の用法を適切に位置づける意味地図が示されれば，それは一定の妥当性をもつと言ってよいだろう．

　まず I-mode に対応する「心的与格」の用法としては，ヴェジビツカでは次の命令用法のみである (Wierzbicka 1988).

(11)　DATIVE OF WARNING
　　　(*Tylko mi* [me-DAT] *nie zachoruj*! 'Just don't get sick.')

この用法は，依頼や助言ではなく，強い命令として用いられるが, Dąbrawska

(1997: 60) によると，親子や恋人同士の間では，強く相手を思いやった (sympathetic な) 表現としても用いられる．したがって，命令内容と与格参与体 (認知主体) との間には，インタラクティブな関係があり，認知構造は I-mode を反映した (7) の図で示される．

次に「利害の与格」(認知構造は (8)) として以下のような用法が収容される．

(12) a. CAUSING A CHANGE IN SOMEONE'S POSSESSION
(*Zepsuła/zreperowała mu* [him-DAT] *zegarek*. 'She wrecked/repaired his watch'.)
b. CAUSING A CHANGE IN A RELATED PERSON
(*Zabili/unratowali mu* [him-DAT] *syna*. 'They killed/saved his son.')
c. CAUSING A CHANGE IN A BODY PART
(*Zabandażowała mu* [him-DAT] *rękę*. 'She bandaged his hand.')
d. EXAMINING THE BODY
(*Zajrzała mu* [him-DAT] *do gardła*. 'She looked into his throat.')
e. LOOKING AT THE BODY
(*Patrzył jej na* [her-DAT] *nogi*. 'He looked at her legs.')

特に最後の例で，「脚を見られることでいやな思いをしている」のは被害の与格で表されている「彼女」であり，その脚の所有者は「彼女」だろうということから，与格参与体が所有者の読みをもつというわけである．この与格は最初から所有者を表しているわけではない．ただし，このような被害感が背景化すれば，与格参与体は所有者としての側面が前景化する (cf. Shibatani 1994) ということは考えられる．そうするとこのような与格は単なる「利害の与格」であるよりは，より外置が進んだ，「所有者」を表す用法だということになる．

以下の用法群も，最初から「受け手与格」を表していたわけではなく，譲渡を意図した行為 (e.g. リンゴを投げる，シャツを縫ってやる，見せる，焼くなど) から受益感をもった与格参与体が「受け手」として解釈され，これが慣習化し，「受け手与格」として定着した，ということができる．した

がってその場合の「受け手」は，完全な受け手ではなく，感受者 (sentient, experiencer) としての側面を若干は残していると言える．とはいえ，この参与体は，叙述対象としての授受等事態に深く関与するようになっており，客観的に観られている．それゆえ，この与格参与体は，授受という事態 (9) の太線四角) に直接関与する，叙述対象としての参与体である．

(13) a. CAUSING TO HAVE (or NOT TO HAVE)
     (*Rzuciła mu* [him-DAT] *jabłko*. 'She threw him an apple.')
  b. CAUSING TO BE AND HAVE
     (*Uszyła mu* [him-DAT] *koszulę*. 'She sewed him a shirt.')
  c. CAUSING TO SEE
     (*Pokazała mu* [him-DAT] *jabłko*. 'She showed him an apple.')
  d. CAUSING TO HEAR FOR PLEASURE
     (*Zagrała mu* [him-DAT] *walca*. 'She played him a waltz.')
  e. CAUSING TO KNOW
     (*Powiedziała mu* [him-DAT] *prawdę*. 'She told him the truth.')
  f. CAUSING TO BE ABLE TO DO SOMETHING
     (*Usmażyła mu* [him-DAT] *jajko*. 'She fried him an egg.')

このような例では，「受け手与格」の認知構造 (9) に見られるように，動作主と受け手間の授受というインタラクションは，外置が生じていて客体視されている．ここでは，受け手の非所有者から所有者への所有変化のほうが前景化し，経験者としての (モノをもらって嬉しいなどの) 受益感は背景化している．

　受け手与格の場合，利害感は背景化していてもその存在は重要であるが，「間接目的語＋直接目的語」の間接目的語参与体には，経験者としての利害感は問題にされない．間接目的語の受け手は，利害の与格からの単純な拡張ではないためである (与格と違って間接目的語が，第一目的語 (ランドマーク) であるとする議論と，スペイン語などで与格が徐々に直接目的語化しているという議論については，それぞれ第 4 章，Company 2001 を参照)．受け

手与格の用法でも，授受のインタラクションより，与格参与体の感じる利害感が前景化される場合があるが，その場合は利害の与格に近い用法ということになる．

　これまで見てきた与格の3用法は，事態を引き起こす動作主が存在し，その動作主の引き起こす事態が，与格参与体に，心的な影響を与え利害感そして所有変化を生じさせたのであった．次に見るのは，動作主の存在しない自然発生的な事態が，与格参与体に心的変化や利害感を生じさせ，さらには所有変化を引き起こす場合である．この場合の用法も，外置の度合の小さいものから大きいものへ連続している．

　まず「心的与格」の用法である．(14)の用法には，再帰形の *się* が見られるが，構文としては再帰中間構文であり，自発用法であるため，これら2例は，字句通りにはそれぞれ「歌いたい気持ちが私に生じている」「仕事が私にうまくいっている」となる (cf. Dąbrawska 1997: 60)．再帰中間構文で表される部分と与格の指す認知主体とが不可分の関係にあり，その認知構造は，I-mode を反映する「心的与格」の認知構造（7）と同じである（ただし，四角で表示される事態は，動作主の引き起こす使役的な事態ではなく，自発的な事態である）．

(14) a.　UNINTENTIONAL WANTING
　　　　(*Chce mi* [me-DAT] *się śpiewać*. 'I feel like singing.')
　　b.　AGENT VIEWED AS EXPERIENCER
　　　　(*Dobrze mi* [me-DAT] *się dzisiaj pracuje*. 'My work is going well today.')

　次は，動作主を伴わない「利害の与格」の用法である．以下のいずれの用法も，与格参与体は，何らかの利害感をもつと言ってよい．最初の2例の与格は一人称単数だが，与格参与体は認知主体以外でもよく，利害の与格と見なされる．しかし，「心的与格」との連続性は高い．

(15) a.　ACCIDENTAL CHANGE IN SOMEONE'S POSSESSION

(*Zepsuł mi* [me-DAT] *się zegarek*. 'My watch broke.')
  b. LUCKY/UNLUCKY AGENT
     (*Ciasto mi* [me-DAT] *się prz ypaliło./Ciasto ładnie mi* [me-DAT] *się upiekło*. 'My cake got burnt. /My cake came out nicely.')
  c. SOMETHING BAD HAPPENING TO A RELATED PERSON
     (*Żona mu* [him-DAT] *umarła*. 'His wife died "on him".')
  d. BAD ACTIONS OF RELATED PERSONS
     (*Syn mu* [him-DAT] *się rozpił*. 'His son turned into a drunk.')
  e. COMING INTO CONTACT WITH A BODY PART
     (*Goś mu* [him-DAT] *spadło na głowę*. 'Something fell on his head.')
  f. COMING CLOSE TO A BODY PART
     (*Kamień przeleciał mu* [him-DAT] *koło ucha*. 'A stone flew past his car.')

　これらの例では，利害感をもつ与格参与体との関係を通して，自発的な事態が捉えられ表現されているから，認知構造は，先の（8）のように，典型的な参照点構造をとっている．
　動作主を伴わない「受け手与格」の用法には以下のようなものがある．主語参与体を与格参与体が所有する（あるいは失う）ことになる点では，動作主付き「受け手与格」の用法と同じで，与格参与体は所有者（あるいは非所有者）へと変化している．

(16) a. COMING NOT TO HAVE
     (*Pies mi* [me-DAT] *uciekt*. 'My dog has run away.')
  b. COMING TO BE
     (*Syn nam* [us-DAT] *się urodził*. 'A son was born to us.')
  c. COMING TO HAVE MORE
     (*Przybyło nam* [us-DAT] *studentów*. 'We've got more students.')

　これらの用法の認知構造は，先の（13）と同じであるが，「何かを得たこと，

失ったこと」が客観的事態として前景化しており，与格参与体の被害感のような感情も存在するが，背景化している．したがって，与格参与体と，文の主語参与体とのインタラクションがより客観的に捉えられ叙述されている，ということになる．

4. 主体化と与格の用法，与格の意味地図

前節の通りであるならば，Wierzbicka (1988) の 31 の用法のうち，23 の用法は，まず構造的に大きく 2 種類(「他動詞構造＋与格参与体」と「自動詞構造＋与格参与体」)に分けられ，それぞれが意味的に外置の程度の順に 3 タイプに分けられるというわけである．すなわち，与格参与体が認知主体/参照点であり，事態と密接なインタラクションの関係にある「心的与格」，事態とインタラクトしながら影響を受ける第三者(参照点)の視点から，事態が捉えられ叙述される「利害の与格」の用法，与格参与体が，授受における受け手として事態を構成する不可欠の参与体として客観的に捉えられる「受け手与格」の用法，の 3 タイプであり，この順で，外置の度合が高くなっている．

さて残る 8 用法は「主体化」(subjectification, e.g. Langacker 1998) の過程を反映する．つまり，プロトタイプとしての「利害の与格」から，徐々に叙述内容が希薄化 (attenuate) していき，ついには，認知能力としての参照点能力を反映するのみになる過程を段階的に反映する用法群である．残る 8 例を主体化の度合に応じて位置づけてみよう．主体化の度合に応じて 3 種類に分けられる．

(17) a. UNINTENTIONAL FEELING
(*Żal mu* [him-DAT] *było*. 'He felt regret.')
b. UNINTENTIONAL THOUGHT
(*Przypomniało mu* [him-DAT] *się to*. 'He was reminded of it.')
c. UNINTENTIONAL SENSATION
(*Zimno mi* [me-DAT]. 'I am cold.')
(18) a. UNINTENTIONAL PROCESS IN THE BODY

(*Odbiło mu* [him-DAT] *się*. 'He belched.')
   b. UNINTENTIONAL CHANGE IN POSITION OF BODY PART
   (*Głowa opadła mu* [him-DAT] *na piersi*. 'His head sank onto his chest.')
   c. UNINTENTIONAL SPEECH
   (*Tak mi* [me-DAT] *się powiedziało*. 'I don't know why I said it.')
(19) a. UNINTENTIONAL CHANGE IN APPEARANCE
   (*Włosy mu* [him-DAT] *posiwiały*. 'His hair had turned grey.')
   b. ACCIDENTAL CHANGE IN APPEARANCE
   (*Sznurowałdo mu* [him-DAT] *się rozwiązało*. 'One of his shoelaces came undone.')

「利害の与格」の認知構造（8）では，視点（参照点）としての与格参与体と事態との間に何らかのインタラクションがあって，与格参与体が利害感をもつのであった．しかしここでの最初の用法（17）では，そのようなインタラクションはなく，与格参与体が，悔恨の情，想起される内容，感覚としての寒さなどと心的接触をするのみだから，(17)に対応する認知構造には，「利害の与格」の認知構造（8）に見られた両向きの二重線矢印①はない．その認知構造に残るのは，認知プロセスとしての心的知覚（感じる，思い出されるなど）を表す破線矢印のみであり，もちろんこの心的知覚は意図的なものでもなく，この用法は「認識の与格」の用法として，(20)のような認知構造が与えられよう．「利害の与格」の認知構造（8）と比較するとわかるように，「認識の与格」の認知構造では，物理的なインタラクション①がない分，意味が希薄化していると言える．そしてその次の(18)の3つの用法では，与格参与体は，自らの身体変化を感受しないようになっているから，与格参与体からの心的知覚②も希薄化していくことになる．そうすると，標的Tとしての事態③は，与格参与体が心的に知覚するのではなく，認知主体が，（与格参与体を参照点として経由して）知覚する事態ということになっていく．それが徹底すると，その際の②の破線矢印は，与格参与体を参照点とし

て認知の標的へたどる，認知主体自身の心的知覚を表すことになる（(21)図参照）．

(20) 「認識の与格」(e.g. *Żal mu* [him-DAT] *było*. 'He felt regret.')
の認知構造

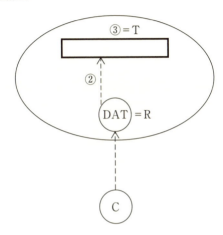

(21) 「参照点与格」(e.g. *Sznurowałdo mu* [him-DAT] *się rozwiązało*. 'One of his shoelaces came undone.') の認知構造

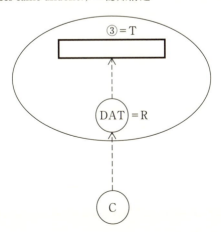

そのような希薄化・主体化のほぼ完了した認知構造に対応するのが (19) の 2 つの用法である．このような用法の与格参与体は，利害を感じたり，さまざまな心的知覚をする感受者である必要はなく，純粋に認知的な参照点としてのみ機能する．対応する日本語「彼は髪が白くなった」「彼は靴紐がほどけた」などからもわかるように，与格参与体の「彼」はもはや感受者ではない．このように参照点としてのみ機能する与格の用法を「参照点与格」と呼ぶことにしよう．(18) の用法は，(17) の「認識の与格」から (19) の「参照点与格」への過渡的な用法と見なされる．「参照点与格」の認知構造は (22) のように示される．DAT (与格参与体) から出る破線矢印は，参照点 R を経由して認知の標的 T へ至る認知を表している．

「心的与格」「利害の与格」「受け手与格」「認識の与格」「参照点与格」の相互関係を「与格の意味地図」として示すと次のようになる．最初の 3 用法は，縦軸の外置の度合に沿った用法であり，後の 2 用法は，「利害の与格」からの横軸・主体化による拡張である．また「心的与格」は I-mode に，「受け手与格」は D-mode と対応していることも再度述べておこう．「利害の与格」は用法のプロトタイプと思われるので太線の楕円で囲んでいる (意味地図については，第 7 章，Haspelmath (2003) を参照)．

(22)　与格の意味地図

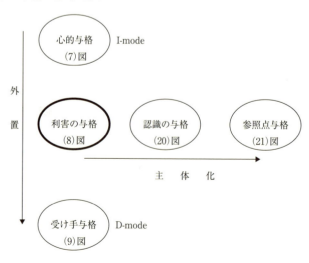

5. 与格と題目と主語

「参照点与格」の用法 (23a) (=19b) を次のように日本語と対応させると興味深い.

(23) a. *Sznurowałdo mu* [him-DAT] *się rozwiązało.* 'One of his shoelaces came undone.' (=19b)
b. 彼に（運悪く）靴紐がほどけた．
c. 彼は（運悪く）靴紐がほどけた．
d. 彼が（運悪く）靴紐がほどけた．

(23b) で，与格参与体（の「彼」）が靴紐のほどけたことに気づいていれば，その用法は「彼の認識」を表す「認識の与格」であるが，気づいていなければ，「彼」と「靴紐がほどけたこと」との間には認識的な関係はない．単に話し手(認知主体)から見て「彼に，靴紐がほどけるという事態が生じた」ということになり，「彼」と「靴紐がほどけた」を結び付けるのは，話し手側の認識ということになる．つまり話し手にとっての「題目」と「陳述」の関係しかないわけである ((22) 図参照)．その場合の「に」には，いわゆる具体的な意味内容はない(利害感や認識者を表すというような意味内容はない)から，認知的には「参照点・標的関係」の「参照点」と対応するのみである．一般に与格標識が，具体的な意味内容を表さないようになると（主体化が徹底して認知的要素のみと対応するようになると），与格標識は認知的な「参照点」のみと対応し，言語機能としては「題目」の機能を帯びる．

認知的な参照点を唯一的に反映する文法標識として，日本語には「は」があり，(23c) のようにもっぱらこれが「題目」をマークする．また題目は，(23d) のように二重主語構文の第1主語としても表現される．要するに，認知的な参照点は，言語的にはレヴェルを変えながら，与格，題目，主語へと実現するということである．

Li and Thompson (1976) や Shibatani (1991) は，題目が主語へ文法化す

ることを論じているが，その場合認知的な参照点を反映する題目を，認知的なトラジェクターを反映する主語で表現するのだから，認知的な捉え直しが生じていることになる．つまり，参照点を経由してあるものを認識しようという認知プロセスから，ある関係を構成する参与体の1つ（トラジェクター）にまず注目しようとする認知プロセスへ，捉え方の転換が生じているということである．

　いわゆる構文の転換(to 与格構文と二重目的語構文，繰り上げ構文など)は，プロファイリングという単一の認知プロセスが関与していて，どの部分をプロファイルするかの転換であるし，ラネカーの言う文法化には，ある語彙的表現（これには特定の認知プロセスとそれによって捉えられる意味内容が対応している）が，具体的意味内容を表さなくなり認知プロセスのみと対応するようになる主体化の過程が伴っている．それに対して，題目が主語で表されるというのは，題目も主語もそれぞれ別の認知プロセスの反映であるから，認知プロセス自体が転換しているということになり，これまでの構文の転換や文法化とは，異なった認知メカニズムが関与しているというわけである．

　ここでの議論のように，参照点を経由して捉える認知プロセスが，外置の度合の低い捉え方であり，トラジェクター・ランドマークで捉える認知プロセスがより客観的な，外置の進んだ捉え方であるとするならば，「題目から主語への文法化」には，外置が反映しているということになる．事態内の参与体ではないある参照点参与体に絡めてその事態を認識し，叙述しようという認知モードから，その参照点を事態内の参与体として位置づけて（つまりトラジェクターとして）捉える認知モードへの切り換えを反映しているということである．

　「利害の与格」が D-mode 認知によって「受け手与格」（あるいは間接目的語）へ転換するということについて4節で触れたが，本節での議論に従えば，「利害の与格」から主体化によって「認識の与格」が，さらに「参照点与格」（題目の与格）が拡張し，そこから外置(D-mode 認知)によって「主語用法」が拡張するということになる．

　以上を整理しよう．認知レヴェルの参照点は，外置の進まない段階では典

型的な与格（「利害の与格」）に反映しており，それが主体化して「参照点与格」が拡張し題目の機能を帯びる．さらに「利害の与格」と「参照点与格」が外置を経て，文法関係(それぞれ目的語と主語)の機能を帯びる，ということである．

6. 結び

　一般に言語形式の意味用法の拡張は，放射状に展開するとされるが，(21)のように座標軸をもつ意味地図による表示が可能であれば，少なくとも与格などの文法的要素に限っては，拡張は放射状ではなく，方向性があることになる．この点は，二重目的語構文や再帰中間構文でも確認される点である（第4章，第5章）．また，意味地図に基づく言語間の綿密な比較対照は今後の大きな課題であるが，例えばポーランド語の与格表現が英語では多く主語で表現される点などは，英語が外置のより徹底している言語であることを示唆する．同時に，言語がどのような認知操作をどの程度反映しているかということは，認知的な言語類型論の道を開く．題目優先か主語優先かによる類型論も，参照点反映型かトラジェクター反映型かということになろうし，ある認知操作が各言語のどのような言語形式でどの程度遂行されるか，という観点に立つ類型論のほうが，類似の言語形式に基づく類型論よりも成果が望めるように思われる．

第10章

否定と（間）主観性
―認知文法における否定―

1. はじめに

　心理学者のテラスによると，ヒトの乳児（9ヶ月から12ヶ月）にのみ，情報共有を志向する行動が見られると言う（Terrace 2005）．乳児はある物を見止めると，その物と親など身近な者との間で視線を往復させ，その物に気づかせようとする．相手が気づくまでその行動を続けるということは，相手がその情報を有しないという状態（否定的状態）が解消されるまで（相手との情報共有が確認できるまで）この行為を続けるということである．このような心の理論の初期段階（共感志向性）にヒトのコミュニケーションの起源を求めようとする研究に，否定を絡めると，否定は，単純に肯定命題と否定命題の関係のようなものではなく，他者の有する情報と自己の有する情報との間の相互作用（interaction）の問題として位置づけられることになる．

　本章では，Langacker (1991) の認知文法における否定の観点と，Verhagen (2005, 2007)による間主観性に基づく否定の分析を紹介する．Verhagen の枠組みでは，文否定が何をどのようなメカニズムで否定するのか，新たな知見が得られるはずである．最後に「勝ちは勝ち」「負けは負け」のようなきわめて間主観性の高いトートロジー構文について若干の考察を行う．

2. 認知文法における否定

　認知文法では，意味は基本的に「認知ベース上のプロファイル」という構造で与えられるが，この意味一般についての認知的捉え方はラネカーの慧眼である．英語の *not* や否定辞一般としての Neg も基本的に認知ベース上のプロファイルという形式で与えられる．否定の場合はやや特殊で，「前概念的なメンタルスペース内のモノや関係が欠けていることをプロファイルする」(Langacker 1991: 134) といういわば（あるはずのものの）無のプロファイルとして提示される．*He didn't arrive on time.* であれば，予想される前概念としてのメンタルスペース内に 'He came on time.' という概念構造があって，その中の関係概念 'on time' が存在しないことをプロファイルする．無いもののプロファイルは，以下のように図示される．

　（１）　否定の認知構造

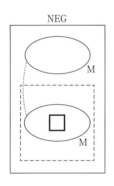

　この図で，破線の四角は前概念である．そこでは，メンタルスペース内（楕円 M）の存在（モノや関係）がプロファイルされているが，上部にある同一のメンタルスペース（楕円）では，それが消えている．これが，無のプロファイル，つまり，予想されるモノや関係がないことのプロファイルの表示（否定辞の表すプロファイル）である．*He didn't arrive on time.* の例では，「彼の到着」という事態がある時間に位置づけられるのだが，事態がある時間に位置

づけられるというその関係が存在しないことがプロファイルされる．さらに *He didn't arrive on time yesterday.* であれば，「時間通りに到着する」という事態が，ある日付に位置づけられるのだが，その位置づけの関係が存在しないことがプロファイルされる（動詞句と副詞句の意味的関係を表す図は Langacker (1991: 453) を参照）．基本的に，文内の否定は，その文の表す（焦点的）関係がないことをプロファイルする．

　ここでは，否定辞の意味が，無（非存在）と関連づけられているが，モノの非存在を表す動詞が否定辞へ文法化している言語は多く（Heine and Kuteva 2003: 217-8, 2007: 79），諸言語に見られるその文法化の過程は一定している．まず存在を強調的に否定する存在否定表現が発現し，その表現が強調を薄めていき，存在否定を表すふつうの形式として用いられるようになり，それがさらに動詞表現一般を否定する否定辞として用いられるという文法化の過程である（Croft 1991）[1]．したがって，否定辞を，モノの存在否定だけでなく関係（動詞や形容詞などの表す関係）の非存在をも含めて，無をプロファイルする形式として捉えることには一定の認知的根拠があると言ってよい．

　いわゆるメタ言語的否定も，以下のように無のプロファイルとして捉えられる．メタ言語的否定は，表現の前提的意味の不適切さ，音韻的，形態的，統語的側面の不適切さを指摘する否定であるが（cf. 第13章），そのような不適切な要素が，適切な談話（well-formed discourse）というメンタルスペースで，存在しないことをプロファイルするというわけである（Langacker 1991: 135）．図では以下のように表示される．

---

[1] 否定辞と強調語句の共起率の高さについては，Croft は Schweglar (1988) の統計的研究を挙げている．中世フランス語の「否定辞 *ne* +強調語」構造と単純な *ne* だけの否定とでは，*mais* ('but') や *ans* ('rather') の後で，10対1の割合だったということである．

(2) メタ言語的否定の認知構造

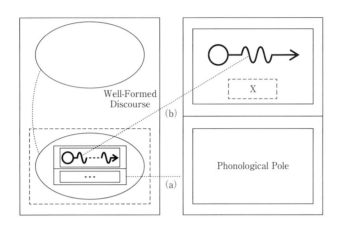

この図で,左側の大きな四角の破線に囲まれた部分は,(前概念としての実際の)不適切な部分をもつ発話(発話としての記号構造)である.楕円の中の二段構造の四角は記号構造を表しており,上段が意味構造,下段が音韻構造で,記号は意味と音声の対構造であり,語彙や構文や発話などはすべて音声と意味が対をなす記号構造である.例えば,「武生 (**タケウ**) に行ったんじゃなくて,**タケフ**に行ったんでしょ!」や「フランスの王様ははげじゃないでしょ.フランスに王様はいないし.」では,それぞれ「武生」の読みや主語(「フランスの王様」)の前提が不適切であることを指摘するメタ言語的否定であるが,その表示は,そのような問題の記号構造が,適切な談話(左の上の楕円)には存在しないという形になる(ここでも無のプロファイルである).右側の大きな四角の上段と下段はそれぞれ,不適切な発話の意味極(意味構造)と音韻極(音韻構造)の詳細であり,特に破線の四角 X は前提的意味など関連する意味である(太線の円と太線の波線矢印は,表現の主要な意味を表しているが,この部分が否定されれば,それはメタ言語的否定ではなく,通常の否定である).上の図で,左上の楕円の中身は表示上,すべて空になっているが,もちろん無になるのは問題となっている特定の部分のみである.

さて,否定の作用域に関しても認知文法の表示で対処できるようになって

いる．次のような例で，否定辞と数量詞 *any* との作用域の関係は以下の通りである．

（3） My cousin doesn't like any music.

not の作用域に *any* が収まるときの読みは，どのような種類の音楽であっても，いとこは好きでない(つまり，いとこが好きな音楽はない)という読みであるのに対して，*any* の作用域に *not* が収まるときは，どのような音楽についても，いとこが好きでないという特性が認められるというような読みになる[2]．前者は論理学で言う存在命題，後者は全称命題であるが，認知文法での作用域の捉え方は，*doesn't like* と *any music* の，いずれの意味構造に他方の意味構造が組み込まれていくか，ということである．この例の場合，いずれが広い作用域をとっても 2 つの読みは基本的には同じだから，次の（4）に見られるように図示される構造は同じで，認知操作のみが異なる．

（4） 否定の作用域に関わる認知構造 (Langacker 1991: 139)

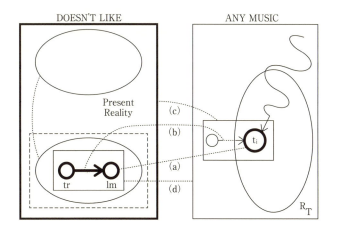

---

2 通常は，*not* のスコープに *any* が収まるのがふつうで，そのとき *any* に強勢はない．もう 1 つの *any* が広いスコープをとるときは，*any* に強勢がある．

この図で，左側の大きな四角は，*doesn't like* の意味構造（DOESN'T LIKE）である[3]．否定を含むこの意味構造では，（破線の四角の中でプロファイルされている）*like* の表す好きという関係が，（上の楕円内で）消える形で否定が表されている．好きという関係は，トラジェクター（*tr* 主語参与体）とランドマーク（*lm* 目的語参与体）を繋ぐ直線の矢印で示されている．この関係が現実世界（上の楕円）にないということで，*like* の否定が表されている．

右側は，*any music* の意味構造（ANY MUSIC）である．まず円 t_i が縦長の楕円 R_T の中にある点に注目すると，これは t_i（ある範疇の1つの具現例（instance）で，ここでは音楽という範疇の具体的な音楽や曲）が，R_T（あるタイプの指示可能な対象の全体 reference mass）の中の1つであるということを示している．さらに t_i に大きなウェーブの矢印が向かっているが，これは，その t_i が任意に選択（random selection）される指示物であることを示している（ウェーブが楕円の外から来るのは，認知主体の視点が任意に選択される指示物全体の外にあるためである）．これら2種類の特性の総合が，*any* の意味であり，*any* で修飾される t_i は，ある範疇の指示可能な具現例全体（instances）の中の，任意に選択される1つの具現例ということになる．そしてこのような t_i は，右側の大きな四角の中の小さい四角内の中点矢印（中間部のみが点線の矢印）の先端の円であるが，これは，何らかの事態あるいは関係に参与していることを示している（中点矢印は，事態や関係のスキーマを表している）．

doesn't like と *any music* の意味は，どのように統合されるのだろうか．この場合，それぞれの意味構造の中の部分構造が互いに対応（correspond）することによる．その対応は，図の (a)，(b) の点線の対応線（同一であることを示す線）で示される．まず対応線 (a) は，左側の好きを表す関係のランドマークと右側の t_i を結んでおり，これによって，好きの対象（ランドマーク）が t_i であることを示している．また対応線 (b) は，右側の t_i が参与している抽象的な事態（中点矢印）が，左側の具体的な好きという事態（実線矢印）と同一

---

[3] 意味を簡略表示する場合は大文字で表す．

であることを示しており，これによって，t_i が具体的な好きという事態の対象であることが示されている．このように，*doesn't like* と *any music* のそれぞれの意味構造の中の部分同士が相互に対応することによって，2つの要素の意味が統合される．

問題は，作用域の大小関係である．作用域の関係は，2つの要素の意味構造の全体が，どちらの意味構造の部分構造と対応するかによって，示される．*any* が広い作用域を取る場合は対応線 (c) によって示され，*not* が広い作用域をとる場合は対応線 (d) によって示される．対応線 (c) は，*doesn't like* の意味全体が *any music* の意味構造内の小さい四角 (t_i が参与するスキーマ的な事態) と同一であることを示しており，「(いとこが)好きでない」ということが，t_i (任意に選択されるどのような音楽) についても言える，つまりどのような音楽であっても「いとこが好きではない」という特性をもつという意味が生じる．ここでは，*doesn't like* の意味が，*any music* の意味に組み込まれており，そのことは，*any* が広い作用域をとるということに他ならないのである．

これに対して，対応線 (d) は，*any music* の意味全体 (抽象的事態を含む) が，*doesn't like* の部分構造である *like* という事態 (右の小さい四角) と対応しており，これによって，任意に選択されるどのような音楽でも，それをいとこが好きであるということはない，つまり好きな音楽はない，という意味を生じさせる．ここでは，*any music* が，*doesn't like* の意味構造に組み込まれており，それがすなわち，*not* が広い作用域をとっているということである．

以上のような否定に関する分析から，さまざまな否定現象に対して，認知文法の否定の捉え方で，十分対処することができそうであるが，しかし，否定に関するより本質的な分析のためには，特に間主観性の観点 (話し手・聞き手間の情報調整) を導入する必要がある．Langacker (1991) では，基本的には，存在体 (モノや関係) の無のプロファイルという規定からも明らかなように，否定辞が，客観的事態の認識を表すものとして扱われている．しかし文法化の進んだ言語の，より機能化した否定を捉えるためには，他者のパー

スペクティブに対して異なるパースペクティブを提示するというような否定の間主観的側面を考慮する必要がある．ある種の主体化を経て，間主観的側面を表すような否定辞を捉えうる枠組みが必要である．ラネカーの認知文法でも，主観・客観から成る視点構図のモデルが用意され，そのモデルに基づいて客観を表していた要素が主観を表すようになる主体化のメカニズムも明らかにされているが，否定に関しては，Langacker (1991) では，主観性や間主観性に絡むことが示唆されるだけで，その点での具体的な提案は見られない．その点について Verhagen (2005, 2007) の提案を見てみよう．

3. 認知的否定分析の展開―間主観性と連動する否定―

Langacker (1991: 285 など) の視点構図 (viewing arrangement) は，Verhagen (2007: 59) では簡略化して次のように表示される．

(5) Viewing arrangemant

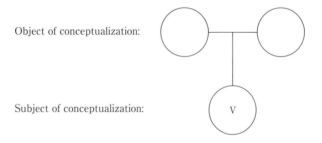

この図で，下段の円 V は，概念形成の主体あるいは認知主体 (subject of conceptualization) であり，上段にある直線によって繋がれる 2 つの円が，認知の対象 (object of conceptualization) で，いわゆる事態である．円 V から出る垂直線は，いわゆる認知や概念形成を表しており，円 V は概念形成や認知をする側，水平の線で結ばれた 2 つの円は概念形成や認知される側である．捉え方 (construal) がこの直線で示されるが，周知の通り，さまざまな捉え方が可能である．

さまざまな捉え方を可能にするのが認知操作(cognitive operations)であるが，研究者により，さまざまな認知操作が提案される．ラネカー，タルミー，クロフトとクルーズでも若干の異なり(重複とズレ)を見せるが，いずれも決定的なものではなく，すべてを網羅しているわけでもない．したがって，このような認知操作によって対象が捉えられ，また概念形成がなされるという程度の理解でよい．

(6) a. Specificity (解像度，抽象度の度合)
　　b. Prominence (際立ちの強さ)
　　c. Perspective (視点，観点)
　　d. Dynamicity (主体移動など)　　　　　(Langacker 2007)
(7) a. Configurational Structure (有界性など)
　　b. Perspective (視点，観点)
　　c. Distribution of Attention (際立ちの強弱)
　　d. Force Dynamics (力動性)　　　　(Talmy 2000: 40–84)
(8) a. Attention/Salience (焦点と際立ち)
　　b. Judgment/Comparison (カテゴリー化など)
　　c. Perspective/Situatedness (視点，位置づけ)
　　d. Constitution/Gestalt (Talmyの Configurational Structure に類似)
　　　　　　　　　　　　　　　　　　(Croft and Cruse 2004)

重要なことは，認知主体，対象をさまざまに捉える際には，認知主体の有するこのような認知操作によって捉えているのであり，それゆえ，認知の対象は純粋に客観的に捉えられるのではないし，したがって，認知の対象も客観的な存在ではない，ということである．認知主体がまったく関与せずに純粋に対象を客観的に捉えるということはないのである．この点は Verhagen (2007: 62) も同じ理解である．

そのために，否定辞の捉え方も主観的である．つまり否定辞の「無をプロファイルする」ということも，否定辞の認知の対象であって，認知主体に

よって捉えられるものだから，認知主体の認知操作が関与しており，主観的側面を多分に含んでいる（この点は，否定辞の意味規定に，プロファイルという主観的要因があることからも明らかだろう）．ここまでであれば，ラネカーの視点構図からも明らかなことである．否定に関して，主観的側面が関与していることがわかっても，否定現象の分析が大きく変わるということはない．

　Verhagen (2007: 59–67) が力説するのは，ヒトのコミュニケーションでは，二人（あるいはそれ以上）の認知主体が，互いの観点を読みあい，観点の調整 (coordination of perspectives) を図って，そこに共通認識を形成していくという点である．ラネカーの視点構図では，基本的に一人の認知主体の形成する概念を問題にしている．Verhagen が提案するのは，二人の認知主体の（間主観的な）調整によって概念構造が形成され共有されていくような把握構図 (construal configuration) で，(9) のように示される．

(9)　The construal configuration and its basic elements

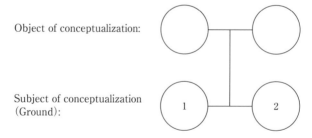

この図では，グラウンド (Ground) は，認知主体 1 と認知主体 2 の二人と，この二人の共有する知識（世界観や文脈知識）と，二人の共通認識 (common ground) から成る．ここでことばを発するということは，一般には，話し手（認知主体 1）が，聞き手（認知主体 2）とともに発話内容（概念化の対象）に共同注視し，共通認識を更新していくことだというわけである．図では，認知主体 1 と認知主体 2 の間の水平の直線が調整を，垂直の直線が共同注視を表している．

本章冒頭で触れた乳児の行動が示唆するように，情報の共有ということを通して，共通の基盤を作り上げていくということが，ヒト特有の行動である（小説や詩を読んだり，ブログを書いたりするのは，無意識のうちに書き手や読み手と共通基盤を作ろうとする側面があるのだろう）．(9) で，ラネカーも，話し手と聞き手から成る「やり取りの場」をグラウンドと呼ぶけれども，話し手と聞き手が発話内容の共同注視を通して共通の基盤を更新していくというようなことを詳述することはない（ただし，認知文法のグラウンド G は話し手と聞き手のやり取りの場であったし，CDS (Current Discourse Structure) は話し手と聞き手の情報調整構造でもあり，Langacker (2009: ch. 6) の第 3 節あたりでは，interaction という概念を出し，話し手・聞き手の間で「意味が交渉される」(negotiate meaning) というようなことを言うようになっている）．2 節で見たように，Langacker の視点構図では，概念化の対象は，一人の認知主体の概念形成に力点が置かれていたことは否めない．Verhagen (2005, 2007) の立場は，個人の認知主体の概念化を無視するわけではないから，ラネカーの表示法も十分活用でき，それを基に，複数の認知主体の調整による共通認識の形成過程を細かく記述することもできる．この立場が特に談話分析や会話分析などに有効であることも十分予測される．

　とりわけ否定の分析に新たな局面を開いてくれる *unhappy* と *not happy* を比較してみよう (Verhagen 2007: 67).

(10) a. Mary is not happy.
　　 b. Mary is unhappy.

(10a) (10b) いずれの文の場合も，メアリの描写が「幸せ」という概念に基づいている点では同じである．異なっているのは，他者の心や観点をも読むというヒトの能力に関わることで，認知主体 1 が認知主体 2 の心をどう読んでいるか，という点である．特に文否定の (10a) では，二人の認知主体の対立する概念化が関わっていることは明らかである．(10a) では，(10b) と異なって，認知主体 1 は，認知主体 2 が「メアリが幸せである」という概

念化を行っていることを知り,「メアリが幸せではない」という概念化を共同注視させることによって,相手の概念化を排除し,新たな共通認識の基盤を築こうとしている,と言うことができる．ここでは,二人の認知主体の観点 (perspective) が活性化し,両者の調整によって,共通理解としての「メアリが幸せでない」が創発するので,認知主体も認知の対象 (概念内容) もプロファイルされ,図では次のように,すべての部分が太線で示される (Verhagen 2007: 68).

(11) Construal configuration for coordination of perspectives

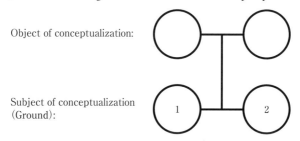

このように not happy の場合は,いわば 2 つのメンタルスペースが関与しているのに対して, unhappy の場合そうでないことは,次の例に見られるように on the contrary との共起関係によって示される.

(12) a.　Mary is not happy. On the contrary, she is feeling really depressed.
　　　b. # Mary is unhappy. On the contrary, she is feeling really depressed.

not happy の場合は,認知主体 2 のメンタルスペース Mary is happy が喚起されるため,それと対比させる形で, on the contrary を用いて, Mary is feeling... と続けることができるが,接辞否定の unhappy にはこのメンタルスペースを喚起する力はなく, on the contrary を伴う対比的陳述は不可能だというわけである．Verhagen の立場では基本的に,いかなる発話も (9) の図が示す通り,認知主体 2 のメンタルスペースが関与するのだが,文否定の場合は,

上のような二人の認知主体の観点がプロファイルされる典型的な把握構図のケースだということである．

ラネカーの否定のモデルで示すと，無のプロファイル以前のメンタルスペースは，*unhappy* の場合，どちらの認知主体のメンタルスペースかということは無指定であるが，*not happy* の場合，そのメンタルスペースは認知主体2のものでなければならない．文否定は，そのようなメンタルスペースを基に無のプロファイルを提示する，というわけである．そのため，認知主体2を明示的にラネカーの否定モデルに導入する必要がある．

few/a few, little/a little のペアでもそれぞれの前者が否定性をもつ要素であり，2つの対立的な観点やメンタルスペースを喚起することが，次のような談話の例でも示される（Verhagen 2007: 68）．

(13) A:　Few linguists still believe in transformations.
　　　B:　So you think they won't be around much longer?
　　　B':　#So you think they'll still be around for some time?
(14) A:　A few linguists still believe in transformation.
　　　B:　#So you think they won't be around much longer?
　　　B':　So you think they'll still be around for some time?

このように *few* の用法が，否定的表現と対になりやすいということは，*few* を用いる話し手は，話し手自身のメンタルスペース（「やがて消えていくだろう」）とは対立するような聞き手のメンタルスペース（「しばらくは生き残るだろう」）を想定し，それを却下させ，「やがては消えていくだろう」ということを新たな共通認識としようとしていると言うことができる．

ここで Verhagen の議論から少し離れて，否定の用法拡張について考察しておこう．他者の心を考慮するような否定辞の用法の拡張は，否定辞自体に内発する拡張というよりは，言語使用者のほうに，他者の心をも理解できるような認知能力が発達するために，否定にそのような用法が加わるという拡張だろう．例えば子どもが，他者の心を考慮するような否定辞の用法を獲得

するのは，子どものほうに，他者の心を読む認知的能力が発達するためである．英語の否定辞が，要素否定からこのような用法へと進行しているのであれば，それは上の図（9）のような2つの認知主体のメンタルスペースの調整を含むような把握構図が強く確立していて，それが反映されるためと言える．いわゆる「do による支え」や否定辞繰り上げも，単なる要素否定から離れて他者の観点を考慮するような否定用法の拡張と無関係ではないだろう（cf. Mazzon 2004: 64–5, 78–9. 助動詞 do の史的発達については Bybee (2010: ch. 7) が興味深く，「do による支え」については，Langacker (2009: ch. 8) の議論が，話し手・聞き手の意味交渉に基づく Anchoring 構造との関連で興味深い）．

　文法化は，語彙要素のもつ意味が希薄化し，関与している認知プロセスのみを残すようなプロセス（例えば，所持を表す動詞 *have* が，所持の意味を希薄化させ，認知的な参照点関係のみを表すようになるプロセス）であるが，しかし，上のような否定辞の拡張は，否定辞に内発する変容ではなく，いわば言語使用者の認知能力を取り込むような拡張だから，これまでの文法化とは違ったメカニズムの文法化である．先に，非存在を表す動詞が否定辞に拡張することを指摘したが，これはこれまで通りの文法化でよい．そこからさらに，他者の心を考慮するような用法を拡張していれば，それは通常の文法化とは異なる別種の文法化である．子どもの否定用法の発達も，文否定を表すような否定の発現・文法化も，間主観性に深く動機づけられているということである．

　他にも，主題（topic）から主語への文法化，再帰中間構文の自発用法から受身用法への文法化などこれと同種の文法化があるので，それと絡めて，間主観性に関わる否定用法の発現は考察する必要がある．

　いずれにしても，否定される要素から距離をとって離れていく否定辞は，(9) 図のような把握構図を意味構造としているのであるが，逆に，このような文法化の進んだ否定辞が用いられるのは，まず話し手の観点があって，これに対立するような他者の観点があるとき，話し手がこの他者の観点を却下させ，新たな共通理解を構築しようとするようなときである．要するに，文

否定あるいは文法化の進んだ否定辞が行う否定とは，話し手の観点と対立するような他者の観点を却下させる，ということである．これはつまり，*not happy* は *happy* の単なる否定ではないということ，また文否定は，単純に肯定命題に対する否定命題を表しているのではないということである．*not happy* の現れる例から，他者のどのような観点が却下されているかを見てみよう．

(15) He is the author of a successful TV series, has an attractive wife and an intelligent mistress, a fine house in his home town and a fancy apartment in London, and a great car. But still **Passmore is not happy**. He suffers at inexplicable pains in his knee that despite an operation do not disappear.

Verhagen (2005: 70–5) は，この例の *Passmor is not happy.* の前の部分を読んだ読者が Passmore の生活について想像するすべてのことが，この一行ですべて却下されるというのである．売れっ子の放送作家で，魅力的な奥さんと知的なお手伝いさんがいて，郊外の立派な家とロンドンにはステキなマンションを持っているような男性の生活について想像することがすべて *not happy* の一行で却下される．このように *not happy* は，単純に *happy* を否定しているのではないから，*unhappy* とも等しくないのである．

not impossible の例も見てみよう．単純に *impossible* の否定ではないから，*possible* にはならない．

(16) It is always hard to find a common denominator for uniting people who are in favor of change, because they are likely to wish for different kinds of change. But **finding such a common denominator is not impossible**.

この例の最初の行からは，「なにか共通項を見つけて人をまとめるなんてやめたほうがいい」のような読みも生じるが，それが *not impossible* によって

却下され,「やってみる価値がある」というような共通理解が構築されるというわけである. *not impossible* の替わりに *possible* を用いても,最初の行で生じる読みが却下されないから,「やってみる価値がある」という共通認識も生じない.

Horn (1989: 298) は,「*not impossible* のような二重否定がなぜ *possible* にならないのか」疑問を呈しているが,もはや明らかなように,答えは単純で,*not* が *impossible* を否定しているのではないから,ということになる[4]. *not* が何を否定しているのか,何を却下しているのかということについては次を引用しよう.

(17) The primary function of linguistic negation is to instruct the addressee to perform certain cognitive operations, namely, to invalidate conclusions that are inferable from the information available at that point in the discourse. (Verhagen 2005: 72)

これはまた明示的意味と非明示的意味が不可分,あるいは連続的であることを示唆している (cf. Ariel 2008). このあと続けて,「現実の事態と概念化が一致していないことを告げる場合にも文否定は用いられるけれども,否定の第一義的な用法ではない」と述べている.これは Langacker の枠組みで示した否定(「無のプロファイル」)も十分用いられているということである.むろん,他者の心を考慮し,その観点を却下するような,さらに文法化した否定の用法がより自然な用法である.

4. トートロジー構文の間主観性

興味深いことに,「勝ちは勝ち」「負けは負け」のようなトートロジー構文も,構文自体の中に否定辞はないけれども,文否定と同じ解釈を許すようで

---

4 Horn (1989) では,この問題は Grice 流の含意で説明されるが,ここで明らかになったようにこのような否定が,なぜ一様に「話し手の観点とは異なる他者の観点を却下する」ということになるのか,これを(会話の)含意で説明するのは不可能であろう.

ある．まず，否定文が突然現れないのと同じように，この種のトートロジー構文も，突然現れることはない．他者の心の中のある観点に対して，この構文が用いられ，他者のその観点を却下しようとする．「勝ちは勝ち」であれば，「本当の勝ちとは言えない」とでも言いそうな相手に対して用いられ，その観点を却下させるのである[5]．

しかも，却下しようとする相手の観点の内容が明確に決まってはいない，という点も文否定と同じである．第12章では，相手の抱いている連続的なカテゴリー観がまず却下されるとしている．「勝ち」と連続するカテゴリーは「負け」でわかりやすく，「勝ちと負けを連続的に捉えて，勝ちを負けに近づけ，すり替えてはいけない」というような却下の仕方になる．しかし，連続するカテゴリーが何かは，コンテクスト次第で明確な場合は少ない．*Murder is murder.* もコンテクストによって，芸術と殺人が連続的なカテゴリー関係を形成する場合もある．このトートロジーは，芸術的な殺人に心を奪われて犯人の側に立とうとする部下に，芸術と犯罪を分断させて，本来の仕事に戻そうとするときの刑事の表現である．ここまでくると，芸術（カテゴリーA）と殺人（カテゴリーB）とが連続的でないということだけでなく，「AとBとを混同してはいけない」さらには「Aは別物でBではない」という，いわば否定そのものに近づいている．それでもカテゴリーBはコンテクストから判断されることなので，何が否定されているのか，何が却下されているのかは，文否定の場合と同じく，特定されているわけではない．

このように「勝ちは勝ち」「負けは負け」*Murder is murder.* のようなトー

---

5 (a)「雪は雪（みぞれとは違う）」と (b)「（富士の雪も京の雪も）雪は雪」が異なるトートロジー構文だとされることがあるが，同一のトートロジーである．いずれの場合も＜「AはA」で「Bではない」＞というトートロジーである．(a)では，Aが雪で，Bがみぞれだから，容易に＜「A（雪）はA（雪）」で「B（みぞれ）ではない」＞が成立する．(b)の場合も，Aが雪で，Bがみぞれでよい．そうすると，＜「A（雪）はA（雪）」で「B（みぞれ）ではない」＞（みぞれでない点で，富士の雪も京の雪も同じなのだ）ということで＜「AはA」で「Bではない」＞が成立している．(a)(b)を1つにまとめて「（富士の雪も京の雪も）雪は雪（みぞれとは違う）」とすることができるのも，(a)と(b)が同じトートロジーだからである．(a)(b)の違いは，(a)ではBが明示しやすいという，Bの明示しやすさの違いであり，本質的な違いではない．

トロジー構文は，文否定と共通すると言えそうなのだが，Wierzbicka (2003: ch. 10) のトートロジー分析では，ここでのようなトートロジー構文についても，文否定と共通する部分はないとしている．

　Wierzbicka の分析は，下位トートロジー構文を形式に基づいて分類して（名詞句が複数形かどうか，冠詞は定冠詞か不定冠詞か，などによって），それぞれの下位構文に意味を対応させようとする典型的構文分析である．しかしより上位のトートロジー構文に共通性を認めようとはしない．

　ここで Wierzbicka による個々の下位構文の意味分析を見てみよう．例えば *War is war.* である．よく知られているように NSM (natural semantic meta-language) を用いる意味コンポーネントの表示による (Wierzbicka 2003: 405)．

　　(18)　　War is war.
　　　　(a) everyone knows: when people do things of this kind, something bad
　　　　　　　　　　can happen to other people because of this
　　　　(b) I know: someone can think: this is bad it should not be like this
　　　　(c) I think: one should not think this
　　　　(d) one should know:
　　　　　　　it is always the same (when people do things of this kind)
　　　　　　　it cannot be like this
　　　　(e) I don't want to think: this is bad
　　　　(f) I don't want to feel something bad because of this

この (a) から (f) までの意味コンポーネント群を見ると，コンポーネントの (b) (c) がそれぞれ他者の観点とそれを却下しようとする話し手の働きかけであることがわかる．つまり (b)「戦争では悪いことをしがちだが，それはすべきではない」という他者の観点があって，(c) によって「そういう風に考えるべきではない」とその観点を却下しようというわけである．

　このタイプの (b) と (c) の意味コンポーネントは，トートロジーの他の下位構文群に認められる．例えば，*Kids are kids. A picnic is a picnic. Enough is enough. East is East (and West is West). Coffee is coffee.* など他の下位構文にも (b) と (c) の意味コンポーネントが見られるのであるが，これは Wierzbicka の分析でも，一定のトートロジー構文が，他者の観点を考慮し，これを却下しようという否定文の間主観性に基づく観点の調整と同じ機能を有している可能性を示唆している[6]．トートロジー構文と否定構文の認知構造がこのように同じであるならば，否定文の表す間主観的な認知構造は，別の言語形式でも表現されうる一般性の高い意味構造だということである．これは，否定辞が，非常に特定的なものから，非常に広範囲のものまで，否定することを示唆している．そしてその通りであるならば，その広範囲の否定現象をどう理論的に正確に捉えればよいのだろうか．1つの解法として，Langackerの否定モデルのメンタルスペース内にさまざまな情報（他者の観点を含めて）を認めることが考えられるが，その詳細については，改めて論じてみたい．それによって否定辞を伴う否定表現とトートロジーのように否定辞を伴わない否定現象の，間主観性に関わる差異と連続性が明らかになるはずである．

5. 結び

本章で示した否定分析の認知的枠組みは，基本的に認知文法のものであるが，Langacker の視点構図 (viewing arrangement) のグラウンドの部分に間主観性を明示的に導入することによって，否定をまったく新たな角度から見ることができるようになったということである．つまり，否定辞によって，他者の心の中の観点まで却下されることが，理論的に捉えられるようになったということである．Verhagen は，認知文法に間主観性をより明示的に導入し，文否定について，さらにはコミュニケーション一般について意義深い理論的分析を展開させたと言ってよい．

少し角度を変えて言えば，ちょうど1つの脳（1つの主観）の中で，無数の

---

6 このようなトートロジーが，Verhagen の把握構図（(9) 図）で捉えられるなら，トートロジーを Grice 流の語用論で説明する必要はなくなる．しかも（注4とも連動するが），*not impossible* のような二重否定とトートロジーがなぜ同じような解釈を生むかを，Grice 流の語用論のみで説明することも不可能であろう．

ニューロンがインタラクトしながら，1つの情報が形成されるように，社会ではいくつもの脳(いくつもの主観)のさまざまな情報が間主観的にインタラクトしながら，一定の情報が共有されていく．情報の間主観的なインタラクションの中で否定表現(あるいは否定ということ)がどのような情報の調整の仕方をするのか，という観点からの考察が進められているのである．

第11章

認知モードの射程

1. はじめに

　視点というとき「内」か「外」かが問題になるが，本章では，対象や状況との身体的インタラクションがあるかないか，という観点を中心において言語現象の説明力を見ていくことにしたい．例えば，日本語の「*太郎は寒い」が通常ダメで，英語の *Taro is cold.* がいいということについても，「寒い」が状況の寒さを直接経験している人(身体的にインタラクトしている人)の感覚しか表さないのに対して，英語の *cold* あるいは構文がインタラクション抜きの視点のみの移入を許すからだというような説明になる．
　言語の主観性・客観性についても，主語や目的語を用いて表現すれば，トラジェクターやランドマークのような認知的要因によって主語や目的語が決まるのだから，どのような表現も主観的だということから免れない．ただ「雨が降った」に対して「雨に降られた」がより主観的だと思われるのは，こちらの表現が，雨とのインタラクションによって受ける迷惑感を表しているためであり，言語の主観性・客観性の問題も身体的インタラクションのあるなしを導入することによって，より明確に捉えられる．
　そもそも私たちの認識は，対象との身体的インタラクション抜きには成立しない．このことは現象学や今日の身体論が明らかにし，とりわけ自然科学としての量子力学が明確にしたことである．例えば外界は，何らかの環境・

対象と身体的にインタラクトすることによって創発するものなのだが，それでも，その一方で，外界をそこに客観的にあるものとして眺めているような気分になるのも事実である．このような2種類の認識のあり方をそれぞれIモードとDモードと呼び，言語と認知のどのような側面が明らかになるのか，追究しようというのが本章の目的である．すでに中村 (2002, 2003b) や序章，第9章で示している部分も少なくないが，より厳密な考察を加えて，小論ながら認知モードの射程の全貌を示してみようと思う．

　2節では，Langacker (1985 他) の視点構図 (viewing arrangement) と対比させる形で，2つの認知モードの詳細を提示する．3節は視点と認知モードの対比であり，とりわけ視点と関連するこれまでの分析の一端を認知モードの観点から捉え直す試みである．4節は，認知モードによる日英語の比較対照を行う．5節では，文法化と認知モードの関係，また言語起源や言語進化と認知モードの関係を議論する．

　視点あるいは認知モードといった概念は，これまで言語現象の特定の一部を説明する程度に考えられていたが，本章では，このような概念を精密化することによって，言語や文法の中枢に深く関与していることを明らかにしたいと思う．

2. 視点構図と認知モード

2.1 視点構図

　Langacker (1985: 121) の視点構図 (viewing arrangement) は，観る・観られ関係 (viewing relation) に基づいており，観る側に位置することが主体的・主観的，観られる側に位置することが客体的・客観的ということである．さらに主体性と客体性には，度合があって，観る側と観られる側が完全に対立する場合に，観る側は最大限に主体的となり，観られる側は最大限に客体的となる．このように観る側と観られる側がそれぞれ最も主体的，客体的となるのは，観る側が観ていることをまったく意識していないときであり，そのとき観られる側は観る側から完全に区別され，その背景からも強く際立って

いて注目されている (Langacker 1985: 120–1). この視点構図は標準的視点構図 (canonical viewing arrangement) と呼ばれる.

観る側と観られる側の最大の対立が緩和して，主体性と客体性の度合が最大でなくなるケースが，自己中心的視点構図 (egocentric viewing arrangement) である．その場合，観る側は観ている己を意識しているし，概念形成者として機能していると同時に概念形成の対象としても機能している (The egocentric viewing arrangement corresponds to instances where the observer is specifically concerned with SELF and consequently functions as both the conceptualizer and an object of conceptualization. Langacker 1985: 123).

この標準的視点構図と自己中心的視点構図はそれぞれ次の (1a)(1b) のように図示される.

(1) a. 標準的視点構図　　　　　　　b. 自己中心的視点構図

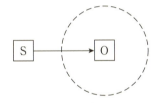
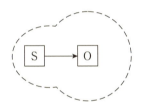

これらの図で，Sは観る側 (認知主体)，Oは観られる側 (観られる対象) を表し，破線の円や楕円は，客体場面 (objective scene) あるいはオンステージを表している．(1a) で，観る側Sは，オンステージの外に位置するが，このとき，Sは最大限に主体的である．一方，(1b) で，観る側Sは，客体場面の中，すなわちオンステージ領域にあり，観る側であると同時に，観られる側にも位置している．それゆえ，このようなSは，客体としての度合が上がっている．Langacker (1985) 以後の論考では，(1a) の図は，標準的 (canonical viewing arrangement) として以下のような図で示されることが多く，この図に馴染みのある読者の方が多いかと思う.

（2）

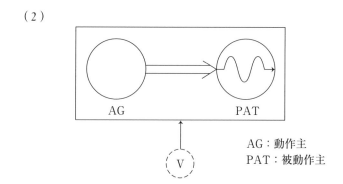

AG：動作主
PAT：被動作主

主体性の度合は，基本的には次の3種類の図で区別される．

（3）a.　　　　　　b.　　　　　　c.

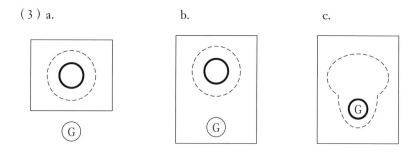

これらの図は，(1a)(1b) の図と比較すると，四角（最大の意味スコープ）が加わっている．これにより，主体性の度合に3段階が生じることになる（この図のグラウンド G は観る側 S に相当する．破線の円の中の太線の円は観られる側 O に相当する）．つまり，観る側 S が，オンステージの外でかつ最大スコープの外に位置する場合(3a)と，オンステージの外だが最大スコープの内側に位置する場合 (3b) と，オンステージの内側に位置する場合 (3c) とが生じ，観る側 S が，徐々に観られる側に移行するため，客体性の度合が増加するというわけである．言語現象としては，次の例文 (4a)(4b) の認知構造は，それぞれ図 (3a)(3c) に対応し，例文 (5a)(5b) はそれぞれ図 (3b)(3c) に対応している．

（4） a. Hope not.
　　 b. I hope not.
（5） a. There is snow all around.
　　 b. There is snow all around me.

((4)(5) ともに Langacker 1985: 138)

(4a) で，観る側 S としての一人称代名詞 I が表現されていないということは，観る側 S が観られる側に位置していないということ，つまり最大スコープの内側にも，むろんその中のオンステージ内にも位置していないということであり，図としては (3a) に対応する（この対応の問題点を 2.2.1 節の終わりで指摘する）．(4b) は，一人称代名詞 I が表現されているが，観る側 S がオンステージにあるということで，図 (3c) に対応する．(5a) で，一人称代名詞 me が ((4a) 同様) 表現されていないが，この場合，観る側 S は，雪の存在する場所を同定するための参照点として機能しており，オンステージには位置しないものの最大スコープ内には位置しており，図としては (3b) に対応する．(5b) は一人称代名詞が言語化されているので，図としては，観る側 S がオンステージに位置する (3c) に対応している．観る側 S の主体性の度合は，(4a) が最も高く，次が (5a) で，(4b)(5b) が最も低いということになる[1]．

ちなみに Langacker (1985) の論考は John Haiman の編集する *Iconicity in Syntax* というタイトルの本に収められているが，観られる側に位置するということ（客体性）と言語化されるということが類像的 (iconic) な関係にあるということが，この論考と本のタイトルの *Iconicity* とを関連づけている．

1　(3c) の図で，グラウンド G（すなわち認知主体 S 自身）を観ている認知主体が表示されていないようである．しかし，より正確な図 (Langacker 1985: 131，右図参照) に示されているように，G から下へ出る実線が，G の最大スコープを表す外側の四角に繋がっており，このことは，G（ここでは S）自身が，G の眺める世界の内側に存在することを示している．この図は，観る側が同時に観られる側である場合を，非常に巧みに示している．

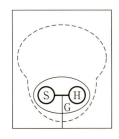

2.2 認知モード—IモードとDモード—

2.2.1 Iモード

　Langacker (1985) の視点構図が，観る・観られ関係 (viewing relation) に基づいて，観る側 S と観られる側 O の対立が最大であるような視点構図を標準的視点構図 (canonical viewing arrangement) とするのに対して，IモードとDモードの認知モードの特徴は（本節の段階では）次の2点に集約することができる．このような特性をもつ2つの認知モードを導入することによって，言語分析の射程は大幅に拡大する．

(6)　認知モード (Iモード，Dモード) の特性
　　a. 認知主体と対象との主客未分の身体的インタラクション (Iモード) を基盤とする．
　　b. IモードからDモード (標準的視点構図とほぼ同等) への移行がある．

　(6a) は，これまでの視点や Langacker (1985) の視点構図に（少なくとも積極的には）導入されていない観点であり，また (6b) のような展開は，Langacker の視点構図には考慮されていない点である．これが，言語類型論，文法化，言語発達，言語進化を認知の観点から新たに考察することを可能にする．

　Langacker (1985) の標準的視点構図と自己中心的視点構図が，観る・観られ関係に基づいているのに対して，認知モードは，私たちの認識の本質により忠実であろうとする．私たちの認識は，いわゆる客観的に存在するものを単純に外側から観ているのではなく，観る・観られ関係に基づいていない．一定範囲の言語分析のために観る・観られ関係を導入することは問題ではないが，言語分析を，認識の本質に基づこうとすると，観る・観られ関係だけの導入では，十分ではない．現時点では，ヒトとしての身体を有する私たち認知主体と何らかの対象（や環境）とのインタラクションに基づいて対象の像（認知像）が形成され，世界が立ち現れる，とするのが最も妥当な立場であ

る[2]．ここで重要な点は，私たち認知主体は，何らかの対象を観ているのではなく，そのような対象とのインタラクションを通して認知像を形成しているということである．一定の認知能力と行動力を備えた身体をもつ私たち認知主体が何らかの対象と相互作用しながら，認知像を形成しているわけである．この認知の様子をモデル化したものが認知モードとしてのＩモード（Interactional mode）である．次のように図示される（中村 2002, 2003, 序章）．

  （7） Ｉモード（Interactional mode of cognition）

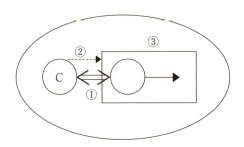

この図で，まず注目すべきは①②③である．①の両向きの二重線矢印は認知主体（円 C で表示）と何らかの対象（もう１つの円で表示）との身体的インタラクションである．これに基づいて，認知主体が②の破線矢印で示される認知能力や認知プロセスによって，何らかの対象についての認知像③（対象を囲む四角で表示）を構築する．物が「重い」「軽い」ということなどは，わかりやすい認知像の例で，「重い」「軽い」の判断は，対象を持ち上げるという身体的インタラクションが関与し，認知主体の体力や身体的コンディションに影響されており，「重い」「軽い」は対象の客観的性質ではない．太陽の上昇（上の図では四角の中の円の矢印で示される）も身体的インタラクション

---

[2] 最近では篠原（2008）において，事物の性質や属性が「相互作用的性質」であるという議論が展開されている．そこには，「我々は対象を捉える際，何らかの対象への働きかけ（相互作用）を行いその中から自己と対象の間の有益な情報を見つけ出す．その中には，自己の情報と見なされるものもあれば，対象の情報として理解されるものもあるが，決して両者の間に明確に境界線が引けるものではなく，むしろ，相互作用の情報は表裏一体の関係にある」という主張があるが，この中で，「対象の情報」が本章で言う「認知像」に他ならない．

に基づいて構築される認知像のよい例である．私たちの身体が地球上にあって，その自転とともに位置を変えながら，一定の距離にある不動の太陽を眺めるという位置的・身体的インタラクション①に基づいて，私たちの身体に備わっている視覚や視線の上昇を含む相当に複雑な認知能力・認知プロセス②によって，太陽の上昇という認知像③を構築する．私たちが眺めている対象が，このように私たちの認知能力や認知プロセスによって形成されるものだということだとすると，私たちが，客観的に存在する対象と対峙するということは不可能であり，したがって私たちと対象との関係が，観る・観られ関係でないことも明らかだろう．

　上の図で，①②③全体を囲む楕円を導入しているが，とりわけ認知主体Cと認知像が楕円の2つの中心を成し，それぞれが相互に含み合うことを示している．これによって，認知主体としての私たち自身の境界があいまいであること，さらに私たちと対象とのインタラクションが，私たち（円C）の外部で生じているのか，私たちの内部で（楕円の内部で，脳内で）生じているのかがあいまいであるという認知の実情を捉えることができる．

　現代の身体論が論じるように私たちの身体は伸縮自在で，ステッキの先まで感覚が伸びることもあれば，麻痺した腕や脚が異物として他者化するというようなこともよく経験することである．認知主体Cも客観的存在ではなく，認知的に捉えられたものであり，これを示すために，認知主体Cを楕円の認知の場の中に収めているのである．

　また上の図で，認知像を認知主体C（小円）の外に置いているけれども，これも私たちの認知能力が構築する像であるから，やはり認知の場（楕円）の中に位置づける必要もある．こうしてみると，私たちが外界に存在すると思っているもののすべてが，実際は認知の場の中の存在であり，認知像でしかないことが明白だろう．このように認知主体を小円と楕円の2重構造で捉えると，いわゆる世界は，認知主体の外にあるようでもあり，認知主体の内部にあるようでもあるというあいまいさが，うまく捉えられるというわけである．小円Cの認知主体からすると，認知像は客観的外界になるけれども，私たちが捉えているものは私たちの内部で構築されるものという観点を

とると，認知像の客観性は疑わしくなる．そのようなあいまい性を捉えるには，認知主体C（小円）と，認知主体を一つの中心とする楕円の認知の場を導入して，認知主体を2重構造で捉える必要があるというわけである．身体的インタラクションのことを，西田哲学の用語を借りて，「主客未分」のインタラクションと言うことがあるが，これはインタラクションの対象・環境が認知主体の外側にあるのか（客体か），内側にあるのか（主体か），があいまいだからである．

　何よりも，自然科学において量子力学が到達した自然像・世界観は，主客未分のインタラクションに基づく認知（認知像の構築）が認知の本質であることを決定的なものにしたと言ってよい．次はハイゼンベルクからの引用である．

> （8）「現代の精密自然科学の自然像それは実はもはや自然の像ではなく，自然とわれわれとの関係の像である．一方に時空間内の客観的経過，他方に客観的経過を写し取る精神，この対立的二項に分ける旧来の分割，デカルト的区別はもはや適切ではない．自然科学はもはや観察者として自然に対向しているのではなく，人間と自然との相互作用の一部である」
> 　「ニールス・ボーアが述べたように，われわれは単なる観察者ではなく，［対事的自然との］共演者である，ということに気づかなければならない．」
> 　「世界を主観と客観，内界と外界，精神と肉体というように断層的に分割することはもはや不適当である」
> 　　　　　　　　　　　　　　　　　　　　（ハイゼンベルク 1957: 9, 23）

　この引用で，「観察者として自然に対向しているのではなく，人間と自然の相互作用の一部である」という部分や「われわれは単なる観察者ではなく，共演者」というところ，あるいは，「世界を主観と客観，内界と外界…というように…分割することは不適当である」というところに，認知の基盤である主客未分のインタラクションとの共通性が見られる．

具体的には次のような例によって，Langacker (1985) の視点構図が基づく観る・見られ関係の問題点が明らかとなる．

(9) a. 寒い！
    b. I say to you that I'm cold.　　　　　　(cf. Langacker 1985: 131)

(9a) の「寒い！」という表現については，ベルクが次のように述べている．「「寒い！」という文章には，雰囲気が実在的主体によって知覚された姿のまま直接現れ，主語と対象は偶然その場にある関係の中で互いに相手を内包しているのである」(ベルク 1994: 35)．つまり，認知主体は，自分の感じる寒さの吐露なのか自分の寒さの描写なのかの区別がつかないままに，この(9a) を発しているというわけである．そうであれば「寒い！」という表現は，S (認知主体) と O (対象) とが近くに位置する自己中心的視点構図 (1b) を反映しているのではないか，ということになる．

しかし実際は，自己中心的視点構図 (1b) を反映しているのは (9b) の遂行文のほうである．ラネカーも述べているように (Langacker 1985: 131–3)，(9b) のような遂行文は，認知主体が認知主体自身を眺めて自分の発話行為を描写しているので，S (認知主体) が観る側であり同時に観られる側でもあるような自己中心的構図と一致するというわけである．

そうすると，(9a)はどのような視点構図を反映しているのだろうか．標準的視点構図(1a)は，劇場で観客が客席から舞台を眺めるような構図であるから，主客不可分の表現の認知的構図としては適切ではない．要するに，(9a) の認知的構図は，観る・観られ関係に基づく視点構図では捉えられないということである．一人称代名詞を省略した (4a) *Hope not.* についてもラネカー自身，「話し手は聞き手とのより強い親近感を示し，効果的に聞き手にも自分と同じ観点をとらせている」(1985: 138)と述べている部分がある．この指摘に従えば，Hope not (「でないといいけど」) は，否定的期待の吐露とも否定的期待の叙述ともつかない表現で，聞き手に共感を求めている，とも言える．そうであれば，(4a) *Hope not.* に対応する視点構図は，(9a)「寒い！」同

様 (1a) の標準的視点構図 (つまり (3a) か (3b) のいずれか) ではないということである．(5a) の認知構造は (1a) あるいは (3b) でよい．

主客不可分である (4a) や (9a) のような表現が，主客未分の認知モードである I モード認知を反映していることは明らかだろう．認知主体 S が自らを認知の対象 O とする場合も含めて，認知主体 S と対象 O が対峙する視点構図は，次節で見る D モードのヴァリアントである．主客未分の I モード認知は Langacker の視点構図からすっかり抜け落ちているのである．

2.2.2 D モード

認知が本来 I モード，あるいはそれに近いものであるにしても，I モードによって私たちが何らかの外界とインタラクトしながら構築している認知像を，客観的存在として信じ込む性向が私たちにはある．「重い」「軽い」にしても，認知主体と対象とのインタラクションによって生じる印象であることを忘れて，対象の客観的性質だと思いがちである．実際「太陽の上昇」にしても，16 世紀の地動説の出現まで，それを事実と思い込んでいたほどである．認知像を客観的存在として信じ込む私たちの認知モードを D モードと呼び以下のような図で示そう．

(10)　D モード (Displaced mode of cognition)

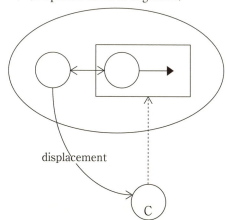

この図は，認知主体としての私たちが，何らかの対象とインタラクトしながら対象を捉えていること（認知像を構築していること）を忘れて，認知の場（楕円）の外に出て（displaced），認知像を客観的事実として眺めている様子を表している．「陽が昇る」という事態はまさにこのような状況であり，認知主体は，太陽との位置的インタラクションによって「陽が昇る」という認知像を形成しているのだが，そのような認知の生起している場から出て，あたかも「陽が昇る」という客観的事態と対峙して(それを眺めて)いるような気分になっているわけである．

　事実と思い込んでいる認知像が虚像であっても，それほどひどいことにならないのは，生活を営む上で，認知像が情報として一定の範囲で有効であるためである．「重い」という認知像も，一定の範囲では有効な情報であり，それを基に対象に対して適切な対処ができる．ニュートン力学は相当の範囲で有効であり，質量と空間と時間をそれぞれ独立自存の存在であると見て，アリストテレスの矛盾律を信じるほうが，日常の生活はうまくいく．質量と空間と時間が独立自存ではなく相対的で，質量が，ある場所に同時に存在し存在しないというようなことがありえる量子論的世界観で生活することのほうがやりにくいことは十分想像できる．このように生活に便利ということもあって，主客対峙を前提とする認知像を客観と見立てる D モード認知は，なかなか捨てがたく，文化的価値を生む．身体的インタラクションを通して得られる認知像を客観的存在と見なしても，身体を有する私たちの生活に支障を来たすどころか，便利ですらある．このために，客体に対峙する主体という認知構図が払拭しがたいのである．

　認知モードが言語表現にどの程度反映するかは，程度の問題で，このことは次の「られる」や -able のような例によって示される．

　　(11) a.　このりんごは 3 分で食べられる．
　　　　 b.　These curtains are washable.

「られる」が，「このりんごなら 3 分で食べられるなあ」というように，認知

2. 視点構図と認知モード | 335

　主体が，対象との何らかのインタラクションによって得られる感触をその場で吐露するような表現であれば，それはIモード認知を反映する表現である．一方，その感触を対象の客観的特性として伝えるために (11a) のような表現を用いるのであれば，その場合はDモード認知を反映する表現である．したがって (11a) の「られる」は，Iモードを反映する側面を残しており，完全にDモードを反映する言語形式にはなりきっていない．日本語の「られる」と比べると英語の *-able* は一般的特性しか表さない (cf. (11b))．これは，認知像を客観的特性と見なすDモードの反映ということができる．後に見るように，一般に日本語より英語のほうがDモードを反映する度合が強い．Dモードが，認知主体とのインタラクションを考慮しない点に注目すると，Dモードは外置の度合の強い認知モードでもある．このような議論は，IモードとDモードが単に対立する認知モードではなく，Iモード認知からDモード認知へと移行することを示唆している．

　Dモードは，主客対峙を前提とする認知モードであるが，そのような認知が生じるのは，Dモードがメタ認知的であるためである．メタ認知的であるために，対象との身体的インタラクションは無視され，そこで認知主体と認知像の対峙の構図が生じ，認知像が客観的存在(客体)として見られるというわけである[3]．

　こうしてみると，(6a) (6b) で示したIモードとDモードのより本質的な特性は，身体的インタラクションに基づく認知モードとメタ認知的な認知モードの対立であり，IモードからDモードへの移行は，身体的インタラクションを通しての原初的認知からメタ認知が可能になるような認知への移行だということができる．Dモードは，メタ認知として，認知の場の外に出て，認知の全体を眺めるので，Iモードとの間に，次のような，より具体的な側面での認知の対比が生じる．

---

[3] その際の主客対峙の構図も認知像であるから，私たちの認知は多重のメタ的構造をしているということができる．

(12) a. 参照点型認知（I モード）かトラジェクター・ランドマーク型認知（D モード）か
　　 b. 非有界的認識（I モード）か有界的認識（D モード）か

　参照点 (reference point, R) を介しての参照点型認知（R/T 認知）では，身近なわかりやすいものを参照点として，そのような参照点を次から次へとたどりながら，認知の標的（ターゲット，T）を捉えるような認知の仕方である．一方，トラジェクター・ランドマーク型認知（*tr/lm* 認知）は，全体を眺めて，その中の最も際立ちの高い参与体（トラジェクター）と 2 番目に際立ちの高い参与体（ランドマーク）に注目するような認知の仕方である．したがってそれぞれ I モード，D モードと連動する．非有界 (unbounded) と有界 (bounded) については，I モードは認知の場の中の対象とは未分の認知なので，全体を捉えることはできず非有界型の認知になる．D モードはメタ認知として対象の全体像を捉えやすく，有界型の認知になると考えられる．

　I モードと D モードの対比，つまり身体的インタラクションの有無，メタ認知的か否か，R/T 認知か *tr/lm* 認知か，有界か非有界か，のような対立は言語に反映していて，少なくとも日英語には，4 節で見るようにそれぞれの反映の仕方が対照的である．

3. 視点と認知モード

　視点と認知モードの大きな違いは，視点の概念規定に，身体的インタラクションやメタ認知など認知のメカニズムへの明確な言及がない，という点である．これまで，表現や言語の差異を捉えるために対立する視点的概念が提案されているけれども，以下に見るように，認知のメカニズムに言及したものはない．しかしながら，その対立の背後に認知モードの対立を置くと，言語現象の対立がよりよく捉えられるし，取り上げられている現象の多様性にもかかわらず，背後の認知的対立は統一的であることがうかがえる．次のような対立概念について見てみよう．

(13) a. impressionistic vs. analytic （Bally 1920）
b. non-reportive vs. reportive （Kuroda 1973）
c. situation vs. person focus （Hinds 1986）
d. experiential vs. external perspective （Wierzbicka 1988）
e. immediate vs. displaced mode （Chafe 1996）
f. holistic vs. analytic understanding （Marmaridou 2000）

(13a) の impressionistic と analytic との対立は，現象が私たちに立ち現れるままに表そうとする表現形式の多い impressionistic な言語と，現象を分析的に (特に因果的に) 表そうとする表現形式の多い analytic な言語の対立のことであり，好意的にとれば，impressionistic な言語には I モードの反映が，analytic な言語には D モードの反映が感じられる．Bally (1920) の指摘の中で，impressionistic な言語としての度合は，ロシア語が最も高く，ドイツ語，フランス語，英語の順で低くなり，逆に分析的な言語としての度合は英語が最も高いという指摘は，I モード・D モードのそれぞれの言語への反映の度合と対応している．

(13b) の reportive (報告調) と non-reportive style の対立は，次の 2 文に見ることができる．

(14) a. 山寺の鐘を聞いて，メアリは<u>さびしがった</u>よ．
b. 山寺の鐘を聞いて，メアリは<u>さびしかった</u> (*よ)．
 （Kuroda 1973）

reportive style は，「よ」の付加が可能で，話し手が聞き手に報告するような表現であり，「さびしがる」と「さびしい」では (14a) のように「さびしがる」が用いられる．一方，「よ」を伴わない non-reportive style の表現では，(14b) のように，三人称主語であっても「さびしい」が共起可能である．日本語の「さびしい」「寒い」「〜ほしい」「思う」のような主観述語は reportive style では本来一人称主語としか共起しないが，non-reportive style では，三

人称主語とも共起する．この指摘は興味深く，単純な「視点」という概念では説明しきれない．特に，日本語の主観述語の「さびしい」がなぜ reportive style では三人称主語をとらず，non-reportive style ではとるのかということと，英語で主観述語に相当する述語が reportive style でもなぜ三人称主語をとるのか (She is lonely.) ということを，平行して説明するのは難しい．

　ここで，日本語の non-reportive style を I モードの反映と捉え，英語の表現が D モードの反映だとすると問題は一挙に解決する．I モードでは，認知主体が(叙述対象のメアリと一体化して)状況と身体的にインタラクトし，あたかも認知主体自身の感覚であるかのようにメアリの感情を表現しているとすれば，「私はさびしかった」と言うのと同じ感覚で「メアリはさびしかった」と non-reportive style で（いわば詠嘆として）語ることができる．

　これに対して，英語では reportive style でも主観述語に相当する述語が三人称主語とふつうに共起する (Mary is lonely.)．その場合 (身体的インタラクションを伴わない D モードを前提とするため) 視点のみが登場人物に移入すると考えられる[4]．このように視点と身体的インタラクションを区別することによって，日英語における主観述語の振舞いに関して一定の説明を与えることができる．

　「視点のみが登場人物に移入する」ということを，D モードのメタ認知的側面を考慮して少し精密に見てみよう．D モードでは，自己を対象化，他者化するので，英語の I'm lonely. は自分のことをあたかも他者のことのように述べ報告していることになる (日本語の「（私は）さびしいと感じている」に近い)．自己と対峙する認知モードでは，もともと対峙している他者の主観述語での表現は容易である (e.g. Mary was lonely.「メアリはさびしいと感じていた」)．その場合，対峙している自己を他者と同化させるのであり，それが，身体的インタラクションを伴わない視点のみの移入である．日本語でも「の(だ)」「こと」を用いて，他者化した心情を主観述語で表す場合は，三人称主語ともふつうに共起する (e.g.「メアリはさびしいのだ」「メアリがさび

4　この場合の視点は，すぐ後で見るように，D モードで客体視される自己が，他者と同化することであり，身体的インタラクションはない．

しいことは知っている」).

(13c) の situation focus と person focus の対立は，以下のような例によって示され，同じような説明が可能である．

(15) a. 山がみえる．（可能文）
　　 a′. I see a/the mountain.
　　 b. 「あっ，割れちゃった」
　　 b′. "Oh, no. I broke it."　　　　　　　　　　　(Hinds 1986: 53)

日本語の (15a) (15b) は，認知主体が，ある状況あるいは対象と身体的にインタラクトする中で，生じる認知像をそのまま述べたものであるが，英語の (15a′) (15b′) は，認知の場の外から眺めて「誰が何をどうする」という形式で表現していると言うことができる．(15b) (15b′) の日英語の対立は，「なる」と「する」の対立にもなっている（池上 1981）．

次の日本語の例では三人称の「太郎」が「ニ(ハ)格」で表示されているが，日英語はやはり situation focus と person focus の対立である (Hinds 1986: 16, 36–7)．

(16) a. 太郎には妹がいる．（存在文）
　　 a′. Taro has a sister.
　　 b. 太郎にはロシア語がわかる．（可能文）
　　 b′. Taro understands Russian.

ラネカーによると，日本語の例は太郎を参照点 (R) とし，妹の存在やロシア語の理解力を認知のターゲット (T) とする参照点構文であり，対応する英語の例は，参照点をトラジェクター (*tr*)，モノとしての妹やロシア語をランドマーク (*lm*) として捉え直しており，*tr/lm* 認知を反映する表現（SVO 構文）である (Langacker 1993)．そうすると (15) と並行的な (16) の日英語の例文は，I モード対 D モードの反映の対立であり，同時に R/T 認知対 *tr/lm* 認知

の反映の対立でもあるので，このような例は，IモードがR/T認知と連動し，Dモードが*tr/lm*認知と連動することを示唆していることになる．また(16a) (16a') はbe言語とhave言語の対立であるが，これも認知的にはR/T認知と*tr/lm*認知の対立，ひいては認知モードの対立の反映ということになる．同様のことは，「なる」的表現と「する」的表現の対立についても言える(Iモード・Dモードの身体的インタラクションの有無とR/T認知・*tr/lm*認知がどのように連動するかは再度，次節で若干の考察を加える)．

(13e) の immediate mode と displaced mode の対比を先に見ておくと，これは，意識の対立あるいは表現の対立で，前者が直接経験しているときの意識や表現 (e.g. 現在時制) であるのに対して，後者は思い出したり想像したりしているときの意識や表現 (e.g. 過去時制) である．ここでも身体的インタラクションということへの積極的な言及はない．興味深いのは，過去時の物語で書き手・読み手が物語の世界へ入り込むときの言語表現として，英語で *now/here* が用いられるという指摘である．*now* の例のみを引用しておこう．

(17) 'Grub, ho!' <u>now</u> cried the landlord, flinging open a door, and in we went to breakfast. (*Moby Dick*, Chafe 1996: 51)

過去時の物語でのこのような *now* や *here* の使用は，基盤は過去時制だから displaced mode であるにもかかわらず，そこから物語の中の世界 (immediate mode) への移行を示すとして，この種の現象は displaced immediacy と呼ばれる[5]．この現象は，日本語の過去時の物語での「タ形」と「ル形」の交替を思わせるが，並行的ではない．英語のほうは，時制がぶれないという点で，Dモードを基盤として身体的インタラクションを伴わない視点のみの移入であるのに対して，日本語のほうは，過去時の物語であっても基本的には身体的インタラクションを伴うIモード認知で語られるために，「タ形」/「ル

---

5 Chafe (1996) は，この例文に見られる各行為の連続的表現も immediate mode の現れとしている．また文中の in we went... のような語順倒置も immediate mode の反映と見なすことができる．

形」の交替が自由に生じると考えられる．

（13d）の experiential と external perspective の対比は，英語にも日本語の主観述語のような例が見られるという指摘である．

(18) a.　It was good to see them.
　　 b.　It was nice to talk to him.
(19) a.　It was unexpected for him to do that.
　　 b.　?It was unexpected for me to do that.

((18) (19) ともに Wierzbicka 1988: 116)

(18) の例は，話し手があること (seeing them, talking to him) を経験した際に話し手自身が感じたことを述べているのに対して，(19) の *unexpected* の場合は，他者が行ったことに対して話し手が感じたことを表すので，(19b) のように *for me to do...* とするのは難しい．この指摘自体は興味深いものであるが，虚辞の *it* (や *there*) は D モード認知を反映するので，(18) の例を単純に日本語の主観述語と同じく I モードの反映とするわけにはいかない．自分があることを経験した際に自分が感じたことを，対象化して D モードで述べることは十分可能であり，(18) (19) の違いは，D モードで捉え述べている感情が，自分のしたことに対するものか他者のしたことに対するものかの違いがあるだけで，認知モードの違いではない．要するに (18) (19) の違いは，「さびしい！」というある状況での心情の吐露（I モード）と「さびしいと私は感じている」という客体化した自己の描写（D モード）との違いではないのである．

　（13f）の holistic と analytic understanding の対立は，I モードと D モードの対立と平行的である．特に表現のもつ illocutionary force が，単純に話し手の意図する発話の力を聞き手が算定するというものではなく，話し手と聞き手，それに状況的・談話的コンテクストをも絡めた総体的なインタラクションから創発するという観点（Marmaridou 2000: ch. 5）は，I モードにおける認知像の構築ということと共通するところが多い．遂行分析における遂

行節などは，本来Iモードのインタラクションを事後的に眺めて，認知像としての発話の力を分析的に記述しているのであり，Dモード認知に基づく分析手段になっている．

このように見てくると，さまざまな対概念によってさまざまな表現や言語が対照されるのだが，身体的インタラクションと視点とを区別し，認知の本質的なあり方に根ざしたIモードやDモードを導入することによって，それぞれの論点の本質的な部分が明らかになり，多様な言語現象についても統一的な説明が可能になる．

4. 認知モードと日英語対照，および言語の客観性・主観性

4.1 Iモード型言語としての日本語・Dモード型言語としての英語

IモードとDモードは，すでに触れたように具体的には次の4点で対立する．

(20) a. 身体的インタラクションの有無
 b. メタ認知的か否か
 c. R/T認知，あるいは*tr/lm*認知との連動性
 d. 有界的か非有界的か

このような認知的対立は，日英語の構文的特徴にきわめて対照的に反映していて，日本語・英語はそれぞれIモード・Dモードを反映する言語の典型と見なすことができる．上の (20a) 〜 (20d) の認知的対立は，日英語の構文的対立のすべてに大なり小なり関与しているのだが，次の (21) に示す23の構文的対立のうち，便宜上，(21a) 〜 (21h) の対立を，主に (20a) の身体的インタラクションに関わる構文対立のグループとし，以下，(21i) 〜 (21q) のグループと (21r) 〜 (21w) のグループを，それぞれ (20c) の R/T認知・*tr/lm*認知と (20b) (20d) のメタ認知と有界・非有界により強く関わる対立のグループとして，若干の議論を加えておく (cf. 中村 2002, 2003, 序章)．

(21) 　　　　　　　　　　Ｉモード言語（日本語）　　Ｄモード言語（英語）
　　a. 人称代名詞：　　　　多様　　　　　　　　　一定
　　b. 主観述語：　　　　　あり　　　　　　　　　なし
　　c. オノマトペ：　　　　多い　　　　　　　　　少ない
　　d. 主体移動表現：　　　通行可能経路のみ　　　通行不可能経路も可
　　e. 間接受身：　　　　　あり　　　　　　　　　なし
　　f. 与格か間接目的語か：与格（利害の与格）　　間接目的語（受け手）
　　g. 難易中間構文：　　　直接経験　　　　　　　特性記述
　　h. 過去時物語中の現在時制：多い (e.g.「る」形)　まれ
　　i. 題目か主語か：　　　題目優先　　　　　　　主語優先
　　j. かきまぜ：　　　　　あり　　　　　　　　　なし
　　k. 代名詞省略：　　　　多い　　　　　　　　　まれ
　　l. 語順：　　　　　　　SOV　　　　　　　　　SVO
　　m. R/T か *tr/lm* か：　R/T　　　　　　　　　*tr/lm*
　　n. be 言語か have 言語か：be 言語　　　　　　have 言語
　　o.「する」と「なる」：「なる」　　　　　　　「する」
　　p. 非人称構文：　　　　あり　　　　　　　　　なし
　　q. 虚辞：　　　　　　　なし　　　　　　　　　あり
　　r. 終わり志向性：　　　なし　　　　　　　　　あり
　　s. アスペクト：　　　　始まり志向　　　　　　終わり志向
　　　（進行形 vs.「ている」）
　　t. 動詞 vs. 衛星枠付け：動詞枠付け　　　　　　衛星枠付け
　　u. 冠詞の有無：　　　　なし　　　　　　　　　あり
　　v. 話法：　　　　　　　ほぼ直接話法のみ　　　直接，間接話法
　　w. 従属性の度合：　　　低い　　　　　　　　　高い

4.1.1　(21a) ～ (21h) の構文対立—身体的インタラクションとの関わり—

　(21a) ～ (21c) の人称代名詞の多様性，主観述語の有無，オノマトペの多寡に身体的インタラクションが関与していることに異論はないだろう．日本

語の人称代名詞が多様であるのは例えば話し手・聞き手のインタラクションによってそれぞれの呼称が変わるためと言えるし，英語では (D モードのメタ認知的特性をも導入することになるが)例えば一人称代名詞は(自己をメタ認知するところに生じる)自己と対峙する自己という視点構図のみと対応し，さまざまな呼称が生じることはない．主観述語については，3 節の reportive vs. non-reportive style のところでの議論に尽きるが，英語でいわゆる主観述語が三人称と共起する点 (e.g. *John is cold*.) についてその基本的側面を再度述べておこう．主観述語が日本語では実際の場面で感じ経験している者についてしか使用されないのに対して，英語では，D モードで対峙する他者のように自己を見立てるので，他者についても自己についても同じように主観述語に対応する英語表現が使用できる，ということである．日本語で「のだ」を付すと自己を他者化する表現になるが(「オレは寒いのだ」)，英語はもともとそのような性質の言語だから三人称とも容易に共起することになる(「ジョンは寒いのだ」, *John is cold*.)．英語では，対峙する対象としての自己がいわば視点として他者に移入すると言える．オノマトペの臨場感は認知主体が状況と一体化した身体的インタラクションの反映として間違いないだろう．

　(21d) の主体移動について，日本語では，通行不可能経路の主体移動表現が成立しないことが多いのは(「*電線が走っている」vs.「ハイウェイが走っている」(Matsumoto 1996a))，経路を身体が移動できるかどうか，つまり経路との身体的インタラクションが可能かどうか，ということが重要なためである．英語で通行不可能，可能の経路のいずれでも成立するのは (*The wire runs*... vs. *The highway runs*...)，身体を伴わない視点のみの移動が可能であればよいためと言える (序章 4.2 節)．視点と身体的インタラクションの区別を支持する現象である．

　(21e) の間接受身 (「雨に降られる」) も，(21f) の与格構文も (「彼が私にドアを開けてくれた」)，事態 (降雨，彼がドアを開けること) の生じている現場に身を置きながら (つまり身体的インタラクションをもちながら) 感じる不快感や利害感を，事態と不可分に表現している．それに対して英語の受身文は，いわばトラジェクターを動作主から被動作主へ移すのみで身体的インタ

ラクションは関与していない．英語の間接目的語も，事態の参与体としての受け手(recipient)を表すのみで，事態から影響を受けて利害感をもつ受影者を表すのではない (*He opened me the door.) (詳しくは第 4 章 4.2 節)．(21g) については，*This barbell doesn't lift.* のように英語の難易中間構文とその日本語の対応文(「このバーベルは持ちあがらない」)では，日本語のほうは，認知主体がバーベルを実際に持ちあげようとして持ちあげられないというような身体的インタラクションに基づく認知主体の印象を述べることができるのに対して，英語ではこれができない．英語の中間構文は，「持ちあがらないこと」をそのバーベルの一般的性質として述べることしかできないのである (序章，第 6 章)．(21h) については，3 節の immediate vs. displaced mode の議論がそのまま有効である．以上のように (21a)〜(21h) は，主に身体的インタラクションと直接関わる構文的対立だと言える．

4.1.2　(21i)〜(21q) の構文対立—参照点かトラジェクターか—

　参照点は，身近なわかりやすい概念を通して，馴染みの薄いわかりにくい概念などを認識し導入する際の，いわば認知の手がかりである．題目標識としての日本語の「は」は，参照点を反映する日本語の代表的な要素であるが，このような参照点によって，ターゲットとしての叙述内容が自然にわかりやすく導入されるということができる．「身近な」参照点を介しての認知は，まさに身近な身体を手がかりとする認知である．したがって，題目は，それが反映する R/T 認知の身体性の点で I モードとも連動しているということができる (3 節の situation vs. person focus の議論も参照)．
　次のような例では，「は」が繰り返し用いられ，身体的インタラクションの反映が顕著である．

(22)　今は山中，今は浜
　　　　今は鉄橋わたるぞと，
　　　思う間もなく　トンネルの
　　　　闇を通って広野原　　　　　　　　　　(文部省唱歌『汽車』)

めまぐるしく変化する景色は，参照点を次から次へ移しながら，静的な地形と身体的にインタラクトしていく認知主体に生じている認知像に他ならない．この唱歌の2番の歌詞に「森や林や田や畑，後へ後へと飛んでいく」という部分があるが，これも対象と認知主体の身体的インタラクションによって生じる認知像である．このような「は」の用法は，Iモードの基盤である身体的インタラクションとの親和性を強く示唆している．次の例では，身体的インタラクションは希薄化しているけれども，家族全体の中の成員一人ひとりにメンタルアクセスしていく点で，対象に密着した捉え方であると言える．

(23) 父は　おわりの　つゆときえ
　　　母は　平家に　とらえられ
　　　兄は　いずに　流されて
　　　おのれひとりは　くらま山　　　　　　（石原和三郎『牛若丸』）

　これら2つの例は，三浦 (1976: 192–3) の挙げる例である．「は」は普遍性と特殊性を表す用法があるとし，これら特殊性の例について，「1つの旅全体の中で，それぞれの時点での窓に見える景色の特殊性を捉えた「は」」であり，また「家族全体の中で，それぞれがおちいった運命の特殊性を捉えた「は」」としている．本章との関わりでは，このような特殊性は，対象とインタラクトする際に捉えられる対象の部分的・具体的側面のことであり，Iモードと関連する．

　題目を表す「は」が，なぜ「対比」を表すのか問題になることがあるが (尾上 1995)，これは，本来身近な参照点を表す題目の「は」が繰り返されると，各参照点を通して認知される内容が，自然に対比的性質を生むためだと言うことができる．上の唱歌でも，「今は，山中だ」「今は，浜だ」というように参照点を変えながら連続的に提示されると，参照点ごとの状況は（それを強く打ち消す要素がないかぎり）自然と対比的に提示されることになる．また参照点を通しての認知は，（全体を一度に捉える認知とは異なり）参照点

を移しながらの部分的認知の連続であり，表現も，認知の処理時間と平行して連続的となる．この点も，参照点認知とIモード認知との親和性を示唆している[6]．最近の研究では，題目（topic）と評言（comment）の機能対称が，プリミティブな視覚処理に見られる対称性と並行的であり（Hurford 2003, 2007b），また両腕の「利き」（dominance）の対称性と平行的であることが論じられるが（Krifka 2008），これも R/T 認知と身体的機能との親和性を示している．

さて (21i) 〜 (21q) の構文的対立のうち (i) 〜 (l) の 4 つはワンセットの対立である．題目（topic）は認知的には参照点（R）であるが（Langacker 1990），題目優先 (21i) の言語は一般に，(21j) のかきまぜ（scrambling）が可能であり，かつ (21k) の代名詞の省略が可能である（Janaseelan 1990）．一方，主語は認知的にはトラジェクターを表しており，主語優先の言語は一般にかきまぜと代名詞の省略は不可である（Janaseelan 1990）．(21l) の語順についても，題目優先の言語の語順は一般に SOV であり，主語優先の言語は SVO である (Gundel 1988)．また題目は主語へ文法化するが (Lehman 1976, Shibatani 1991)，語順は SOV から SVO への変化が一般的である（Newmeyer 2003）．このことも，題目優先・主語優先と語順の連動性をうかがわせる．代名詞の省略については，Langacker (2008: 518–9) の分析では，動作主と動作では，動作主が参照点で動作が認知のターゲットと分析される．参照点は特に聞き手に共有されているとき，省略されるため，代名詞の省略が生じることになる．参照点としての動作主が，トラジェクターとして捉えなおされると（すなわち主語優先の言語では），省略は起きないということになる．

(21m) は，「R/T か tr/lm か」としているが，身体的インタラクションと関わる構文対立で扱った間接受身や与格（利害の与格）などが，R/T 認知で捉えられるということである（対して，英語の受身や間接目的語は，tr/lm 認知で捉えられる）．「(私は) 雨に降られた」「(私は) 乗客に足を踏まれた」の

---

6 日英語の文章構成の点でも，英語が結論を冒頭に置くとされるのは，D モード認知が全体を捉えるために，その結論を冒頭に置きやすいのに対して，日本語では，参照点を移しながら，いわば対象とインタラクトしながら，認識し提示するので，結論は最後まで待たなければならない，ということになる．

ような間接受身の認知構造では，インタラクトする認知主体としての「私」が参照点として捉えられている．対象や環境と直接インタラクトしながら対象や環境を捉えようとする認知主体は，そのような認知においては典型的な参照点である（一般に，Ⅰモードの認知主体Cは認識における参照点である）．「太郎は雨に降られた」「太郎は足を踏まれた」のような表現でも，単純に参照点が太郎に変わったということではなく，あたかも「私」が身体的不快感を覚えているように太郎のことを述べる表現だという点が重要で，認知主体は身体ごと太郎に乗り移っているのであり，単なる視点の移入とは異なる．太郎を参照点とするこれらの文が，物語文でしか用いられないという指摘があるが（益岡 1991），これは語り手が登場人物になりきってあたかも自分が事態と身体的にインタラクトしているかのように表現することが物語でしかできないためである．

「（私は）雨に降られた」「（私は）足を踏まれた」のような間接受身の認知構造は下図のようにⅠモードと類似の構造になる．

(24) 間接受身の認知構造

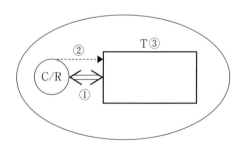

この図は，「雨が降った」という認知像③としての事態が，認知主体Cと関連づけられて，表現されていることを表している．この図でも，認知主体は二重構造で，小円のCでもあり，同時に楕円全体でもある．これによって，例えば「雨」「雨が降る」というモノや事態が認知主体の外の存在なのか，認知主体の内部で構築しているモノや事態なのかというあいまいさが示され

るし，同時に「雨が降る」という事態と認知主体の「迷惑感」が未分の形で捉えられ表現されている．

間接受身の「(私は) 太郎にドアを開けられた」の考察を拡大適用すると，「太郎が (私に) ドアを開けてくれた」「(私が) 太郎にドアを開けてもらった」などの構文も同様の考察が可能となる．つまり，いずれの場合も「太郎がドアを開けた」という事態が認知主体の利害感と不可分の形で表現されているということである．認知構造も (24) と類似の構造で与えられる．認知主体と太郎との間にもインタラクションがあるが，これらのいずれがガ格・ニ格でマークされるかは，IモードとDモードのいずれに基づくかによると思われる．

(21n) の be 言語と have 言語に関しては，存在だけでなく所有まで「～に～がある・いる」で表現する言語と，所有だけでなく存在まで所有動詞(e.g. have) で表現する言語との対立が典型であるが，be 言語では場所は参照点で存在物がターゲットであり，have 言語では場所と存在物はそれぞれトラジェクター，ランドマークとして捉えられる．be 言語に R/T 認知が，have 言語に tr/lm 認知が反映しているということである．

(21o) の「なる」と「する」の対比に関して，「ロシア語がわかる」「謎がとける」などの状態変化が，ある場所(多くは認知主体)に出来(しゅったい)することを表す表現では，その場所や認知主体は参照点であるが，「する」的な表現では，場所や認知主体がトラジェクターとして捉えられ表現されるので，ここにも R/T 認知と tr/lm 認知の対立を見ることができる．

(21p) (21q) の非人称構文と虚辞に関しても，例えば古い英語の *methinks (meseems) that* ～あるいは日本語の「(私には) ～と思われる」のような非人称構文では推量の生じる場所としての認知主体は参照点であり言語化されない．これに対して，*I think that* ～あるいは「私は～と思う」という人称構文では，そのような場所がトラジェクターとして表現されることになる．*It seems to me that* ～の *it* は虚辞であるが，このような虚辞の登場が英語で人称構文の登場と連動していることは興味深い．McCawley (1976) では，非人称構文 (e.g. *methinks that* ～) は認知主体の現場での思いを吐露する表現である

のに対し，人称構文ではその思いをいわば客観化して述べているとしているが，これはまさに非人称構文がIモードの反映であり，人称構文がDモードの反映だということに他ならない．

4.1.3 (21r) ～ (21w) の構文対立―メタ認知と有界性―

Dモードがメタ認知的であり，認知の全貌を一挙に眺めるために，対象が有界的に捉えられることになる．逆にIモードは対象と身体的にインタラクトしながら対象認識をする認知モードなので，対象の認識は非有界的となる．有界・非有界の対立は，典型的には，(21r) の「事態を終わり志向的に捉えるか否か」に現れる．日本語が「燃やしても燃えなかった」と言えるのに英語で *I burned it, *but it didn't burn.* と言えないのは，日本語の「燃やす」がその行為の始まりの部分だけでも描写できるのに対して，英語の *burn* は行為の終わりが成立したところを描写するためであろう．*have a walk, dream a dream* のように名詞を伴う表現が英語に多いのも，非有界的な事態を名詞で有界的に捉え直して表現しているものと思われる．

(21s) の文法形式のアスペクトについて，継続相が，「始まりの後」として捉えられていれば「始まり志向」であるし，「終わりの前」として捉えられていれば「終わり志向」である．日本語の「～ている」は，(25a) (25b) のように，食べている最中も食べた後も表すことができるので，一般化すれば「事態の始まりの後」を表すという規定が可能であり，「始まり志向」である．

(25) a.　今昼食を食べている．　　（食べている最中）
　　 b.　もう昼食を食べている．　（食べた後）
(26) a.　We are eating now.　　（食べている最中）
　　 b.　We are eating out tonight. （食べる前）

英語の進行形は，事態の最中と事態の始まりの前を表すので，一般化して「終わりの前」を表すという規定ができ，「終わり志向」である．「終わり志向」は，事態が完了しているか否かを問題にするのであり，事態の有界性を

意識しているということができる．

　(21t) の動詞枠付け (verb-framed) と衛星枠付け (satellite-framed) の対立も，終わり志向か否か，ひいては有界性の問題である．「すぐに戻る」というように移動を，動詞を用いて表現する場合と *I'll be back.* のように最終的な位置を表して移動を含意する場合の対比，あるいは「蹴り出す」のように対象の移動を動詞「出す」を用いて表現する場合と *kick it out* のように対象が最終的に存在する位置を表現し移動を含意する場合の対比であるが，最終的な位置を明示してそこへの移動を含意する場合は，終わりを重視し，事態を有界的に捉える傾向が強いと言える．これに対して，移動を動詞で表現する場合はプロセス重視であり，着点を意識する度合は低く，事態を有界的に捉える傾向も低いと言える．Talmy (2003) に synopticizing と sequentializing という捉え方が提示されているが，それぞれ衛星枠付けと動詞枠付けに対応し，認知モードとしては，全体を眺める D モード認知と対象とのインタラクションに基づく I モード認知に対応している．

　最後の (21u) (21v) (21w) の「冠詞の有無」「直接・間接話法」「従属性の度合」は一見無関係のように見えるが，メタ認知性と関連する．定冠詞が用いられるのは，話し手の意図している指示物を聞き手が理解しているときであるが，そのとき，話し手は聞き手の心を読むという心の理論が関与している．他者の心が読めるためには自分の心が読めることが前提になっており（特に子どもの心理発達において），自分の心を読むというメタ認知的側面が定冠詞の適切な使用には反映しているということである．直接話法と間接話法でも，直接話法は，他者の発言をいわば聞いたまま伝えるのだが，間接話法では，他者の発言内容を話し手の観点から捉え直して（つまり話し手の観点をメタ的にかぶせて），伝達する．定冠詞がなく，間接話法が少ないということは，日本語がメタ認知的側面を反映している度合が低いということのわかりやすい構文的特徴である．このことは，より一般的には，日本語の従属構造の従属性の低さに繋がる．この問題については，文法化と言語進化に絡めて 5 節で論じることにする．ここでは次に，言語の主観性と客観性について若干の議論をしておこう．

4.2 言語の主観性・客観性

　すでに見たように，私たちが客観的存在だと思っているものが実は客観的存在ではなく，認知主体とのインタラクションによって生じる主観的なものだとすると，何かを描く言語表現も，すべて主観を描いている側面がある．このように主観を叙述することを言語の主観性だとすると，言語は常に主観的だということである．もはや言語の客観性・主観性を云々することは不可能のように思われる．早い話，主語や目的語を用いる表現は，認知的なトラジェクターやランドマークを主語や目的語が表しているのだから，そのような表現はすべて主観的だということになってしまう．

　しかし，4.1 節で見た日英語の対照性は，言語の主観性・客観性ということに1つの示唆を与えてくれる．つまり，わかりやすいレヴェルで言えば，認知主体の身体的インタラクションをも含めて表現する表現や言語は主観的で，一方，身体的インタラクションを含めずに，あたかも叙述する事態と対峙しているように表現する表現形式や言語は客観的だということである．真に客観的であることは不可能なのだが，あたかも客観的に叙述しているようなスタンスをとって，認知主体の対象との身体的インタラクションを無視して叙述する表現や言語を客観的ということは可能である．「雨」という語彙や「雨が降る」という表現は，客観的な表現だということはできる（「水滴」との身体的インタラクションを通して認知主体が「雨」と捉えているというような過程を考慮すると，「雨」や「雨が降る」も主観的表現ということになるが，「雨」を既存の存在物として対峙する形で捉えるならば「雨」や「雨が降る」は客観的表現である）．しかし，「雨に降られた」という表現は，認知主体の身体的インタラクションを通して得られる身体的不快感をも込めて叙述しているのは明らかで，これを主観的表現と見なすことに異論はないだろう．このような観点からすると，4.1 節の分析から言えることは，日本語はより主観的，英語はより客観的な言語ということである．

　さらに身体的インタラクションの有無が，IモードDモードというようなより精密な認知メカニズムに根ざしているとすると，認知モードの観点か

ら，言語の主観性・客観性を語ることができる．Iモードで認識し表現する言語はより主観性の高い言語，Dモードで捉え表現する傾向の強い言語はより客観性の高い言語だというわけである．

　一般には，話し手が自らの感情，思い，判断を述べる表現を主観的表現ということが多い．Benveniste (1971) の主観性はこの主観性であるし，Thompson and Mulac (1991)，Hopper (1991, 1997)，Iwasaki (1993)，Dahl (2000)，Tao (2001)，Scheibman (2002) の研究は，特に談話内の一人称を主語とする文の振舞いの特異性やその文法化を扱っており，そのような文は subjective expression とされる．この主観性は，本章や Langacker の主観性とは峻別しなければならない．話し手「私」について語る表現は，自らと対峙することが前提になっているから，本章の用語では「客観的な表現」である．認知モード的にも，Dモードによって自分をメタ的に捉えてはじめて，自分と対峙できるので，特に英語で一人称代名詞の I を主語にするような文は，客観的な表現ということになる．基本的には，子どもが一人称を含め人称代名詞を使うようになるのは，20ヶ月ごろからで，自分のことを意識すること（セルフアウェアネス）ができたり，心の理論が確立するのと並行的である (cf. キーナン 2006: 108)．英語のような言語では，人称代名詞の発達は，Dモードの確立と並行的だと言えよう[7]．言語の主観性・客観性をこのように見ることによって，つまり認知モードを導入することによってはじめて，4.1節で見た日英語の対照が，厳密な意味で，主観性の高い日本語と客観性の高い英語の対照だと言える，というわけである．

5. 文法化と言語の進化

5.1 文法化と認知モード

　Heine and Kuteva (2007) では，文法を特徴とする人間言語の起源と進化

---

[7] 日本語の人称代名詞は，修飾ができたり（「あいまいな日本の私」），直示的表現であったりするので（「こっち」「そっち」），場面依存性が高く，メタ認知の性質に基づく発達をしていないと考えられる．

を探るには，現存の（あるいは現存した）言語に見られる文法化を調べれば，それを逆算することによって，言語の起源にたどり着き，言語進化のおおよその過程も捉えられるのではないかとしている．

まず文法化の観点からすると，4.1 節で見た日英語の構文的対立は，文法化の度合の差にもなっていて，日本語は文法化の度合の低い言語，英語は高い言語という対立になっている．Heine and Kuteva (2007) の文法化の例と照らしてみるだけでも，人称代名詞 (21a) や時制 (21h) が確立しておらず，虚辞 (21q) や冠詞 (21u) のない日本語は文法化の度合が低いということになる．また題目は主語へ文法化するが，題目を残している日本語は，この点でも文法化の度合が低い．

この中で，冠詞と時制の有無はグラウンディングの有無と対応していることに注目してみよう．冠詞は，名詞句のグラウンディング要素，時制は動詞句のグラウンディング要素であり，このようなグラウンディング要素を欠く日本語は，モノや事態がグラウンディングされていないということになる．英語のグラウンディング要素である *the, this, my* などは相互に共起しないが (*the my bag)，日本語の「その」「この」「私の」のような要素は共起可能であり (e. g.「その私のバッグ」)，必ずしもグラウンディング要素だとは言えない．名詞的概念（モノ）や動詞的概念（プロセス＝事態）をグラウンド G（認知主体，あるいは話し手・聞き手）との関連で位置づけることをグラウンディングと言うのだが (Langacker 1991: ch. 3)，日本語では，モノや事態が認知主体 G とのインタラクションを通して捉えられているために，グラウンディングの必要がないのかもしれない．認知モードの観点からすると，モノや事態の認識が（対象と主客未分のインタラクションを前提とする）I モードによる言語では，グラウンディング要素は必要ではなく，モノや事態の認識が（それらを客体として対峙する）G モードによる言語ではグラウンディング要素が必要だということである．実際に定冠詞の有無（DP か NP かということ）と他の言語現象との相関を追究する理論的・類型論的研究もあるが (Boškovič 2008)，その背後の認知プロセスや認知モードを考慮することによって，より広範な言語現象との相関が捉えられることは間違いない．

例えば定冠詞のない言語はかきまぜ (scrambling) を許すということがあるが，かきまぜは題目優先の言語に見られる現象でもあり，これによって定冠詞を欠く言語が参照点型認識と連動し，ひいては I モード認知やこの認知を反映する言語現象と関連することになる．日本語には時制（事態のグラウンディング要素）が確立していないと見るのが一般的であるが，一方で，随意的な終助詞の「か / よ / ね」などが，叙述内容と話し手・聞き手の複雑に絡む I モード認知の様子を反映していると言うことができる．

認知主体の身体的インタラクションを前提とする I モード認知には（すでにグラウンディングが成立しているようなものだから），とりたててグラウンディングは必要ではなく，したがって I モード型言語にはグラウンディング要素は必要ではないということになると，それはグラウンディングの存在を大前提とする認知文法理論にとっては大問題である．しかし，文法化を考慮することによってこの問題を（少なくとも表面上は）回避することができる．例えば日本語の「の」は本来参照点機能（I モード）を反映する言語形式であるが，「あの」や「私の」がグラウンディング機能（D モード）を帯びる方向へ文法化していると言うことができる．日本語のいわゆる完了の「た」も他の言語に見られるように（e.g. Heine and Kuteva 2007: 90），過去時制（グラウンディング要素）へと文法化していると見ることができる．このような点でも日本語と英語では，英語のほうがより文法化が進んでおり，それを認知的に動機づけているのは I モードから D モードへの認知モードのシフトだと言える．

文法化の意味的側面では，主体化 (subjectification) が生じているとされる (Langacker 1998)．動詞 go の時制標識への文法化分析のように，例えば be going to meet Mary（メアリを出迎えに行っている）では，叙述内容の背後にある認知主体の予測（移動の後に出迎えの生起が見越される）に注目し，時制標識としての be going to は，叙述内容である「移動中である」を表さず，認知主体の予測あるいは見越しのみを表すようになるというわけである．つまり文法化では，語彙的要素がその具体的な叙述内容を表さずに（意味の希薄化），認知主体の認知プロセス（予測や見越しなど，その語彙的要素や構文の

背後にある認知プロセス）のみを表すようになるために，この意味的変化を特に主体化と呼ぶわけである．

　しかしこのような主体化では，例えば題目から主語への文法化は捉えられない．言語の総体に関わるような文法化を捉えることもできない．題目と主語にはそれぞれ参照点とトラジェクターという認知主体の認知能力・認知プロセスが反映しており（Langacker 1993），認知プロセスそのもののシフトを考慮する必要がある．先の主体化は，語彙的要素の叙述内容が希薄化し，その背後の認知プロセスのみを残すようになる意味的変化を捉えるものであったから，認知プロセスそのものがシフトする場合はそのような主体化では捉えられない．題目の「は」の背後にあるのは参照点能力であり，「は」自体がトラジェクターを反映するようにはならない．しかし，認知の特性として，参照点をトラジェクターとして捉え直す，あるいはIモードで捉えたものをDモードで捉え直すというような認知のほうの仕組み（移行）に影響されるということは考えられる．文法化を捉える際に，語彙や構文の意味から独立して，認知プロセスのシフトや認知モードのシフトをも考慮すべきだということである．

　並置構造から従属構造への文法化も認知の特性を考慮すべきである．英語では，次のように並置構造の中で使われていた指示代名詞 *that* が，関係代名詞や補文標識へと文法化するとされる（例文は改変）．

(27) a.　I know the river; that is broad.＞ I know the river that is broad.
　　　　　　　　　　　　(cf. *OED*, s. v. *that*, rel. pron. etymology)
　　　b.　I know that; the river is broad.＞ I know that the river is broad.
　　　　　　　　　　　　(cf. *OED*, s. v. *that*, conj. Ⅰ.1. a)

しかし指示代名詞 *that* の背後に，関係代名詞や補文標識を特徴づける認知プロセスがあったわけではないのだから，このような認知プロセスのみを *that* が反映するようになって（つまり主体化して）関係代名詞や補文標識へ文法化したということにはならない．われわれの認知に，階層的に捉えようと

する仕組み（例えば D モード）があって，階層構造や従属構造で言語化する際に，最も都合のいい言語素材がリクルートされ，それが文法化するということである．

　関係節について，関係節と主節が本来並置構造的であることは定説であり (e.g. Langacker 2008: 424–5)，最近の研究でも示されている (Shibatani 2009)．関係節に見られる並置構造から従属構造への文法化にも参照点認知とトラジェクター・ランドマーク認知が関与している．例えば *the bag that I bought yesterday*（「昨日買ったバッグ」）のような関係節構造では，主要部の *the bag* が関係節 (*I bought X*) のランドマークを精緻化 (elaborate) していて，いわば一方の概念の中に他方の概念が埋め込まれてより上位の概念が形成されるというような階層関係になっている．ところが「サンマの焼けるにおい」や「トイレに行けないコマーシャル」(Matsumoto 1988) のような関係節構造では，主要部の「におい」や「コマーシャル」がそれぞれの関係節内の何かを精緻化しているわけではない．このような関係節と主要部の緩やかな関係は，ちょうど複合語「犬小屋」の「犬」と「小屋」との関係のように，参照点 (reference point) とターゲット (target) の関係だと言うことができる．並置的関係節から階層的な関係節への過程を文法化とするならば，この文法化も，R/T 認知から *tr/lm* 認知へのシフト，ひいては I モードから D モードへのシフトを反映していることになる．そして両方の関係節を許す日本語は，文法化とそれを支える認知シフトの言語化が英語ほど徹底していないということになる．

　次のように「の節」に，補文としての用法と主要部内在型関係節としての用法があることも，日本語の従属構造の緩やかさを示唆している．

   (28) a.　［皿の上にりんごがあるの］を知っている．
        b.　［皿の上にりんごがあるの］を食べた．

「の節」は一種の名詞化であり，その点では対象（事態）を客体化し，モノとして捉える D モードが働いていると考えることができる．しかし，同じ

「の節」が，(28a)では名詞化によって事態全体を(「知っている」の)ランドマークとして際立てているのに対して，(28b)ではその節の中の1つの要素(りんご)を(「食べた」の)ランドマークとして際立てている．これは，このような「の節」が完全に従属化していないことを示唆している[8]．関係節も補文も名詞化(認知的にはモノ化)の一種であるが，英語のような言語では，事態全体を(モノ化して)際立たせるのか(補文)，事態の中の参与体の1つを際立たせるのか(関係節)が明快であり，それゆえ前景と背景から成る概念的階層性とそれを反映する形式の階層性も明確だということができる．認知的には，際立ちのある事態をモノ化し背景化し，より際立ちのある事態の中に組み込み，次にはその際立ちのある事態をモノ化し背景化し，さらにより際立ちのある事態に組み込むということを繰り返しながら (cf. recursion)，概念的階層が生じ，形式面でそれを反映する形式が文法化し創発しているということである．このような概念的階層を構築するのはメタ認知的なDモードの重要な側面だということができる．

再度強調しておくと，事態のモノ化，あるいは名詞化では，すでにその段階で，通常の文には見られない新たな際立ちの階層化(プロファイル・シフト)が創発している．関係節では，一度事態の全貌が捉えられた上で，事態の中の1つの参与体を際立て他は背景化するというような際立ちの再階層化が，補文では，事態内の各要素の際立ちは平板化，背景化され，いわば事態の枠のみが際立つというような際立ちの再階層化(プロファイル・シフト)が創発している．そして，そのような新たな際立ちの階層化を表すのに適した言語資源(例えば *that*)がリクルートされ，そこに文法化が生じるというわけである．

定冠詞の有無と主要部内在型関係節にも相関があって，定冠詞のない言語にこの関係節が見られるということであるが (Boškovič 2008)，この認知的要因についても，これまでの議論から十分予測される．定冠詞がないという

8　Nomura (2003) では，主要部内在型関係節は，並置構造と従属構造の中間にあるとしているが，本章ではそもそも「の節」自体が，2つの文の並置構造と主節・従属節構造との中間にあるために，「知っている」という動詞のランドマークになることも，「食べる」のランドマークにもなることができる，という議論である．

ことは，すでに述べたように，心の理論の理解を前提とするような言語形式がないということであり，メタ認知的な概念階層の反映がうまくできていない主要部内在型関係節との相性がよいことは自然に理解される．グラウンディングの観点からも，典型的なグラウンディング要素である定冠詞を欠いているということは，Ｉモード認知を反映している傾向が強く，並置構造の性質を残す主要部内在型関係節を許容するということである．

以上のように，冠詞や時制の発現，題目から主語への推移，並置構造から従属構造への推移などが，文法化であるならば，このような文法化は，ＩモードからＤモードへの認知モードのシフトを反映しているということである．認知モードを考慮することによって，4.1 節で見たように，このような文法の核心的要素とその他の言語現象の相関をもうまく捉えることができる．

5.2 言語進化と認知モード

本節冒頭で述べたように，Heine and Kuteva (2007) では，文法を特徴とする人間言語の文法化の過程を逆にたどれば，おのずと人間言語の起源が捉えられるという想定であった．言語の文法化を 6 層 (6 layers) から成るとして ((29) 図参照)，人間言語の特徴は，第 5 層の文法的要素の創発・文法化にあるとする．すなわち，人称代名詞，(不) 定冠詞，関係詞，補文，格標識，時制の文法化が人間言語を決定づける要素だというわけである (p. 305)．

(29) 6 層から成る文法進化のシナリオ

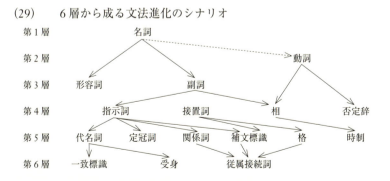

これらの要素の文法化に，Dモードが関与していることは，5.1節で見た通りである．定冠詞と時制は，グラウンディング要素であり，叙述されるものや事態をグラウンドと関連づけるために，Dモードでは必須のものであった．英語に見られるような補文や関係節構造は，本来並置構造であったものが，モノ化や背景化によって従属構造化したものであり，Dモードの反映である．格標識についても，題目から主語・主格への文法化は，IモードからDモードへの認知モードのシフトの反映であった．さらに人称代名詞について，英語の一人称代名詞の場合は，自分がメタ認知している自分を客体化して指示する際の形式であり，ここにもDモードの反映がある．したがって，ヒトの言語を決定づける文法的要素の進化には，IモードからDモードへのいわば認知モードの進化が関与しているのではないか，ということである．

　言語進化と一定の平行性を想定することのできる子どもの言語発達では，最初に現れる英語の従属構造は，いわゆる思考動詞の従属構造 (e.g. *I think she will arrive on time.*)であり，その際の *I think*(あるいは *you know*)は，"an epistemic marker, attention getter, or marker of illocutionary force"として用いられているということである (Diessel and Tomasello 2001)．この種の付加的，挿入的な要素は，認知主体の主観的な判断の自発的表現だと言うことができるが，これが客体化されて，自らの判断を叙述する表現になるとより完全な主節・従属節構造が確立するというわけである．この場合も，4節の(21p)非人称構文(*methinks* ～)と人称構文(*I think* ～)の対比に見られたように，認知主体自身の現場での思いを，いわば外から眺めて *I think that* ～「私は～と思っている」のように客体として描写しているのであり，したがってこのような従属構造の確立にもDモードの反映が見られるというわけである．

　また子どもに最初に見られる英語の関係節構文は，*Here's the chair that broke. There's the drink I want.* のように，題目導入構造によって導入された題目について評言(comment)が続く形式になっている (Tomasello 2003)．このような「題目＋評言」形式の初期の関係節構造は，R/T認知(つまりはIモード)を反映しているということができる．

Heine and Kuteva (2007) が，文法化を遡って予測する従属構造の進化的創発と，子どもの言語発達に見られる従属構造の創発は，そのメカニズムが対照的であるけれども，いずれの創発にも認知的には I モードから D モードへのシフトが反映しているようである．つまり，Heine and Kuteva (2007) では，単文の一部が拡大して従属構造を形成する方式 (expansion) と，並置された 2 つの文が統合する方式 (integration) の 2 種類であり，いずれも本来の主節は主節のままで，その一部あるいはもう 1 つの文が従属節を形成していく．それに対して言語習得に見られる従属構造の創発には，本来の主節が挿入的要素に従属化していく方式と，「題目＋評言」のような構造の評言節が関係節として別の文の中に組み込まれていく方式がある．言語進化と言語発達では，本来の主節が主節としてとどまりながら主節・従属節構文を形成していくのか，本来の主節自体が従属化し新たな主節を取って主節・従属節構文を形成していくのかで，形式面では対照的であるけれども，認知の面では，すでに示したように認知モードのシフトを反映している．

　従属構造は，人間言語を特徴づける要因としての，あるいは文法の中核としての再帰性 (recursion) の重要な側面であるが (Hauser, Chomsky, and Fitch 2002, Heine and Kuteva 2007: ch. 6)，従属構造の創発がとりわけ認知モードに動機づけられているとすると，統語的な再帰性も，それがどこから生じたかというと，認知モードのシフトを反映する進化的産物だということになる．

6. 結び

　本章では，認知主体と対象あるいは環境との身体的インタラクションに注目して，視点，視点構図，言語の主観性，日英語の対照，文法化，言語の進化について，どのような認知的議論が可能なのかを示した．とりわけ構文を論じる際には，構文の「自己組織化」ということが独自に言語としてのまとまりを構築しているようだけれども，本章の議論からすると，構文の自己組織化の背後には，認知モードのようなより一般的な認知機構が作用しているということになる．

　最後に，言語の主観性と認知モードについて若干の議論をして本章を閉じ

ることにする．主観性については，池上（2007/2000）でも身体的インタラクションを通しての把握を主観的としているが，本章の認知モード（特にIモード）は，「私」という存在の認知構造を示し，「私」と対象・環境との主客未分の身体的インタラクションとはどのようなものかその具体的中身を示している点で特徴的である．それによって「外から観る」ということも明確になっている．まず「私」の構造を小円と楕円の二重構造で示しているが，これは西田幾多郎（1911）『善の研究』の「意識が身体の中にあるのではなく，身体はかえって自己の意識のなかにあるのである」（岩波文庫，p. 67）のような言説に見られる，自己が自己に於いて自己を見るという構造を反映している．それだけではなく，「対象」「インタラクション」（両向きの二重線矢印）それに「認知像」を，小円の外側で，かつ楕円の内側に置くことによって，対象とのインタラクションが主客未分であることを示している（対象や対象とのインタラクションが「私」の外のことなのか内のことなのかがあいまい，つまり主客未分）．認知像（いわゆる外界）も私の外の世界のようでもあり，私の内側で構築した世界でもあるという二面性を帯びる．「私」は楕円の「認知の場」でもあるので，いわゆる「場」としての「私」も捉えられる仕組みになっている．さらに，そこに出来(しゅったい)する事態は「ロシア語がわかる」というような主客未分の出来表現になる（「意識」「自己という意識」「自己同一性」「身体」「公的自己」「私的自己」など，自己に関する多彩な表現の位置づけも，このような構造によってうまく行えるのではないかと思われる）．

　「外から観る」とは，このような認知を前提とすると，私（小円）が認知の場の外に出て，認知像を客体として対峙するということになる（認知の場の私が，外へ移動して，小円の私や認知像と対峙すると考えることもできる）．そうすると「ロシア語がわかる」のような事態は，「誰が」「何を」わかるのかという具合に分析的に捉えられるために，「私がロシア語をわかる（こと）」のような表現になる（事態を客体化する「こと」が必要であることに注意）．

　このような認知モードの精緻化は，認知モードを用いて言語分析を行う中で可能になったことであり，またその精密な認知モードによってより詳細な

認知的言語分析が可能になる．認知モデルの構築と言語の認知的分析は相互作用的である．もちろんこのような認知モードによる言語分析は，他の関連分野のさまざまなアプローチによって厳密に検証していく必要がある．

第 3 部
認知と語用論

第12章

「勝ちは勝ち」「負けは負け」
―トートロジーに潜む認知的否定―

1. はじめに

　トートロジー(同語反復)が意味をもつ仕組みについては語用論を中心にさまざまな説明がなされてきたが，いまだ決定的な解明には至っていないと言える．認知言語学の観点から，＜連続的カテゴリー観の否定＞という解を提示する．

2. 勝ち負け三題

　標題のトートロジー表現についてはいくつか忘れられない勝負の場面がある．1つは二子山部屋の親方貴乃花 (2018年退職) がまだ貴花田だったころ．若く，伸び盛りの貴花田が，上位力士との対戦で最後に惜しい逆転負けを喫することがあった．群がる記者たちが「惜しかったですね」「あと一押しでしたね」などと慰めのことばを投げかけると，貴花田は憮然とした表情で，だだ一言「負けは負け」と言ってさっさと引き上げた．負けを勝ちに近づけ，あわよくば負けを勝ちにすり替えてしまいそうな報道陣の慰めを一蹴する「負けは負け」であった．「勝ちに等しかった」という慰めや言い訳から生じる気の緩みを警戒するようでもあった．貴花田にはこのような場面が何度かあった．
　同じような場面は，女子マラソンの松野明美(現熊本県議会議員)にもあっ

た．バルセロナ五輪出場を逸したあの松野明美である．彼女がマラソンに転向する以前，一万メートルのある国際試合で，やはり最後のところで，外国選手のスピードについて行けず負けた．報道陣の投げかける「惜しかったですね」「あそこでついて行っていたら…」などの慰めのことばを振り払うように，松野は「負けは負けです」ときっぱり言って控え室に急いだ．負けを負けとして受け止め，次に期そうとする勝ち気な松野は，この種の慰めに苛立ちすら覚えているようだった．このような「負けは負け」は，勝ちと負けを連続的に捉え，負けを勝ちに近づけ，あわよくば勝ちにすり替えようとする相手に対して，勝ちと負けをまったく別のカテゴリーとして捉え，負けを負けとして明確に位置づけようとするところがある．

　負けが勝ちに近づいて同化しそうなとき，両者を切り離すのが「負けは負け」であるのに対して，「勝ちは勝ち」は，勝ちが負けに近づき同化しそうなときに両者を切り離す．次も相撲に絡む場面である．これもずい分以前のことになるが，広島カープの外国人選手がテレビ番組に出てインタビューを受けていた．その選手と親しい当時の横綱曙に話題が移り，アナウンサーが，その日勝ちを拾った曙の一番に言及すると，すかさず"Victory is victory."とその選手は返したのだった．勝ちと負けを連続的に捉え，その勝ちは実質上負けだったと言うアナウンサーに対して，勝ちと負けをそれぞれ独立したカテゴリーとして捉え，勝ちに属する勝ちはみな同じでしょう，というわけである．「負けは負け」には慰めや言い訳を拒否するストイックなところがあるが，「勝ちは勝ち」は結果オーライで楽天的である．

3. 連続的カテゴリー観と非連続的カテゴリー観

　このようなトートロジーに共通しているのは，勝ち負けを，図1 (a) のように連続的に捉えている相手に対して，図1 (b) のように非連続的で，2つの独立したカテゴリーとして提示し，相手の連続的なカテゴリー観を否定する点であろう．

3. 連続的カテゴリー観と非連続的カテゴリー観 | 369

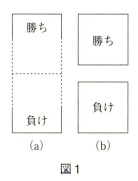

図1

　一般に「AはAである」というトートロジーは，カテゴリーAと別のカテゴリーBとを連続的に捉えるカテゴリー観に対して，AとBの非連続的なカテゴリー観を提示し，連続的なカテゴリー観を否定する，としてよさそうである．

　ところでトートロジーは，会話で用いられると相手を黙らせるところがある．トートロジーの「話題を閉じる」機能としてつとに知られていたが (Levinson 1983)，その理由はよくわからなかった．おそらくトートロジーが，相手の発言の基盤であるカテゴリー観を否定する，つまり相手の発言の根っこを断つために相手は黙らざるをえないのだろう．もちろん「勝ちは勝ちではない」は矛盾文だから，「勝ちは勝ち」と言う相手に対して単純に「勝ちは勝ちではない」と反発できない点も，相手を黙らせる一因にはなっている．

　再度図1を見てみよう．まず相手は，図1(a)のように，勝ちと負けを連続体として捉え，各々の勝負を，「完勝」「勝ち」「負けに近い勝ち」「勝ちに近い負け」「負け」「完敗」などとして位置づけるのであるが，とりわけ「勝ちに近い負け」「負けに近い勝ち」のような判断をする相手に対して，トートロジーは，図1(b)のように勝ち負けを非連続的で均質なカテゴリーであるとして，相手の判断の基盤となっている連続的なカテゴリー観そのものを否定する，というわけである．

さてトートロジーは，なぜ非連続的なカテゴリー観を提示することができるのだろうか．これには，とりわけ興味深い「私」というカテゴリーを際立てる一人称代名詞のトートロジーが解法の糸口を提供してくれる．

4. アリスとモモのトートロジー「私は私」

　『不思議の国のアリス』は自己喪失の危機から自己を回復していく症例として読むこともできるが，次のような象徴的な場面がある．お喋りウサギに出会ったり身体が大きくなったりと，変なことばかりが続くので，アリスは自分が自分でなくなり友達の誰かになってしまったのではないかと不安になる．それを打ち消すように，自分がメイベルでない理由を挙げ，続けて次のトートロジーを口にする．

　　（1）　Besides, she's she, and I'm I.　　　　　　　　　　（第2章）

メイベルと私が別人だというトートロジーであるが，その際の区別の根拠は，メイベルが *she* で指示され，私が *I* で指示されるという人称代名詞（言語的レッテル）の違いでしかない（その程度の根拠だからすぐに"I must have been changed for Mabel!"と不安に襲われる）．

　エンデの『モモ』の主人公は，アリスよりずっと安定した女の子で，彼女が口にするのは次のようなトートロジーである．

　　（2）　Even if there are times when I don't have the price of a cup of coffee,
　　　　　I'm still me.　　　　　（J. M. Brownjohn による英訳本第4章）

「私にコーヒー代がないようなことがあっても，私であることに変わりはない」というこのトートロジーには，深いヒューマニズムすら感じられる．しかし，トートロジー自体に深い思想があるわけではない．トートロジー自体の論理は，アリスの例が基本であり，言語形式が異なることを根拠に，別のカテゴリー，別の個体であることを提示するということである．（2）の

トートロジーは「コーヒー代がない私でも，私は私だ」ということであり，どんなに私が変わろうとも，同じ代名詞 *I* で指示されるから，同一の個人であり，他の誰でもないというわけである（「昨日の私」「夢の中の私」などさまざまな状況にいる私が，同一の私として統覚されるのは，そのどれもが一人称代名詞で指示されるということである．離人症や多重人格ではこれが危うくなる）．このようにトートロジーは，言語形式の異なり（この異なりは非連続的である）だけを根拠に非連続的なカテゴリー観を提示するのであり，非連続的なカテゴリー観の裏に深い思想があるかどうかは，まったく話し手の問題である．例えば，キップリングなら "Oh, East is East, and West is West, and never the twain shall meet."（*The Ballad of East and West*）と詠うとき，深い思想に裏打ちされているかもしれない．詩人ブラウニングも，"I am I, and you are you"（"Life in a Love"）と詩うとき，そこに「愛を捧げる僕とその愛を受け入れない君とは別々の存在だ」という意味を込めている．しかし，どこかの母親が，「友達はみな PS2 を持っているよ．僕にも買ってよ」という息子に向かって，「友達は友達，自分は自分」と諭すとき，ただ買い与えたくないばっかりに「友達」と「自分」という言語形式の違いを基に友達と息子を区別させているだけで，友達と息子の違いに深い根拠があるわけではない．人称代名詞は，誰を指していてもよいのだから，例えば「わたし」と「あなた」はどのような人間であっても，どのような関係にあってもいいのだが，「わたしはわたし，あなたはあなた」という表現を用いたとたんに，「わたし」は「あなた」を突き放した関係になるのである．トートロジーが，2つのカテゴリーの意味ではなく言語形式の違いによって，両者を区別する所以である．

次の人称代名詞とは無関係の「初段は初段」の場合も，実力的には連続的な将棋仲間から自分を区別しようとして「有段者は有段者，級や段無しとは違う」と言うのだが，その区別の根拠は，たまたま将棋連盟からいただいた「初段」という言語的レッテルの違いでしかない．

（3） 帰京して間もなく連盟から初段の免状をいただいた．多分，実力に

対してではなく，研鑽，年ありと，慰労の意味の初段だが，ともあれ初段は初段である．「へんキミラとはやっぱり，すこおし違うんだから」ヘボ相手を招いて披露した．

(入江徳郎「初段の弁」文芸春秋編『「待った」をした頃』)

次の"A walk"は注釈によると，"A walk is a walk"と解すべきで，この種のトートロジーはマラマッドの作品に多いようである．

(4) "How was the walk, Harry?"
"A walk." (Bernard Malamud "My Son The Murderer")

久しぶりの散歩は楽しかったのではと期待してたずねる父親に，息子の返事は「散歩は散歩（映画やパーティなどと違って楽しむものではない）．」とそっけない．散歩も十分楽しむことができ，その点では映画などとも連続的でありえるが，この場合も，言語表現の違いを根拠に，散歩は映画などとは違って楽しむカテゴリーではないとして，会話の腰を折ろうとするのである．

5. 認知的アプローチ vs. 語用論的・意味論的アプローチ

周知の通りトートロジーの主な研究には，会話の含意に注目する語用論的アプローチ（Grice 1975, Levinson 1983 など）と，個々のトートロジーがそれぞれ固有の意味をもつとする意味論的アプローチ（Wierzbicka 1987 など）とがある（折衷案に McGregor (1997) がある）．ただし，いずれにも問題があって，語用論的アプローチは少なくとも次の2点が問題であろう．①含意算定に与えられる手がかりがあまりにも少ない．トートロジーの含意算定の手がかりは，量の公理に違反しているという点のみで，これだけで，*Boys will be boys.* などの実質的な含意計算ができるだろうか[1]．②含意をもたない

---

[1] 「AはA」というトートロジーは情報量がゼロであり，明らかにグライスの量の公理（必要にして十分な量の情報を提供せよ）を破っており，それゆえ，聞き手は，話し手が適切な量の情報を含意として伝えていると判断し，その含意を探索することになる．こ

5. 認知的アプローチ vs. 語用論的・意味論的アプローチ | 373

トートロジーがある．次のような日本語の「イヤはイヤ」などは「イヤ」について何か含意しているのではない．

(5) 孫つきの房子を背負い込む［のは］...ほんとうのところ，私もいやはいやです． (川端康成『山の音』)

これらの問題に対して，認知レヴェルでどのようなことが生じているか（ここではカテゴリー観）を考慮する認知的アプローチは適切な解を与えてくれる．*Boys will be boys.* の場合，「女の子や大人のように（行儀よく）してくれれば」と思う相手に，＜男の子＞ vs. ＜女の子・大人＞を対立的カテゴリーとして捉え，男の子は，女の子や大人とはまったく異なるカテゴリーで，ぜったい行儀よくしないと言っているとすれば，具体的解釈の仕方は容易である．また「いやはいやです」も，それまで態度をあいまいにしていた話者が，イヤかイヤでないかの二者択一なら，イヤだと言っているわけである．ここでもイヤかイヤでないかの非連続的なカテゴリー観が前提となっている．

　意味論的アプローチの功績は，言語や文化によってトートロジーの意味が異なるという指摘と並んで，トートロジーの表現形式の微妙な違いによっても意味が異なるという指摘にある．例えば，*War is war.* と *A war is a war.* とでは，前者は「戦争は女・子供も巻き込む悲惨なものだ」を意味し，後者は「戦争には誰もが参加すべきだ」を意味する．有意義な指摘であるが，問題は，なぜ意味の違いが生じるかということへの踏み込みがない点である．認知的アプローチでは，戦争がどのようなカテゴリーと非連続的に捉えられているかによって解釈が決まる．不可算名詞 *war* の場合は，抽象性が高く，戦争と慈善事業が非連続的に捉えられ「戦争は慈善事業ではなく，厳しいものだ」という解釈になり，可算名詞の *a war* の場合は，具体性が高く，戦争

の指摘だけでは，どのようにトートロジーの含意計算が行われるか不明である．本章では，含意という観点からは，「AはA」はまず「AがBと連続的なカテゴリーでなく，まったく別物」と解釈され，「どういう点でBでないか」というところから，コンテクストに基づいて含意計算が行われることになる．

行為とボランティア行為が非連続的で「戦争行為はボランティアではなく，義務なのだ」という解釈になる．

　どのようなカテゴリーが対立するかは，きわめてコンテクスト依存的で，"Murder is murder." (L. Sanders, *The Fourth Deadly Sin*, p. 73) の場合，殺人がいわば芸術と対比され「上品で芸術的であっても，殺人は殺人．罰すべき犯人は暴かねばならない」というような意味になる[2]．

6. 結び

　含意や意味解釈までを考慮すると，トートロジーは二重に否定的である．「AはAである」は，まず，カテゴリーAと何か別のカテゴリーBとが連続的であるとする捉え方を否定し，同時に，AはBでないという否定をも表している．さらに必要であれば，どのような点でBでないかが，トートロジーの含意や意味解釈となるわけである．

　連続的なカテゴリー観に対して，トートロジーは，非連続的なカテゴリー観を提示するとしてきたのであるが，そうであれば，非連続的なカテゴリー観で世界を認識し，そのカテゴリー観に基づいて言語行動をしている場合が案外多いのかもしれない．カテゴリーが一面で連続的であること，これは間違いないのだけれども，例えば「昨日ヤンキースは勝った？」のように言語を通して情報収集する場合など，情報は勝ちか負けかの非連続的カテゴリーに基づいているし，多くの記録も非連続的カテゴリーに基づいて整理しておくほうが明らかに経済的であることなどを思うと，われわれの認識や情報処理は2つのカテゴリー観を巧みに活用して行われているのだろう．その具体的なメカニズムは認知的言語分析の深化と共に明らかにされていくだろう．

---

[2] トートロジーの含意が固定しているような場合は，文化によってAと対比されるカテゴリーBが一定で，「どのような点でBでないか」も一定の含意が慣習化している，ということになる．

第13章

メタ言語的 if 節
―メタ認知・間主観性の語用論的表出―

1. メタ言語的ということ

次の発話は，多少マジックじみた言い方になるが，2つの読みをもつ．

(1) My mother tongue is English.

2つの読みのうち，あまり意識されないほうの読みは，「my mother tongue という表現は英語である」というものである．これではいかにもカンニングの印象を与える．しかし，一般的な読み（「私の母語は英語だ」）のほうが意味内容に関するものであるのに対し，この読みが表現そのものに関するものであるということは強調されてよい．

この読みをもう少し分析してみよう．(1) の発話は，指示（主語）と陳述（述語）から成る．指示機能には，モノを指示する場合と言語表現を指示する場合（この例では自己指示）がある．陳述のほうも，モノについて陳述する場合と言語表現について陳述する場合がある．

したがって，(1)は2種類の読みが可能となる．1つは，モノ指示と，モノについての陳述から成る読みであり，もう一方は表現指示と，表現についての陳述から成る読みである．このようにして，上の「表現に関する読み」（「my mother tongue は英語である」）の成立を説明することができる．これは単純な例であるが，指示や陳述も含め言語機能一般(例えば，否定，条件，繰り返しなど)の場合も，モノや意味について機能する用法と表現について機能する用法を区別することによって，言語現象の発見や解明が可能となるのであれば，それは有意義な区別であろう．ここで，言語表現について機能する用法をメタ言語的用法と呼んでおく．

条件節の機能も，意味に関する用法と，表現に関するメタ言語的用法を区別することができる．if節は，意味的すなわち論理的には，主節の命題を真にする十分条件を表すが，メタ言語的には，主節の表現を適切なものとして成立させる条件である．本章では，このメタ言語的if節に焦点を置き，主に次の2点について検討・指摘する．①メタ言語的if節の命題内容として許容される内容は，具体的には，発音規則，文法規則，成立条件，発話の公理，丁寧さの原則，等に関連する．②意味的・論理的if節のレトリックとメタ言語的if節のレトリックを指摘・紹介する．これによって，従来の部分的な分析とアドホックな分類がより広範で一般的なものとなり，「本来的用法」「擬似用法」等の用語の混乱が解消するであろう．最後に意味的用法 vs. メタ言語的用法が厳密な二項対立ではなく，連続的であることが示唆される．

認知との関わりでは，メタ言語的if節は，主節がメタ的にどう認識されているかを示す言語的表出の一例であり，とりわけその修辞的用法は，話し手・聞き手のインタラクションにおける戦略であるので，その語用論的分析は，間主観性や間主観的調整の研究に寄与するところが大きいと言える．

2. 論理的 if 節と日常言語（発話）の if 節

メタ言語的if節を特定するために，論理学的if節と日常言語のif節がどのような条件を意味するのか整理しておく必要がある．

まず，十分条件と必要条件について確認するために，次のような2つの

命題 p, q を設定する.

 p : x is a horse
 q : x is an animal

命題 p「x は馬である」が真ならば,常に(すべての可能世界において)命題 q「x は動物である」は真である.この場合,p は q の十分条件であると言う.また,x が動物でなければ,x は馬でありえない.つまり,命題 q「x は動物である」が真であることは,命題 p「x は馬である」が真であるための不可欠の条件である.この場合,q は p の必要条件であると言う.

 さて,論理的,意味論的 if 節は,十分条件,必要条件のいずれを表すのであろうか.英語の if 節に,いま見た十分条件,必要条件を組み込み,いずれが的確であるか見てみよう.

 (十分条件) If x is a horse (p), x is an animal (q).
 (必要条件) If x is an animal (q), x is a horse (p).

必要条件を入れたほうは不適格であり,十分条件と共起するということから,論理的 if 節が,主節命題に対して十分条件であることになる.すなわち,if X, Y なる表現は,論理的,意味論的には「命題 X は,命題 Y の十分条件である」を意味する.

 日常言語で使われることばは,論理的・意味論的意味の他に,通常,含意をもつ.

 論理的 if 節も,例に漏れず,Geis and Zwicky (1971) の指摘によれば,必要条件を会話的に含意する.if 節の発話(2)は,日常よく耳にしそうな発話であるが,(3)を会話的に含意する.

 (2) If you mow the lawn, I'll give you $5.
 (3) If you don't mow the lawn, I won't give you $5.

会話の含意「聞き手が芝を刈らなければ，話し手は聞き手に 5 ドルはあげない」であり，聞き手が 5 ドルもらうためには，芝を刈ることが必要である．つまり，「聞き手が芝を刈る」ことは「話し手が聞き手に 5 ドルあげる」ことの必要条件になっており，確かに，(2) は (3) の必要条件の読みを含意している．

この if 節は，本来の論理的 if 節の意味 (十分条件) に加え，会話の含意 (必要条件) をもつため，必要十分条件の読みをもつことになる．つまり，if は if and only if に等しい読みをもつことになる．(2) は日常の会話では (4) の読みをもつ．このような読みをもつ if 節を日常言語の if 節と呼んでおく．

(4) If and only if you mow the lawn, I'll give you $5.

Grice の枠組みでは，＜発話の意味＞は一般に＜意味論的意味＋会話の含意＞で表され，＜日常言語の if 節の読み＞は＜十分条件 (論理的 if の意味) ＋必要条件 (会話の含意) ＞で表される．したがって，日常言語の if 節の読みは Grice の＜発話の意味＞と見なしてよい[1]．

3. メタ言語的 if 節

表現上のさまざまな規則，条件を 1 つでも満たしていない表現は，厳密に言えば，発話されない．そのような規則や条件の中の 1 つが満たされているかどうか確信がない場合，確信がないという理由だけで発話が取り止めになることはない．そのような場合，if 節によって，その規則あるいは条件が満たされているものと仮定して，その表現を発話することがある．このような if 節は，主節の言語表現を対象としており，メタ言語的である．表現の適切さは，さまざまなレヴェルの適切さがあり，守るべき規則にもさまざまなレヴェルがある．ここでは，文レヴェル，発話行為レヴェル，会話レヴェルの 3 段階に分けて，メタ言語的 if 節にくる内容の可能な範囲を検討する．

---

[1] この含意は Grice の区別する種類の含意のうちの，particularized conversational implicature である．

3.1 文レヴェル

次の 2 例は，発音と複数形に関わるメタ言語的 if 節である．

（5） Is this a road to Llanfairfechan, if that's how you pronounce?
（6） John caught two mongeese—if that's the correct plural—near the tent.

（5）では，話し手は，ウェールズのある地方名 *Llanfairfechan*（正しくは [lənfɛəfɛ́tʃən]）の発音が正しいという確信がないが，メタ言語的 if 節によって自分の発音を正しい発音と仮定して質問を成立させている．（6）では，*mongoose* の複数形 *mongeese*（正しくは *mongooses*）をとりあえず文法的に正しいものとして，主張を成立させている．

叙実動詞（factive verbs）の補文内容の事実性，あるいは指示物の存在（存在の前提）が不確実な場合に，メタ言語的 if 節で事実性や存在を仮定して，叙実動詞や存在表現を含む表現を成立させることはできない．

（7） *John realizes that Mary loves him, if she does.
（8） *The King of France is bald, if there is one.
（9） *I've met your brother, if you have one.

このように，補文の事実性や存在が前提となっている（現実世界の事実や存在についての）主張の場合，事実性や存在を if 節で仮定すること自体が，事実でないこと，また存在しないことを明示するので，if 節によってこの種の事実性や存在を，現実世界の事実として見立てることはできないのである．

しかし指示物の「属性」について不確実な場合は，この if 節が使用可能である．指示物が存在することは確かであり，確かでないのはその属性であるから，その属性を確かなものとして想定し，表現を成立させることはできる．

（10） I wrote him a letter, if he is in fact a male. （Green 1989）

(11) I met your girl friend Calorine last night, if Calorine IS your girl friend. (Quirk *et al.* 1985)

(10) では，メタ言語的 if 節によって男性として仮定して代名詞 *him* を使用可能にし，(11) では *Calorine* を聞き手のガールフレンドと仮定して，表現 *your girl friend Calorine* をとりあえず可能ならしめている．

3.2 発話行為レヴェル

　発話行為が成立するためには，成立条件が満たされていなければならない．ある発話行為の成立条件の 1 つが満たされていることに確信がない場合，メタ言語的 if 節によって，その成立条件が満たされていると仮定して，当該の発話行為を成立させる．成立条件には，予備条件，命題内容条件，誠実条件，必須条件がある．

　次の例では，要請・依頼の予備条件である「聞き手に行為を行う能力があること」「聞き手が行為をいとわないこと」を，if 節によって，満たされているものと仮定して要請・依頼の発話行為を遂行している．

(12) Get my baggage down, if you can.
(13) Get my baggage down, if you don't mind[2].

約束・申し出の予備条件には「話し手の行為が聞き手の利益になること」がある．この確信がない場合，やはりこれを仮定して約束・申し出をすることになる．

(14) I'll help you if it will do you any good.

　質問の予備条件は「聞き手が答えを知っていること」であり，主張の予備

2　Do x, if you want/like/must. の if 節は許可の成立条件を内容とするメタ言語的 if 節である．

条件は「主張内容を聞き手が知らないこと」であるから，次のようなメタ言語的 if 節が可能になる．

(15) Where is John, if you know?
(16) John is out of town, if you don't know.

要請・依頼の命題内容条件は「聞き手の未来の行為であること」であるから，メタ言語的 if 節によって聞き手の未来の行為であることを仮定して，要請・依頼を成立させることがある．

(17) a. Write the notes on the Christmas cards, if you will.
b. If you will write the notes, please.

誠実条件は，例えば，要請の場合「話し手が聞き手に当該の行為をして欲しいと思っていること」という具合に，話し手の意思・感情に関する条件であるから，これに対して話し手が確信がないということは通常ありえない．したがって，これを仮定するメタ言語的 if 節は通常ありえない．本節で扱った if 節のあるものは表現を丁寧にする効果があるが，その仕組みについては 4.2.2 節で議論する．

必須条件は，対応する予備条件，命題内容条件，誠実条件が満たされれば成立するような「発話行為が存在すること」という条件である．（当該の言語コミュニティに）存在しない発話行為は遂行のしようがないわけで，「発話行為が存在すること」という条件は，文字通り「必須」の条件である．ある特定の発話行為が存在することに確信がもてないというような事態は，異文化間コミュニケーションに見られよう．A という文化に存在し，B という文化に存在しない発話行為は多く報告されている．異なる文化の聞き手に挨拶するという状況ひとつを取り上げても，ある挨拶が聞き手の文化に存在するという確信のもてない場合がある．そのようなとき，相手の文化社会にその挨拶があると仮定して（if 節を用いて），とりあえず挨拶をする方法は考えら

れる．

(18) A Merry Chiristmas, if you have such wishing in your society.

3.3 会話レヴェル

　会話レヴェルの発話の適切性は，会話の公理と丁寧さの原則を守っているか否かによって決まる．発話がこれらの公理や原則を守っていることに確信がもてない場合，メタ言語的 if 節で守っているという仮定をして，その発話を成立させることになる．まず，会話の公理から検討する．この公理は，質の公理，量の公理，関係性の公理，方法の公理の 4 種類の公理からなる[3]．
　質の公理は「偽と思うことを言わないこと」「根拠のないことを言わないこと」の 2 つの下位公理からなる．第 1 の下位公理は「正しいことを言え」に近似し，自分の主張することが正しいという確信がないとき，メタ言語的 if 節で一応正しいと仮定して発話することになる．

(19) If we are right, the maxim of truthfulness must be abandoned.
(Wilson and Sperber 1988)

　また発話の信憑性に確信がもてない場合，信憑性があるものと仮定して発話する．

(20) It will be fine tomorrow if the weather forecast is not wrong.

量の公理は，「できるだけ多くの量の情報を与えよ」という内容である．自分の与えている情報が最大であるという確信がない場合，メタ言語的 if 節

3　会話の公理の種類と内容は，Grice 以後修正が加えられてきたが，新グライス派の Horn (1984) の妥当性が高い．メタ言語的 if 節を考察する上では，Grice の公理系でも支障はない．

で「それで最大であれば(=それ以上でなければ)」という仮定をして，とりあえず量の公理を守って発話するということになる．

(21) One third, if not more, of the students are from Toyama.
(22) Some, if not many, of the students are from Toyama.

(21)では，3分の1という量が情報量として最大であるという確信が話し手にはない．つまり，もっと多くの学生が富山出身かもしれないという思いがある．確信がないままに「学生の3分の1」と言えば，「できるだけ多くの情報を与えよ」という量の公理に抵触することになる．そこでメタ言語的 if 節で「それ以上でなければ」と仮定し，とりあえず3分の1という情報量が量の公理を守っているものとして，その表現を用いるのである．(22)の *many* は *some* を伴立 (entail) し，*some* より情報量が多い．したがって，*if not many* は *if not more* (*than some*) すなわち「それ以上でなければ」と同じ働きをすることになる．

次の例は少々複雑である．

(23) The arguments to this effect appear to me to be fairly persuasive even if they are not conclusive. (Mannheim 1986)
(24) [The second Maxim of Quantity] is at least an implicature, if not an entailment, of the first Maxim of Quantity. (Green 1989)

(23)の *conclusive* と *persuasive* はスケールを形成する述語で，*conclusive* は *persuasive* より情報量が多い．*if not conclusive* は *if not more* (*than persuasive*) に等しく，とりあえず *persuasive* を量の公理を守った表現にしたてている．(24)の *entailment* と *implicature* はここではスケールを形成する述語として用いられており，前者は後者より情報量が多く，*if not an entailment* も，*implicature* という表現が量の公理を守っていると仮定するためのメタ言語

的 if 節である[4].

　関係性の公理は「関係のあることを言え」ということである．話し手が，自分の発話がその場の話題と関係があるという確信がないとき，関係性を仮定するために，*if this is relevant* というようなメタ言語的 if 節が用いられることが考えられる．「これは関係ないかもしれないけど」と断って新たなことを付け加えるような場合も，関係性に確信がもてない場合であり，関係性がないことがわかっていれば，*by the way* で一応断って発話を続ける．

　方法の公理は，「簡潔明瞭に話せ」という内容であり，具体的には，伝達内容が聞き手に容易に正確に理解されるような，簡潔であいまいさのない表現を選択することである．選択した表現がこの要求を満たしているという確信がない場合，メタ言語的 if 節でひとまずこの要求が満たされているものと仮定して，その表現を用いる．

(25)　Violating the law, which he knows he would never feel impelled to do were it not for "love" － if that is the word － can subject one to torture and extinction.　　　　　　　　　　　　　　　　　(Rabkin 1979)

(26)　You ought to seize this opportunity, if I may so put it, with more grace than you are showing.　　　　　　　　　　　(Quirk *et al.* 1985)

(25) では，*love* という語が話し手の伝達内容を正確に伝えるという自信はないが，「それが正確な語ならば（の話しだが）」と，とりあえず方法の公理を守っていることにしている．(26) でも，表現の適切性に自信がなく，「そういう表現が許されるなら」と正当化してその表現を用いている．

　発話が成立するためには，丁寧さの原則も守られていなければならない．丁寧さの原則が具体的にはどのようなものであるのか異論のあるところである．Leech (1983) の「利益」「負担」の概念 (e.g. 聞き手の利益を多くし，負

4　Horn (1972) は，このような if 節を「含意を棚上げする if 節 (suspender *if* clause)」と呼んでいるが，「棚上げ」は，量の公理と関わるメタ言語的 if 節に伴う 1 つの効果であって，本来的用法ではない．

担を軽くする．話し手の利益を少なくし，負担を重くする），Brown and Levinson (1983) の「顔(フェイス)」の概念 (e.g. 聞き手の顔を脅かさない)，などがあるが，より包括的な概念のほうが，この原則の内容としては妥当性がある．ここでは，「快・不快」の概念 (cf. Freud の Lust-prinzip) を援用して，「聞き手を不快にさせないこと」を丁寧さの原則と考える．「利益・負担」，「顔」，「距離」などの概念は，快・不快の要因になる．

　聞き手にとって何が不快になるかはその人や社会にもよるが，主張内容では，話し手の自慢・自己主張，反論・異論，聞き手が不名誉に思っているような内容などが一般に考えられる．このような内容の場合，特に聞き手が目上であれば，発言の許可をとることによって，聞き手の不快度は下がり，失礼さ (impoliteness) の度合いも下がる．しかし，発言内容を知らせた上で発言の許可をとり，それから発言するということは，国会の質疑応答ではあるかもしれないが，日常会話ではありえない．そこで，許可を仮想することによって，つまり「このような内容も言ってよいかどうかわかりませんが，お許しいただけるものと仮定して（申しますが）」というように，許可を先取りして，発言を丁寧にすることになる．この仮定をする if 節は，発言をより適切にするためのものであるから，メタ言語的であるということになる．

(27) If you'll forgive me my saying so, it seems somewhat of a waste of time. (A. Chrisitie, *Murder on the Orient Express*)

次の例では，許可の仮定をする if 節が，失礼な発言（異論）の断り・謝罪を含意している．

(28) if you'll excuse me, sir, Miss Flora saw him after that. (A. Chiritie, *The Murder of Roger Ackroyd*)

質問の場合，立ち入った質問は聞き手を不快にする．そのような質問は，「立ち入った質問でないという確信はないが，立ち入った質問をしていないと仮定

して(お伺いしますが)」という if 節や,質問の許可を想定する if 節を用いる.

(29) If I'm not being unduly curious, just how did you figure this out?
(A. Christie, *Murder on the Orient Express*)
(30) Who is Dinah, if I might venture to ask the question?
(L. Carroll, *Alice's Adventures in Wonderland*)

話しを遮ったり,話題を変えるのも聞き手を不快にすることがあるから,*If I may interrupt, if I may change the subject* (Quirk *et al.* 1985) によって,その許可を仮定する.

本節では,言語に内在する二面性(モノや意味についてコメントする側面と言語表現についてコメントする側面)に基づき,if 節の言語表現の言語表現についてコメントする側面(メタ言語的用法)に焦点をあて,if 節の可能な内容を検討した.このように見てくると,例えば,Quirk *et al.* (1985: 1095–7) の分類(「丁寧さを表すもの」「メタ言語的なもの」「不確実さ(uncertainty)を表すもの」「発話の条件を表すもの」という分類)に,必然性がなく,しかも包括的でないことが容易に理解できよう.

メタ言語的 if 節の内容が,発音規則,文法規則,発話の成立条件,会話の公理,丁寧さの原則等が満足することを仮定するような内容であることを指摘してきたが,これによって,メタ言語的用法として用いられない if 節が予測可能になる.以下に挙げるような if 節は,このような規則,条件,公理,原則が満たされないことを仮定するので,メタ言語的には使用不可である.

(31) #if that's not how you pronounce (cf. (5))
([Request]), #if you can't ~ /if you mind ~ /if you won't ~
(cf. (12) (13) (17))
([Question]), #if you don't know (cf. (15))
#if I am wrong/we are wrong (cf. (19))
One third, #if not less (many, #if not some; all, #if not many)

(cf. (21) (22))
#if that is a wrong word (cf. (25))
#if you won't allow me to say so (cf. (27))
#if I'm being unduly curious (cf. (29))

4. 論理的 if 節とメタ言語的 if 節のレトリック

　メタ言語的 if 節は，本来，主節の表現が，規則や原則に従っているという自信が話し手にないとき，とりあえず従っていると仮定して発話するための if 節であった．この用法は，実は，聞き手にはさまざまな効果をもつ．話し手が，本来的用法を離れて，効果のほうを意識してこの if 節を用いると，いくつかの修辞的用法が発達することになる．ここでは 4 種類のレトリックを紹介する．論理的 if 節との混同を避けるために，まずそのレトリックを見ておこう．

4.1　論理的 if 節のレトリック

4.1.1　if p, q の形式で，q の真を強調

　Jespersen(1940=1970)，毛利(1980)において，「擬似仮定(psuedo-condition)」として論じられている次のような例では，主節の内容は間違いない事実として強調される．これは，論理的 if 節のレトリックである．

(32)　He is seventy, if (he is) a day (old).
　　　I've come three miles, if (I've come) a yard.
　　　She measures six feet, if an inch.
　　　It costs twenty dollars if a dime　　（以上，研究社『大英和大辞典』）

これらの例文で，if 節の命題を p，主節の命題を q とすると，「間違いなく q は真」という読みが得られる．その読みが得られる論理的推論過程は (33) である．

(33)　①　　　if p, q
　　　　②　　　　p
　　　　①②より　　q

①は，論理的 if p, q で，p は q の十分条件であるから，p が真ならば，常に q だということである．②は，p が真であるということであるが，例文を見ると明らかなように，間違いなく p（生まれて 1 日であること，1 ヤード来たこと，1 インチの背丈があること，10 セントかかること）は真の命題である．したがって，①，②より，q も同様に真となる．このレトリックのポイントは，if 節に明白に真であるような命題を置くことによって，主節の内容が真であることが強調される点にある．毛利 (1980: 138) の例も，同様の例と見なすことができる．

(34) If I can't see, I can hear a finger stirring.

コンテクストから if 節の命題「(話し手の) 目が見えないこと」は明白な事実であり，主節の命題「耳がよいこと」が確かな事実として主張されることになる．

4.1.2　if p, q の形式で，p の偽を主張

次の例で，話し手 B は if 節の命題が偽であること（Teheran is not in Turkey）を間接的に主張している．

(35) A: Teheran's in Turkey, isn't it, Teacher?
　　　B: If Teheran's in Turkey, London's in America, I suppose.

Teheran's in Turkey を p，London's in America を q とすると，〜p（Teheran is not in Turkey）を得る論理的推論過程は (36) で示される．

(36)　①　　　　if p, q (= if 〜q, 〜p)
　　　　②　　　　　　〜q
　　　　──────────────
　　　　①②より，　〜p

①の if p, q は，p は q の十分条件であり，p が真ならば，常に真であることを示している．この場合同時に，その待遇，つまり「q が偽 (〜q) ならば，p も偽 (〜p)」も成立する．②で，q が偽 (〜q) であることが示されているから，①②より，p が偽 (〜p) が得られることになる．(35) の場合であれば，〜q すなわち「ロンドンがアメリカにないこと」は明白であるから，〜p すなわち「テヘランがトルコにないこと」が得られるわけである．このレトリックのポイントは，主節 q に明白に偽であるような命題を置くことによって，if 節の命題が偽であることを示す点にある．Quirk *et al.* (1985: 1094) の用例が，同じ論理的 if 節のレトリックである．

(37)　If they are Irish, I'm the Pope.
　　　 If you believe that, you'll believe anything.
　　　 If she doesn't get first prize, she's no daughter of yours.

4.2　メタ言語的 if 節のレトリック

4.2.1　自己防衛の戦略として

　表現上の誤りは，聞き手の注意を伝達内容から表現へと移行させ，情報の円滑なやり取りを妨げることがある．それだけではなく，その誤りを指摘されることは，無知・ルーズさ・不用意さを指摘されるに等しく，話し手の名誉の問題にもなる．このような不名誉な状況を前もって回避する予防線として，メタ言語的 if 節の使用がある．

　表現上の誤り・不備は，文レヴェルから会話レヴェルまで，さまざまある．誤りは，直接指摘されることもあるが，次の例の B のように，否定辞

not を用いた指摘もある[5]．

(38) A：Is this a road to Llanfairfechan [lənfɛəfétʃən]?
   B：Well, this is not a road to [lənfɛəfétʃən] – this is a road to [lənfɛəfékən].
(39) A：So you caught two mongeese.
   B：I didn't catch two monGEESE – I caught two monGOOSES.
(40) A：So you are happy to have passed the exam.
   B：I'm not happy – I'm ecstatic.
(41) A：As a Trotskyite, how do you think of the policy?
   B：Well, I'm not a Trotskyite – I'm a Tortskist…

(38)(39) の B の *not* は，それぞれ地名の発音が正しくないこと，*mongoose* の複数形が誤りであることを指摘している．(40) B では，*happy* という表現が幸せの程度を正しく表現していないこと，つまり，「十分な量の情報を与えよ」という量の公理が守られていないために，不適切であることが指摘されている．(41) B の *not* は，*Trotskyite* なる表現が適切でなく，方法の公理に従っていないことを指摘している．

このように，円滑さを欠き，話し手にとって不快なやり取りは，前もってメタ言語的 if 節を使うことによって，ある程度は回避できる．「この表現はこれこれの点で，規則，条件，公理に適合しているかどうかわかりませんが，仮に適合しているとして(言いますが／尋ねますが)」という if 節を用いると，聞き手も話し手の顔(フェイス)を潰すような指摘はできなくなる．(38)～(41) の A に代わる表現は次のようになる．

(38) A': Is this a road to Llanfairfechan [lənfɛəfétʃən], if that's how you pronounce.

---

[5] この場合，否定は意味に対してではなく，表現に作用している．したがって，これは否定のメタ言語的用法ということができる．第 5 節参照．

(39) A': So you caught two mongeese, if that's the correct plural.

(40) A': So you are happy to have passed the exam, if not ecstatic.

(41) A': As a Trotskyite, if I may call you so, what do you think of the policy?

話し手に表現の適切さに確信があっても，変なクレームがつきそうな場合，この種の if 節で牽制することができる．これは，きわめて戦略的性質の強いメタ言語的 if 節となる．論文等でよく見られる *if I am right/correct* は質の公理のメタ言語的 if 節であり，論拠の弱さを含意するが，あるいは *you are wrong* と簡単に言わせないための，自己防衛のレトリックなのかもしれない．

(42) Verbal art is critical to language acquisition, and – if I am correct – particularly critical to coordinating lexical semantic representations between speakers. (B. Manheim 1986)

(43) If I am correct, we must reject the classical view.
(L. Horn 1985)

(44) If we are right, the maxim of truthfulness must be abandoned.
(D. Wilson and D. Sperper 1988)

4.2.2 丁寧さを生じさせるメタ言語的 if 節

3.3 節で論じた，丁寧さの原則を内容とするメタ言語的 if 節は，発話を成立させるメタ言語的 if 節の，本来の用法であって，レトリックではない．これに対して，発話行為の成立条件を内容とする if 節は，発話行為を成立させるためと見せかけて，丁寧さをねらっている場合，レトリックとなる．次の a, b の丁寧さの違いを見てみよう．

(45) a. Go and leave us peace.
　　 b. Go and leave us peace, if you will.

(46) a. Get my baggage down.
　　 b. Get my baggage down, if you can.

(47) a.　Stop smoking.
　　　b.　Stop smoking, if you don't mind.

発話 (b) の if 節は要請・依頼の命題内容条件や予備条件を内容としている．本来，この if 節は主節の発話行為を成立させるためのものであるが，a と比べるとわかるように，利益を得る可能性を低めて伝える表現は丁寧になる．上の b では，if 節によって，成立条件の 1 つが満たされていることが棚上げされるため，依頼成立の可能性が下がる．したがって，依頼によって話し手が利益を得る可能性も下がる．少なくとも，表現の上だけでもこのような見せかけを作り上げることによって，表現が丁寧さを帯びるのである．

成立条件がすべて満たされている状況で，*Will you 〜 ?/Can you 〜 ?/Do you mind 〜 ?* などの疑問文によって，満たされている条件の 1 つを棚上げすることにより，見かけ上，依頼の成立可能性を下げて丁寧な依頼をするレトリックも，if 節のレトリックとほぼ同じである．

(45b) の発話の主節の動詞句を削除し，if 節だけにすると次のような発話になる．

(48)　If you'll go and leave us peace, please.　（映画，*Gone with the Wind*）
(49)　If you'll sign this and your permanent address, please.
　　　　　　　　　　　　　　　　　　　(A. Christie, *Murder on the Orient Express*)

このような if 節は依頼・要請を含意として伝達するため，さらに丁寧さを増す．さらにこの if 節に感謝の表現を付け加えると次の (50) のようになる．きわめて丁寧な依頼の仕方である．

(50)　I shall feel particularly obliged if you will say no more about Mr. Graham.　　　　　　　　　(H. James, *Osborne's Revenge*)

4.2.3　含意をもつ if p ＋関連の薄い q'

(48)(49)のような独立したメタ言語的 if 節に，その if 節とは直接関係のない命題 q' が主節に現れることがある．

(51)　If you'll leave me your typed reports, I'll go over them.
（L. Sanders, *The Fourth Deadly Sin*）

この例では，if 節は要請（Leave me your typed reports.）を含意している．主節は，話し手の近い将来の行動を陳述しているが，同時に，if 節の含意する要請の間接的な理由ともとれる．要請や断りのように聞き手に負荷を与える発話行為では，理由を付け加えると丁寧になる．この発話は，「君のタイプした報告書を置いていってくれないか，目を通しておきたいんだ」と解することができる．if p だけでも間接発話行為を含意することができるが，その含意に主節 q' が微妙に関わっている例である．

次の(52)と(53)（斜体部）では，if p の間接発話行為と主節 q' との関係が希薄である．

(52)　If you will do me the honor to accept my arm, we will go and select one.　（H. James, *Daisy Miller*）
（どうぞ腕をお取りください．そしてご一緒に舟を選びに参りましょう．）

(53)　"And here's something for Mrs. Leary and here's something for you. And *if you want to take these things out to the elevator, we'll have your dinner ready for you in a minute.*" He carried the things into the elevator and came back for the tray.
（J. Cheever, *Christmas is a sad season for the poor*）
（プレゼントはエレベーターのところまで持っていったらどうかしら．夕食のご馳走もすぐに用意しますから（取りに来てね）．）

これらの例では，if 節と主節が，それぞれ別の間接発話行為を含意していると見るべきであろう．間接発話行為を含意するメタ言語的 if 節だけでは構造上すわりが悪く，構造を整えるために主節が置かれていると考えられる．この if p, q' 構造の派生過程は (54) で示される．

   (54) ① if p, q ＞ ② if p, φ ＞ ③ if p, q'

①の段階では，p は発話行為 q の成立条件（予備条件）である（e.g. *If you will/want do ～, please do it.*）．②の段階では，if p だけでその発話行為を間接的に遂行する（*If you will do ～, (please).*）．その if p の後に，q とは異なる q' が置かれる③の構造は，メタ言語的 if 節の 1 つの修辞的展開と見てよい．

 このような構造を擬似仮定文あるいは擬似条件文と呼び，遂行文仮説を適用して，if p, I SAY [q'] と分析する方法がある．しかし，if p が q' に対して直接的な関連がないことは，すでに見た通りであり，この場合の if p と q は従属の関係ではなく，並置の関係にあると見るべきであろう．また，坂原 (1985) では，この構造が，"because q', if p, r" という論理構造をもつと分析されるが，この論理構造では，if p と q' がそれぞれ独自の含意をもつ場合 (e.g. (52), (53)) が説明できない．いずれの分析も一般性を欠いており，if p の本質的解明に至っていないように思われる[6]．

4.2.4 含意探索を誘発するメタ言語的 if 節

 方法の公理を内容とするメタ言語的 if 節は，本来，話し手の表現があいまいであったり簡潔すぎたりして自分の意図が的確に伝わるかどうか自信がないとき，ひとまずその意図が当該の表現で伝わるものと仮定するための if

---

6 次の例はよく問題にされる擬似条件文である．
If you want to have something, there are some biscuits on the sideboard. (cf. Austin 1956)
if 節の許可の含意 (You may have x) に対して，主節は食べ物の存在を示すことによって，補助的役割をしている．第②段階の独立した if 節に，主節を付加することによって，if 節の含意を具体化，明示化していると言える．これは，if p, q' の構造に属する．

節であった．ところが，聞き手のほうにすれば，この if 節によって，表現の適切さについての自信のなさがわかるだけでなく，話し手に明確な伝達内容があることもわかるために，再度話し手の真の意図はどこにあるのか探りをいれることになる．次の (55) では，あいまいな主節に，(56) では簡潔すぎる主節に，if 節が付加されている例である．それぞれ Haegemen (1984), Quirk *et al.* (1985) の例である．

(55) Being good means doing nothing you wouldn't want me to do as well as doing nothing we would want to do – if you see what I mean.

(56) She is resigning, if you know what I mean.

(55) の話し手は，ボーイフレンドに他の女性と性的関係をもたないで欲しいと思っているのだが，直接それを口にすることはできない．そこで (55) のような漠然とした表現をとったわけだが，この表現で真意が伝わるかどうか疑わしい．このままでは発話としては不適切である．それで，「私の意図が (この表現で) 伝わるとすれば」というメタ言語的 if 節を用い，自分の意図が伝わるものと仮定して，発話を適切なものとして発することになる．この段階では，まだ，メタ言語的 if 節の段階である．しかしながら，すでに聞き手にある種の効果を与えている．聞き手は，if 節がなければ，話し手が何を言っているのかわからないまま，推論を打ち切ることがありうる．しかし，「私の言わんとするところがこの表現で伝わるかどうか怪しいが，伝わると仮定して (言うと)」という if 節があるために，話し手に明確な伝達内容があることが，聞き手にもわかり，聞き手は再度含意探索を始めることになる．if 節のもつこの効果が話し手に意識されていれば，メタ言語的 if 節のレトリックということになる．

　Haegeman (1984) は，本章で扱う if 節の幾種類かについて，(文脈) 効果という観点から初期の関連性理論 (relevance theory) に基づいて考察している．関連性の度合いには，2 種類の尺度があり，(文脈) 効果すなわち有効な情報量が多ければそれだけその度合いは高く，また解釈に必要な労力が少な

ければそれだけ関連性の度合いは高い．望ましい関連性の度合いとは，解釈労力が少なくある程度の文脈効果をもつ場合である．先ほどの例では，if節がなければ，有効な解釈が得られず関連性の度合いはきわめて低い．それを，解釈の存在の可能性を暗示することにより，望ましい関連性の度合いまで引き上げる働きをするのが，この種のif節であるというのである．効果，レトリックという観点からだけでは，本章で扱っているすべての例が説明できないだけでなく，このようなif節の場合，その命題内容の可能なものはどのような広がりをもつのか，また不可能な内容はどのようなものかなど，生成面のメカニズムが不明のまま残ることになる．

さて，Quirk *et al.* の例文 (56) はきわめてレトリカルである．例文に付されている注解 ("you are to interpret that to mean that she has been asked to resign.") からもわかるように，この例は，話し手が自分の表現の適切性に自信がないというよりは，意図的にこのような内容不足の表現を用い，if節を付して，表現不足の部分は聞き手に推論させようとしているところがある．方法の公理を内容とするif節の効果を意図的に利用した例である．

5. その他のメタ言語現象

他の言語機能にも，意味に作用する用法と表現に作用する用法が見られる．否定の場合，if節のメタ言語的用法が「話し手自身の表現上の不適切を一時適切であると仮定する」用法であるのに対し，メタ言語的否定は，「相手の表現の不備を指摘する」否定である (cf. Horn 1985)．(38) 〜 (41) の A, A'ですでに見たように，メタ言語的な if節と否定は対応するが，否定によって指摘される表現の不備が，if節によって常に適切であると仮定できるわけではない．存在の前提が1つの例である．

(57)　The King of France is *not* bold － there is no king of France.
(58)　*The King of France is bald, *if there is only one*.

存在の前提は，(57) のようにメタ言語的否定で指摘できる点では，表現の

適切性の問題となるが，(58) のように if 節の内容になれない点では，意味の問題である．この二面性のために，前提が真理条件であるのか，発話の成立条件であるのか，判別困難になっていると言える．

繰り返し (repetition) にも，意味を (表現を変えて) 繰り返す場合と表現そのものを繰り返す場合がある．echoes (エコー表現) として研究の進んでいる現象 (Akmajian 1984, McCawley 1987) は，表現の繰り返しの問題である．あまり指摘されることがないが，伝統的な修辞疑問 (e.g. *Am I hungry!*) は，表現の繰り返し (metalinguistic repetition) の過程を経ていると考えることができる．

(59) (A: Are you hungry?)
　　　B: Am I hungry? (腹がへってるかって，決まってるじゃないか)

B の表現の (したがってメタ言語的な) おうむ返しの質問，A の質問の成立条件について質問している．質問の予備条件に「話し手 (A) は答えを知らない」ということがあるが，B は「あなたは答えを知らないのか」という予備条件に対する質問をしている．この質問の裏には，「答え (私の空腹) は明白なのに」という判断がある．B のこの質問と判断との関係が慣習化すると，その表現は修辞疑問として定着し，単独でも (「ほんとうに腹がへったなあ」という意味で) 使用可能になる (その場合下降調のイントネーションになる)．

平叙文形式の繰り返しも，意味主張の繰り返しと表現上の繰り返しがある．先行発話・認識 (河上 1984) に対して用いられる，メタ言語的な繰り返し表現 (cf. Sperber and Wilson 1981) が，アイロニーとして微妙な効果をもつのは，1 つには，平叙文が意味主張として用いられているのか，単なる表現の繰り返しとして用いられているのか聞き手に不明であるということが絡んでいる．言語習得，それも意味習得に関してメタ言語的繰り返しが深く関連しているという，興味深い考察もある (Mannheim 1986)．

「あいまい」についても，「意味があいまいだ」という場合と「表現があいまいだ」という場合がある．意味 (例えば，fuzzy sets, modality) との関連で

論じられる hedges にも，メタ言語的用法が認められる (Loewenberg 1982, Kay 1983, 1984)．その場合，表現が適切でないことを示すマーカーとなる．この点で，方法の公理を内容とするメタ言語的 if 節とよく似ており，いずれも自己防衛のために用いられることもあり，またメタ言語的 if 節と共起することもある (e.g. *He was – sort of – dramatic, if you know what I mean.*)．

6. 結び

論理的には十分条件を意味し，日常言語では，必要十分条件の読みをもつ if p, q の if p は，メタ言語的用法としては，表現 Q (q を内容とする) を仮に成立させるような if 節であった．したがって，そのメタ言語的用法は，表現 Q を成立させるための必要条件であると言える．これでそれぞれの役割分担が明確に判別されるようだが，ある言語機能の，意味にかかわる用法と表現に関わる (メタ言語的) 用法は二項対立的に峻別されるのではなく，下図に示すように，連続的なものである．

(60)

●印の典型的な意味に関わる用法と，◎印の典型的なメタ言語的用法とが連続しており，その間に，意味用法からメタ言語的用法へ (あるいはその逆へ) の転回 (metalinguistic turn) をする地点 X があり，その付近ではいずれとも判別しがたい用法が存在することになる．例えば，質の公理を内容とする if 節は，典型的なメタ言語的用法とは言いがたく，同時に命題内容の必要条件としての読みももつこともある．否定の場合も，意味を否定する用法と表現を不適切とする用法とが峻別されるのではなく，連続的である．例えば，前提の虚偽を指摘する否定は，●にも◎にもなく，X 点付近の存在である．hedges のメタ言語的用法を最初に指摘した Loewnberg (1982) の論文の表題は示唆的で，"Labels and hedges: the metalinguistic turn" となっている．本

来の意味的用法が，メタ言語的用法へ転回する可能性を示唆している．言語機能一般について，その意味用法とメタ言語的用法は連続的であるのだが，そうであれば，意味 (signified) と表現 (signifier) の区別自体がわれわれが信じているほど明確な区別ではなくなる．これはまた，「意味が表現を要求するのではなく，表現が意味を作るのだ」というような，言語哲学や文芸批評の今日的問題に関連する (cf. Culler 1988, Introduction).

第14章

認知言語学と認知語用論

1. はじめに

　本章では第1節で，関連性理論が認知語用論（Cognitive Pragmatics）と呼ばれるときの「認知」と，認知言語学（Cognitive Linguistics，CL）の「認知」との差異を明確にし，第2節で，関連性理論（Relevance Theory，RT）の概念や分析法の問題点を4点指摘する．問題点を指摘すると同時に，認知言語学からの解法や解法の方向性を示す．問題点は，論理形式（logical form, LF）と明意，尺度含意（scalar implicature），暗意の推論，法助動詞の分析，に関するものである．

2. RTとCLの「認知」

　RTを認知語用論（cognitive pragmatics）と呼ぶときの認知（cognitive）とはなにか．まず，Marmaridou (2000: 1-2) では，(1) にあるように，Austin, Searle, Grice に始まる哲学的語用論から，4タイプの語用論が展開したとしており，その1つとして② cognitive pragmatics が位置づけられている．（その後の語彙語用論（Horn 2002），歴史語用論（Jucker 1995）の展開もある．）

　　(1)　phylosophical pragmatics (see Austin 1962, Searle 1969, Grice 1975)
　　　　→① radical and neo-Gricean pragmatics (see Cole 1981, Horn

1984b)
→② cognitive pragmatics (see Sperber and Wilson 1986/1995, Blakemore 1987)
→③ interactive pragmatics (see Thomas 1995)
→④ societal pragmatics (see Mey 1993)

認知語用論 (つまり RT) の主たる関心は, (2) の引用の最初の下線部にあるように, コミュニケーションにおける情報の心的処理ということ, これはつまり, (3) にあるように, 含意算定の際の推論ということである. 認知語用論で言う「含意算定のための推論」は, 後に「暗意」の算定で見るように, 論理操作系である (下線はいずれも筆者).

(2) Cognitive pragmatics focuses on <u>the mental processing of information for communicative purposes</u> and is explicitly restricted to <u>an isolated aspect of cognition</u> considered responsible for pragmatic phenomena. <u>In this approach, the linguistic medium is simply a constraining factor</u> in achieving communicative goals. Incidentally, <u>this is in line with corresponding developments in formal syntax,</u> in which the specification of rules has given way to the placement of constraints on the form of the sentences of a language.
(Marmaridou 2000: 1–2)

(3) …cognitive pragmatics is a development of Grice's view on the role of <u>human reasoning in generating implicature.</u>
(Marmaridou 2000: 224)

付言しておくと, 引用 (2) の 2 番目の下線部に, 「語用論的現象に限定された, 独立した側面 (isolated aspect)」ということがあるが, これは, 語用論的推論能力が他の統語論や意味論などの領域から独立していて「自律的」であることを示唆している. その次の下線部にあるように, RT では, 言語は, 含

意を絞り込む，あるいは「制約的に」働くという観点であるが，これはいわゆるかつての生成文法の規則が制約的であるという観点と軌を一にしている．

一方，認知言語学 (CL) の関心は，下の (4a) にあるように，言語現象や文法現象がより一般的な認知能力とどう連動しているかということであるから，認知言語学の「認知」とは，「より一般的な認知能力」のことである．

(4b) にあるように，CL とりわけ認知文法における分析は，以下の条件を満たすことによって妥当性の高い分析であることが示される．まず，①用いられる理論的概念（例えば，「プロファイル・認知ベース」「トラジェクター・ランドマークの配置」「直接スコープ」「探索域」など）は，諸言語に見られるさまざまな言語現象に対し適切な意味記述を行う上で必要不可欠であり，②言語現象とは直接関係しない認知活動においても観察される認知能力である．さらに③これらの理論的概念は，多種多様な文法現象の明確な特徴づけにも決定的に重要である（下線はいずれも筆者）．

(4) a. Cognitive linguistics is concerned with <u>how the details of grammar are tied to more general cognitive capacities.</u>　　(Tomlin 1997)

b. <u>A primary working strategy...has been to seek converging evidence from three different sources.</u> <u>First</u>, particular descriptive constructs (e.g. profiling, trajector/landmark alignment, immediate scope, search domain) are shown to be necessary for adequate semantic description of multiple phenomena in various languages. <u>Second</u>, it is argued that these constructs are commensurate with (if not identical to) independently observable cognitive abilities. <u>Third</u>, it is demonstrated that the same constructs are critical for the explicit characterization of varied grammatical phenomena.

(Langacker 1999b: 26–7)

次の引用ではさらに，他の一般的な認知能力や認知的概念がどのような言語現象や言語活動（あるいは思考や行動そのもの）と連動しているかがまとめら

れている.

(4) ① Figure-ground and view point organization pervades the sentence (Talmy 1978, Langacker 1987/1991), the Tense system (Cutrer 1994), Narrative structure (Sanders and Redeker 1996), in signed and spoken languages, and of course many aspects of non-linguistic cognition. ② Metaphor builds up meaning all the way from the most basic levels to the most sophisticated and creative ones (Lakoff and Turner 1989, Grady 1997). ③ And the same goes for metonymic pragmatic (or reference point) functions (Numberg 1987) and mental space connections (Sweetser and Fauconnier 1996, Van Hoek 1996, Liddell 1996), which are governed by the same general Access principle. ④ Frames, schemas and prototypes account for word level and sentence level syntactic/semantic properties in cognitive and construction grammar (Lakoff 1987, Fillmore 1985, Goldberg 1997, Langacker 1987/91), and of course they guide thought and action more generally (Bateson 1972, Goffman 1974). ⑤ Conceptual blending and analogy play a key role in syntax and morphology (Mandelbit 1997), in word and sentence level semantics (Sweetser 1999), and at higher levels of reasoning and rhetoric (Tobert 1998, Coulson 1997, Turner 1996). ⑥ Similarly, we find force dynamics and fictive motion (Talmy 1985, 1996) operating at all levels (single words, entire systems, like the modal, and general framing). (Fauconnier 1999: 100–1)

ところで認知語用論の「認知」は,含意を算出する際の推論であったが,その際の推論の能力(三段論法など)が,より一般的な認知能力に由来するとなると,認知語用論(すなわち RT)は,CL に吸収され,その存在意義を失うことになる.さらに理論的に,含意算定の推論がより一般的な認知能力によるということになると,語用論という領域は,一般的認知能力を反映する他

の領域(意味論や文法)とも連続的であり,領域としての自律性を失うことになる.ここではこの点は追究しないが,数学的推論までが一般的認知能力に由来するというようなことになると (cf. Lakoff and Johnson 1999: ch. 21),このようなことは十分ありうると予想される.

(CL の立場は,言語能力と一般的認知能力が連続的であるという立場であるが,言語能力が一般的認知能力とまったく同質というのではなく,一般的認知能力の「特化したもの」という捉え方もある (Langacker, p.c.).イディオ・サバンに基づく言語能力の自律説に対しては,正高 (2002) が参考になる.)

3. RT の問題点と CL による解法

本節では,認知語用論(関連性理論(RT))の理論的概念の問題点を具体的に指摘しながら,それらが,CL の一般的認知能力に由来する理論的概念・認知プロセスによって自然な説明が与えられることを示す.

3.1 LF と明意の問題点—「認知ベース上のプロファイル」による解法—

論理形式 (LF) がわかりにくい概念であることは,他でも指摘されていることであるが,LF は,(6a) からもうかがえる通り,それをインプットとして推論 (reasoning) を通して明意 (explicature) を得るのである.そのインプットである LF が具体的に,どの程度の,どのような性質の意味内容を有するのか,(6b) からも明らかにならない.インプットの情報の質と量が不明であれば,どのように推論 (reasoning, inference) が働き,どのような明意(や暗意)に到達するかも,解明できないはずである.

(6) a. Explicature: an ostensively communicated assumption which is inferentially developed from the incomplete conceptual representation (logical form) resulting from linguistic decoding.
(Glossary in Carston and Uchida 1998)
b. 論理形式 LF:「U によって符号化されている論理形式」とは話し

手が文字通り口から出した文，つまり…「解読的意味」(言語形式を「解読」しさえすれば得られるもの, p. 5) をもつ単語のつながり…」　　　　　（今井 2001: 52，Sperber and Wilson 1995: 182）

例えば，(7a) (7b) の「ボクはウナギだ」や *I'm Modern English.* の LF はいかなるものであろうか．

（7）a.　ボクはウナギだ．
　　　b.　...he's Old English.... I'm Modern English. (彼は古英語担当で，僕は近現代英語担当だ．)　　(D. Lodge *Small World*, Penguin, p. 10)

おそらく RT から明解な回答は得られないだろう．いわゆる語や句，あるいは節レヴェルの意味がどのような構造をしているのかについて十分な取り組みがなされていないためである．CL は，意味が基本的に「認知ベース上のプロファイル」という構造で与えられることを明らかにしており，この種の問題は生じない．例えば，*I'm Modern English.* であれば，'I teach Modern English' と同じ認知ベースをもち，その主語参与体 (I) とその目的語参与体 (Modern English) とをプロファイル部とする，ということができる．つまり，*I teach Modern English.* と *I'm Modern English.* は共通の認知ベースをもち，プロファイル部のみを異にするというわけである．

（8）a.　I teach Modern English. の認知構造

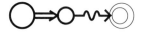

　　　b.　I'm Modern English. の認知構造

b'.

(これらの図で，それぞれの図全体は認知ベースを，太線はプロファイル部を表す)

　この場合の共通の認知ベースとして，動作主 (I) が抽象的な移動体 (Modern English) を受け手 (学生など) に向けて送り出すというような構造を措定してみよう．そうすると (8a) では，動作主 (左端の円) とその働きかけ (二重線矢印)，それと移動体 (小円) がプロファイルされる．それに対して，(8b) では，I と Modern English のみがプロファイルされる (より正確には，両者の間に何らかの関係があるということを示す *be* で連結されているから，(8b') のように，「関係」を表す破線で，I と Modern English が繋がっている).

　この現象は少し細かく見ると次のようである．すなわち *I'm Modern English.* の明意は I と Modern English の何らかの関係であり，それがさらにより具体的な認知ベース上に重ねられると，その具体的な認知ベース全体が暗意である．暗意としての認知ベースは，プロファイル部に対して直接の認知ベースではなく，より間接的な認知ベースになっている．そしてどのような間接的な認知ベース上に重ねるかが，RT で言う含意探索の過程である．

　LF はプロファイル部に，明意は「直接の」認知ベースに対応している印象であるが，プロファイル部と認知ベースが表裏となって意味が存在するのに，それらを分離させて LF と明意という別々の意味レヴェルを想定しているところに問題があると言える．

　LF と明意，あるいはプロファイル部と (直接の) 認知ベースとが表裏となって，いわゆる意味を形成することは，以下の例によって明確に示すことができる．売買の場面を認知ベースとして，それに関与する参与体 (売り手，買い手，商品，代金など) のうち，どの参与体をプロファイルさせるか (さらには，どの参与体を主語や目的語で表現するか) によって，以下のような表

現のヴァリエーションが生まれる．この場合，いわゆる動詞の意味の異なりは，どの参与体をプロファイルするか（つまりプロファイル部）の違いなのである．

(9) a. John sold an old shirt to David for ten dollars.
　　b. David bought an old shirt from John for ten dollars.
　　c. John charged David 10 dollars for an old shirt.
　　d. David paid ten dollars to John for an old shirt.
　　e. The old shirt cost David ten dollars.

これらの例では，認知ベースは同一でプロファイル部がそれぞれ異なっているが，(9a)(9b)(9c)(9d)のプロファイル部（太線で表示）の違いは，概略(9')のように図示される．各文の認知構造には2つの行為連鎖が含まれており，上段の行為連鎖は主に，売り手から買い手への商品の移動を，下段の行為連鎖は，買い手から売り手への代金の移動を表している．

(9') a. John sold an old shirt to David.

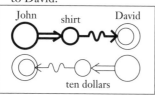

b. David bought an old shirt from John.

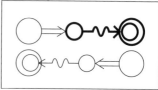

c. John charged David 10 dollars.

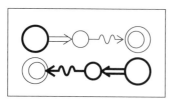

d. David paid ten dollars to John.

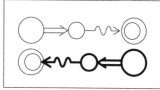

(9a)～(9e) の違いは，LFの違いだとRTが主張するのであれば，(9a)～(9e) の主な異なりはプロファイル部の異なりでしかないので，LFは多分にプロファイル部と対応しているということになる．そうであれば，プロファイル部は認知ベースなしでは (つまり，単独では) 存在しえないので，プロファイル部に対応するLFも，単独では存在しえない理論的概念，ということになる．LFを生かすのであれば，認知ベースに類する概念をRTに導入するということになろうが，しかしそうしても，LFとそれを生かすために導入された概念は，前景と後景というような，認知のあり様を反映する概念であるということである．つまりそういう形でLFという名称が維持されても，それは認知的に規定された概念であり，認知を基盤とする概念だということである．

「認知ベース上のプロファイル部」(profile imposed on a base) という意味の捉え方は，いわゆるレトリカルな表現についても，その意味解明に対して興味深い示唆を与えてくれる．通常の言語表現が，主にプロファイル部を問題にするのに対して，レトリカルな表現は一般に，認知ベースのほうを問題にする．

例えば (10a) の「勝ちは勝ち」のような表現は，「あの勝ちはほんとうは負けだったのだ」のように，勝ちを負けに近づけ，あわよくば負けにすり替えてしまおうとする相手に対して，用いられることがある．この場合の「勝ちは勝ち」は，「勝ち」と「負け」の2つのカテゴリーを連続的に捉えている相手に対して，2つのカテゴリーが異なる非連続的なカテゴリーであることを提示し，そこから「勝ちに属する勝ちはみな同じでしょう」ということを伝える．「勝ち」「負け」をいずれのカテゴリー観で捉えるかは，認知ベースや認知ドメインの問題であり，連続的なカテゴリー観に対して非連続的なカテゴリー観を提示する「AはA」，*A is A*. のようなトートロジー表現は一般に，(プロファイル部ではなく) 認知ベースを問題にしているということができる (第12章参照)．

(10) a. 「勝ちは勝ち」「負けは負け」

b. Murder is murder. （第 13 章）
c. Mary's not stingy – she's thrifty.　（Marmaridou 2000: 143–9)

　また (10c) のようなメタ言語的否定も，認知ベースの問題として捉えることができる．例えば「お金を使わない」というプロファイル部は同じでも，そのことが「評価すべきこと」「批判すべきこと」のどちらのドメイン上に置かれるかによって，*thrifty* と *stingy* の選択が決まる．(10c) のメタ言語的否定は，「彼女がお金を使わない」というプロファイル部の置かれている認知ドメインが「悪いこと」ではないことを表しており，一般にメタ言語的否定は，意味的なプロファイル部ではなく，それを支える認知ドメイン（の 1 つ）を不適として却けると言ってよい．
　レトリックの多くが，意味にとって不可欠な認知ベースや認知ドメインを問題にするのであるが，これを考慮していないとすると RT の明意や暗意によって，どの程度レトリカルな表現の本質的解明が進むのか大きな疑問として残る（LF に代えて表意命題・明意・暗意のような 3 つのレベルの区別を導入しても，指摘した問題は問題として残り，ここで示した解法は，その場合も有効であろうと思われる）．

3.2　尺度含意 (scalar implicature) の扱いの問題点—例示 (instantiation) による解法—

　次の (11a) は (11b) を論理的に含意し (entail)，同じように (12a) も (12b) を論理的に含意する．それではなぜ，(11) は (a) の代わりに (b) を用いることができ，(12) は (a) の代わりに (b) を用いることができないのだろうか．あるいは，なぜ (12b) は，(12a) の否定「太郎が食べたのは 4 個ではない」を含意し（尺度含意），(11b) は，(11a) の否定「教室に入って来たのはブルドッグではない」（尺度含意）を持たないのだろうか．尺度 (scale) を論理的含意で定義するなら (e.g. Levinson 1983: 133)，ブルドッグと犬の間にも，「4 個食べた」と「3 個食べた」の間にも論理的含意関係 (entailment 関係) (11c) (12c) が成立し，いずれも尺度を成すはずである．

(11) a. 教室にブルドッグが入ってきた．
b. 教室に犬が入ってきた．
c. (11a) entails (11b)
(12) a. 太郎はケーキを4個食べた．
b. 太郎はケーキを3個食べた．
c. (12a) entails (12b)

新グライス派のHorn (1984b) は，(13) のようなQ-principleとR-principleという2種類の会話の原則を提示するが，(11b) が尺度含意を持たず，(12b) がそれを持つのは，これら2種類の原則の使い分けによる，ということになる．

(13) Q/R-principles (Horn 1984b)
Q-principle (Hearer-based): Make your contribution sufficient; say as much as you can.
（［聞き手側の最小労力に配慮して，推論が不必要なように (Hearer-based)］十分に，できるだけ多く述べよ．）
R-principle (Speaker-based): Make your contribution necessary; say no more than you must.
（［話し手側は自らの最小労力に配慮して (Speaker-based)］必要なだけ述べよ．）

つまり，(11b) の場合はR-principleによる発話であり，最低限しか述べていないから聞き手はそれ以上を推論してよい．そのため「それ以上ではない」という尺度含意は生じない．(12b) の場合はQ-principleに基づく発話であるため，最大限を述べている．だから「それ以上ではない」という尺度含意を持つ．このような説明では，なぜ (11b) の場合R-principleに従い，(12b) の場合Q-principleに従うのかが，不明である．4個と3個は尺度を成すが，犬とブルドッグは尺度を成さない，と言うのなら，その根拠を示す必要があ

る．論理的含意はいずれにも認められるから，従来の論理的含意に基づく尺度の定義 (Levinson 1983: 113) は有効でない，ということになる．

　CL (とりわけ認知文法) の例示 (instantiation) という概念が有効である．「ブルドッグ」は「犬」の具現例 (instance) として捉えられるから，ブルドッグと犬は例示の関係にある．しかし，4 個は 3 個の具現例ではなく，4 個と 3 個は例示の関係にない．一般に e_1 と e_2 という 2 つの表現が例示の関係 (e_2 が e_1 の具体例) にあれば，e_2 は尺度含意 (e_1 の否定) を持たない．したがって，e_1, e_2 いずれの表現を含む発話を行ってもよい．その関係になければ，e_1 と e_2 のうちより正確なほうを表現しなければならない．

　(12) で 4 個食べたとき (3 個でなく)「4 個食べた」と言うのは，聞き手に推論の必要がないようにと聞き手の最小労力を考慮して Q-principle に従い，できるだけ多く (sufficient contribution) を発話しているのではない．そうではなく，4 個が 3 個の具現例ではないからということが主要な要因であり，より正確な表現を用いているのである．また (11) でブルドッグが来たのに「犬が来た」と言うのは，話し手が最小労力で済ませるために，「ブルドッグ」を「犬」に替えて少な目の内容 (contribution necessary) を発話しているのではない．「ブルドッグ」が「犬」の具体例であるという例示の関係にあるから (コンテクストの要請に応じて) 適切な選択をしているのである．そうであれば，少なくとも (11)(12) の発話については，話し手や聞き手の最小労力ということは無関係であり，最小労力に依存する Q/R-principles での説明は成立しないと言ってよい．

　また，「ブルドッグと犬の関係」と「4 個と 3 個の関係」は，一見情報量と数量の違いではないかと思わせるが，そうではなく，やはり根本は例示関係の有無である．数量表現でも例示関係にある場合がある．「ケーキ 3 個以上を (1 分以内で) 食べれば賞品がもらえるが，太郎はどうか」という状況では，4 個食べれば賞品がもらえるから，「4 個食べた」は「3 個 (以上) 食べた」の具現例である．この状況では「太郎は 4 個食べた」「太郎は 3 個食べた」のいずれの発話でもよい．つまり，「3 個食べた」と言っても「4 個食べなかった」を含意しない．数量表現であっても，表現間に例示の関係があれば，尺

度含意は生じないということである．

逆に，情報量に関する表現でも，例示関係になければ，尺度含意が生じるため，適当なほうを表現するということはできない．*his finger* と *a finger*, *his leg* と *a leg*, はいずれのペアも情報量に関する表現であるが，*his finger* の指示物は *a finger* の指示物の具現例であるが，*his leg* の指示物は *a leg* の指示物の具現例でないため，次のような現象が生じる．

(14) a. John broke a finger. (a finger は John の指のこと)
b. John broke a leg. (a leg は John の足のことではない)

つまり，「ジョンは自分の指を折った」の場合は，*a finger* が尺度含意(「ジョンの指ではない」)を持たないため，*John broke his finger*, *John broke a finger*. のいずれの発話も可能であるが，「ジョンは自分の脚を折った」の場合は，*a leg* が尺度含意(「ジョンの足ではない」)を持つため，*John broke his leg*. に代えて *John broke a leg*. を使うことはできないということである．

親指 (thumb) を除いて指 (finger) が 8 本だとすると，8 本の中の一本は不特定的に捉えられるから，指の所有者が特定されていても，その人の指を指すのに不特定表現 *a finger* が成立する．したがって，*his finger* と *a finger* はどちらも不特定でありうるから，例示関係にあることになる．しかし人の脚は 2 本しかないから，その所有者がわかっていれば，その一方の足を不特定的には捉えにくい．そのため，*his leg* は特定的であり，*a leg* は不特定的であるため，*his leg* と *a leg* は，前者は特定的，後者は不特定的ということで，尺度関係にはない．そのため，いずれでもよいということ(つまり交換可能)にはならない．鼻のように 1 個しかないものはもっと不特定ではないから，*his nose* (特定) は *a nose* (不特定) の具現例ではない．だから *He broke his nose*. に代えて *He broke a nose*. と言えないことはもはや明白であろう．

(14)の場合も Q/R-principle は無力で，これで説明しようとすると，(14a)は R-principle による発話，(14b) は Q-principle による発話ということになるが，同じタイプの意味内容(指や脚を折る)を表す同形式の表現に，なぜ異

なる原則が適用されるのか，説明は不可能である．なぜ異なる原則が適用されるか説明できないということは，なぜ *a leg* のほうだけが not his leg という尺度含意を生むのか，説明できないということである（例示の関係があるときは R-principle が適用され，その関係が無いときは Q-principle が適用されるという改訂案も考えられるが，そのとき話し手や聞き手にとっての最小労力とは無関係の，例示に依存するような，認知を基盤とする改訂案になっている）．

　さて，認知語用論としての RT は以上の現象にどう対処するのであろうか．Carston からの (15) の引用によると，RT は尺度含意についてほとんど論じなかったし，また RT では説明できないという主張まであったということであるが，これに対して Sperber and Wilson の主張するところは，最適な関連性の見込み (presumption of optimal relevance) の改訂版 (revised version) (16) によって対処可能であるということのようである．

(15) 　Many authors have noted that <u>RT has had little to say about issue of scalar implicature</u>; some have gone further and asserted that <u>the theory is intrinsically incapable of accounting for this sort of inference</u> (Levinson 1989: 466, Welker 1994: 80). If this were true, it would indeed be a shortcoming of the theory since this has been one of the central topics of post-Gricean inferential pragmatics. It has, in fact, been addressed,…most recently, by <u>Sperber & Wilson (1995)</u>, <u>who claim to be able to account quite smoothly for scalar implicature</u>.

　　　…it is useful…to see how the literal application of the new one[= (16)] extends the predictive power of the theory beyond that of the literal application of the earlier one. One area of pragmatics to which this extension applies is scalar implicature.

　　　　　　　　　　　　　　　　　　　(Carston 1998: 212, 下線筆者)

(16) 最適な関連性の見込み（改訂版）
　　(a) The ostensive stimulus is relevant enough for it to be worth the addressee's effort to process it.
　　(b) The ostensive stimulus is the most relevant one compatible with the communicator's abilities and preferences.
　　　　　　　　　　　　　　　　　　　　（Sperber and Wilson 1995: 270）

しかし (16a) (16b) は，Carston and Uchida (1998: §5) の言を俟つまでもなく，解釈する情報量の上と下を設定するもので，Q/R-principles に対応している．そうすると (11) (13) (14) にまつわる尺度含意の問題は，RT においても依然，問題として残るということである．

3.3　暗意の推論メカニズムの問題点—認知ドメイン（スクリプト）による解法—

次の (17) は『語用論への招待』（今井 2001）の中で最も興味深い例の 1 つである．この例を用いて説明しようとする暗意の推論メカニズムの破綻を，当のこの例自体が示唆しているようである．

(17)　Speaker A: ベントレーのコンヴァーティブルは実に良い車です．どうです，1 台お持ちになっては？
　　　Speaker B: 私は高い車は買わないんです．
　　　　　　　　　　　　　　　　　　（今井 2001: 55）(cf. Harder 1996: 146)

B がベントレーを買うつもりでないこと (暗意) を推論するメカニズムは次のようだとされる．すなわちまず，B は「高い車は買わない」(前提 1) と言っている．「ベントレーは高い車である」(前提 2) ことはわかっている (それは B も知っている)．そうすると (前提の 1 と 2 から)，「B に買う気はない」という結論になる．これが暗意解釈の推論メカニズムだとされる．

ところが自省してみると，この部分を読んでいた筆者(中村)はベントレーが高級車であることを知らなかった．知らないから前提 2 が欠落している

わけであるが，それでも，(17) のやり取りを目で追うだけで B にベントレーを買う気がないことは瞬時に察した．そのあと「ベントレーって高級車なのだな」と思うのだが，あえて言えば，結論から前提 2 を穴埋めしたことになる．

ベントレーが高級車だと知らない読者も，おそらく同じ推論経路をたどるのではないかと思われる．これは，三段論法の推論を知っていても，この論法に沿って暗意解釈をしているわけではないということ，あるいは，われわれの暗意解釈の過程がこれとはまったく違ったものであろうということを思わせる．

次の問題は，「最小労力」の判断に関する問題である．(17) の「B は買う気がない」という暗意が「無駄な労力と時間をかけないで得られている」のであるが（上の (16a) を参照），実は「無駄な労力と時間をかけていない」ということがどのように判断されるのか，RT では具体的に示されていない．

「無駄な労力と時間をかけない」ということが「一番最初に頭に浮かぶ」ということであるなら，それは暗意の生じる現象をそのまま述べただけで，説明になっていない．暗意の生じるメカニズムについては何も言っていないのである．

また「他の解釈と比べて」ということなら大変なことである．無駄な労力と時間のかかる，他のおそらく無数の解釈と比較するということになるから，無駄な労力と時間をかけて他の解釈を算出した上に，それら無数の解釈と比較するということで，無限の労力と時間がかかると言ってよい．したがって，「無駄な労力と時間をかけない」ということは，「他の解釈と比べて」ということではない，ということになる．つまり，目当ての暗意に直に向かうような含意解釈ということになるが，そのメカニズムはわかっていない．それゆえ，そのメカニズムが作動するのにどのくらいの労力がかかるかもわからないはずである．何もわかっていない「無駄な労力をかけない（で目当ての暗意に直に向かう）推論」を基に，関連性 (relevance) が規定されるのであれば，関連性の概念も直観以上のものではなく，空虚な概念だと言わねばならない（例えばプロの棋士に瞬時に浮かぶ次の一手が，瞬時に浮かぶ

から，relevant な一手だと言っているのと同じである．しかもそのような relevant な手が大悪手であることも少なくない）．

　先の三段論法による推論方式は，実は無駄な労力と時間を要する推論の典型である．単純化して言えば，三段論法によって得られる結論が，十分なコンテクスト効果を上げているかどうか（適切な，最適の情報であるかどうか）をチェックするとき，あらゆる命題を三段論法にかけて暗意を算出し，そのコンテクスト効果をチェックすることになるから，相当の労力とエネルギーをかけることになる．というわけで，「無駄な労力と時間をかけない」ということを条件とするなら，「三段論法による推論」は論理的に排除されるべきである．

　（*Relevance* が出版され，暗意算出の記号操作性が提示されたのが 1986 年であるが，皮肉にもちょうどその年，ウィノグラードら (Winograd, F. and T. Flores) が『コンピュータと認知を理解する』(産業図書) を著し，われわれの言語活動が記号の論理操作からほど遠いことを示した．ウィノグラードは，ことばの用いられるような日常世界では，明示的な命題群を通してでは，文脈すら理解されないことを示したのであった．）

　認知言語学でも，いわゆる暗意算定の決め手があるわけではないが，その理論的立場から方向性のみ示すと，対象を適当な認知ドメインの上に位置づけるということが解釈の基本であるから，暗意の解釈でも，認知ドメインの一種であるフレーム，スクリプト，理想認知モデル，あるいはスキーマの自動的な想起ということになる（用語としてスキーマが多用されるが，認知文法のスキーマとの混同を避けるためにスクリプトを用いる）．「この車をどうです，一台」という発話は，車販売の場面を想起させ，さらに販売員は，客が車を買ってくれるかどうかに最も関心があり，販売員と客とのやり取りがどのように進めば客との売買が成立するか（販売員は経験から知っている），というような下位スクリプトも想起する．「高い車は買わない」というような発話が，売買の成立するディスコース（スクリプト）にありそうにないので，そのような発言をする客は車を買いそうにないと判断するというわけである．

暗意解釈の瞬時性・直観性について，身体反応の反射性を考慮すれば，上のスクリプトには，スクリプト内の局面の流れだけでなく，それぞれの局面での身体感覚や情動・感情も組み込まれることになる．反射的に生じる身体感覚や情動・感情と連動して，一定のスクリプトがすばやく優先的に想起されるというわけである．「売らねば」という，いわば「身体的な」圧迫を受けて，販売員はいくつかのスクリプトを優先的に想起し，客の心を読み，次の行動をとるはずである．情動・身体性と，読みや判断の瞬時性との関連については，ダマシオ (A. R. Damasio) の「ソーマティック・マーカー仮説」(『生存する脳』講談社) が示唆的である．

　伝達意図を別にすれば，パース (Charles S. Peirce) の abduction やポパー (Karl Popper) の conjecture も，暗意解釈 (contextual effects, contextual implicature) と共通しているが，これもスクリプトと関連づけることができる．シャーロック・ホームズやコロンボ刑事など，死体を見て殺人と判断したとき，すでに犯人の目星をつけているところがある．この種の abduction や conjecture では (cf. Eco and Sebeok 1988)，「死人」から「殺人のスクリプト」が想起され，おそらく身体的直観から「殺人犯のスロット」にすっと犯人像が浮かびあがるのであろう．ホームズなどは後で推理の種明かしをすることがあるが，再読すればわかるように，それは論理的な推論などではなく，直観を論理的帰結であるかのように偽装しているにすぎない．あるテレビ・ドラマの母親は，ものがなくなると決まって「嫁 (息子の妻) が盗った」と騒ぎ立てるのだが，これも一種の abduction や conjecture であり，感情や情動が，スクリプトの呼び出しや認知・判断に対して強い影響力をもつことをうかがわせる (Wierzbicka (1998) は，その使役分析で，被使役者に判断や行動を起こさせる要因として，感情や思考判断を考慮しており，単純な力動的行為連鎖に基づく分析を超えている)．

3.4　法助動詞分析の問題点―外置による解法―

　Sweetser(1990)の法助動詞の分析は，その認識的用法が，根源的用法からのメタフォリカルな拡張であるとする点に特徴があるが，それら2用法の

中間的用法が存在するために，その分析が問題となる．Bybee *et al.* (1994) が指摘するように，メタフォリカルな拡張は2つの異質のドメインをいわば跨ぐ拡張であるから，中間的用法は存在しないはずである．そうであれば，認識的用法と根源的用法との中間的用法が存在する助動詞の意味発達はメタフォリカルな拡張ではない，ということになる．

これに対して RT に基づく Papafragou (1998) の法助動詞の意味論は，命題領域 (D) と命題 (p) との関係 (R)，と分析される．個々の場面における具体的な読み（例えば *can* の能力や可能性の読み）は，当該コンテクストの特殊な命題領域に応じて「推論」される．こうして，法助動詞の用法の微妙な連続性が捉えられ（また用法の不確定性が強調され），法助動詞の意味は従来のようにいくつかの用法に特定する必要はなく，先の「D と p の何らかの関係」という一般的な規定で十分だ，というわけである．

この分析の問題点は，多くの言語に見られる用法間の発達関係が捉えられない点にある．具体的には，以下に示されるような，英語の *can* に相当する法助動詞の通言語的な意味発達 (Bybee *et al.* 1994: 188–9, 199) が捉えられない．

(18)

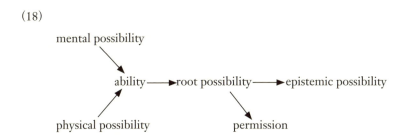

Papafragou の分析は，色で言えば，わたし達は色を認識することができ，どのような色を認識するかは個々の場面で決まる，と言っているだけで，わたし達が共通して認識する焦点色（例えば7色）があることを無視しているし，通言語的に観察される色彩語間の優先性も無視している，に等しいのである．

例えば，physical possibility > ability > root possibility への発達は，それ

ぞれの意味を以下のように表示すると明らかなように，各意味が徐々に一般化しており，意味の一般化 (generalization) として捉えることができる (cf. Bybee *et al*. 1994: 192, Achard 1996).

(19)　*Can* predicates that
　　(i)　 physical enabling conditions exist in the agent
　　(ii)　 enabling conditions exist in the agent （ability）
　　(iii) enabling conditions exist （root possibility）
　　　　for the completion of the main predicate situation.

(19i) の physical が (19ii) の意味記述では落ちているし，(19iii) ではさらに in the agent が落ちている．

　root possibility からさらに epistemic possibility と permission への拡張は，Bybee らは inference としているが, generalization や inference に代わる（あるいはそのような意味変化を支えている）認知的なメカニズムとして，外置化 (displacement) を提案することができる（序章，第 11 章など）．（ただし permission への拡張については，許可のスクリプトの一部（能力の存在）を表現して，相手に許可を推測させる立場，すなわち基本的には，部分から全体を知るメトニミー認識によるとする立場である．）

　認知主体が対象とインタラクトしながら，対象を捉える認知モードを I モード (interactional mode of cognition) と呼び，いわば外から対象を捉える認知モードを D モード (displaced mode of cognition) と呼ぶとすると，前者から後者への認知モードの移行が，外置 (displacement) である．D モードは，認知主体と客体が対峙している主客対峙のデカルト的世界理解に代表されるが，I モードは，現象学や日本の西田哲学（純粋経験）の主客未分の立場であり，物理学で量子論が到達した世界認識でもある（いわゆる科学的客観的探求が最終的に壁にぶつかるのは，観察者である認知主体と外界とのインタラクションを通して立ち現れる世界を，あたかも自律的で客観的な世界と誤解しているためである）．繰り返し指摘される西洋と日本の世界認識の対

立も，インタラクション（interaction）と外置（displacement）の対立として整理される．生態学的知覚やアフォーダンスもIモードである．アフォーダンスには，間主観的（intersubjective）な側面つまり相手の心を読むという側面は落ちるが，以心伝心的側面まで含めてIモードという用語を用いる．

外置（displacement）という用語は，ピアジェの認知発達における「脱中心化」を連想させるが，外置には，ナイーブな認識から成人の認識へと言うような含みはなく，文字通り身体的なインタラクションを通しての本来的な認識から，対象を認知主体から切り離し，対象（物事）を自律的な客体として捉える，いわば仮想の認識様態への移行である．

外置の過程は図示すると下のように，左の図の二番目の円（例えばリンゴ）とインタラクトする認知主体C（Conceptualizer, 左端の円）が，インタラクションの場から身を引いて，右の図のように，外から観察しているように仮想する過程である．

(20) displacement
(from interactional to displaced mode of cognition)

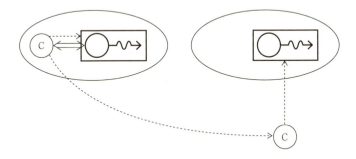

「られる」や *can* の ability の用法から epistemic の用法への拡張には，まさに外置が働いていると言える．

(21) a. ぼくはこのリンゴを3分でたべられる．
　　 b. このリンゴは3分でたべられる．

(22) a. I can eat this apple in 3 minutes.
　　 b. This apple can be eaten in 3 minutes.

　(21a) の，例えば「ぼくはこのリンゴを 3 分でたべられる」というのは，まさにリンゴを前にしての身体感覚であり，より I モードに近い認識であるが，(21b) の「このリンゴは 3 分でたべられる」というのは，リンゴと距離をとって，それがあたかもそのリンゴに固有の特性であるかのように捉える D モードの認識を反映している．少なくとも (21b) の 1 つの読みではそうである．(22b) の *can* には，root possibility から epistemic possibility への連続性を見ることができる．

　Sweetser (1990) のメタフォリカルな拡張としての分析も，ability から possibility への拡張の説明にてこずっているが，その拡張にドメインを跨ぐメタファー認識が関与しているのではなく，外置のような認知プロセスが関与しているためである．また，外置の途中の段階では，ability と possibility のどちらともつかない中間的用法が考えられるから，外置による分析では，不確定的で中間的な用法が存在するのは当然で，問題とならない．中間的用法の存在は，メタフォリカルな拡張とする分析を放棄させるが，外置による分析を支持することになる．

　Papafragou (1998) の分析は，法助動詞が root と epistemic の 2 種類の用法をもち，しかも前者から後者へ意味拡張するという通言語的な傾向を説明できないが，外置を想定する分析では，I モードから，D モードへの認知的展開を認めるために，この傾向は当然ということになる．

4. 結び

　RT の個々の問題点について論じてきたが，関連性 (relevance) を記号演算系の推論とのみ結び付けようとする点に RT の問題があるように思われる．p ならば q で，p が r なら，r は q であるというような推論に注目するために，例えば「ソクラテスは死ぬ」という具体的な命題そのものがどのような意味構造をしているかということが明確にされていないように思われる．人間の

解釈過程が多くの場合瞬時的であるために，省エネで短時間ということが人間の relevant な解釈のプロセスを捉えているかのようであるが，実のところは，その瞬時の解釈のメカニズムそのものについては何も明らかにしない(時間も労力も解釈のプロセスを制約する要因ではあるが，解釈のプロセスそのものではない).

　もし RT が，人間の解釈メカニズムを記号演算系であるという作業仮説で，人間のさまざまな解釈現象の多くを説明できるのであれば，人間の解釈のプロセスは記号演算系だということになろうが，(本章で議論した問題点が妥当であれば) 説明可能な現象は少なく，作業仮説に問題があるということになろう.

初出一覧

本書は，既発表の拙論に基づいている．該当する章及び，元になった論文を以下に記す．

序　章　主観性の言語学—主観性と文法構造・構文—．『認知文法論Ⅱ』中村芳久（編著），5–51．東京：大修館書店．2004 年

第 1 章　構文の認知構造ネットワーク．『言語学からの眺望』福岡言語学会（編），247–68．福岡：九州大学出版会．1993 年

第 2 章　認知構文論．『英語のこころ—山中猛士先生退官記念論文集』早瀬博範（編）225–40．東京：英宝社．1997 年

第 3 章　認知文法から見た語彙と構文—自他交代と受動態の文法化—．『金沢大学文学部論集 言語・文学篇』20. 75–103．2000 年

第 4 章　二重目的語構文の認知構造—構文内ネットワークと構文間ネットワークの症例—．『認知言語学論考』山梨正明他（編），第 1 巻．59–110．東京：ひつじ書房．2001 年

第 5 章　行為連鎖と構文Ⅲ：再帰中間構文．『認知文法論Ⅱ』中村芳久（編著），137–68．東京：大修館書店．2004 年

第 6 章　消えたエージェント．『言葉のからくり』河上誓作教授退官記念論文集刊行会（編），371–87．東京：英宝社．2004 年

第 7 章　構文のネットワーク表示と意味地図表示：Evolutionary path の提案．『日本認知言語学会論文集』8. 633–6．2008 年

第 8 章　言語における主観性・客観性の認知メカニズム．『言語』35(5). 74–82．2006 年

第 9 章　与格の意味地図—脱主体化と主体化を座標軸として—．『言語学からの眺望 2003』福岡言語学会（編），243–57．福岡：九州大学出版会．2003 年

第 10 章　否定と（間）主観性—認知文法における否定—．『否定と言語理論』加藤泰彦・吉村あき子・今西生美（編），424–42．東京：開拓社．2010 年

第 11 章　認知モードの射程．『「内」と「外」の言語学』坪本篤朗・早瀬尚子・和田尚明（編），353–93．東京：開拓社．2009 年

第 12 章　「勝ちは勝ち」「負けは負け」—トートロジーに潜む認知的否定—．『言語』29(11). 71–6．2000 年

第 13 章　メタ言語的 if 節．『英語学の視点』大江三郎先生追悼論文編集委員会（編），159–81．福岡：九州大学出版会．1989 年

第 14 章　認知言語学からみた関連性理論の問題点．『語用論研究』4. 85–102．2002 年

参考文献

Achard, Michael. 1996. French modals and speaker control. *Conceptual Structure, Discourse and Language*, ed. by A. E. Goldberg, 1–15. Stanford: CSLI.
Achard, Michael. 2015. *Impersonals and Other Agent Defocusing Constructions in French*. Amsterdam and Philadelphia: John Benjamins.
Achard, Michael and Susanne Niemeyer. Ed. 2004. *Cognitive Linguistics, Second Language Acquisition, and Foreign Language Teaching*. Berlin and New York: Mouton de Gruyter.
秋元 実治（編著）. 2000.『文法化―研究と課題―』東京：英潮社.
Akmajian, Adrian. 1984. Sentence types and the form-function fit. *Natural Language and Linguistic Theory* 2. 1–23.
Allen, Cynthia L. 1995. *Case Marking and Reanalysis: Grammatical Relations from Old to Early Modern English*. Oxford: Oxford University Press.
Anderson, Stephen R. 1971. On the role of deep structure in semantic interpretation. *Foundation of Language* 7. 387–96.
安西徹夫. 1983.『英語の発想―翻訳の現場から―』東京：講談社.
Ariel, Mira. 2008. *Pragmatics and Grammar*. Cambridge: Cambridge University Press.
Austin, John L. 1956 (=1979). Ifs and cans. *J. L. Austin: Philosophical Papers*, ed. by J. O. Urmson and G. J. Warnock, 205–32. Oxford: Oxford University Press.
Austin, John L. 1962. *How to Do Things with Words*. Oxford: Oxford University Press.
Bally, Charles. 1920. Impressionisme et grammarie. *Mélanges d'histoire littéraire et de philologie offerts à M. Bernard Bouvier*, 261–79. Genève: Sonor.
Bally, Charles. 1926. L'expression des idée de sphère personale et de solidarité dans les langues Indo-européennes. *Festschrift Louis Gauchat*, ed. by F. Fankhauser and J. Jud, 68–78. Aarau: Sauerlander.
Barber, Charles. 1993. *The English Language: A Historical Introduction*. Cambridge: Cambridge University Presss.
Barodal, Johanna, Elena Swirnova, Lotte Sommere, and Spike Gildea. Ed. 2015. *Diachronic Construction Grammar*. Amsterdam and Philadelphia: John Benjamins.
Barsalou, W. Lawrence; Yeh, Wenchi; Junka, Barbara J.; Olseh, Kaen L.; Mix, Kelly S. and Ling-Ling Wu. 1993. Concepts and meaning. *CLS* 29(2). 23–61.
Bateson, Gregory. 1972. *Steps on Ecology of the Mind*. New York: Ballantine Books.
Belchita-Hartular, Anca. 1982. Metalinguistic remarks in a linguistic interview. *Revue Rounaine de Linguistique* 31. 229–51.
Benveniste, Emile. 1971. *Problems in General Linguistics* (Translated by Mary Elizabeth Meek). Coral Gables, FL: University of Miami Press.
Berman, Ruth A. 1982. Verb-pattern alternation: The interface of morphology, syntax, and semantics in Hebrew child language. *Journal of Child Language* 9. 169–91.
ベルク, オギュスタン (Berque, Augustin). 1994.『空間の日本文化』(宮原信 (訳), ちくま学芸文庫) 東京：筑摩書房.
Bialystok, Ellen and Ellen Bouchard Ryan. 1985. Toward a definition of metalinguistic skill. *Merrill-Palmer Quarterly* 31. 229–51.

Blakemore, Diane. 1987. *Semantic Constraints on Relevance*. Oxford: Blackwell.
Blakemore, Diane. 2000. The distinction between conceptual and procedural meaning. *Keio Studies in Theoretical Linguistics* 2. 1–18.
Blue, N. A. 1981. A metalinguistic interpretation of counterfactual conditionals. *Journal of Philosophical Logic* 10. 179–200.
Boas, Hans C. 2003. *A Constructional Approach to Resultatives*. Stanford: CSLI.
Boas, Hans C. 2005. Determining the productivity of resultatives: A reply to Goldberg and Jackendoff. (Discussion notes) *Language* 81. 448–64.
Boeckx, Cedric. 2012. The emergence of language, from a biolinguistic point of view. *The Oxford Handbook of Language Evolution*, ed. by M. Tallerman and K.R. Gibson, 492–501. Oxford: Oxford University Press.
Boeckx, Cedric. 2015. *Elementary Syntactic Structures*. Cambridge: Cambridge University Press.
Boeckx, Cedric and Kleanthes K. Grohmann. Ed. 2013. *The Cambridge Handbook of Biolinguistics*. Cambridge: Cambridge University Press.
Bolinger, Dwight. 1977. *Meaning and From*. London: Longman.
Bošković, Željko. 2008. What will you have, DP or NP? *NELS* 37. 101–14.
Bowerman, Melissa. 1985. What shapes children's grammar? *The Cross Linguistic Study of Language Acquisition*, vol. 2, *Theoretical Issues*, ed. by D. I. Slobin, 257–320. Hillsdale, NJ: Lawrence Erlbaum.
Bowerman, Melissa. 1996. The origins of children's spatial semantic categories: Cognitive versus linguistic determinants. *Rethinking Linguistic Relativity*, ed. by J. Gumperz and S. C. Levinson, 177–202. Cambridge: Cambridge University Press.
Broccias, Cristiano. 2003. *The English Change Network: Forcing Changes into Schemas*. Berlin and New York: Mouton de Gruyter.
Brown, Penelope and Steven C. Levinson. 1987. *Politeness*. Cambridge: Cambridge University Press.
Brugman, Claudia. 1988. *The Syntax and Semantics of* HAVE *and its Complements*. Ph. D. dissertation. University of California, Berkeley.
Brugman, Claudia. 1996. Mental space, constructional meaning, and pragmatic ambiguity. *Space, Worlds, and Grammar*, ed. by G. Fauconnier and E. Sweetser, 29–56. Chicago: The University of Chicago Press.
Budwig, Nancy. 2000. An exploration into children's use of passives. *Language Development: The Essential Reading*, ed. by M. Tomasello and E. Bates, 227–47. Oxford: Blackwell.
Bybee, Joan. 2010. *Language, Usage and Cognition*. Cambridge: Cambridge University Press.
Bybee, Joan. 2015. *Language Change*. Cambridge: Cambridge University Press.
Bybee, Joan and Östen Dahl. 1989. The creation of tense and aspect systems in the language of the world. *Studies in Language* 13. 51–103.
Bybee, Joan and James L. McClelland. 2005. Alternatives to the combinatorial paradigm of linguistic theory based on domain general principles of human cognition. *The Linguistic Review* 22. 381–410.
Bybee, Joan; Pereins, Revere and William Pagliuca. 1994. *The Evolution of Language*. Chicago: The University of Chicago Press.
Cadiot, Anne; Ducrot, Oswald; Fraden, Bernard and Than Binh Nguyen. 1985. *Enfin*,

metalinguistic marker. *Journal of Pragmatics* 9. 199–239.
Carey, Kathleen. 1995. Subjectification and the development of the English perfect. *Subjectivity and Subjectification*, ed. by D. Stein and S. Wright, 83–102. Cambridge: Cambridge University Press.
Carston, Robyn. 1998. Informativeness, relevance and scalar implicature. *Relevance Theory: Applications and Implications*, ed. by R. Carston and S. Uchida, 179–236. Amsterdam: Benjamins.
Carston, Robyn and Seiji Uchida, Eds. 1998. *Relevance Theory: Applications and Implications*. Amsterdam: Benjamins.
Carter, Richard J. 1976. Some constraints on possible worlds. *Semantics* 1. 27–66.
Cazden, Courtney B. 1974. Play with language and metalinguistic awareness: One dimension of language. *International Journal of Early Childhood* 6. 12–24.
Chafe, Wallace. 1996. How consciousness shapes language. *Pragmatics and Cognition* 4. 35–54.
Chen, Rong. 2003. *English Inversion: A Ground-before-figure Construction*. Berlin and New York: Mouton de Gruyter.
Clark, Billy. 2013. *Relevance Theory*. 2nd edition. Cambridge: Cambridge University Press.
Clark, Eve V. 2001. Emergent categories in first language acquisition. *Language Acquisition and Conceptual Development*, ed. by M. Bowerman and S. C. Levinson, 379–405. Cambridge: Cambridge University Press.
Cole, Peter. Ed. 1981. *Radical Pragmatics*. New York: Academic Press.
Company, Concepcion. 2001. Multiple dative marking grammaticalization. *Studies in Language* 25. 1–47.
Coulson, Seana.1997. *Semantic Leaps: Frame-shifting and Conceptual Blending*. Ph.D. dissertation. University of California, San Diego.
Cristofaro, Sonia. 2003. *Subordination*. Oxford: Oxford University Press.
Croft, William. 1990. Possible verbs and structure of events, *Meanings and Prototypes*, ed. by S. L. Tsohatzidis, 48–73. London: Routledge.
Croft, William. 1991. The evolution of negation. *Journal of Linguistics* 27. 1–27.
Croft, William. 1998. Not revolutionary enough: Commentary on Tomasello, The return of constructions. *Journals of Child Language* 25. 479–83.
Croft, William. 2001. *Radical Construction Grammar*. Oxford: Oxford University Press.
Croft, William and D. Alan Cruse. 2004. *Cognitive Linguistics*. Cambridge: Cambridge University Press.
Culler, Jonathan. 1988. *On Puns: The Foundation of Letterss*. Oxford: Basil Blackwell.
Cuppples, Linda. 2002. The structural characteristics and on-line comprehension of experiencer-verb sentences. *Language and Cognitive Processes* 17. 125–62.
Cutrer, Michelle. 1994. *Time and Tense in Narratives and Everyday Language*. Ph.D. dissertation. University of California, San Diego.
Dahl, Östen. 2000. Egophoricity in discourse and syntax. *Functions of Language* 7. 37–77.
Dahl, Östen. 2001. Inflationary effects in language and elsewhere. *Frequency and the Emergence of Linguistic Structure*, ed. by J. Bybee and P. Hopper, 471–80. Amsterdam and Philadelphia: John Benjamins.
Dąbrowska, Ewa. 1997. *Cognitive Semantics and the Polish Dative*. Berlin and New York:

Mouton de Gruyter.
Dąbrowska, Ewa. 2004a. *Language, Mind and Brain: Some Psychological and Neurological Constraints on Theories of Grammar*. Edinburgh: Edinburgh University Press.
Dąbrowska, Ewa. 2004b. Rules or schemas? Evidence from Polish. *Language and Cognitive Processes* 19. 225–71.
Dąnbrowska, Ewa and Dagmar Divjak. Ed. 2015. *Handbook of Cognitive Linguistics*. Berin and Boston: Mouton de Gruyter.
de Cornulier, Benoît. 1973. But if "respectively" meant something? *Papers in Linguistics* 6. 131–4.
Deane, Paul D. 1992. *Grammar in Mind and Brain: Explorations in Cognitive Syntax*. Berlin and New York: Mouton de Gruyter.
Denison, David. 1993. *English Historical Syntax*. London: Longman. (Also published by Loutledge, NewYork, in 2014)
Deutscher, Guy. 2009. Nominalization and the origin of subordination. *Syntactic Complexity: Diachrony, Acquisition, Neuro-cognition, and Evolution*, ed. by T. Givón and M. Shibatani, 163–98. Amsterdam and Philadelphia: John Benjamins.
Dixon, Robert M. M. 1991. *A New Approach to English Grammar, on Semantic Principles*. Oxford: Clarendon.
Dodd, Welliam Nigel. 1979. Metalanguage and character in drama. *Linguistic et Stile* 14. 135–50.
Dowty, David. 1991. Thematic proto-type and argument selection. *Language* 67(30). 547–619.
Dunbar, George. 1992. Language processing and subjectification. *Diachrony within Synchrony: Language History and Cognition*, ed. by G. Kellerman and M. D. Morrissey, 169–81. Frankfurt am Main: Peter Lang
Eco, Umberto and Thomas A. Sebeok. 1988. *The Sign of Three*. Bloomington, Indiana: Indiana University Press.
Emonds, Joseph. 1976. *A Transformational Approach to English Syntax*. New York: Academic Press.
Emslie, Hazel C. and Rosemary J. Stevenson. 1981. Pre-school children's use of the article in definite and indefinite referring expressions. *Journal of Child Language* 8. 313–28.
Everett, Caleb. 2013. *Linguistic Relativity: Evidence across Languages and Cognitive Domains*. Berlin and Boston: Mouton de Gruyter.
Faltz, Leonard M. 1976. Push comes to drag: The reflexive replacement in English. *BLS* 2. 168–78.
Faltz, Leonard M. 1985. *Reflexivization: A Study in Universal Syntax*. NewYork: Garland Publishing. (Also published by Routledge, New York in 2016)
Fauconnier, Gilles. 1999. Methods of generalization. *Cognitive Linguistics: Foundations of Scope, and Methodology*, ed. by T. Janssen and G. Redeker, 95–127. Berlin and New York: Mouton de Gruyter.
Fellbaum, Christiane. 1989. Ont the 'reflexive middle' in English. *CLS* 25. 123–32.
Fillmore, Charles J. 1965. *Indirect Object Constructions in English and the Ordering of Transformation*. The Hague: Mouton.
Fillmore, Charles. 1985. Frames and the semantics of understanding. *Quaderni di Semantica*

6. 222–53.
Fillmore, Charles J.; Kay, Pau; and Mary C. O'Connor. 1988. Regularity and idiomaticity in grammatical constructions: The case of *let alone*. *Language* 64. 501–38.
Fisher, Kerstin. 2000. *From Cognitive Semantics to Lexical Pragmatics*. Berlin and New York: Mouton de Gruyter.
Fisher, Olga; Kemenade, Ans van; Koopman, Willem and Wim van der Wurff. 2000. *The Syntax of Eearly English*. Cambridge: Cambridge University Press.
Foley, William A. and Robert D. Van Valin, Jr. 1984. *Functional Syntax and Universal Grammar*. Cambridge: Cambridge University Press.
深田智・仲本康一郎. 2008.『概念化と意味の世界―認知意味論のアプローチ―』東京：研究社.
Gärdenfors Peter. 1998. Some tenets of cognitive semantics. *Cognitive Semantics*, ed. by J. Allwood and P. Gärdenfors, 29–36. Amsterdam: John Benjamins.
Garcia, Erica C. 1975. *The Role of Theory in Linguistic Analysis: The Spanish Pronoun System*. Amsterdam: North-Holland.
Geeraerts, Dirk. 1998. The semantic structure of the indirect object in Dutch. *The Dative*, vol. 2, ed. by W. Van Langndonck and W. Van Belle, 185–210. Amsterdam: John Benjamins.
Geis, Michael L. and Arnold M. Zwicky. 1971. On invited inferences. *Linguistic Inquiry* 2. 561–6.
Geniušienė, Emma. 1987. *The Typology of Reflexives*. Berlin: Mouton de Gruyter.
Gibbs, Jr., Raymond W. and Nancy S. McCarrell. 1990. Why boys will be boys and girls will be girls: Understanding colloquial tautologies. *Journal of Pschololinguistic Research* 19. 125–45.
Gibson, James J. 1979. *The Ecological Approach to Visual Perception*. Boston: Houghton Mifflin.
Gilquin, Gaetanelle. 2010. *Corpus, Cognition and Causative Constructions*. Amsterdam and Philadelphia: John Benjamins.
Givón, Talimy. 1999. Internal reconstruction: As medthod, as theory. *Reconstructiong Grammar: Comparative Linguistics and Grammaticalization*, ed. by S. Gildea, 107–59. Amsterdam and Philadelphia: John Benjamins.
Goffman, Erving. 1974. *Frame Analysis*. New York: Harper and Row.
Goldberg, Adele E. 1991. It can't go down the chimney up: Paths and the English resultatives, *BLS: General Session and Parasession on the Grammar of Event Structure*, ed. by L. A. Sutton, C. Johnson and R. Shields, 368–78.
Goldberg, Adele E. 1995. *Constructions*. Chicago: The University of Chicago Press.（河上誓作・早瀬尚子・谷口一美・堀田優子(訳). 2001.『構文文法―英語構文への認知的アプローチ―』東京：研究社.)
Goldberg, Adele E. 1997. The relationships between verbs and constructions. *Lexical and Syntactical Constructions and the Construction of Meaning*, ed. by M. Verspoor, K. Donglee, and E. Sweetser, 383–98. Amsterdam: John Benjamins.
Goldberg, Adele E. 2006. *Constructions at Work: The Nature of Generalization in Language*. Oxford: Oxford University Press.
Gordon, David and George Lakoff. 1971. Conversational postulates. *CLS* 7. 63–84.

Grady, Joseph. 1997. *Foundations of Meaning: Primary Metaphors and Primary Scenes*. Ph.D. dissertation. University of California, Berkley.
Green, Georgia. 1974. *Semantics and Syntactic Regularity*. Bloomington, Indiana: Indiana University Press.
Green, Georgia. 1989. *Pragmatics and Natural Language Understanding*. Hove and London: Lawrence Erlbaum.
Grice, H. Paul. 1975. Logic and conversation. *Syntax and Semantics* 3, ed. by P. Cole and J. L. Morgan, 41–58. New York: Academic Press.
Grice, H. Paul. 1989. *Studies in the Way of Words*. Cambridge, MA: Harvard University Press.
Gropen, David; Pinker, Steven; Hollander, Michelle; and Richard Goldberg. 1992. Affectedness and direct objects: The role of lexical semantics in the acquisition of verb argument structure. *Lexical and Conceptual Semantics*, ed. by B. Levin and S. Pinker, 153–95. Cambridge, Mass.: Blackwell.
Gundel, Jeanette K. 1988. Universals of topic comment structure. *Studies in Syntactic Typology*, ed. by M. Hammond, E. Moravcsik and J. Wirth. Amsterdam and Philadelphia: John Benjamins.
Gurssel, M. 1986. On Berber verbs of change. *Lexical Project Working Papers* 9. Cambridge, MA.: MIT.
Haegeman, Liliane. 1984. Pragmatic conditionals in English. *Folia Linguistica* 18. 485–502.
Haiman, John. 1983. Iconinc and economic motivation. *Language* 59. 781–819.
Haiman, John. 1985. *Natural Syntax: Iconicity and Erosion*. Cambridge: Cambridge University Press.
Haiman, John. 1998. *Talk is Cheap: Sarcasm, Alienation, and the Evolution of Language*. Oxford: Oxford University Press.
ハイゼンベルク，ヴェルナー・カルル (Werner Karl Heisenberg). 1957.『現代物理学の自然像』新装版．東京：みすず書房．
箱田 裕司 (編著). 1991.『イメージング』東京：サイエンス社．
Hale, Kenneth L. & Samuel J. Keyser. 1987. A view from the middle. *Lexicon Project Working Paper* 10. Cambridge, MA.: MIT.
Hamada, Hideto. 2002. *Grammar and Cognition*. Sapporo: Kyoudo Bunka Sha.
Hamada, Hideto. 2013. *Perception, Cognition, and Linguistic Manifestations: Investigations into the Locus of Meaning*. Ph.D. dissertation. Kanazawa University.
Harder, Peter. 1996. *Functional Semantics*. Berlin and New York: Mouton de Gruyter.
Hasen, Allen. 1984. Modality as many metalinguistic predicates. *Philosophical Studies* 56. 271–7.
Haspelmath, Martin. 1990. The gammaticalization of passive morphology. *Studies in Language* 14. 25–72.
Haspelmath, Martin. 1997. *Indefinite Pronouns*. Oxford: Clarendon.
Haspelmath, Martin. 2003. The geometry of grammatical meaning: Semantic maps and cross-linguistic comparison. *The New Psychology of Language*, vol. 2, ed. by M. Tomasello, 211–42. Mahwah, NJ: Lawrence Erlbaum.
Hauser, Mark D.; Chomsky, Noam and W. Tecumseh Fitch. 2002. The faculty of language: What is it, who has it, and how did it evolve? *Science* 298. 1569–79.

早瀬 尚子・堀田 優子. 2005.『認知文法の新展開―カテゴリー化と用法基盤モデル―』東京:研究社.
Heine, Bernd. 1992. Grammaticalization chains. *Studies in Language* 16. 335–68.
Heine, Bernd. 1999. Polysemy involving reflexive and reciprocal markers in African languages. *Reciprocals: Forms and Function*, ed. by Z. Frajzyngier and T. S. Curl, 31–62. Amsterdam/Philadelphia: John Benjamins.
Heine, Bernd. 2002. On the role of context in grammaticalization. *New Reflections in Grammaticalization*, ed. by I. Wischer and G. Diewald, 85–104. Amsterdam: John Benjamins.
Heine, Bernd and Tania Kuteva. 2002. *World Lexicon of Grammaticalization*. Cambridge: Cambridge University Press.
Heine, Bernd and Tania Kuteva. 2007. *The Genesis of Grammar: A Reconstruction*. Oxford: Oxford University Press.
Heine, Bernd; Ulrike Claude and Friederike Hünnemeyer. 1991. *Grammaticalization: A Conceptual Framework*. Chicago: The University of Chicago Press.
Hewson, John. 1997. The evolution of definite and indefinite articles in English. *Language History and Linguistic Modelling*, Vol. 1, *Language History*, ed. by R. Hickey and S. Puppel, 101–11. Berlin and New York: Mouton de Gruyter.
Hickman, Maya. 2000. Linguistic relativity and linguistic determinism: Some new directions. *Linguistics* 38. 409–34.
Hickman, Maya. 2001. Language and cognition in development: Old questions, new directions. *Pragmatics* 11. 105–26.
Hilpert, Martin. 2013. *Constructional Change in English*. Cambridge: Cambridge University Press.
Hilpert, Martin. 2014. *Construction Grammar and its Application to English*. Edinburgh: Edinburgh University Press.
Hinds, John. 1986. *Situation vs. Person Focus*. 東京:くろしお出版.
廣田 篤. 2018.「クジラ構文」に見られる条件性と対偶解釈読み―構文の類型化を巡る問題―.『英語語法文法研究』25. 121–36.
本多 啓. 2003. 英語の中間構文.『言語』32(4). 76–8.
本多 啓. 2005.『アフォーダンスの認知意味論―生態心理学から見た文法現象―』東京:東京大学出版会.
Hoffmann, Thomas and Graeme Trousdale. Ed. 2013. *The Oxford Handbook of Construction Grammar*. Oxford: Oxford University Press.
Hopper, Paul J. 1991. Dispersed verbal predicates in vernacular written narrative. *BLS* 17. 402–13.
Hopper, Pau J. 1997. When 'grammar' and discource clash: The problem of source conflicts. *Essays on Language Function and Language Type*, ed. by J. Bybee, J. Haiman and S. A. Thompson, 231–47. Amsterdam and Philadelphia: John Benjamins.
Hopper, Paul and Elithabeth C. Traugott. 1993. *Grammaticalization*. Cambridge: Cambridge University Press.
Hopper, Paul and Elithabeth C. Traugott. 2003. *Grammaticalization*. 2nd ed. Cambridge: Cambridge University Press.
Horgan, Dianne. 1981. Learning to tell jokes: A case study of metalinguistic abilities.

Journal of Child Language 8. 217–24.
Horie, Kaoru. 2001. Complement clauses. *Language Typology and Language Universals*, ed. by M. Haspelmath, E. König, W. Oesterreicher, and W. Raible, 741–7. Berlin and New York: Mouton de Gruyter.
Horita, Yuko. 1995. A cognitive study of resultative constructions in English. *English Linguistics* 12. 147–72. Also in *OUPEL* 2 (1995), 31–80 (revised).
Horn, Laurence R. 1972. *On the Semantic Properties of Logical Operators in English*. Distributed by IULC. 1976.
Horn, Laurence R. 1984a. Affixation and the unaccusative hypothesis. *CLS* 7. 134–46.
Horn, Laurence R. 1984b. Toward a new taxonomy for pragmatic inference: Q-based and R-based implicature. *Meaning, Form, and Use in Context: Linguistic Application* (GURT '84), ed. by D. Schiffrin, 11–42. Washington, D. C.: Georgetown University Press.
Horn, Laurence R. 1985. Metalinguistic negation and pragmatic ambiguity. *Language* 61. 121–74.
Horn, Laurence R. 1989. *A Natural History of Negation*. Chicago: The University of Chicago Press. (第3版日本語版, 河上誓作（監訳）・濱本秀樹・吉村あき子・加藤泰彦（訳）『否定の博物誌』2018. 東京：ひつじ書房.)
Huang, Yan. 2014. *Pragmatics*. 2nd edition. Oxford: Oxford University Press.
Hudson, Richard. 1992. So-called 'double objects' and grammatical relations. *Language* 68. 251–76.
Hurford, James R. 2003. The neural basis of predicate-argument structure. *Behavioral and Brain Science* 26. 261–316.
Hurford, James R. 2007a. *The Origins of Meaning*. Oxford: Oxford University Press.
Hurford, James R. 2007b. The origin of noun phrases: Reference, truth and communication. *Lingua* 117. 527–42.
Hurford, James R. 2012. *The Origins of Grammar*. Oxford: Oxford University Press.
Ichikawa, Yasuhiro. 2016. *Study on Constructions with English Verb get: Reflexive Pronouns and the Attenuation of Subject NP's Force*. Ph.D. dissertation. Kanazawa University.
池上 嘉彦. 1981.『「する」と「なる」の言語学』東京：大修館書店.
Ikegami, Yoshihiko. 1985. 'Activity'-'Accomplishment' – A language that can't say "I burned it, but it didn't burn" and one that can, *Linguistics and Philosophy: Essays in Honor of Rulon S. Wells*, ed. by A. Makkai and A. K. Melby, 265–304. Amsterdam: John Benjamins.
Ikegami, Yoshihiko. 1988. Transitivity: Intransitivization vs. causativization: Some typological considerations concerning verbs of action. *On Language: Rhetorica, Phonologica, Syntactica*, ed. by C. Duncan-Rose and T. Vennemann, 389–401. London: Routledge.
Ikegami, Yoshihiko. 1990. 'HAVE/MAKE/LET + object + (to) infinitive' in the SEU corpus. *Bunpo to Imi no Aida – Kunihiro Tetsuya Kyooju Kanreki Kinen Ronbunshu* (*Between Grammar and Meaning* (*A Festshrift for Professor Tetsuya Kunihiro's Sixtieth Birthday*), 181–203. Tokyo: Kurosio Shuppan.
池上 嘉彦. 1993.＜有情者と被動者としての人間＞の文法. *Sophia Lnaguistica* 33. 1–19.
池上 嘉彦. 2000.『「日本語論」への招待』東京：講談社.

池上 嘉彦. 2000-1. 'Bounded' vs. 'Unbounded' と 'Cross-category harmony', (12)–(24).『英語青年』2000年3月号〜2001年3月号.
池上 嘉彦. 2007b.『日本語と日本語論』(ちくま学芸文庫) 東京:筑摩書房.
池上 嘉彦. 2011. 日本語と主観性・主体性.『主観性と主体性』澤田治美 (編著) 49–67. 東京:ひつじ書房.
今井 邦彦. 2001.『語用論への招待』東京:大修館書店.
今泉 智子. 2018. 日本語の内的状態述語の考察―Iモード認知と主客の相補性―.『ことばのパースペクティヴ』406–16. 東京:開拓社.
Israel, Michael; Johnson, Christopher; and Patricial J. Brooks. 2000. From states to events: The acquisition of English passive participles. *Cognitive Linguistics* 11: 1–130.
Ito, Eiko. 1979. Reflexives in Chaucer. *Studies in English Literature* 53. 65–89.
Iwasaki, Shoichi. 1993. *Subjectivity in Grammar and Discourse: Theoretical Constructions and a Case Study of Japanese Spoken Discourse*. Amsterdam and Philadelphia: John Benjamins.
Jackendoff, Ray. 1983. *Semantics and Cognition*. Cambridge, MA.: MIT.
Jackendoff, Ray. 1990. *Sematic Structures*. Cambridge, Mass.: MIT
Jackendoff, Ray. 1993. *Pattens in Mind: Language and Human Nature*. London: Harvester.
Janda, Laura A. 1993. *A Geography of Case Semantics*. Berlin and New York: Mouton de Gruyter.
Jayaseelan, Karattuparambil A. 1990. The dative subject construction and the pro-drop parameter. *Experiencer Subjects in South Asian Languages*, ed. by M. K. Verma and K. P. Mohanan, 269–83. Stanford: CSLI Publications.
Jespersen, Otto. 1941 (=1970). *A Modern English Grammar*, part 5. Reprint. London: George Allen & Unwin LTD.
Jespersen, Otto. 1961. *A Modern English Grammar*, part 3, *Syntax*. Reprint. London: George Allen & Unwin LTD.
Johnson, Christopher. 1999. *Constructional Grounding*. Ph. D. dissertation, UC, Berkeley.
影山 太郎. 1996.『動詞意味論』東京:くろしお出版.
カク,M・トンプソン,J. 1995『新版・アインシュタインを超える―宇宙の統一理論を求めて―』東京:講談社.
川畠 嘉美. 2013. 動詞「持つ」の自/多動性と認知変化.『日本認知言語学会論文集』13. 542–8.
河上 誓作. 1984.『文の意味に関する基礎的研究―認識と表現の関連性をめぐって―』大阪大学文学部紀要.
河上 誓作 (編著). 1995.『認知言語学の基礎』東京:研究社.
河上 誓作・谷口一美 (編). 2007.『言葉と視点』東京:英宝社.
川瀬 義清. 1981. 二つの if 節.『西南学院大学英語英文学論集』22 (1). 159–70.
Kay, Paul. 1983. Linguistic competence and folk theories of language: Two English hedges. *BLS* 9. 128–37.
Kay, Paul. 1984. The *kind of/sort of* construction. *BLS* 10. 157–71.
Kay, Paul and Charles J. Fillmore. 1999. Grammatical constructions and linguistic generalizations: The *What's X doing Y?* construction. *Language* 75. 1–33.
キーナン,ジュリアン・ポール (Keenan, J. P.). 2006.『うぬぼれる脳―「鏡のなかの顔」と自己意識―』山下篤子 (訳). 東京:NHK 出版.

Keenan, Edward. 1985. Passives in the world's languages. *Language Typology and Syntactic Description*, vol. 1, *Clause Structure*, ed. by T. Shopen, 243–81. Cambridge: Cambridge University Press.
Kemmer, Suzanne. 1993. *The Middle Voice*. Amsterdam: John Benjamins.
Kemmer, Suzanne. 1995. Emphatic and Reflexive -*self*. *Subjectivity and Subjectification*, ed. by D. Stein and S. Wright, 55–82.
木村 敏. 1982.『時間と自己』東京：中央公論社.
Kilian-Harz, Christa. 2001. Universality and diversity: Ideophones from Baka and Kxoe. *Ideophones*, ed. by F. K. E. Voeltz and C. Kilian-Harz, 155–63. Amsterdam: John Benjamins.
金田一 春彦. 2000. 日本語のこころ.『日本語のこころ』日本エッセイストクラブ（編）, 187–91. 東京：文藝春秋.
Kita, Sotaro. 1997. Two-dimensional semantic analysis of Japanese mimetics. *Linguistics* 35. 379–515.
Kitazume, Sachiko. 1996. Middles in English. *Word* 47. 161–84.
Kobayashi, Takashi. 2016. *Discourse Marker I mean: A Cognitive Linguistics Approach*. Ph. D. dissertation, Kanazawa University.
Kosslyn, Stephen M. 1986. *Image and Mind*. Cambridge, Mass.: Harvard University Press.
Krifka, Manfred. 2008. Functional similarities: Bimanual coordination & topic/comment structure. *Variation, Selection, Development: Proving the Evolutionary Model of Language Change*, ed. by R. Eckardt, G. Jaeger and T. Veenstra. Berlin and New York: Mouton de Gruyter.
Kumashiro, Toshiyuki. 2000. *The Conceptual Basis of Grammar: A Cognitive Appraoch to Japanese Clausal Structure*. Ph. D. dissertation, UC Berkeley.
Kuroda, Shigeyuki. 1973. Where epistemology, style, and grammar meet. *A Festschrift for Morris Halle*, ed. by S. R. Anderson and P. Kiparsky, 377–91. New York: Holt, Rinehart and Winston.
屈 莉. 2012.『数量類別詞の類型論的研究—認知言語学からのアプローチ—』博士論文. 金沢大学.
Langacker, Ronald W. 1982. Space grammar, analysability, and the English passive. *Language* 58. 22–80.
Lakoff, George. 1987. *Women, Fire and Dangerous Things: What Categories Reveal about the Mind*. Chicago: The University of Chicago Press.（池上嘉彦・河上誓作他（訳）. 1993.『認知意味論』東京：紀伊國屋書店.）
Lakoff, George. 1990. The invariance hypothesis: Is abstract reason based on image-schemas? *Cognitive Linguistics* 1. 39–74.
Lakoff, George and Mark Johnson. 1980. *Metaphors We Live by*. Chicago: The University of Chicago Press.
Lakoff, George and Mark Johnson. 1999. *Philosophy in the Flesh*. New York: Basic Books.
Lakoff, George and Mark Turner. 1989. *More than Cool Reason: A Field Guide to Poetic Metaphor*. Chicago: University of Chicago Press.
Langacker, Ronald W. 1985. Observations and speculations on subjectivity. *Iconicity in Syntax*, ed. by J. Haiman, 109–50. Amsterdam: John Benjamins.
Langacker, Ronald W. 1987. *Foundations of Cognitive Grammar*. Vol. 1. Stanford: Stanford

Langacker, Ronald W. 1988a. An overview of cognitive grammar. *Topics in Cognitive Linguistics*, ed. by B. Rudzka-Ostyn, 3–48. Amsterdam: John Benjamins.
Langacker, Ronald W. 1988b. A view of linguistic semantics. *Topics in Cognitive Linguistics*, ed. by B. Rudzka-Ostyn, 49–90. Amsterdam & Philadelphia: Jonn Benjamins.
Langacker, Ronald W. 1990a. *Concept, Image, and Symbol*. Berlin & New York: Mouton de Gruyter.
Langacker, Ronald W. 1990b. Subjectification. *Cognitive Linguistics* 1. 5–38.
Langacker, Ronald W. 1991. *Foundations of Cognitive Grammar*. Vol. 2, *Descriptive Application*. Stanford: Stanford University Press.
Langacker, Ronald W. 1993. Reference-point constructions. *Cognitive Linguistics* 4. 1–37.
Langacker, Ronald W. 1995. Raising and transparency. *Language* 71(1). 1–62.
Langacker, Ronald W. 1997a. A dynamic account of grammatical function. *Essays on Language Function and Type*, ed. by J. Bybee, J. Haiman, and S. A. Thompson, 249–73. Amsterdam and Philadelphia: John Benjamins
Langacker, Ronald W. 1997b. Consciousness, construal, and subjectivity. *Language Structure, Discourse and the Access to Consciousness*, ed. by M. Stamenov, 49–75. Amsterdam: John Benjamins.
Langacker, Ronald W. 1998. On subjectification and grammaticization. *Discourse and Cognition: Bridging the Gap*, ed. by J. Koenig, 71–89. Stanford: CSLI.
Langacker, Ronald W. 1999a. *Grammar and Conceptualization*. Berlin and New York: Mouton de Gruyter.
Langacker, Ronald W. 1999b. Assessing the cognitive linguistic enterprise. *Cognitive Linguistics: Foundations, Scope, and Methodology*, ed. by T. Janssen and G. Redeker, 13–53. Berlin and New York: Mouton de Gruyter.
Langacker, Ronald W. 1999c. Double-subject constructions. *Linguistics in the Morning Calm* 4, ed. by Sung-Yun Bak, 83–104. Seoul: Hanshin.
Langacker, Ronald W. 1999d. Losing control: Grammaticization, subjectification, and transparency. *Historical Semantics and Cognition*, ed. by A. Blank and P. Coch, 147–75. Stanford: CSLI.
Langacker, Ronald W. 1999e. Virtual reality. Forum lecture given at the LSA Summer Institute, University of Illinois.
Langacker, Ronald W. 2000. A dynamic usage-model. *Usage-based Models of Language*, ed. by M. Barlow and S. Kemmer, 1–64. Stanford: CSLI. (坪井栄治郎(訳). 2000. 動的使用依拠モデル 『認知言語学の発展』坂原茂（編）, 61-143. 東京：ひつじ書房.)
Langacker, Ronald W. 2001a. Cognitive linguistics, language pedagogy, and the English present tense. *Applied Cognitive Linguistics I: Theory and Language Acquisition*, ed. by M. Putz, S. Niemeyer and R. Dirven, 3–39. Berlin and New York: Mouton de Gruyter.
Langacker, Ronald W. 2001b. Topic, subject, and possessor. *A Cognitive Approach to the Verb: Morphological and Constructional Perspectives*, ed. by H. G. Simonsen and R. T. Endresen, 11–48. Berlin: Mouton de Gruyter.
Langacker, Ronald W. 2003. Constructions in cognitive grammar. *English Linguistics* 20. 41–83.
Langacker, Ronald W. 2005. Construction grammars: Cognitive, radical and less so.

Cognitive Linguistics: Internal Dynamics and Interdisciplinary Interaction, ed. by F. J. R. M. Ibanez and M. S. P. Cervel, 101–59. Berlin and New York: Mouton de Gruyter.

Langacker, Ronald W. 2007. Cognitive grammar. *The Oxford Handbook of Cognitive Linguistics*, ed. by D. Geeraerts and H. Guycens, 421–62. Oxford: Oxford University Press.

Langacker, Ronald W. 2008. *Cognitive Grammar: A Basic Introduction*. Oxford: Oxford University Press.

Langacker, Ronald W. 2009. *Investigations in Cognitive Grammar*. Berlin and New York: Mouton de Gruyter.

Langacker, Ronald W. 2011a. Grammaticalization and Cognitive Grammar. *The Oxford Handbook of Grammaticalization*, ed. by H. Narrog and B. Heine, 79–91. Oxford: Oxford University Press.

Langacker, Ronald W. 2011b. On the subject of impersonals. *Cognitive Linguistics: Convergence and Expansion*, ed. by M. Brdar, S. T. Gries, M. Ž. Fuchs, 179–217. Amsterdam and Philadelphia: John Benjamins.

Langacker, Ronald W. 2012. Interactive cognition: Toward a unified account of structure, processing, and discourse. *International Journal of Cognitive Linguistics* 3. 95–125.

Langacker, Ronald W. 2013. The indefinite article in complex quantifiers. *Language and Creative Mind*, ed. by M. Borken, B. Dancygier, and J. Hinnell, 65–81. Stanford: CSLI.

Langacker, Ronald W. 2014. Subordination in a dynamic account of grammar. *Contexts of Subordination: Cognitive, Typological and Discourse Perspectives*, ed. by L. Visapaa, J. Kallokoski, and H. Sorva, 17–72. Amsterdam and Philadelphia: John Benjamins.

Langacker, Ronald W. 2015. How to build an English clause. *Journal of Foreign Language Teaching and Applied Linguistics* 2.2. 1–45.

Langacker, Ronald W. 2017a. Cognitive Grammar. *The Cambridge Handbook of Cognitive Linguistics*, ed. by B. Dancygier, 262–83. Cambridge: Cambridge University Press.

Langacker, Ronald W. 2017b. Evidentiality in cognitive grammar. *Evidentiality Revisited: Cognitive Grammar, Functional and Discourse-Pragmatic Perspectives*, ed. by J.I.M. Arrese, G. Hassler, and M. Carretero, 13–55. Amsterdam and Philadelphia: John Benjamins.

Langacker, Ronald W. 2017c. *Ten Lectures on the Elaboration of Cognitive Grammar*. Leiden and Boston: Brill.

Lappin, Shalom and Chris Fox. Ed. 2015. *The Handbook of Contemporary Semantic Theory*. 2nd edition. Oxford: Blackwell.

Lee, Penny 2000. When is 'linguistic relativity' Whorf's linguistic relativity? *Explorations in Linguistic Relativity*, ed. by M. Putz and M. H. Verspoor, 45–68. Amsterdam: John Benjamins.

Leech, Geoffrey. 1980. *Principles of Pragmatics*. London: Longman.

Lehman, Winfred P. 1976. From topic to subject in Indo-European. *Subject and Topic*, ed. by C. N. Li, 445–56. Amsterdam: John Benjamins.

Lemmens, Maarten. 1997. The transitive-ergative interplay and the conception of the world: A case study. *Lexical and Syntactic Constructions and the Construction of Meaning*, ed. by M. Verspoor and E. Sweetser, 363–82. Amsterdam: John Benjamins.

Levin, Beth. 1993. *English Verb Classes and Alternations*. Chicago: The University of Chicago

Press.
Levin, Beth and Malka Rappaport. 1988. Non-event *-er* nominals: A probe into argument structure. *Linguistics* 26. 1067–83.
Levin, Beth and Malka Rappaport Hovav. 1995. *Unaccusativity*. Cambridge, Mass.: MIT.
Levin, Beth and Malka Rappaport Hovav. 2005. *Argument Realization*. Cambridge: Cambridge University Press.
Levin, Beth and Tova R. Rapoport. 1988. Lexical subordination. *CLS* 24, Pat 1: General Session, ed. by L. Macleod, G. Larson and B. Brentari, 275–89.
Levinson, Stefen C. 1983. *Pragmatics*. Cambridge: Cambridge University Press.
Levinson, Stefen C. 1989. A review of Relevance (Book review of D. Sperber and D. Wilson. *Relevance: Communication and Cognition*). *Journal of Linguistics* 25. 455–72.
Li, Charles N. and Sandra A. Tompson. 1976. Subject and topic: A new typology of language. *Subject and Topic*, ed. by C. N. Li, 457–89. New York: Academic Press.
Liddel, K. Scott. 1996. Satial representations in discourse: Comparing spoken and signed language. *Lingua* 98. 145–67.
Lindquist, Hans. 2009. *Corpus Linguistics and the Description of English*. Edinburgh: Edinburgh University Press.
Lindquist, Hans and Christian Mair. Ed. 2004. *Corpus Approaches to Grammaticalization in English*. Amsterdam and Philadelphia: John Benjamins.
Loewenberg, Ina. 1982. Labels and hedges: The metalinguistic turn. *Language and Style* 152. 193–207.
Lyons, John. 1982. Deixis and subjectivity: Loquor, ergo sum? *Speech, Place, and Action*, ed. by R. J. Jarvella and W. Klein, 101–24. Chichester and New York: John Wiley & Sons Lmd.
MacWhinney, Brian. 1999. The emergence of language from embodiments. *The Emergence of Language*, ed. by B. MacWhinney, 213–56. Mahwah, NJ: Lawrence Erlbaum.
MacWhinney, Brian and William O'Grady. Ed. 2015. *The Handbook of Language Emergence*. Oxford: Blackwell
Mair, Chiristian. 2005. *Twentieth-Century English: History, Variation, and Standardization*. Cambridge: Cambridge University Press.
牧野 成一. 1978. 『ことばと空間』東京：東海大学出版会.
Maldonado, Ricardo. 1988. Energetic reflexives in Spanish. *BLS* 14. 153–65.
Maldonado, Ricardo. 1992. *Middle Voice: The Case of Spanish se*. Ph. D. dissertation, UCSD.
Maldonado, Ricardo. 2002. Objective and subjective datives. *Cognitive Linguistics* 18. 1–65.
Maldonado, Ricardo. 2007. Grammatical voice in cognitive grammar. *The Oxford Handbook of Cognitive Linguistics*, ed. by D. Geeraerts and H. Guyckens, 829–68. Oxford: Oxford University Press.
Malle, Bertram F. 2002. The relation between language and theory of mind in development and evolution. *The Evolution of Language out of Pre-Language*, ed. by T. Givón and B. F. Malle, 265–84. Amsterdam: John Benjamins.
Mandelblit, Nili. 1997. *Grammatical Blending: Creative and Schematic Aspects in Sentence Processing and Translation*. Ph.D. dissertation. University of California, San Diego.
Manheim, Bruce. 1986. Popular song and popular grammar, poetry and metalanguage. *Word* 37. 45–75.

Mano, Miho. 2005. *A Functional Typological Study of Non-canonical Constructions*. Ph.D. dissertation. Kobe University.
Maratsos, Michael; Fox, Dana E.C.; Becker, Judith A.; and Mary A. Chalkley. 1995. Semantic restrictions on children's passives. *Cognition* 19. 167–91.
Marmaridou, Sophia S. A. 2000. *Pragmatic Meaning and Cognition*. Amsterdam: John Benjamins.
丸田 忠雄. 1998. 『使役動詞のアナトミー』東京：松柏社.
Massam, Diane. 1992. Null objects and Non-thematic subjects, *Journal of Linguistics* 28. 115–37.
益岡 隆志. 1991. 受動表現と主観性.『日本語のヴォイスと他動性』仁田義雄（編）, 105–21. 東京：くろしお出版.
Matsumoto, Yo. 1996a. Subjective-change expressions in Japanese and their cognitive and linguistic bases. *Spaces, Worlds, and Grammar*, ed. by G. Fauconnier and E. Sweetser, 124–56. Chicago: The University of Chicago Press.
Matsumoto, Yo. 1996b. Subjective motion in English and Japanese verbs. *Cognitive Linguistics* 7. 183–226.
Mazzon, Gabriella. 2004. *A History of English Negation*. Harlow, England: Peason.
McArthur, Tom. 1981. *Lexicon of Contemporary English*. London: Longman.
McCawley, James D. 1976. Remarks on what can cause what. *Syntax and Semantics* 6, ed. by M. Shibatani. New York: Academic Press.
McCawley, James D. 1987. The syntax of English echoes. *CLS* 23. 246–58.
McCawley, Noriko A. 1976. From OE/ME 'impersonal' to 'personal' constructions: What is 'subject-less' S? *Papers on the Parasession on Diachronic Syntax, CLS*. 192–204.
McGregor, W. B. 1997. *Semiotic Grammar*. Oxford: Oxford University Press.
Menyuk, Paula. 1976. That's the same', another', funny', awful' way of saying it. *Journal of Education* 158. 25–38.
Mey, Jacob L. 1993. *Pragmatics: An Introduction*. Oxford: Blackwell.
Michaelis, Laura and Knud Lambrecht. 1996. Toward a construction-based theory of language function: The case of nominal extraction. *Language* 72. 215–47.
Milner, Judith. 1977. Negation metalinguisticque et negation metalinguisque. *Semantikos* 2. 47–62.
三浦 つとむ. 1976. 『日本語とはどういう言語か』（講談社学術文庫）. 東京：講談社.
茂木 健一郎. 2004. 『脳内現象』東京：日本放送協会.
Montgomery, Derek E. 2005. The developmental origins of meaning for mental terms. *Why Language Matters for Theory of Mind*, ed. by J. W. Astington and J. A. Baird, 106–22. Oxford: Oxford University Press.
毛利 可信. 1980. 『英語の語用論』東京：大修館書店.
毛利 可信. 1988. 擬似仮定文の構造について.『言語』17(6). 122–3.
Mori, Sadashi. 2009. *The NEG-Raising Phenomenon: A Cognitive Linguistic Approach*. Ph. D. dissertation, Kanazawa University.
Mühlhäusler, Peter. 2001. Personal pronouns. *Language Typology and Language Universals*, ed. by M. Haspelmath, E. König, W. Oesterreicher, and W. Raible, 741–47. Berlin and New York: Mouton de Gruyter.
Mukai, Rie. 2017. *Cognition of Ma in Language: A Cognitive Linguistics Approach*. Ph. D.

dissertation, Kanazawa University.
Murao, Haruhiko. 2009. *Cognitive Domains and Prototypes in Constructions*. Tokyo: Kurosio Publishers.
中村 芳久. 1989. メタ言語的 if 節.『英語学の視点』159–81. 福岡：九州大学出版会.
中村 芳久. 1993a. Neo-pragmatics: Beyond Neo-Grician prgmaics ―語用論の問題・認知意味論による解法―.『金沢大学文学部論集 文学科篇』13. 77–103.
中村 芳久. 1993b. 構文の認知構造ネットワーク.『言語学からの眺望』福岡言語学会 (編), 247–68. 福岡：九州大学出版会.
中村 芳久. 1995. 構文の認知構造ネットワークの精緻化.『金沢大学文学部論集』(文学科篇) 13. 127–46.
中村 芳久. 1997. 認知構文論.『英語のこころ』早瀬博範 (編), 225–40. 東京：英宝社.
中村 芳久. 1998. 認知類型論の試み―際立ち vs. 参照点―. *KLS Proceedings* 18. 252–62.
中村 芳久. 1999a. ヴォイス・システム：態間関係の認知メカニズム.『金沢大学文学部論集 言語・文学篇』19. 39–65.
中村 芳久. 1999b. John Newman: *Give: A Cognitive Linguistic Study* (Mouton, 1996). (書評)『英文学研究』76(1). 91–6.
中村 芳久. 2000a.「勝ちは勝ち」「負けは負け」―トートロジーに潜む認知的否定―.『言語』29(11). 71–6.
中村 芳久. 2000b. 認知文法から見た語彙と構文―自他交代と受動態の文法化―.『金沢大学文学部論集 言語・文学篇』20. 75–103.
Nakamura, Yoshihisa. 2000c. Desubjectification as a backstage cognition in various linguistic phenomena. ms. Kanazawa University.
中村 芳久. 2001a. 言語相対論から認知相対論へ―序説―.『金沢大学文学部論集・言語文学篇』21. 1–23.
中村 芳久. 2001b. 二重目的語構文の認知構造―構文内ネットワークと構文間ネットワークの症例―.『認知言語学論考』山梨正明他 (編), 第 1 巻. 59–110. 東京：ひつじ書房.
中村 芳久. 2002. 言語相対論から認知相対論へ―脱主体化と 2 つの認知モード―. 日本エドワード・サピア協会第 17 回研究発表会.
中村 芳久. 2003a. 構文と認知―構文の連続性についての争点―.『英語青年』2 月号. 12–5.
中村 芳久. 2003b. 言語相対論から認知相対論へ―脱主体化と 2 つの認知モード―.『研究年報』(日本エドワード・サピア協会) 17. 77–93.
中村 芳久. 2003c. 与格の意味地図―脱主体化と主体化を座標軸として―.『言語学からの眺望 2003』福岡言語学会(編), 243–57. 福岡：九州大学出版会.
中村 芳久. 2004a. 消えたエージェント.『言葉のからくり』河上誓作教授退官記念論文集刊行会 (編), 371–87. 東京：英宝社.
中村 芳久. 2004b. 主観性の言語学―主観性と文法構造・構文―.『認知文法論 II』中村芳久 (編著), 5–51. 東京：大修館書店.
中村 芳久. 2005. 構文と認知プロセス.『英語青年』6 月号. 137–8.
中村 芳久. 2006. 言語における主観性・客観性の認知メカニズム.『言語』35(5). 74–82.
中村 芳久. 2008. 構文のネットワーク表示と意味地図表示：Evolutionary path の提案.『日本認知言語学会論文集』8. 633–6.
中村 芳久. 2009. 認知モードの射程.『「内」と「外」の言語学』坪本篤朗・早瀬尚子・和田尚明 (編), 353–93. 東京：開拓社.
中村 芳久. 2010. 否定と (間) 主観性―認知文法における否定―.『否定と言語理論』加藤泰

彦・吉村あき子・今西生美(編), 424–42. 東京：開拓社.
中村 芳久. 2012. 認知モード・言語類型・言語進化―再帰性 (recursion) との関連から―. *Kanazawa English Studies* 28. 285–300.
中村 芳久. 2013. Langacker 認知構図と認知モード. 『日本英文学会第 85 回大会 Proceedings』 121–2.
中村 芳久. 2015. 学際研究の中の認知言語学―言語とコミュニケーションの進化―. 『日本認知言語学会論文集』15. 588–99.
中村 芳久. 2016a. 空間・場所を捉える認知プロセス. 『ドイツ語と日本語に現れる空間把握―認知と類型の関係を問う―』宮下博幸 (編), 日本独文学会研究叢書 112. 79–93.
中村 芳久. 2016b. ラネカーの(間)主観性とその展開―認知文法の記述力とその拡張―. 『ラネカーの (間) 主観性とその展開』中村芳久・上原聡 (編著), 1–51. 東京：開拓社.
Nakatani, Hiromi. 2017. *The Structure and Meaning of Tag Questions: A Cognitive Linguistics Approach*. Ph. D. dissertation, Kanazawa University.
Napoli, Donna J. 1992. Secondary resultative predicates in Italian, *Journal of Linguistics* 28. 53–90.
Newman, John. 1996. *Give: A Cognitive Linguistic Study*. Berlin & New York: Mouton de Gruyter.
Newman, John. 1997. The origin of the German ES GIBT construction. *The Linguistics of Giving*, ed. by J. Newman, 307–25. Amsterdam and Philadelphia: John Benjamins.
Newmeyer, Fredirick J. 2003. What can the field of linguistics tell us about the origin of language. *Language Evolution*, ed. by M. H. Christiansen and S. Kirby, 58–76. Oxford: Oxford University Press.
Nicole, Steve. 1998. A relevance theory perspective on grammaticalization. *Cognitive Linguistics* 9. 1–35.
Ninio, Anat. 2011. *Syntactic Development, its Input and Output*. Oxford: Oxford University Press.
Nishimura, Yoshiki. 1993. Agentivity in cognitive grammar. *Conceptualization and Mental Processing in Language*, ed. by R. A. Geiger and B. Rudzka-Ostyn, 531–66. Berlin & New York: Mouton de Gruyter.
Nomura, Masuhiro. 2003. Conceptual overlap in complex sentence constructions: A cognitive grammar approach. *Current Issues in English Linguistics*, ed. by M. Ukaji, M. Ike-Uchi and Y. Nishimura, 142–64. Tokyo: Kaitakusha.
Numberg, Geoffrey. 1987. *Pragmatics of Reference*. Bloomington, Ind.: Indiana University Linguistics Club.
Occhi, Debra J. 1999. Sounds of the heart and mind: Mimetics of emotional states in Japanese. *Languages of Sentiment*, ed. by G. B. Palmer and D. J. Occhi, 151–70. Amsterdam: John Benjamins.
尾谷昌則. 2005. 『自然言語に反映される認知能力のメカニズム―参照点能力を中心に―』 博士論文. 京都大学.
Oehrle, Richard Thomas. 1976. *The Grammatical Status of the English Dative Alternation*. Ph. D. dissertation, MIT.
Oehrle, Richard Thomas. 1977. Review of *Semantics and Syntactic Regularity*, by G. Green. *Language* 53. 198–208.
Ogawa, Akio. 1997. On the syntax and semantics of the German dative. *The Dative and*

Related Phenomena, ed. by Kazuto Matsumura and Tooru Hayashi, 1–30. Tokyo: Hituzi Shobo.
Ogura, Michiko. 1989. *Verbs with the Reflexive Pronoun and Constructions with Self in Old and Early Middle English*. Cambridge: D. S. Brewer.
Ogura, Michiko. 2001. Verbs used reflexively in Old and Middle English. *Neuphilologische Mitteilungen* 102. 23–36.
岡 智之. 2013.『場所の言語学』東京：ひつじ書房.
小野 尚之（編）. 2007.『結果構文研究の新視点』東京：ひつじ書房.
尾上 圭介. 1995.「は」の意味分化の論理―題目提示と対比―.『言語』24 (11). 28–37.
尾上 圭介・木村英樹・西村義樹. 1998. 二重主語とその周辺―日中英対照―.『言語』27 (11). 90–108.
大薗 正彦. 2016. 構文の適用可能性―日独語の好まれる事態把握との関連において―. *Sprachwissenschaft Kyoto* 15. 1–22.
Osterhout, Lee. 2005. What the brain's electrical activity can tell us about language processing and language learning. *Proceedings of the International Symposium on Commucating Skills of Intention*, 25–52.
Otte, Richard. 1982. Modality as a metalinguistic predicates. *Philosophical Studies* 41. 153–9.
大江 三郎. 1975.『日英語の比較研究―主観性をめぐって―』東京：南雲堂.
Palander-Collin, Minna. 1997. A medial case of grammaticalization, *methins*. *Grammaticalization at Work*, ed. by M. Rissanen, M. Kito, and K. Heikonen, 371–403. Berlin and New York: Mouton de Gruyter.
Papafragou, Anna. 1995. Metonymy and relevance. *UCL Working Papers in Linguistics* 7. 141–75.
Papafragou, Anna. 1998. Inference and word meaning: The case of modal auxiliaries. *Lingua* 105. 1–47.
Peitsara, Kirsti. 1997. The development of reflexive strategies in English. *Grammaticalization at Work*, ed. by M. Rissanen, M. Kyto, and K. Heikkonen, 277–370. Berlin and New York: Mouton de Gruyter.
Pellegrini, Anthony D. 1981. Speech play and language development in young children. *Journal of Reading* 14. 74–80.
Perek, Florent. 2015. *Argument Structure in Usage-Based Construction Grammar*. Amsterdam and Philadelphia: John Benjamins.
Piaget, Jean. 1970. Piaget's theory. *Carmichael's Manual of Child Psychology* (3rd ed.): vol.1, ed. by Paul H. Mussen, 703–32. New York: John Wiley & Sons.
Pinker, Steven. 1989. *Learnability and Cognition: The Acquisition of Argument Structure*. Cambridge, Mass.: MIT.
Pinker, Steven. 1994. *The Language Instinct*. New York: Haper Perenial.
Putnam, Hilary. 1975. *Mind, Language, and Reality: Philosophical Papers*, vol. 2. Cambridge: Cambridge University Press.
Pylyshyn, Zenon W. 1984. *Computation and Cognition: Toward a Foundation for Cognitive Science*. Cambridge, Mass.: MIT.（佐伯胖（監訳）. 1988.『認知科学の計算理論』東京：産業図書.）
Qurik, Randolph; Greenbaum, Sidney; Leech, Geoffrey; and Jan Svartvik. 1985. *A Comprehensive Grammar of the English Language*. London: Longman.

Rabkin, Eric S. 1979. Metalinguistics and science fiction. *Critical Inquiry* 6. 79–97.
Radden, Günter; Köpche, Klaus-Michael; Berg, Thomas and Peter Siegmund. Ed. 2007. *Aspects of Meaning Construction*. Amsterdam and Philadelphia: John Benjamins.
Rosen, Sare Thomas. 1996. Events and verb classification. *Linguistics* 34. 193–223.
Robert, Adrian. 1998. Blending in the interpretation of mathematical proofs. *Discourse and Cognition: Bridging the Gap*, ed. by J. Koenig, 337–50. Stanford: CSLI.
Rudzka-Ostyn, Brygida. 1996. The Polish dative. *The Dative*, vol. 1, ed. by W. Van Belle and W. Van Languendonck, 942–94. Amsterdam: John Benjamins.
坂原 茂. 1985.『日常言語の推論』東京：東京大学出版会.
坂原 茂. 1988. 擬似条件文について.『言語』17(8). 178–9.
坂原 茂. 1994. 認知言語学とタイポロジー.『言語』23(9). 27–34.
Sakahara, Shigeru. 1997. Indirect objects in French. *The Dative and Related Phenomena*, ed. by K. Matsumura and T. Hayashi, 105–44. 東京：ひつじ書房.
Sanders, Jose and Gisela Redeker. 1996. Perspective and the representation of speech and thought in narrative discourse. Spaces, Worlds, and Grammar, ed. by G. Fauconnier and E. Sweetser, 290–317. Stanford: CSLI.
Sapir, J. David. 1975. Big and thin: Two diola-fobny metalinguistic terms. *Language in Society* 41. 1–15.
Savasir, Iskender and Julie Gee. 1982. The functional equivalents of the middle voice in child language. *BLS* 8. 607–16.
Scheibman, Joanne. 2002. *Point of View and Grammar: Structural Patterns of Subjectivity in American English Conversation*. Amsterdam and Philadelphia: John Benjamins.
Schlesinger, Izchak M. 1989. Instruments as agents: On the nature of semantic relations. *Journal of Linguistics* 25. 53–90.
Schlesinger, Izchank M. 1995a. *Cognitive Space and Linguistic Case*. Cambridge: Cambridge University Press.
Schlesinger, Izchank M. 1995b. On the semantics of object. *The Verb in Contemporary English*, ed. by B. Aats and C. F. Meyer, 54–74. Cambridge: Cambridge University Press.
Schmidt-Radefeidt, Jürgen. 1977. On so-called 'rhetorical' questions. *Journal of Pragmatics* 1. 375–92.
Scholl, Dennis M. and Ellen Bouchard Ryan. 1980. Development of metalinguisic performance in the early school years. *Langauge and Speech* 23. 199–211.
Schwarts, Richard D. 1980. Presuppositions and children's metalinguistic judgement: Concepts of life and the awareness of animacy restrictions. *Child Development* 51. 364–71.
Searle, John R. 1969. *Speech Acts*. Cambridge: Cambridge University Press.
瀬戸 賢一・テイラー，ジョン. 2008.『認知文法のエッセンス』東京：大修館書店.
Shibatani, Masayoshi. 1985. Passives and related constructions. *Language* 61. 821–48.
Shibatani, Masayoshi. 1988. Voice parameters. Kobe Papers in Linguistics 1. 93–111. Also in *Typology of Verbal Categories*, ed. by L. Kulikov and H. Vater, Tübigen: Niemeyer.
Shibatani, Masayoshi, 1991. Grammaticalization of topic into subject, *Approaches to Grammaticalization*, vol. 2, ed. by E. C. Traugott and B. Heine, 93–133. Amsterdam: John Benjamins.

Shibatani, Masayoshi. 1994. An integrated approach to possessor raising, ethical datives and adversative passives. *BLS* 20. 401–55.
Shibatani, Masayoshi. 1996. Applicatives and benefactives: A cognitive account. *Grammatical Constructions*, ed. by M. Shibatani and S. A. Thompson, 157–94. Oxford: Clarendon Press.
柴谷 方良. 1997. 言語の機能と構造と類型.『言語研究』112. 1–32.
Shibatani, Masayoshi. 1999a. Dative subject constructions twenty-two years later. *Studies in Language Science* 29. 45–76.
Shibatani, Masayoshi. 1999b. Methods in Japanese Linguistics: Contrasting Japanese and European Perspectives. Course lecture, 1999 LSA Linguistic Institute at the University of Illinois.
Shibatani Masayoshi. 2000. Japanese benefactive constructions: Their cognitive bases and autonomy. *Syntactic and Functional Explorations*, ed. by. K. Takami, A. Kamio, and J. Whitman, 185–205. Tokyo: Kurosıo Publishers.
柴谷 方良. 2000. ヴォイス.『文の骨格』(日本語の文法 1) 仁田義雄・村木新次郎・柴谷方良・矢澤真人(著), 118–86. 東京：岩波書店.
Shibatani, Masayoshi. 2009. Elements of complex structure, where recursion isn't: The case of relativization. *Syntactic Complexity: Diachrony, Acquisition, Neuro-cognition, and Evolution*, ed. by T. Givón and M. Shibatani, 163–98. Amsterdam and Philadelphia: John Benjamins.
篠原 俊吾. 2008. 相互作用と形容詞.『ことばのダイナミズム』森雄一・西村義樹・山田進・米山三明(編著), 89–104. 東京：くろしお出版.
Simpson, Jane. 1983. Resultatives. *Papers in Lexical-Functional Grammar*, ed. by B. Levin, M. Rappaport and A. Zaenen, 143–57. Bloomington: IULC.
Slobin, Dan Isac. 1985. Crosslinguistic Evidence for Language-making Capacity. *A Cross Linguistic Study of Language Acquisition*, vol. 2, ed. by D. I. Slobin, 1157–256. Hillsdale, NJ: Lawrence Erlbaum.
Smith, Michael. 1993. Cases as conceptual categories: Evidence form German. *Conceptualizations and Mental Processing in Language*, ed. by B. Rudzka-Ostyn, 531–65. Berlin and New York: Mouton de Gruyter.
Shopen, Timothy. Ed. 2007. *Language Typology*. 2nd edition, 3 vols. Cambridge: Cambridge University Press.
Sperber, Dan and Deidre Wilson. 1981. Irony and use-mention distinction. *Radical Pragmatics*, ed. by P. Cole, 295–318. New York: Academic Press.
Sperber, Dan and Deidre Wilson. 1986/1996. *Relevance: Communication and Cognition*. Oxford: Blackwell.
Stowell, Timothy A. 1981. Origins of Phrase Structure. Ph. D. dissertation, MIT.
Straus, Susan. 1996. Metaphors of "total enclosure" grammaticizing into middle voice markers. *Construal of Space in Language and Thought*, ed. by M. Putx and R. Dirven, 395–416. Berlin: Mouton de Gruyter.
Suddendorf, Thomas. 2013. *The Gap: The Science of What Separates Us from Other Animals*. New York: Basic Books.
Sudhalter, Vicki and Martin Braine. 1985. How does comprehension of passive develop? *Journal of Child Language* 12. 455–70.

Swan, Michael. 1995. *Practical English Usage*. Oxford: Oxford University Press.
Sweetser, Eve. 1990. *From Etymology to Pragmatics*. Cambridge: Cambridge University Press.
Sweetser, Eve and Gilles Fauconnier. 1996. Cognitive links and domains: Basic aspects of mental space theory. *Spaces, Worlds, and Grammar*, ed. by G. Fauconnier and E. Sweetser, 1–28. Chicago: The University of Chicago Press.
高見 健一. 1997.『機能的統語論』東京：くろしお出版.
髙島 彬. 2018. 証拠性「らしい」の文法化を動機づける脱主体化のプロセス.『ことばのパースペクティヴ』417–28. 東京：開拓社.
武本 雅嗣. 2002. 概念化と構文拡張―中心的与格から周辺的与格へ―.『対照言語学』生越直樹（編）, 99–122. 東京：東京大学出版会.
竹沢 幸一. 1995.「に」の二面性.『言語』24 (11). 70–7.
田窪 行則. 1983. 談話管理理論から見た日本語の反事実的条件文.『日本語の条件表現』益岡隆志（編）, 169–83. 東京：くろしお出版.
Talmy, Leonard. 1976. Semantic causative type. *Syntax and Semantics* 6, ed. by M. Shibatani, 43–115. New York: Academic Press.
Talmy, Leonard. 1978. Fugure and ground in complex sentences. *Universals of Human Language*, vol. 4: *Syntax*, ed. by J. Greenberg, 625–49. Stanford: Stanford University Press.
Talmy, Leonard. 1985. Figure and ground in thematic roles. Paper presented at the 1985 Annual Meeting of the Linguistic Society of America, Seattle.
Talmy, Leonard. 1996. Fictive motion in language and "caption". *Language and Space*, ed. by P. Bloom, M.A. Peterson, L. Nadel, and M.F. Garrett, 211–76. Cambridge, MA: MIT Press.
Talmy, Leonard. 2000a. *Toward a Cognitive Semantics*, vol. 1: *Concept Structuring Systems*. Cambridge, Mass.: MIT.
Talmy, Leonard. 2000b. *Toward a Cognitive Semantics*, vol. 2: *Typology and Process in Concept Structuring*. Cambridge, Mass.: MIT.
Talmy, Leonard. 2003. Concept structuring systems in language. *The New Psychology of Language*, vol. 2, ed. by M. Tomasello, 15–46. Mahwah, NJ: Lawrence Erlbaum.
Tanaka-Matsumoto, Mizue. 2015. *The Cognitive Construal of Motion-Events and Motion-Expressions in English and Japanese*. Ph.D. dissertation. Kanazawa University.
谷口 一美. 2005.『事態概念の記号化に関する認知言語学的研究』東京：ひつじ書房.
Tao, Hongyin. 2001. Discovering the usual with corpora: The case of *remember*. *Corpus Linguistics in North America: Selections from the 1999 Symposium*, ed. by R. Simpson and I. Swales, 116–44. Ann Arbor: University of Michigan Press.
Taylor, John. 1995. *Linguistic Categorization*. Oxford: Clarendon.
Taylor, John. 1998. Syntactic constructions as prototype categories. *The New Psychology of Language*, ed. by M. Tomasello, 177–202. Hahwah, NJ: Lawrence Erlbaum.
Taylor, John. 2002. *Cognitive Grammar*. Oxford: Clarendon.
テイラー，ジョン・瀬戸 賢一. 2008.『認知文法のエッセンス』東京：大修館書店.
Terasawa, Jun. 1997. The passive as a perfect in Old English. *The Locus of Meaning: Papers in Honor of Yoshihiko Ikegami*, ed. K. Yamanaka and T. Ohori, 306–24. Tokyo: Kurosio.
Terrace, Herbert S. 2005. Metacognition and the evolution of language. *The Missing Link in*

Cognition, ed. by H. S. Terrace and J. Metcalfe, 85–115. Oxford: Oxford University Press.
Thomas, Jenny A. 1995. *Meaning in Interaction: An Introduction to Pragmatics*. London and New York: Longman.
Thompson, Sandra A. and Anthony Mulac. 1991. A quantitative perspective on the grammaticalization of epistemic parentheticals in English. *Approaches to Grammaticalization*, vol. 2: *Focus on Types of Grammatical Markers*, ed. by E. C. Traugott and B. Heine, 313–29. Amsterdam and Philadelphia: John Benjamins.
Thornburg, Linda L. and Klaus-Uwe Panther. 1997. Speech act metonymy. *Discourse and Perspective in Cognitive Linguistics*, ed. by W. A. Liebert, G. Redeker, and L. Waugh. Amsterdam: John Benjamins.
戸田 正直. 1992.『感情』東京：東京大学出版会.
Tomasello, Michael. 1992. *First Verbs: A Case Study of Early Grammatical Developmengt*. Cambridge: Cambridge University Press.
Tomasello, Michael. 1998. The return of constructions: Review article and discussion. *Journal of Child Language* 25. 431–42.
Tomasello, Michael. 2003a. *Constructing a Language*. Cambridge, Mass.: Harvard University Press. (辻 幸夫・野村 益寛・出原 健一・菅井 三実・鍋島 弘治朗・養吉 直子（訳）. 2008.『ことばをつくる―言語習得の認知言語学的アプローチ―』東京：慶應義塾大学出版会.)
Tomasello, Michael. 2003b. On the different origins of symbols and grammar. *Language Evolution*, ed. by M. H. Christiansen and S. Kirby, 94–110. Oxford: Oxford University Press.
Tomlin, Russell S. 1997. Mapping conceptual representations into linguistic representations: The role of attention in grammar. *Language and Conceptualization*, ed. by J. Nuys and E. Pederson, 162–89. Cambridge: Cambridge University Press.
Traugott, Elizabeth C. 1982. From proposition to textual and expressive meaning: Some semantic-pragmatic aspects of grammaticalization. *Perspectives on Historical Linguistics*, ed. by W. P. Lehman and Y. Malkiel, 245–71. Amsterdam: John Benjamins.
Traugott, Elizabeth C. 1995. Subjectification in grammaticalization. *Subjectivity and Subjectification*, ed. by D. Stein and S. Wright, 31–54. Cambridge: Cambridge University Press.
Traugott, Elizabeth C. 1999. The rhetoric of counter-expectation in semantic change: A study in subjectification. *Historical Semantics and Cognition*, ed. by A. Blank and P. Coch, 177–96. Berlin and New York: Mouton de Gruyter.
Traugott, Elizabeth Closs and Graeme Trousdale. 2013. *Constructionalization and Constructional Change*. Oxford: Oxford University Press.
坪本 篤郎. 2015. 主要部内在型関係説とパラドクス―＜波＞と＜粒子＞の言語学―.『言語研究の視座』深田智・西田浩一・田村敏広（編著）, 427–45. 東京：開拓社.
對馬 康博. 2018. 名著解題（Ronald W. Langacker (1987, 1991) Foundations of Cognitive Grammar. Vol. 1, 2. /Adele E. Goldberg. (1995) Constructions）『認知言語学とは何か？』高橋英光・野村益寛・森雄一（編著）, 21–2/86–7. 東京：くろしお出版.
Turley, Jeffrey S. 1998. A prototype analysis of Spanish indeterminate reflexive constructions. *Language Science* 20. 137–62.

Turner, Mark. 1996. *The Literary Mind*. New York: Oxford University Press.
Uehara, Satoshi. 1998. Pronoun drop and perspective in Japanese. *Japanese/Korean Linguistics* 7. 275–89.
Uehara, Satoshi. 2006. Toward a typology of linguistic subjectivity. *Subjectification*, ed. by A. Athanasidou, C. Canakis, and B. Cornillie, 75–117. Berlin: Mouton de Gruyter.
Ungerer, Friedlich and Hans-Jorg Schmidt. 1996. *An Introduction to Cognitive Linguistics*. London and New York: Longman.
Van Belle, William and Willy Van Langendonck. Ed. 1996. *The Dative*, vol. 1. Amsterdam: John Benjamins.
Van der Leek, Frederike. 1996. Rigid syntax and flexible meaning: The case of the English ditransitive. *Conceptural Structure, Discource and Language*, ed. by A. Goldberg, 321–32. Stanford: CSLI.
Van Hoek, Karen. 1996. *Anaphora and Conceptual Structures*. Chicago: The University of Chicago Press.
Van Langendonck, Willy and William Van Belle. Ed. 1998. *The Dative*, vol. 2. Amsterdam: John Benjamins.
Verhagen, Arie. 2005. *Constructions of Intersubjectivity: Discourse, Syntax, and Cognition*. Oxford: Oxford University Press.
Verhagen, Arie. 2007. Construal and perspectivaization. *The Oxford Handboook of Cognitive Linguistics*, ed. by D. Geeraerts and H. Guykens, 48–81. Oxford: Oxford University Press.
Verstraete, Jean-Christophe. 2001. Subjective and objective modality: Interpersonal and ideational function in the English modal auxiliary system. *Journal of Pragmatics* 33. 1505–28.
Visser, Fredericus Theodorus. 1963. *An Historical Syntax of the English Language*, Part 1: *Syntactic Units with One Verb*. Leiden: E. J. Brill.
von Seefranz-Montag, Ariane. 1987. Subjectless constructions and syntactic change. *Historical Syntax*, ed. by J. Fisiak, 521–53. Berlin and New York: Mouton de Gruyter.
和田 尚明. 2009.「内」の視点・「外」の視点と時制現象―日英語対象研究―.『「内」と「外」の言語学』坪本篤郎・早瀬尚子・和田尚明 (編著), 249–95. 東京：開拓社.
鷲尾 龍一・三原 健一. 1997.『ヴォイスとアスペクト』東京：研究社.
Wecksler, Stephen. 1995. *The Semantic Basis of Argument Structure*. Stanford: CSLI.
Wechsler, Stephen. 2015. *Word Meaning and Syntax*. Oxford: Oxford University Press.
Whorf, Benjamin Lee. 1940. Science and linguistics. *Language, Thought, and Reality: Selected Writings of Benjamin Lee Whorf*, ed. by J. B. Carroll (1956), 207–19. Cambridge, Mass.: MIT.
Wierzbicka, Anna. 1987. Boys will be boys: Radical pragmatics and radical semantics. *Language* 63. 95–114.
Wierzbicka, Anna. 1988. *The Semantics of Grammar*. Amsterdam: John Benjamins.
Wierzbicka, Anna. 1992a. *Semantics, Culture and Cognition*. Oxford: Oxford University Press.
Wierzbicka, Anna. 1992b. The search for universal semantic primitives. *Thirty Years of Linguistic Evolution: Studies in honour of Rene Dirven on the Occasion of his Sixtieth Birthday*, ed. by M. Puts, 215–42. Amsterdam: John Benjamins.

Wierzbicka, Anna. 1995. A semantic basis of grammatical typology. *Discourse, Grammar and Typology*, ed. by W. Abraham, T. Givón and S. A. Thompson, 179–202. Amsterdam: John Benjamins.

Wierzbicka, Anna. 1998. The semantics of English causative constructions in a universal-typological perspective. *The Psychology of Language*, ed. by M. Tomasello, 113–53. Mahwah, NJ: Lawrence Erlbaum.

Wierzbicka, Anna. 2003. *Cross-cultural Pragmatics*. Berlin and New York: Mouton de Gruyter.

Wierzbicka, Anna. 2006. *English: Meaning and Culture*. Oxford: Oxford University Press.

Wilkinson, Louise Cherry. 1984. Metalinguistic knowledge of pragmatic rules in school-age children. *Child Development* 55. 2130–40.

Wilson, Deidre and Dan Sperber. 1988. Representation and relevance. *Mental Representations*, ed. by R. Kempson, 133–53. Cambridge: Cambridge University Press.

Wilson, Deidre and Dan Sperber. Ed. 2012. *Meaning and Relevance*. Cambridge: Cambridge University Press.

山口 治彦. 2009. 『明晰な引用，しなやかな引用―話法の日英対照研究―』東京：くろしお出版.

山田 佳子. 1994. 再帰代名詞を伴う中間動詞構文. 第12回日本英語学会，口頭発表.

山梨 正明. 1988. 格文法理論.『意味論』安井稔（編）, 467–547. 東京：大修館書店.

山梨 正明. 1994. 格解釈と認知プロセス.『言語』23(1). 100–5.

山梨 正明. 1995. 『認知文法論』東京：ひつじ書房.

山梨 正明. 2000a. 関連性理論アプローチの批判的検討.『英語青年』10月号. 427–30.

山梨 正明. 2000b. 認知言語学からみた関連性理論.『学習院大学言語共同研究所紀要』24. 148–56.

山梨 正明. 2000c.『認知言語学原理』東京：くろしお出版.

山梨 正明. 2004.『ことばの認知空間』東京：開拓社.

吉村 公宏. 1995.『認知意味論の方法―経験と動機の言語学―』京都：人文書院.

米倉 綽・中村 芳久（編）2018『英語学が語るもの』東京：くろしお出版.

米沢 登美子. 2003.『NHK人間講座・真理の旅人たち―物理学の20世紀―』東京：NHK出版.

Zang, Ning. 1998. The integrations between construction meaning and lexical meaning. *Linguistics* 36. 957–80.

索　引

A

be+p.p. 構造　149–53, 229, 234–5, 248–9
D モード　41–55, 272–5, 328, 333–6
　　D モードと言語類型　342–53
　　D モードと文法化・言語進化　353–61
for 与格構文　160, 164–6, 179–80, 193–5
have a V 構文　71–3
have 経験文　199–200
have 構文　156–8, 178, 189, 191–7
　　have 構文と参照点構造　198–201
have 受益使役文　166, 189–93
have 受益文　166, 178, 189–93, 197–200
have 被害文　195–200
have 物主語構文　199–200
instance. 具現例 を参照
I モード　40–5, 46–56, 255, 272–5, 328–33
　　I モードと言語類型　342–53
　　I モードと文法化・言語進化　353–61
se 付き非人称構文　232
spray/load 動詞構文　98
to 与格構文　160, 163–9, 178–9, 201

あ

アフォーダンス　41, 421
アブダクション　27

「以後」読み　24–5
一人称代名詞　46, 183–4, 327–32, 344, 353, 360

位置変化　16–20, 140, 267
移動のない動作用法　206–7, 214
移動用法　206–7, 214
意図しない働きかけ　143
意図的な働きかけ　143
意味地図　30–2, 203–4, 217–21, 230–6, 259–68, 295–8
イメージ・スキーマ　88–90
インタラクション　1–4, 36–44, 49–50, 54–5, 254–6, 272–5, 282–4, 287–8, 293–6, 323, 328–55, 362, 376, 421

受け手与格　281, 286–95, 298
受身構文　16, 151–3, 220
受身的な事態　230–4
受身表現　107, 150, 225, 228–30, 248–50
受身文　146–52, 168–9, 191–2, 200, 237–9, 241, 246–7, 344
受身用法　147–52, 204–8, 218–30, 233–6

衛星枠付け　46, 54, 343, 351

穏やかな因果関係（mild causality）　263
恩恵・受益　188–9
オンステージ　113, 274, 325–7

か

下位構文　89–96, 178, 261, 320
外置（displacement）　41–3, 51–6, 238, 254–7, 282–300, 420–2

概念意味論 60–2, 130, 160
概念形成（conceptualization） 21, 113, 119, 310–3, 325
概念内容（content） 111–26, 143–5, 149–53, 189, 314
科学哲学 44–6, 255, 284
拡張 9, 16–28, 35, 60–1, 65–74, 102–7, 114–23, 145–52, 159, 172–3, 204–17, 221–30, 263–8, 315–6, 419
拡張先用法 217–8, 220
拡張元用法 217–8, 220
間主観性 303, 309–16, 318–21, 375–6
感受者（sentient） 143, 197, 210, 212, 244, 292, 298
感情的発話用法 207
感情用法 206–7, 214–7
間接受身 46, 51–2, 197, 278, 343–4, 347–9
間接目的語 46, 51–2, 292, 300, 343, 345, 347
間接目的語用法 206–7
間接話法 46–7, 277, 343, 351
観点の調整 312, 321
完了形 23–4, 120–3

希薄化 23–4, 27, 118–9, 124–5, 143–5, 150, 153, 159–60, 173, 209, 212, 218, 263–5, 279, 295–6, 298, 316
鏡像関係 178, 193–4
共同注意 41
共同注視 312–4
際立ち 6–7, 10–1, 16, 18, 35, 88–108, 125, 247–50, 266–7, 336

具現例（instance） 95, 116, 264, 286, 308, 412. 構文例，例示関係も参照
グラウンド 113–4, 119, 122, 312–3, 326–7, 354, 360
グループ化 22

経験者 39, 91–2, 143, 199, 212, 215–8, 286, 290, 292
経験者‐自律体動詞 242
継承関係 35–6
結果構文 12–6, 60, 74–9, 99–109, 261–7
言語資源 153, 226, 358
言語習得 10, 228–9, 260, 274, 361, 397
言語進化 278–9, 324, 328, 351, 354, 359–61
言語発達 56, 105, 360–1

語彙主導の構文構築．動詞主導の構文構築 を参照
語彙ネットワーク 85
行為受身 10
行為連鎖 11–2, 14, 17–21, 164–80, 189, 266, 267, 408
合成過程 90, 259
構文イディオム 33, 90
構文間ネットワーク 155, 161, 166, 178–199
構文構築 4–22, 31, 35–6, 55, 87–8, 101, 262
構文根本主義 28–31
構文主導による構文構築 16
構文主導（の構文構築） 15, 31, 36, 56, 87, 98, 101, 107, 109–10

構文スキーマ　5, 8, 16, 21, 95, 117, 259–60
構文ネットワーク　31, 61, 85–6, 90–6, 156–8, 193–8
構文の交替現象　90, 98
構文の進化経路（evolutionary path）259–68
構文の抽象度　260
構文の根づき　228–9
構文の複雑度　260
構文文法　28, 32–6, 159–61
構文例　5, 16, 35, 56. 具現例 instance も参照
心の理論　276, 303, 351, 353, 359
語用論的富化　24, 228

さ
再帰中間構文　146–52, 203–36
再帰的事態　230–4
作成動詞　164–71
参照点　23–4, 52–3, 119–26, 157, 191–2, 245, 278–9, 287–8, 294–301, 336, 339, 345–9, 356–7
参照点構文　278, 339
参照点反映型　301
参照点・標的（認知）　23, 119, 122, 126, 200, 212, 299
参照点与格　298–9, 301

使役移動構文　34–5, 178–9, 201–2
指示構文　28–9, 31
事態の始まり・終わり　54
自他交替　127–53, 142
始端参与体　10–1, 19, 144
実働部（active zone）　14, 103–5, 107, 212, 232, 266
視点構図　310, 312–3, 324–35, 344
自発用法　135, 146, 151, 204–9, 213–34, 242–50, 293
尺度含意　401, 414–5
修飾構文　28–30
従属構造　276–8, 351, 356–61
主観述語　46–7, 276, 337–44
主観性　1–4, 22–8, 36, 39, 55, 272–80, 323, 342–53, 361–3
主語優先の言語　46, 301, 343, 347
主体移動表現　46, 48–50, 343, 344
主体化　22–8, 36, 111–2, 123–6, 145–6, 150, 152–3, 158–9, 172, 178, 204, 236, 279, 281–2, 285, 295–300, 310, 355–6
順次スキャニング　22, 29, 39
状態受身　10, 228
状態変化　6–8, 16–21, 95, 97–8, 104–5, 107, 109, 131, 134, 138, 142, 148–52, 163–5, 195, 208–19, 224–31, 233–5, 238–9, 244–50, 261–7, 349
所格交替　16–20
叙述構文　28–31
所有ドメイン　162–5, 195–6
自律体－経験者動詞　242
心的与格　183, 186, 281, 286–90, 293–8

図と地　61, 65, 225

線状的　159, 203–4, 208–19, 235–6, 265
全称命題　307
前提　125, 305–6, 396, 398, 415–6

相互行為用法 206-7
双方向の関与関係(bilateral involvement) 286
存在命題 307

た
対応線（Correspondence line）166, 308-9
対格目的語 287
代名詞の省略 52, 347
題目 46-52, 278-9, 281-2, 285, 299-302, 343-7, 354-64
題目優先 46, 301, 343, 347, 355
立居振舞い用法 146, 206-7, 214
脱焦点化（defocusing）148, 200
脱中心化 43-6, 256, 284
＜他動詞文+for前置詞句＞構文 178-82, 189-95
他動性の弱化 218
他動的事態 135, 228, 230-4, 250

中間構文．再帰中間構文，難易中間構文 を参照
中間的事態 230-4
直接話法 46-7, 277, 343, 351

通行可能な経路 50

テキスト機能的意味 26

動詞主導の構文構築 5-13, 31, 35, 87, 98, 101, 107-9
動詞枠付け言語 46, 54, 343, 351
同族目的語構文 82
トートロジー 319-21, 367-74, 409

捉え方 29, 35, 38, 54, 90, 98, 111-5, 124, 127, 134, 151-3, 169, 241, 261-3, 272, 300, 310-1, 346, 351
トラジェクター 6-12, 88-92, 106-7, 125-6, 140-2, 144-5, 148-53, 189, 193, 195, 200, 225, 241-2, 300, 336
トラジェクター反映型 301
トラジェクター・ランドマーク認知 125-6, 152, 336, 357
トラジェクター・ランドマーク配置 227, 241-2, 284

な
難易中間構文 79-81, 204, 208, 237-57, 343, 345

二重目的語構文 52, 155-202, 205-8, 260, 268
日英語対照 342-51
認識の与格 282, 296-300
認識用法 206, 208, 214-5
認知主体 2-3, 7, 24-6, 38-43, 48-52, 113-6, 252-7, 272-4, 279, 283-5, 287-8, 295-7, 299, 308, 310-6, 325, 328-35, 338-9, 344-6, 348-9, 352, 354-6, 420-1
認知主導の構文構築 4-22, 31, 35-6, 56, 87, 98, 101, 107, 109, 262
認知スコープ 61-2, 65-8, 71-2, 74, 80, 85, 230, 238-41, 247-8, 251-2, 266
認知像 1-3, 39, 41-2, 55, 88, 255, 272-3, 282-3, 285, 328-35, 339, 341-2, 346, 348, 362

認知像形成 113, 125
認知操作 42, 162, 301, 307, 311–2
認知的際立ち 61, 88–9, 97
認知的言語類型論 4, 36, 56, 146, 301, 328
認知の始発点 (starting point) 144–5
認知の対象 310–2, 314, 333
認知の標的 23, 119, 157, 199, 288, 297–8, 336
認知プロセス 1–4, 22, 24, 27, 29, 32–6, 39–42, 87–90, 101–11, 113–53, 156–61, 175–7, 198–9, 201, 203, 221–9, 235, 238, 242, 245–50, 254–8, 272–3, 279, 282–5, 288, 300, 330, 355–6, 422
認知文法 1, 4–39, 60–1, 76, 88, 90, 95, 111–53, 155–9, 161, 225, 261, 266, 275, 303–22, 355, 403, 412, 417
認知ベース 61, 93–6, 105, 109–10, 125–31, 136–8, 140–1, 143–4, 147, 162, 164, 247, 304, 403, 405–410
認知モード．I モード，D モード を参照

は

把握構図 (construal configuration) 312, 315–6, 321
背景化 15, 90, 102, 217, 224, 291–2, 295, 358, 360
橋渡しの状況 (bridging context) 10
働きかけ 11–20, 89, 100–4, 107, 109, 128–9, 131, 133–5, 139–52, 162–5, 173–6, 208–13, 216–9, 223–5, 227, 229–30, 232, 238–40, 244–6, 248, 251–2, 264–5, 267, 287, 329, 407
発話再帰用法 206, 208

非対格自動詞構文 78–80
否定 303–22, 376, 396, 412
否定の作用域 306–7
非人称構文 46, 52–3, 208, 232, 343, 349–50, 360
非能格動詞 240
非有界 53, 336, 342–50
標的．認知の標的 を参照
漂白化 24–6, 152, 218, 223–9, 244, 246, 248, 279

不確定性原理 43
複合マトリクス 161–6
プロファイル 14, 18, 20, 34, 61, 89–95, 100–7, 115–9, 124–8, 144–53, 166–8, 179–80, 189–96, 230, 248, 277, 284, 288–9, 304–9, 312–5, 358, 403–11
プロファイル・シフト 107, 109, 358
文法化 24, 26–7, 59, 66, 82, 111–2, 123, 124, 145–6, 150–3, 178, 204, 213, 229, 265, 268, 276–9, 299–300, 305, 309, 316–8, 328, 351, 353–61
文法化連鎖 26
文法構文 111, 117, 126, 151–3, 158, 178

並置 361
並置構造 277–8, 356–9, 394

報告調 38, 47, 337–8, 344

放射状 158–9, 166, 172, 203–15, 236, 301
補文 52, 178, 190, 357–60, 379
補文標識 356, 359
補文マーカー 276

ま
見越し 27, 355
身嗜み用法 146, 206–7, 214, 226–7, 243–4
観る・観られ関係 324, 328, 330, 332

無のプロファイル 304–9, 315, 318
無標の形式 28, 69

名詞転換動詞 16–8, 21
迷惑感 50, 323, 349
メタ言語的否定 305–6, 396, 410
メンタルスペース 304–5, 314, 316, 321

モノ化 358, 360
モノ化能力 29, 31

や
有界（性）53, 276, 311, 336
融合 35, 39, 107, 166, 257
有情性 242
有標（の形式）28–30, 69, 86, 241

用法拡張パターン 205, 208. 拡張 も参照
与格 46, 51, 155, 168–9, 185, 189, 198, 202, 281, 285–7, 298–301. for 与格構文, to 与格構文, 受け手与格, 利害の与格, 心的与格, 感受者, 認識の与格, 参照点与格 も参照

ら
ランドマーク．トラジェクター を参照

利害ドメイン 162–7, 172, 178–80, 186–90, 194–5, 201
利害の与格 46, 52, 183, 281, 286–9, 291–8, 343, 347
力動ドメイン 162–4, 170, 178, 180, 201
流用 230
「理由」読み 24–6
量子力学の観測問題 43

類同性 69

例示 95, 412–4
例示関係 31, 36

［著者紹介］

中村 芳久（なかむら・よしひさ）
大阪学院大学外国語学部 教授・金沢大学名誉教授

1951年生まれ．九州大学大学院文学研究科満期修了退学．島根大学法文学部助教授，金沢大学人間社会環境研究科教授を経て現職．神戸女子大学 博士（英文学）．編著書に，『認知文法論Ⅱ』（大修館書店 2004），『ラネカーの（間）主観性とその展開』（開拓社 2016），『英語学が語るもの』（くろしお出版 2018）．認知言語学に関する論文多数．研究分野は，英語学と認知言語学．

認知文法研究―主観性の言語学―

2019年　12月　1日　第1刷発行

著　者　　中村芳久

発行人　　岡野秀夫

発　行　　株式会社　くろしお出版
　　　　　〒102-0084　東京都千代田区二番町4-3
　　　　　電話：03-6261-2867　FAX：03-6261-2879　WEB：www.9640.jp

印刷所　　シナノ書籍印刷　　　装丁　　折原カズヒロ

© Yoshihisa Nakamura, 2019
Printed in Japan　ISBN978-4-87424-821-8 C3080
本書の全部または一部を無断で複製することは，著作権法上での例外を除き禁じられています